OEUVRES

DE

VOLTAIRE.

TOME XIX.

DE L'IMPRIMERIE DE A. FIRMIN DIDOT,
RUE JACOB, n° 24.

Louis XIV. L'édition était commencée six mois après[3], et dut être achevée la même année. Il existe une édition en deux volumes petit in-12, sous le millésime de 1751. Elle a pour titre : *Le Siècle de Louis XIV, publié par M. de Francheville, conseiller aulique de sa majesté, et membre de l'académie royale des sciences et belles-lettres de Prusse.*

On conçoit que Voltaire, à la cour de Berlin, comblé « de bontés à tourner la tête[4], » occupé, non seulement de la composition de ses ouvrages, mais encore de la correction de ceux du roi[5], ait eu recours à quelqu'un pour les soins qu'exigeait l'impression de son livre. Le nom de Francheville, mis sur le titre de la première édition du *Siècle*, et conservé dans plusieurs des éditions suivantes, a fait dire à quelques personnes que cet ouvrage n'était pas de Voltaire, mais d'un Prussien. Voltaire déclare dans le *Supplément* (voyez tome XX) que M. de Francheville, Français réfugié, « voulut bien présider à la première édition du *Siècle de Louis XIV*, » c'est-à-dire se charger des détails et embarras de l'impression, qui durent être d'autant plus grands, que c'est, à ma connaissance, le premier livre imprimé tout entier avec l'orthographe de l'auteur.

A peine le *Siècle* parut-il, qu'il fut la proie des libraires. On en donna des éditions sous les noms de La Haye, deux volumes in-12; Dresde (Lyon ou Trévoux), deux volumes in-12; Leipsic (Paris), deux volumes, en quatre parties, in-12; Édimbourg, deux volumes in-12, etc. L'édition de Dresde (Lyon ou Trévoux), 1752, deux volumes in-12, est intitulée *troisième*. L'au-

---

[3] Lettre au duc de Richelieu, du 31 août 1751.
[4] Id. ibid.
[5] Lettre à madame Denis, du 2 septembre 1751.

teur n'avait pas encore donné sa *seconde*, qui parut à Leipsic, deux volumes in-12, ayant chacun deux parties. Cette *seconde* édition contient des additions et un *Avis du libraire*, qui parle de *huit* éditions faites en moins de dix mois. Elle avait été précédée de deux *Avertissements* imprimés successivement dans les journaux (*Mercure*, juin et novembre 1752). Je les ai imprimés tome XXXIX, pages 465 et 468.

C'est sur l'édition de La Haye, copie de celle de Berlin, 1751, que La Beaumelle donna son édition, Francfort, 1753, trois volumes in-12, dont je parlerai plus longuement (tome XX), dans ma *Préface* du *Supplément au Siècle de Louis XIV*, dont cette édition de La Beaumelle fut l'origine.

L'édition de Dresde, 1753, deux volumes petit in-8°, quoique donnée pour *revue par l'auteur et considérablement augmentée*, ne contient rien qui ne fût dans la *seconde* édition déjà mentionnée.

Voltaire ne cessa pourtant pas de revoir, corriger et augmenter son *Siècle de Louis XIV*. Lorsqu'en 1756 il donna son *Essai sur l'histoire générale* (voyez ma *Préface* du tome XV), il mit à la suite le *Siècle de Louis XIV*, qui y forme les chapitres CLXV à CCX. Le chapitre CCXI, intitulé : *Résumé de toute cette histoire*, est aujourd'hui le chapitre CXCVII de l'*Essai sur les mœurs* (voyez t. XVIII, p. 473). Le chapitre CCXII de 1756 est, depuis 1763, le chapitre XXXIV du *Siècle de Louis XIV*. Les chapitres CCXIII-CCXV forment, depuis 1768, les préliminaires du *Siècle de Louis XIV*.

Peu de temps après la publication de l'édition de 1756, Voltaire reçut de Lausanne le certificat de trois pasteurs, que j'ai rapporté dans une note, page 208. Empressé de faire usage de cette pièce favorable à Saurin, et ne voulant pas attendre la réimpression, il fit réimprimer les dernières feuilles du septième et dernier volume. Il put ainsi faire des additions aux articles FONTENELLE, GÉDOIN, LA MOTTE, et ajouter en entier les articles DESTOUCHES, NIVELLE DE LA CHAUSSÉE, et Joseph SAURIN. Il lui fallut en même temps changer les frontispices de l'ouvrage, qui, datés de 1756, ne pouvaient plus convenir à un ouvrage contenant un certificat du 30 mars 1757. Il n'en coûtait pas davantage de mettre à ces frontispices, *seconde édition*; cela fut fait. Mais les brocheurs et relieurs laissèrent souvent le frontispice de 1756 à des exemplaires qui contiennent le certificat.

Un nommé Lervêche[6], mécontent des expressions de l'article SAURIN, et regardant le certificat comme surpris ou supposé, fit insérer, sans la signer, une assez longue lettre dans le *Journal helvétique*, d'octobre 1758. C'est pour répondre à Lervêche que Voltaire composa la *Réfutation d'un écrit anonyme concernant la mémoire de feu M. Joseph Saurin*[7], à laquelle Lervêche répliqua. Les pièces de cette querelle font partie de la *Guerre littéraire, ou Choix de quelques pièces de M. de V****, 1759, in-12, de CXL et 183 pages, imprimé à Lausanne, chez Grasset. Voltaire, blessé de la publication de ce volume, composa *Mémoire* et *Requête*[8], pour en obtenir la suppression. Grasset, malgré la protection de Haller, craignant qu'on n'accédât à la demande de Voltaire, changea le titre du volume, et, sur le nouveau frontispice, mit seulement: *Choix de quelques pièces polémiques de M. de V****[9]. C'était une précaution inutile; la demande de Voltaire n'eut aucune suite.

---

[6] Voyez la lettre de Voltaire à Haller, du 13 février 1759.
[7] Voyez cette *Réfutation*, tome XXXIX, page 617.
[8] Voyez le *Mémoire* et la *Requête* dans le tome XL.
[9] Voici ce que contient le volume sous l'un ou l'autre de ses titres :

La réimpression de l'*Essai sur l'histoire générale*, en Hollande, 1757, sept volumes in-8°, fut faite sur un exemplaire de 1756, mais augmentée d'une table assez ample. Elle ne contient aucune des additions faites par l'auteur en réimprimant les dernières feuilles de son volume, ni conséquemment le certificat du 30 mars 1757, que Voltaire, au reste, supprima dans l'édition de l'*Essai sur l'histoire générale*, 1761-63, en huit volumes in-8°.

Dans cette édition de 1761-63 c'est au sixième volume que commence le *Siècle de Louis XIV*, volume qui est intitulé: *Essai sur l'histoire générale*, etc., *tome sixième: ou suite, tome premier*. Le *Siècle de Louis XIV* n'y a pas moins de soixante-deux chapitres. Le quarante-deuxième est consacré aux *Artistes célèbres*. Tous ceux qui le suivent sont relatifs à ce qui s'est passé après la mort de Louis XIV, et font, depuis 1768, partie du *Précis du Siècle de Louis XV* (voyez tome XXI). Le chapitre LXI,

---

1. Trois *Lettres sur la nature de notre ame* (par Boullier). Ces lettres sont celles dont j'ai parlé dans ma *Préface* des *Lettres philosophiques*, tome XXXVII, page 116. II. *Avis à l'auteur du journal de Gottingue* (imprimé, dans la présente édition, tome XXXIX, page 514). III. *Mémoire sur l'Avis*. C'est la réponse du journaliste. IV. *Défense de milord Bolingbroke* (voyez tome XXXIX, page 454). V. *Remarques sur la défense de milord Bolingbroke*. Ce sont celles dont j'ai parlé dans ma note, tome XXXIX, page 455. VI. *Lettre de M. de Voltaire à M. T.* (Thieriot). C'est la lettre du 26 mars 1757, qu'on peut voir dans la *Correspondance*. VII. *Réponse à la précédente lettre, par une société de gens de lettres*. VIII. *Lettre écrite de Genève, où l'on examine deux chapitres de l'Essai sur l'histoire générale*. Cette lettre est de Vernet; j'en ai déjà parlé tome XVII, page 272. IX. *Les torts à M. de V. sur son démêlé avec M. V.* (Vernet); pièce de vers à laquelle Voltaire répondit par les stances aussi intitulées: *Les Torts* (voyez t. XII). X. *Lettre à l'occasion d'un article concernant Saurin*. C'est la lettre de Lervêche. XI. *Réponse de M. de Voltaire*. C'est la *Réfutation d'un écrit anonyme*, etc. XII. *Réponse à la réfutation*; réponse qui n'avait point été imprimée dans le *Journal helvétique* (voyez ma note, tome XXXIX, page 617).

intitulé : *D'un fait singulier concernant la littérature*, et que les éditeurs divers ont placé les uns dans une division, les autres dans une autre, sera, dans la présente édition, au tome XLI (parmi les *Mélanges,* année 1763). C'est dans le même volume que je mettrai le chap. LXII de l'édition de 1763, sous son titre de : *Conclusion et examen de ce tableau historique.* C'est ce chapitre que les éditeurs de Kehl ont intitulé : *Nouvelles remarques sur l'histoire à l'occasion de l'Essai sur les mœurs* (et ont placé sous le n° XXIV des *Fragments sur l'histoire*); titre inexact, car ce morceau est antérieur aux *Remarques* publiées séparément en 1763, et qu'on peut voir aussi dans le tome XLI.

En 1768 parut le *Siècle de Louis XIV, nouvelle édition, revue, corrigée, et augmentée, à laquelle on a ajouté un Précis du Siècle de Louis XV,* quatre volumes in-8°. Le *Précis du Siècle de Louis XV* commence dans le troisième volume, et a trente-neuf chapitres (voyez ma *Préface* du tome XXI). C'est aussi en trente-neuf chapitres qu'est le *Siècle de Louis XIV,* qui est précédé de l'*Avertissement* que voici :

> On a cru devoir commencer cette nouvelle édition du *Siècle de Louis XIV* par la liste de la maison royale et de tous les princes du sang de son temps. Elle est suivie de celle de tous les souverains contemporains, des maréchaux de France, des amiraux et généraux des galères, des ministres et secrétaires d'état, qui ont servi sous ce monarque. Après quoi vient le catalogue alphabétique des savants et artistes en tout genre. Cette instruction préliminaire est une espèce de dictionnaire dans lequel le lecteur peut choisir les sujets à son gré, pour se mettre au fait des grands événements arrivés sous ce règne.

Jusque-là, en effet, c'était à la fin du *Siècle de Louis XIV,* et quelquefois sous la forme de trois chapitres, qu'avaient été placés : 1° la *Liste des enfants de*

Louis XIV, *des souverains contemporains*, *etc.*; 2° le *Catalogue des écrivains*; 3° les *Artistes célèbres*; objets qui, depuis 1768 (l'édition de madame de Genlis exceptée), ont été conservés en tête de l'ouvrage : voyez, dans le présent volume, pages 1, 47 et 223. C'était, ainsi que je l'ai dit, ce qui formait, en 1756 et 1757, les chap. CCXIII-CCXXV de l'*Essai*; et en 1763, les chap. XL-XLII du *Siècle*.

Dans l'édition in-4° des *OEuvres de Voltaire*, le *Siècle de Louis XIV* forme, avec le *Précis du Siècle de Louis XV*, les tomes XI et XII, datés de 1769. Le *Siècle de Louis XIV* se trouve dans les tomes XVIII et XIX de l'édition encadrée, ou de 1775 : c'est la dernière édition authentique donnée du vivant de l'auteur.

Les éditions de Kehl contiennent quelques additions posthumes, parmi lesquelles il en est une qui me laisse quelques doutes de son authenticité. Dans la liste des maréchaux, à l'article BERWICK (voyez page 20), on parle des *Mémoires de Berwick*, publiés par l'abbé Hook, en 1778. Ce sont les véritables mémoires du maréchal. Dans deux notes du chapitre XXI, Voltaire cite, pour les critiquer, ceux qui avaient été fabriqués par l'abbé Margon, et publiés en 1737. A-t-il vu la publication de l'édition de l'abbé Hook? Voltaire est mort dans la nuit du 30 au 31 mai 1778, après quelque temps de maladie. Le *Catalogue hebdomadaire* n'annonce les *Mémoires* que dans sa feuille du 13 juin. L'*Année littéraire*, en rendant compte des *Mémoires*, année 1778 (tome V, page 181 et suiv.), parle de Voltaire comme n'existant plus. Toutes les notes du *Siècle de Louis XIV*, où il est question des *Mémoires* publiés par Hook, sont des éditeurs de Kehl, qui, dans le chapitre XXI, à la suite d'une note de Voltaire, établissent que les *Mémoires de Berwick*, cités par Voltaire, ne sont pas ceux qu'a publiés l'abbé Hook.

De toutes les éditions qui ont paru depuis celles de Kehl, je ne parlerai que d'une qui fut publiée, il y a dix ans, sous ce titre : *Siècle de Louis XIV, par Voltaire ; nouvelle édition, avec des retranchements, des notes et une préface, par madame la comtesse de Genlis*, 1820, trois volumes in-12. L'éditeur moderne annonce avoir ôté « tout ce qui souillait et déparait » cet ouvrage, qu'elle trouve « instructif et rempli de faits intéressants. » Ce qui choque surtout madame de Genlis, ce sont les « épigrammes sans nombre sur les prêtres, et la satire « calomnieuse et continuelle de la religion et de la piété. » Aussi, en réduisant à trente-six les trente-neuf chapitres de Voltaire, a-t-elle supprimé le chapitre du *Calvinisme*, celui du *Jansénisme*, celui sur les *Cérémonies chinoises*; et çà et là beaucoup de morceaux. Les préliminaires ont été reportés à la fin du troisième volume.

Avant d'être mutilé par madame de Genlis, le *Siècle de Louis XIV* avait été condamné à Rome les 22 février et 16 mai 1753.

Dans le chapitre 1er de son livre (voyez pages 237-38), Voltaire parle des quatre siècles des lettres et des arts. A. J. Roustan, à qui Voltaire adressa, en 1768, des *Remontrances* et des *Instructions* (voyez tome XLIV), en publiant, en 1764, un volume in-8°, intitulé : *Offrande aux autels et à la patrie*, y compris un *Examen historique des quatre beaux siècles de M. de Voltaire*. Roustan pense que Voltaire loue beaucoup trop Louis XIV. C'est aussi l'opinion de feu Lémontey, dans son *Essai sur l'établissement monarchique de Louis XIV*, 1818, in-8°.

Peu après les premières impressions du *Siècle de Louis XIV*, avait paru le *Siècle politique de Louis XIV, ou Lettres du vicomte de Bolingbroke sur ce sujet, avec les pièces qui forment l'histoire du siècle de M. F. de Vol-*

taire, et de ses querelles avec MM. de Maupertuis et La Beaumelle, à Sieclopolie, 1753, in-8°. Ce volume, dont je parlerai aussi dans ma *Préface* du *Supplément au Siècle de Louis XIV*, a eu plusieurs éditions en 1754 et 1755. On en a fait le tome IV des éditions du *Siècle* en trois volumes, et le tome V des éditions en quatre. Sur le faux titre de l'édition de 1753, on lit : *Nouveau volume du Siècle de Louis XIV, pour suppléer à ce qui manque à cet ouvrage de M. de Voltaire.* L'éditeur de ce volume fut Maubert de Gouvest; il y donne un fragment d'une lettre et deux lettres entières de Bolingbroke (voyez ma note, tome XXXIX, page 574), et un *Recueil de pièces concernant le Siècle de Louis XIV, et les querelles de son auteur avec MM. de Maupertuis et de La Beaumelle.*

Il est à remarquer que ni le *Mercure*, ni les *Lettres sur quelques écrits de ce temps* (par Fréron), n'aient rendu compte de la première édition du *Siècle de Louis XIV*, qui fut déchirée dans le *Journal de Gottingue*. Voltaire répondit par l'*Avis à l'auteur du Journal de Gottingue*[10].

J'ai dit que Voltaire n'avait cessé de revoir son livre. Ses notes surtout ont été successivement ajoutées : de là vient que quelques unes semblent contradictoires. Il dit quelque part[11] n'avoir point eu connaissance des *Annales* de l'abbé de Saint-Pierre, dont il rapporte cependant des passages. C'est pourquoi j'ai indiqué la date de quelques notes. J'ai fait la même chose pour quelques phrases du texte seulement. Il eût été fatigant, ce me semble, pour le lecteur, d'avoir, pour ainsi dire, l'acte de naissance de chacune.

Fontenelle était, en 1752, le seul qui fît exception à

[10] Voyez tome XXXIX, page 514 ; et ci-dessus, ma note 9.
[11] Voyez ma note, page 201.

la règle que l'auteur s'était faite de ne mettre dans son Catalogue des écrivains aucun homme vivant (voyez ma note, p. 114). Voltaire fit en 1768 deux nouvelles exceptions en faveur de D'Olivet et du président Hénault (voyez pages 99-100 et 122). Mais plusieurs auteurs, sans y avoir d'article, ont eu le plaisir de se voir louer dans le *Siècle de Louis XIV* : le président Hénault dès 1751 (v. ma note, p. 122); le duc de Nivernais dès 1756 (v. p. 169); B.-J. Saurin dès 1763 (v. p. 208); M. Jacques-Dominique Cassini, âgé aujourd'hui de quatre-vingt-dix ans, dans les éditions posthumes (v. p. 75).

Je donne peu de variantes : il n'était nécessaire ni de les relever toutes, ni d'indiquer à quelle place se trouvaient, dans les premières éditions du *Siècle de Louis XIV*, des alinéa qui ont, depuis, été transportés dans l'*Essai sur les mœurs*.

Je possède un exemplaire de l'édition de 1751, avec un grand nombre d'additions et corrections, dont plusieurs sont de la main de Voltaire. J'ai eu en communication d'autres exemplaires corrigés aussi de la main de l'auteur, ou de celles de ses secrétaires [12]. Mais j'ai retrouvé toutes ces corrections employées dans les éditions

---

[12] Il n'est pas rare de trouver des exemplaires des diverses éditions des *OEuvres de Voltaire*, avec des corrections de sa main ou de celles de ses secrétaires. Pour mon compte, j'ai ainsi les éditions d'Amsterdam, 1738-39, et de Dresde, 1748-54. M. F.-A. Ebert, dans le tome II de son *Dictionnaire général de Bibliographie* (en allemand), 1830, dit, à l'article VOLTAIRE, qu'on a retrouvé l'exemplaire de la première édition imprimée chez Walther, à Dresde (1748-54), avec des corrections et des changements pour une édition nouvelle. Il paraît, dit la *Revue encyclopédique*, de mars 1830, page 668, que l'on se propose de publier ces corrections autographes de l'auteur. L'exemplaire de 1748-54, que j'ai, est peut-être un double de celui qu'on vient de retrouver, et dont il me semble bien extraordinaire que les corrections soient restées inédites jusqu'à ce jour. Voyez ma *Préface* du tome XXIV (*Histoire de Charles XII*), pages ij et iij.

subséquentes, à l'exception d'une seule, dont j'ai fait mon profit : c'est à la fin d'un alinéa du chapitre xxxvi (*Du calvinisme*).

Pour l'ordre alphabétique du *Catalogue des écrivains*, j'ai suivi plusieurs des éditeurs modernes; mais je dois faire remarquer que cet ordre n'est pas tout-à-fait celui de Voltaire lui-même.

Dans quelques éditions du *Siècle de Louis XIV*, on a imprimé à la suite plusieurs morceaux de Voltaire, que j'ai distribués autrement, savoir :

I. *Éclaircissements sur quelques anecdotes*; c'est le neuvième des *Fragments sur l'histoire générale* (voyez tome XLVII).

II. *Sur la Révocation de l'édit de Nantes*; c'est le quinzième des mêmes *Fragments*.

III. *Défense de Louis XIV contre les Annales politiques de l'abbé de Saint-Pierre*; c'est le treizième des *Fragments*.

IV. *Extrait d'un mémoire sur les calomnies contre Louis XIV et contre Louis XV*, etc.; c'est le onzième des *Fragments*.

V. *Défense de Louis XIV contre l'auteur des Éphémérides du citoyen*, qu'on trouvera dans le tome XLVI.

VI. *Avis à l'auteur du journal de Gottingue*. J'en ai déjà parlé, et je l'ai imprimé tome XXXIX, page 514.

VII. *Anecdotes sur Louis XIV*. Elles avaient paru avant le *Siècle de Louis XIV* (en 1748), et sont dans le tome XXXIX, page 3.

VIII. *Journal de la cour de Louis XIV, avec des notes*. C'est l'extrait des *Mémoires de Dangeau*, qu'on verra au tome XLVI.

IX. *Extrait des Souvenirs de madame de Caylus, avec des notes*, que je réserve aussi pour le tome XLVI.

X. *Fragment sur le Siècle de Louis XIV*. C'était, en effet, un lambeau de la *Préface* d'un volume publié par Voltaire, en 1754, et que j'ai imprimée tome XXXIX, pages 564-577. Le morceau donné sous le titre de *Fragment* commence à la page 573.

Les derniers passages du chapitre LXII de l'édition de 1763, dont j'ai parlé ci-dessus, sont aussi relatifs au *Siècle de Louis XIV*.

J'ai peur d'avoir fait cette *Préface* trop longue, et je me hâte de la terminer.

Les notes sans signature, et qui sont indiquées par des lettres, sont de Voltaire.

Les deux ou trois notes signées L sont prises dans l'édition de La Beaumelle.

Les notes signées d'un K sont des éditeurs de Kehl, MM. Condorcet et Decroix. Il est impossible de faire rigoureusement la part de chacun.

C'est avec l'autorisation de M. Clogenson que j'ai reproduit un grand nombre de ses notes. Elles sont signées CL.

Les additions que j'ai faites à diverses de ces notes en sont séparées par un —, et sont, comme mes notes, signées de l'initiale de mon nom.

BEUCHOT.

Ce 9 mai 1830, anniversaire de la réception de Voltaire à l'académie française.

LISTE RAISONNÉE

DES

ENFANTS DE LOUIS XIV,

DES PRINCES DE LA MAISON DE FRANCE DE SON TEMPS,
DES SOUVERAINS CONTEMPORAINS, DES MARÉCHAUX DE FRANCE,
DES MINISTRES, DE LA PLUPART DES ÉCRIVAINS,
ET DES ARTISTES QUI ONT FLEURI DANS CE SIÈCLE.

Louis XIV n'eut qu'une femme[1], Marie-Thérèse d'Autriche, née comme lui en 1638, fille unique de Philippe IV, roi d'Espagne, de son premier mariage avec Élisabeth de France, et sœur de Charles II et de Marguerite-Thérèse, que Philippe IV eut de son second mariage avec Marie-Anne d'Autriche. Ce second mariage de Philippe IV est très remarquable. Marie-Anne d'Autriche était sa nièce, et elle avait été fiancée, en 1648, à Philippe-Balthazar, infant d'Espagne; de sorte que Philippe IV épousa à-la-fois sa nièce et la fiancée de son fils.

Les noces de Louis XIV furent célébrées le 9 juin 1660. Marie-Thérèse mourut en 1683. Les historiens

---

[1] Le mariage avec madame de Maintenon étant resté secret, Voltaire n'en parle pas ici; mais voyez les articles MAINTENON et SCARRON dans le *Catalogue des écrivains*; et dans le tome XX, le chapitre XXVII. B.

se sont fatigués à dire quelque chose d'elle. On a prétendu qu'une religieuse lui ayant demandé si elle n'avait pas cherché à plaire aux jeunes gens de la cour du roi son père, elle répondit : « Non, il n'y avait « point de rois. » On ne nomme point cette religieuse, elle aurait été plus qu'indiscrète. Les infantes ne pouvaient parler à aucun jeune homme de la cour; et lorsque Charles Ier, roi d'Angleterre, étant prince de Galles, alla à Madrid pour épouser la fille de Philippe III, il ne put même lui parler. Ce discours de Marie-Thérèse semble d'ailleurs supposer que s'il y avait eu des rois à la cour de son père, elle aurait cherché à s'en faire aimer. Une telle réponse eût été convenable à la sœur d'Alexandre, mais non pas à la modeste simplicité de Marie-Thérèse. La plupart des historiens se plaisent à faire dire aux princes ce qu'ils n'ont ni dit ni dû dire.

Le seul enfant de ce mariage de Louis XIV qui vécut fut Louis, dauphin, nommé *Monseigneur*, né le 1er novembre 1661, mort le 14 avril 1711. Rien n'était plus commun, long-temps avant la mort de ce prince, que ce proverbe qui courait sur lui : « Fils de roi, père « de roi, jamais roi. » L'événement semble favoriser la crédulité de ceux qui ont foi aux prédictions; mais ce mot n'était qu'une répétition de ce qu'on avait dit du père de Philippe de Valois, et était fondé d'ailleurs sur la santé de Louis XIV, plus robuste que celle de son fils.

La vérité oblige de dire qu'il ne faut avoir aucun égard aux livres scandaleux sur la vie privée de ce prince. Les *Mémoires de madame de Maintenon*, compilés par La Beaumelle, sont remplis de ces ridicules anecdotes. Une des plus extravagantes est que Monseigneur fut amoureux de sa sœur, et qu'il épousa mademoiselle Choin [1]. Ces sottises doivent être réfutées, puisqu'elles ont été imprimées.

Il épousa Marie-Anne-Christine-Victoire de Bavière, le 8 mars 1680, morte le 20 avril 1690 : il en eut

1° Louis, duc de Bourgogne, né le 6 auguste 1682, mort le 18 février 1712, d'une rougeole épidémique; lequel eut de Marie-Adélaïde de Savoie, fille du premier roi de Sardaigne, morte le 12 février 1712,

Louis, duc de Bretagne, né en 1705, mort en 1712;

Et Louis XV, né le 15 février 1710.

La mort prématurée du duc de Bourgogne causa des regrets à la France et à l'Europe. Il était très instruit, juste, pacifique, ennemi de la vaine gloire, digne élève du duc de Beauvilliers et du célèbre Fénélon. Nous avons, à la honte de l'esprit humain, cent volumes contre Louis XIV, son fils Monseigneur, le duc d'Orléans son neveu, et pas un qui fasse connaître les vertus de ce prince, qui aurait mérité d'être célèbre s'il n'eût été que particulier.

2° PHILIPPE, duc d'Anjou, roi d'Espagne, né le 19 décembre 1683, mort le 9 juillet 1746;

3° CHARLES, duc de Berri, né le 31 auguste 1686, mort le 4 mai 1714.

Louis XIV eut encore deux fils et trois filles, morts jeunes.

---

[1] Voyez, dans la *Correspondance*, la lettre à D'Argental du 15 juin 1756. B.

ENFANTS NATURELS ET LÉGITIMÉS.

Louis XIV eut de madame la duchesse de La Vallière, laquelle s'étant rendue religieuse carmélite, le 2 juin 1674, fit profession le 4 juin 1675, et mourut le 6 juin 1710, âgée de soixante-cinq ans,

Louis de Bourbon, né le 27 décembre 1663, mort le 15 juillet 1666;

Louis de Bourbon, comte de Vermandois, né le 2 octobre 1667, mort en 1683;

Marie-Anne, dite Mademoiselle *de Blois*, née en 1666, mariée à Louis-Armand, prince de Conti, morte en 1739.

AUTRES ENFANTS NATURELS ET LÉGITIMÉS.

De Françoise-Athénaïs de Rochechouart Mortemar, femme de Louis de Gondrin, marquis de Montespan. Comme ils naquirent tous pendant la vie du marquis de Montespan, le nom de la mère ne se trouve point dans les actes relatifs à leur naissance et leur légitimation :

Louis-Auguste de Bourbon, duc du Maine, né le 31 mars 1670, mort en 1736;

Louis-César, comte de Vexin, abbé de Saint-Denys et de Saint-Germain-des-Prés, né en 1672, mort en 1683;

Louis-Alexandre de Bourbon, comte de Toulouse, né le 6 juin 1678, mort en 1737;

Louise-Françoise de Bourbon, dite Mademoiselle *de Nantes*, née en 1673, mariée à Louis III, duc de Bourbon-Condé, morte en 1743;

Louise-Marie de Bourbon, dite Mademoiselle *de Tours*, morte en 1681 ;

Françoise-Marie de Bourbon, dite Mademoiselle *de Blois*, née en 1677, mariée à Philippe II, duc d'Orléans, régent de France, morte en 1749.

Deux autres fils, morts jeunes, dont l'un de mademoiselle de Fontanges.

Louis, dauphin, a laissé une fille naturelle. Après la mort de son père on voulut la faire religieuse ; madame la duchesse de Bourgogne, apprenant que cette vocation était forcée, s'y opposa, lui donna une dot, et la maria.

PRINCES ET PRINCESSES DU SANG ROYAL,

QUI VÉCURENT DANS LE SIÈCLE DE LOUIS XIV.

Jean-Baptiste Gaston, duc d'Orléans, second fils de Henri IV et de Marie de Médicis, né à Fontainebleau en 1608, presque toujours infortuné, haï de son frère, persécuté par le cardinal de Richelieu, entrant dans toutes les intrigues, et abandonnant souvent ses amis. Il fut la cause de la mort du duc de Montmorenci, de Cinq-Mars, du vertueux de Thou. Jaloux de son rang et de l'étiquette, il fit un jour changer de place toutes les personnes de la cour à une fête qu'il donnait ; et prenant le duc de Montbazon par la main pour le faire descendre d'un gradin, le duc de Montbazon lui dit : « Je suis le premier de vos amis que « vous ayez aidé à descendre de l'échafaud. » Il joua un rôle considérable, mais triste, pendant la régence, et mourut relégué à Blois, en 1660.

ÉLISABETH, fille de Henri IV, née en 1602, épouse de Philippe IV, très malheureuse en Espagne, où elle vécut sans crédit et sans consolation : morte en 1644.

CHRISTINE, seconde fille de Henri IV, femme de Victor-Amédée, duc de Savoie. Sa vie fut un continuel orage à la cour et dans les affaires. On lui disputa la tutèle de son fils, on attaqua son pouvoir et sa réputation. Morte en 1663.

HENRIETTE-MARIE, épouse de Charles Ier, roi de la Grande-Bretagne, la plus malheureuse princesse de cette maison; elle avait presque toutes les qualités de son père. Morte en 1669.

Mademoiselle DE MONTPENSIER[1], nommée *la Grande Mademoiselle*, fille de Gaston et de Marie de Bourbon-Montpensier, dont nous avons les *Mémoires*, et dont il est beaucoup parlé dans cette histoire : morte en 1693.

MARGUERITE-LOUISE, femme de Cosme de Médicis, laquelle abandonna son mari et se retira en France.

FRANÇOISE-MAGDELEINE, femme de Charles-Emmanuel, duc de Savoie.

PHILIPPE, *Monsieur*, frère unique de Louis XIV, mort le 9 juin 1701. Il épousa Henriette, fille de Charles Ier, roi d'Angleterre, petite-fille de Henri-le-Grand, princesse chère à la France par son esprit et par ses graces, morte à la fleur de son âge en 1670. Il eut de cette princesse Marie-Louise, mariée à Charles II, roi d'Espagne, en 1679, morte à 27 ans, en 1689; et Anne-Marie, mariée à Victor-Amédée, duc

---

[1] Voyez son article dans le *Catalogue des écrivains*. B.

de Savoie, depuis roi de Sardaigne. C'est à cause de ce mariage que dans la plupart des mémoires sur la guerre de la succession, on nomme le duc d'Orléans oncle[1] de Philippe V.

Ce fut lui qui commença la nouvelle maison d'Orléans. Il eut de la fille de l'électeur palatin, morte en 1722,

PHILIPPE D'ORLÉANS, régent de France, célèbre par le courage, par l'esprit, et les plaisirs; né pour la société encore plus que pour les affaires; et l'un des plus aimables hommes qui aient jamais été. Sa sœur a été la dernière duchesse de Lorraine. Mort en 1723.

LA BRANCHE DE CONDÉ EUT UN TRÈS GRAND ÉCLAT.

HENRI, prince de CONDÉ, second du nom, premier prince du sang, jouit d'un crédit solide pendant la régence, et de la réputation d'une probité rare dans ces temps de trouble. Possédant environ deux millions de rente selon la manière de compter d'aujourd'hui, il donna dans sa maison l'exemple d'une économie que le cardinal Mazarin aurait dû imiter dans le gouvernement de l'état, mais qui était trop difficile. Sa plus grande gloire fut d'être le père du grand Condé. Mort en 1646.

LE GRAND CONDÉ, LOUIS II du nom, fils du précédent et de Charlotte-Marguerite de Montmorenci, neveu de l'illustre et malheureux duc de Montmorenci,

---

[1] Il en était l'arrière-grand-père par Anne-Marie, qui donna le jour à Marie-Adélaïde de Savoie, épouse du duc de Bourgogne: voyez page 3. B.

décapité à Toulouse, réunit en sa personne tout ce qui avait caractérisé pendant tant de siècles ces deux maisons de héros. Né le 8 septembre 1621 : mort le 11 décembre 1686.

Il eut de Clémence de Maillé de Brézé, nièce du cardinal de Richelieu,

HENRI-JULES, nommé communément *Monsieur le Prince*, mort en 1709.

Henri-Jules eut d'Anne de Bavière, palatine du Rhin,

LOUIS DE BOURBON, nommé *Monsieur le duc*, père de celui qui fut le premier ministre sous Louis XV : mort en 1710.

BRANCHE DE CONTI.

Le premier prince DE CONTI [1], ARMAND, était frère du grand Condé ; il joua un rôle dans la fronde. Mort en 1666.

Il laissa d'Anne Martinozzi, nièce du cardinal Mazarin,

LOUIS, mort sans enfant de sa femme Marie-Anne, fille de Louis XIV et de la duchesse de La Vallière, en 1685 ;

Et FRANÇOIS-LOUIS, prince de la Roche-sur-Yon, puis de Conti, qui fut élu roi de Pologne en 1697 ; prince dont la mémoire a été long-temps chère à la France, ressemblant au grand Condé par l'esprit et le courage, et toujours animé du desir de plaire, qualité qui manqua quelquefois au grand Condé : mort en 1709.

[1] Voyez son article dans le *Catalogue des écrivains*. B.

Il eut d'Adélaïde de Bourbon, sa cousine,

Louis-Armand, né en 1695, qui survécut à Louis XIV [1].

BRANCHE DE BOURBON-SOISSONS.

Il n'y eut de cette branche que Louis, comte de Soissons : tué à la bataille de La Marfée, en 1641.

Toutes les autres branches de la maison de Bourbon étaient éteintes.

Les Courtenai n'étaient reconnus princes du sang que par la voix publique, et ils n'en avaient point le rang. Ils descendaient de Louis-le-Gros ; mais leurs ancêtres ayant pris les armoiries de l'héritière de Courtenai, ils n'avaient pas eu la précaution de s'attacher à la maison royale, dans un temps où les grands terriens ne connaissaient de prérogative que celle des grands fiefs et de la pairie. Cette branche avait produit des empereurs de Constantinople, et ne put fournir un prince du sang reconnu. Le cardinal Mazarin voulut, pour mortifier la maison de Condé, faire donner aux Courtenai le rang et les honneurs qu'ils demandaient depuis long-temps ; mais il ne trouva pas en eux un grand appui pour exécuter ce dessein.

SOUVERAINS CONTEMPORAINS.

PAPES.

Barberini, Urbain VIII. Ce fut lui qui donna aux

---

[1] Mort le 4 mai 1727 ; il est auteur des vers à Voltaire, qu'on peut voir dans le tome I*er*, parmi les *Pièces justificatives*, à la suite de la *Vie de Voltaire*. B.

cardinaux le titre d'*éminence*. Il abolit les jésuitesses[1] : il n'était pas encore question d'abolir les jésuites. Nous avons de lui un gros recueil de vers latins. Il faut avouer que l'Arioste et le Tasse ont mieux réussi. Mort en 1644.

Pamphilo, INNOCENT X, connu pour avoir chassé de Rome les deux neveux d'Urbain VIII, auxquels il devait tout ; pour avoir condamné les cinq propositions de Jansénius sans avoir eu l'ennui de lire le livre, et pour avoir été gouverné par la *Dona Olympia*, sa belle-sœur, qui vendit sous son pontificat tout ce qui pouvait se vendre : mort en 1655.

Chigi, ALEXANDRE VII. C'est lui qui demanda pardon à Louis XIV, par un légat *a latere*. Il était plus mauvais poëte qu'Urbain VIII. Long-temps loué pour avoir négligé le népotisme, il finit par le mettre sur le trône. Mort en 1667.

Rospigliosi, CLÉMENT IX, ami des lettres sans faire de vers, pacifique, économe, et libéral, père du peuple. Il avait à cœur deux choses dont il ne put venir à bout : d'empêcher les Turcs de prendre Candie, et de mettre la paix dans l'Église de France. Mort en 1669.

Altieri, CLÉMENT X, honnête homme et pacifique comme son prédécesseur, mais gouverné : mort en 1676.

Odescalchi, INNOCENT XI, fier ennemi de Louis XIV, oubliant les intérêts de l'Église en faveur de la ligue

---

[1] Le bref qui abolit les jésuitesses est du 13 janvier 1631. Voyez, sur cet ordre, la *Bibliothèque critique de Saint-Jorre* (Richard Simon), tome 1ᵉʳ, page 289. B.

formée contre ce monarque. Il en est beaucoup parlé dans cette histoire [1]. Mort en 1689.

Ottoboni, Vénitien, ALEXANDRE VIII. Nul ne secourut plus les pauvres, et n'enrichit plus ses parents. Mort en 1691.

Pignatelli, INNOCENT XII. Il condamna l'illustre Fénélon; d'ailleurs il fut aimé et estimé. Mort en 1700.

Albani, CLÉMENT XI. Sa bulle contre Quesnel, qui n'a qu'une feuille, est beaucoup plus connue que ses ouvrages en six volumes in-folio. Mort en 1721.

MAISON OTTOMANE.

IBRAHIM. C'est lui dont Racine dit avec juste raison,

L'imbécile Ibrahim, sans craindre sa naissance,
Traîne, exempt de péril, une éternelle enfance.

Tiré de sa prison pour régner après la mort d'Amurat, son frère. Tout imbécile qu'il était, les Turcs conquirent l'île de Candie sous son règne. Étranglé en 1649.

MAHOMET IV, fils d'Ibrahim, déposé et mort en 1687 [2].

SOLIMAN III, fils d'Ibrahim, et frère de Mahomet IV, après des succès divers dans ses guerres contre l'Allemagne, meurt de sa mort naturelle en 1691.

ACHMET II, frère du précédent, poëte et musicien.

---

[1] Voyez les chapitres XIV et XXXV. B..
[2] Déposé le 5 novembre 1687, il vécut cinq ans renfermé dans son appartement, et mourut en janvier 1693. B.

Son armée fut battue à Salenkemen par le prince Louis de Bade. Mort en 1695.

Mustapha II, fils de Mahomet IV, vainqueur à Témesvar, vaincu par le prince Eugène à la bataille de Zenta sur le Tibisk, en septembre 1697, déposé dans Andrinople, et mort dans le sérail de Constantinople en 1703.

Achmet III, frère du précédent, battu encore par le prince Eugène à Peterwaradin et à Belgrade, déposé en 1730.

EMPEREURS D'ALLEMAGNE.

On n'en dira rien ici, parcequ'il en est beaucoup parlé dans le corps de l'histoire.

Ferdinand III, mort en 1657 [1].
Léopold Ier, mort en 1705.
Joseph Ier, mort en 1711.
Charles VI, mort en 1740.

ROIS D'ESPAGNE.
Idem.

Philippe IV, mort en 1665.
Charles II, mort en 1700.
Philippe V, mort en 1746.

ROIS DE PORTUGAL.

Jean IV, duc de Bragance, surnommé *le Fortuné*.

---
[1] Voyez aussi les *Annales de l'Empire*, tome XXIII, page 609 et suivantes. B.

Sa femme, Louise de Gusman, le fit roi de Portugal. Mort en 1656.

Alfonse VI, fils du précédent. Si Jean fut roi par le courage de sa femme, Alfonse fut détrôné par la sienne en 1667; confiné dans l'île de Tercère, où il mourut en 1683 [1].

Dom Pèdre, frère du précédent, lui ravit sa couronne et sa femme; et pour l'épouser légitimement le fit déclarer impuissant, tout débauché qu'il était. Mort en 1706.

Jean V, mort en 1750.

ROIS D'ANGLETERRE, D'ÉCOSSE, ET D'IRLANDE,

DONT IL EST PARLÉ DANS LE SIÈCLE DE LOUIS XIV.

Charles Ier, assassiné juridiquement sur un échafaud, en 1649.

Cromwell (Olivier), protecteur, le 22 décembre 1653, plus puissant qu'un roi : mort le 13 septembre 1658.

Cromwell (Richard), protecteur immédiatement après la mort de son père, dépossédé paisiblement au mois de juin 1659 : mort en 1685 [2].

Charles II, mort en 1685.

Jacques II, détrôné en 1688 : mort en 1701.

Guillaume III, mort en 1702.

---

[1] Il en sortit en 1675, et vint à Cintra, château à sept lieues de Lisbonne, où il mourut le 12 septembre 1683. Cl.

[2] R. Cromwell n'est mort qu'en 1712, à quatre-vingt-six ans; voyez tome XXVIII, page 269. B.

Anne Stuart, morte en 1714.
George Ier, mort en 1727.

ROIS DE DANEMARK.

Christian IV, mort en 1648.

Frédéric III, reconnu, en 1661, par le clergé et les bourgeois, pour souverain absolu, supérieur aux lois, pouvant les faire, les abroger, les négliger, à sa volonté. La noblesse fut obligée de se conformer aux vœux des deux autres ordres de l'état. Par cette étrange loi, les rois de Danemark ont été les seuls princes despotiques de droit; et ce qui est encore plus étrange, c'est que ni ce roi ni ses successeurs n'en ont abusé que rarement. Mort le 19 février 1670.

Christian V, mort en 1699.

Frédéric IV, mort en 1730.

ROIS DE SUÈDE.

Christine. Il en est parlé beaucoup dans le siècle de Louis XIV. Elle avait abdiqué en 1654. Morte à Rome en 1689.

Charles X, plus communément appelé *Charles-Gustave* : il était de la maison palatine, et neveu de Gustave-Adolphe par sa mère. Il voulut établir en Suède la puissance arbitraire. Mort en 1660.

Charles XI, qui établit cette puissance : mort en 1697.

Charles XII, qui en abusa, et qui, par cet abus, fut cause de la liberté du royaume : mort en 1718 [1].

---

[1] *L'Histoire de Charles XII*, par Voltaire, forme le tome XXIV de la présente édition. B.

ROIS DE POLOGNE.

Ladislas-Sigismond, vainqueur des Turcs. Ce fut lui qui, en 1645, envoya une magnifique ambassade pour épouser par procureur la princesse Marie de Gonzague de Nevers. Les personnes, les habits, les chevaux, les carrosses des ambassadeurs polonais, éclipsèrent la splendeur de la cour de France, à qui Louis XIV n'avait pas encore donné cet éclat qui éclipsa depuis toutes les autres cours du monde. Mort en 1648.

Jean-Casimir, frère du précédent, jésuite, puis cardinal, puis roi, épousa la veuve de son frère, s'ennuya de la Pologne, la quitta en 1670 [1], se retira à Paris, fut abbé de Saint-Germain-des-Prés, vécut beaucoup avec Ninon. Mort en 1672.

Michel Viesnovieski, élu en 1670. Il laissa prendre par les Turcs Kaminieck, la seule ville fortifiée et la clef du royaume, et se soumit à être leur tributaire : mort en 1673.

Jean Sobieski, élu en 1674, vainqueur des Turcs et libérateur de Vienne. Sa vie a été écrite par l'abbé Coyer, homme d'esprit et philosophe. Il épousa une Française, ainsi que Ladislas et Casimir [2] ; c'était mademoiselle d'Arquien. Mort en 1696.

Auguste Ier [3], électeur de Saxe, élu en 1697, par une partie de la noblesse, pendant que le prince de

---

[1] En 1668, ainsi que Voltaire le dit au chapitre x. B.

[2] Voyez ma note du chapitre x. B.

[3] Sur les *Auguste*, rois de Pologne, voyez ma note, tome XXIII, page 27. B.

Conti était choisi par l'autre. Bientôt seul roi ; détrôné par Charles XII, rétabli par le czar Pierre Ier : mort en 1733.

Stanislas, établi au contraire par Charles XII, et détrôné par Pierre Ier : mort en 1765 [1].

ROIS DE PRUSSE.

Frédéric, le premier roi : mort en 1700 [2].

Frédéric-Guillaume, le premier qui eut une grande armée et qui la disciplina, père de Frédéric-le-Grand, le premier qui vainquit avec cette armée : mort en 1740.

CZARS DE RUSSIE,

DEPUIS EMPEREURS.

Michel Romanov [3], fils de Philarète, archevêque de Rostou, élu en 1613, à l'âge de quinze ans. De son temps les czars n'épousaient que leurs sujettes ; ils fesaient venir à leur cour un certain nombre de filles, et choisissaient : Ce sont les anciennes mœurs asiatiques. C'est ainsi que Michel épousa la fille d'un pauvre gentilhomme qui cultivait ses champs lui-même : mort en juillet 1645.

---

[1] C'était le beau-père de Louis XV ; voyez, tome XXI, le chapitre iv du *Précis du Siècle de Louis XV.* Il est mort le 23 février 1766. B.

[2] C'est ainsi qu'on lit dans toutes les éditions données du vivant de l'auteur, et dans l'édition de Kehl. Frédéric prit le titre de roi en 1700 ; mais il ne mourut que le 25 février 1713. B.

[3] C'est ainsi que ce mot est écrit dans toutes les éditions données du vivant de l'auteur ; voyez, au reste, sa note, tome XXV, page 79. B.

Alexis, fils de Michel, qui combattit les Ottomans avec succès : mort en février 1676 [1].

Fédor, fils d'Alexis, qui voulut policer les Russes, ouvrage réservé à Pierre-le-Grand : mort en 1682.

Ivan, frère de Fédor, et aîné de Pierre, incapable du trône : mort en 1696.

Pierre-le-Grand, vrai fondateur : mort en janvier 1725 [2].

GOUVERNEURS DE FLANDRE.

Les Pays-Bas ayant presque toujours été le théâtre de la guerre sous Louis XIV, il paraît convenable de placer ici la suite des gouverneurs de cette province, qui ne vit aucun de ses rois depuis Philippe II.

Le marquis Francisco de Mello d'Asumar, le même qui fut battu par le grand Condé : démis en 1644.

Le grand commandeur Castel Rodrigo : mort en 1647 [3].

Léopold-Guillaume, archiduc d'Autriche, c'est-à-dire portant le titre d'archiduc, mais n'ayant rien dans l'Autriche, frère de Ferdinand II. Ce fut lui qui envoya un député au parlement de Paris pour s'unir avec lui contre le cardinal Mazarin. Mort en 1656.

---

[1] Le 8 février, nouveau style, selon l'*Art de vérifier les dates*. Voltaire s'est trompé (tome XXV, page 85) en disant 1677. B.

[2] Son *Histoire*, par Voltaire, forme le tome XXV de la présente édition. B.

[3] Dans cet article et dans quelques-uns des suivants, Voltaire donne pour date de la mort, la date de la retraite ou du rappel des gouverneurs de Flandre. B.

Don Juan d'Autriche, fils naturel de Philippe IV, fameux ennemi du premier ministre d'Espagne, le jésuite Nitard, comme le prince de Condé du cardinal Mazarin, mais plus heureux que le prince de Condé, en ce qu'il fit chasser Nitard pour jamais. Ce fut lui qui fut battu par Turenne à la bataille des Dunes. Mort en 1659 [1].

Le marquis de Caracène : mort en 1664.

Le marquis de Castel Rodrigo, qui soutint mal la guerre contre Louis XIV, et qui ne pouvait pas la bien soutenir : mort en 1668.

Fernandès de Velasco, connétable de Castille : mort en 1669.

Le comte de Monterey, qui secourut sous main les Hollandais contre Louis XIV : mort en 1675.

Le duc de Villa Hermosa, l'homme le plus généreux de son temps : mort en 1678.

Alexandre Farnèse, second fils du duc de Parme. Ce nom d'Alexandre était difficile à soutenir : démis en 1682.

Le marquis de Grana : mort en 1685.

Le marquis de Castanaga : mort en 1692.

Maximilien-Emmanuel, électeur de Bavière, fut gouverneur des Pays-Bas, après la bataille d'Hochstedt, et en garda le titre jusqu'à la paix d'Utrecht en 1714. Mort la même année.

Le prince Eugène, vicaire général des Pays-Bas. Il n'y résida jamais. Mort en 1736.

---

[1] La bataille des Dunes est du 14 juin 1658. Don Juan ne mourut que le 17 septembre 1679; mais il n'avait pas reparu dans les Pays-Bas depuis l'évacuation, suite de la bataille des Dunes. B.

MARÉCHAUX DE FRANCE

MORTS SOUS LOUIS XIV, OU QUI ONT SERVI SOUS LUI.

Albret (César-Phœbus d'), de la maison des rois de Navarre, maréchal de France en 1653[1]. Il ne fit point de difficulté d'épouser la fille de Guénégaud, trésorier de l'épargne, qui fut une dame d'un très grand mérite. Saint-Évremond l'a célébrée. Il fut amant de madame de Maintenon et de la fameuse Ninon ; chéri dans la société, estimé à la guerre. Mort en 1676.

Alègre (Yves d'), ayant servi près de soixante ans sous Louis XIV, n'a été maréchal qu'en 1724 : mort en 1733.

Asfeld (Claude-François Bidal d') s'acquit une grande réputation pour l'attaque et la défense des places. Il contribua beaucoup à la bataille d'Almanza : maréchal en 1734 : mort en 1743.

Aubusson de la Feuillade (François d'), maréchal en 1675. C'est lui qui, par reconnaissance, fit élever la statue de Louis XIV à la place des Victoires. Mort en 1691. Son fils ne fut maréchal que longtemps après, en 1725.

Aumont (Antoine d'), petit-fils du célèbre Jean, maréchal d'Aumont, l'un des grands capitaines de Henri IV. Antoine contribua beaucoup au gain de la bataille de Rethel en 1650. Il eut le bâton de maréchal pour récompense, et mourut en 1669.

---

[1] Fut d'abord connu sous le nom de comte de Miossens : voyez une note du chapitre iv. B.

Balincourt (Testu de), maréchal en 1746.

Barwick, ou plutôt Berwick (Jacques Fitzjames, duc de), fils naturel du roi d'Angleterre, Jacques II, et d'une sœur du duc de Marlborough. Son père le fit duc de Barwick en Angleterre. Il fut aussi duc en Espagne. Il le fut en France. Maréchal en 1706; tué au siége de Philipsbourg en 1734. Il a laissé des Mémoires que M. l'abbé Hook a publiés en 1778; on y trouve des anecdotes curieuses, et des détails instructifs sur ses campagnes [1].

Bassompierre (François de), né en avril 1579, colonel général des Suisses, maréchal en 1622; détenu à la Bastille depuis 1631 jusqu'à la mort du cardinal de Richelieu. Il y composa ses Mémoires qui roulent sur des intrigues de cour et ses galanteries. César, dans ses Mémoires, ne parle point de ses bonnes fortunes. L'on ignore assez communément qu'il fit revêtir de pierres, à ses dépens, le fossé du Cours-la-Reine, qu'on vient de combler. Mort en 1646.

Bellefonds (Bernardin Gigault, marquis de), maréchal en 1668; il gagna une bataille en Catalogne, en 1684. Mort en 1694.

Belle-Isle (Charles-Louis-Auguste Fouquet, comte de), petit-fils du surintendant, distingué dans les guerres de 1701; duc et pair, prince de l'empire, maréchal en 1741. Il fit avec son frère (Louis-Charles) tout le plan de la guerre contre la reine de Hongrie [2],

---

[1] Voyez ma *Préface* en tête du présent volume. Les *Mémoires de Berwick*, publiés en 1737, deux volumes in-12, sont l'ouvrage de Margon. B.

[2] Voyez, tome XXI, le chapitre vii du *Précis du Siècle de Louis XV*. R.

où son frère fut tué. Mort ministre et secrétaire d'état de la guerre, en 1761.

Bezons (Jacques Bazin de), maréchal en 1709 : mort en 1733.

Biron (Armand-Charles de Gontaut, duc de), qui a fait revivre le duché de sa maison [1]. Ayant servi dans toutes les guerres de Louis XIV, et perdu un bras au siége de Landau, n'a été maréchal qu'en 1734.

Boufflers (Louis-François, duc de), l'un des meilleurs officiers de Louis XIV; maréchal en 1693 : mort en 1711.

Bourg (Éléonor-Marie du Maine, comte du), gagna un combat important sous Louis XIV, et ne fut maréchal qu'en 1725. Mort la même année.

Brancas (Henri de), ayant servi long-temps sous Louis XIV, fut maréchal en 1734.

Brézé (Urbain de Maillé, marquis de), beau-frère du cardinal de Richelieu, maréchal en 1632, vice-roi de Catalogne : mort en 1650.

Broglio (Victor-Maurice), ayant servi dans toutes les guerres de Louis XIV, maréchal en 1724 : mort en 1727.

Broglio (François-Marie, duc de), fils du précédent. L'un des meilleurs lieutenants-généraux dans les guerres de Louis XIV, maréchal en 1734 ; père d'un autre maréchal de Broglio [2], qui a réuni les talents de ses ancêtres.

---

[1] Il est même plus connu sous le nom de marquis de Biron. B.

[2] Ce troisième maréchal de Broglio est Victor-François, né en 1718, nommé maréchal en 1759, mort à Munster en 1804. Son père était mort le 22 mai 1745. C'est de Victor-François que parle Voltaire dans sa satire inti-

CASTELNAU (Jacques de), maréchal en 1658, blessé à mort, la même année [1], au siége de Calais.

CATINAT (Nicolas de), maréchal en 1693. Il mêla la philosophie aux talents de la guerre. Le dernier jour qu'il commanda en Italie, il donna pour mot, *Paris* et *Saint-Gratien*, qui était le nom de sa maison de campagne. Il y mourut en sage, après avoir refusé le cordon bleu, en 1712.

CHAMILLI (Noël Bouton, marquis de), avait été au siége de Candie; maréchal en 1703, il s'est rendu célèbre par la défense de Grave en 1675; le siége de cette petite place dura quatre mois, et coûta seize mille hommes à l'armée des alliés. Les gens de l'art regardent encore cette défense comme un modèle. Mort en 1715.

CHATEAU-REGNAUD (François-Louis Rousselet, comte de), vice-amiral de France, servit également bien sur terre et sur mer, nettoya la mer des pirates, battit les Anglais dans la baie de Bantri, bombarda Alger en 1688, mit en sûreté les îles de l'Amérique. Maréchal en 1703 : mort en 1716.

CHAULNES (Honoré d'Albert, duc de), maréchal en 1620 : mort en 1649.

CHOISEUL-FRANCIÈRES (Claude, comte de), troisième maréchal de France de ce nom, en 1693 : mort en 1711.

CLÉREMBAULT (Philippe de), comte de Palluau, maréchal en 1653 : mort en 1665.

tulée : *Le pauvre diable*, 1760 (voyez tome XIV). Les mots qu'il lui consacre ici sont de 1768. B.

[1] Au camp devant Dunkerque, et transporté à Calais, où il mourut de sa blessure. Cl..

CLERMONT-TONNERRE (Gaspard, marquis de), ayant servi dans la guerre de 1701, maréchal en 1747.

COIGNI (François de Franquetot, duc de), longtemps officier général sous Louis XIV, maréchal en 1734, a gagné deux batailles en Italie [1].

COLIGNI (Gaspard de), petit-fils de l'amiral; maréchal en 1622; il commanda l'armée de Louis XIII contre les troupes rebelles du comte de Soissons. Tué à La Marfée : mort en 1646.

CRÉQUI (François de Bonne de), maréchal en 1668; mort avec la réputation d'un homme qui devait remplacer le vicomte de Turenne, en 1687. Il était de la maison de Blanchefort.

DURAS (Jacques-Henri de Durfort, duc de), neveu du vicomte de Turenne, fut maréchal en 1675, immédiatement après la mort de son oncle : mort en 1704.

DURAS (Jean-Baptiste de Durfort, duc de), maréchal de camp sous Louis XIV; maréchal de France en 1741 [2]; fils de Jacques-Henri, et père du maréchal de Duras actuellement vivant.

ESTAMPES (Jacques de La Ferté-Imbaut d'), maréchal en 1651 : mort en 1668 [3].

ESTRÉES (François-Annibal, duc d'), maréchal en 1626. Ce qui est très singulier, c'est qu'à l'âge de quatre-vingt-treize ans il se remaria avec mademoi-

---

[1] Voyez, tome XXI, le chapitre IV du *Précis du Siècle de Louis XV*. B.

[2] La fin de cet alinéa est posthume. J.-B. de Duras est mort en 1770; son fils Emmanuel-Félicité, créé maréchal le 24 mars 1775, est mort en 1789. B.

[3] Après ESTAMPES aurait dû être placé ESTRADES, qui, oublié ici comme maréchal, ne l'a pas été dans le *Catalogue des écrivains*. B.

selle de Manicamp, qui fit une fausse couche. Il mourut à plus de cent ans, en 1670.

Estrées (Jean, comte d'), vice-amiral en 1670, et maréchal en 1681 : mort en 1707.

Estrées (Victor-Marie, duc d'), fils de Jean d'Estrées, vice-amiral de France, comme son père, avant d'être maréchal. Il est à remarquer qu'en cette qualité de vice-amiral de France il commandait les flottes française et espagnole en 1701; maréchal en 1703. Mort en 1737.

Fabert (Abraham), maréchal en 1658. On s'est obstiné à vouloir attribuer sa fortune et sa mort à des causes surnaturelles. Il n'y eut d'extraordinaire en lui que d'avoir fait sa fortune uniquement par son mérite, et d'avoir refusé le cordon de l'ordre, quoiqu'on le dispensât de faire des preuves [1]. On prétend que le cardinal Mazarin lui proposant de lui servir d'espion dans l'armée, il lui dit : « Peut-être faut-il à « un ministre de braves gens et des fripons. Je ne « puis être que du nombre des premiers. » Mort en 1662.

Fare (de La), fils du marquis de La Fare, célèbre par ses poésies agréables; officier dans la guerre de 1701, maréchal en 1746.

---

[1] Fabert ne fut pas dispensé des preuves de noblesse; ce fut lui qui refusa ce que le roi lui offrait, parceque, dit-il dans sa lettre du 11 décembre 1668, « pour recevoir cet honneur il faudrait que je mentisse. » Louis XIV, dans sa réponse à Fabert, témoigne son admiration pour ce rare exemple de probité, et exprime ses regrets de ne pouvoir accorder de dispense; ce qui serait renverser le fondement des ordres du roi : voyez, dans le *Mercure*, 1769, second volume d'octobre, page 134, la lettre de Saint-Foix, dans laquelle sont rapportées celles de Fabert et du roi. B.

Ferté-Sennecterre (Henri, duc de La), fait maréchal de camp sur la brèche de Hesdin, commanda l'aile gauche à la bataille de Rocroi ; maréchal en 1651 : mort en 1681.

Force (Jacques Nompar de Caumont, duc de La), maréchal en 1622. C'est lui qui échappa au massacre de la Saint-Barthélemi, et qui a écrit cet événement dans des Mémoires[1] conservés dans sa maison. Mort à quatre-vingt-dix-sept ans, en 1652.

Foucault (Louis), comte de Daugnon, maréchal en 1653 : mort en 1659.

Gassion (Jean de), élève du grand Gustave, maréchal en 1643. Il était calviniste. Il ne voulut jamais se marier, disant qu'il fesait trop peu de cas de la vie pour en faire part à quelqu'un. Tué au siége de Lens, en 1647.

Grammont (Antoine de), maréchal en 1641 : mort en 1678.

Grammont (Antoine de), petit-fils du précédent, maréchal en 1724, père du duc de Grammont, tué à la bataille de Fontenoi : mort en 1725.

Grancei (Jacques Rouxel, comte de), maréchal en 1651 : mort en 1680.

Guébriant (Jean-Baptiste Budes, comte de), maréchal en 1642, l'un des grands hommes de guerre de son temps ; tué, en 1643, au siége de Rotveil, enterré avec pompe à Notre-Dame.

Harcourt (Henri, duc d'). On peut dire que c'est

---

[1] On en trouve un fragment dans le *Mercure* de novembre 1765, pages 31-51 ; et c'est sans doute sur ce fragment qu'a été rédigé le récit qui forme une des dernières notes du second chant de *la Henriade* : voyez tome X. B.

lui qui mit fin à l'ancienne inimitié des Français et des Espagnols, lorsqu'il était ambassadeur à Madrid. Sa dextérité et son art de plaire disposèrent si favorablement la cour d'Espagne, qu'enfin Charles II n'eut point de répugnance à instituer son héritier un petit-fils de Louis XIV. Il devait commander à la place du maréchal de Villars, l'année de la belle campagne de Denain; mais il lui aurait été difficile de mieux faire. Maréchal en 1703 : mort en 1718. Son fils maréchal depuis, en 1746.

Hocquincourt (Charles de Monchi), maréchal en 1651 : tué en servant les ennemis devant Dunkerque, en 1658.

Hospital-Vitri (Nicolas de L'), capitaine des gardes de Louis XIII; maréchal en 1617, pour avoir tué le maréchal d'Ancre : mais il mérita d'ailleurs cette dignité par de belles actions. On le compte parmi les maréchaux de ce siècle, parcequ'il mourut sous Louis XIV, en 1644.

Humières (Louis de Crevant, duc d'), maréchal en 1668 : mort en 1694.

Isenghien (d'), de la maison de Gand, officier sous Louis XIV, maréchal en 1741.

Joyeuse (Jean-Armand de), maréchal de France en 1693 : mort en 1710.

Lorges (Gui-Aldonce de Durfort, duc de), neveu du vicomte de Turenne; maréchal en 1676 : mort en 1702.

Luxembourg (François-Henri de Montmorenci, duc de), l'élève du grand Condé; maréchal en 1675. Il y a eu sept maréchaux de ce nom, indépendamment des connétables ; et depuis le onzième siècle, on n'a guère vu de règne sans un homme de cette maison à la tête des armées. Mort en 1695.

Luxembourg (Christian-Louis de Montmorenci), petit-fils du précédent, s'est signalé dans la guerre de 1701. Maréchal en 1747.

Maillebois (Jean-Baptiste-François, marquis de), fils du ministre d'état Desmarets, s'étant signalé dans toutes les occasions pendant la guerre de 1701 ; fait maréchal en 1741.

Marsin ou Marchin (Ferdinand, comte de), ayant passé du service de la maison d'Autriche à celui de France ; maréchal en 1703 : tué à Turin en 1706.

Matignon (Charles-Auguste Goyon de Gacé de), maréchal en 1708 : mort en 1729.

Maulevrier-Langeron, maréchal en 1745.

Médavi (Jacques-Léonor Rouxel de Grancei, comte de), n'a été fait maréchal qu'en 1724, quoiqu'il eût gagné une bataille complète en 1706 : mort en 1725.

Meilleraye (Charles de La Porte, duc de La), fait maréchal en 1639, sous Louis XIII, qui lui donna le bâton de maréchal sur la brèche de la ville de Hesdin. Il était grand-maître de l'artillerie, et avait la réputation d'être le meilleur général pour les siéges. Mort en 1664.

Montesquiou-d'Artagnan (Pierre de), maréchal en 1709 : mort en 1725.

Montrevel (Nicolas-Auguste de La Baume, marquis de), maréchal en 1703 : mort en 1716.

Mothe-Houdancourt (Philippe de La), maréchal

en 1642. Il fut mis au château de Pierre-Encise en 1645; et il est à remarquer qu'il n'y a aucun général qui n'ait été emprisonné ou exilé sous les ministères de Richelieu et Mazarin. Mort en 1657. Son petit-fils maréchal en 1747.

NANGIS (Louis-Armand de Brichanteau, marquis de), servit avec distinction, sous le maréchal de Villars, dans la guerre de 1701. Maréchal sous Louis XIV: mort en 1742.

NAVAILLES (Philippe de Montault-Bénac, duc de), maréchal en 1675, commanda à Candie sous le duc de Beaufort, et après lui. Mort en 1684.

NOAILLES (Anne-Jules, duc de), maréchal en 1693. Il se signala en Espagne, où il gagna la bataille du Ter. Mort en 1708.

NOAILLES (Adrien-Maurice de), fils du précédent, général d'armée dans le Roussillon, en 1706, grand d'Espagne en 1711; après avoir pris Gironne. Il n'a été maréchal de France qu'en 1734. Il gouverna les finances en 1715, et a été depuis ministre d'état. Personne n'a écrit des dépêches mieux que lui. M. l'abbé Millot a publié, en 1777, des *Mémoires*[1] tirés de ses manuscrits; on y trouve des anecdotes curieuses sur les deux règnes où il a vécu. Ses deux fils ont été faits maréchaux de France en 1755. Mort en 1766.

PLESSIS-PRASLIN (César, duc de Choiseul, comte de), maréchal en 1645. Ce fut lui qui eut la gloire de battre le vicomte de Turenne à Rethel, en 1650. Mort en 1675.

[1] Voyez, tome L, l'article de Voltaire sur ces *Mémoires*, parmi les *Articles extraits du journal de politique et de littérature*. B.

Puységur (Jacques de Chastenet, marquis de), maréchal en 1734, fils de Jacques, lieutenant général sous Louis XIII et Louis XIV, qui s'est acquis beaucoup de considération, et qui a laissé des Mémoires. Le maréchal a écrit sur la guerre[1]. C'était un homme que le ministère consultait dans toutes les affaires critiques.

Rantzau (Josias, comte de), d'une famille originaire du duché de Holstein, maréchal en 1645, catholique la même année, mis en prison en 1649, pendant les troubles, relâché ensuite : mort en 1650. Il avait été souvent blessé ; et Bautru disait de lui « qu'il ne lui était resté qu'un de tout ce dont les « hommes peuvent avoir deux. » On lui fit une épitaphe qui finissait par ce vers :

> Et Mars ne lui laissa rien d'entier que le cœur.

Richelieu (Louis-François-Armand du Plessis, duc de), brigadier sous Louis XIV, général d'armée à Gênes, maréchal en 1748, a pris l'île de Minorque sur les Anglais, en 1756.

Rochefort (Henri-Louis d'Aloigni, marquis de), maréchal en 1675 : mort en 1776.

Roquelaure (Gaston-Jean-Baptiste-Antoine, duc de), maréchal en 1724.

Rosen ou Rose (Conrad de), d'une ancienne maison de Livonie, vint d'abord servir simple cavalier dans le régiment de Brinon ; mais son mérite et sa naissance ayant été bientôt connus, il fut élevé de grade en grade. Jacques II le fit général de ses troupes en

---

[1] Voyez son article dans le *Catalogue des écrivains*. B.

Irlande. Maréchal de France en 1703 : mort à l'âge de quatre-vingt-sept ans, en 1715.

SAINT-LUC (Timoléon d'Épinai, seigneur de), fils du brave Saint-Luc, dont l'éloge est dans Brantôme; maréchal en 1628 : mort en 1644.

SCHOMBERG (Frédéric-Armand), élève de Frédéric-Henri, prince d'Orange; maréchal en 1675, duc de Mertola en Portugal, gouverneur et généralissime de Prusse, duc et général en Angleterre. Il était protestant zélé, et quitta la France à la révocation de l'édit de Nantes. Tué à la bataille de La Boyne, en 1690.

SCHULEMBERG (Jean de), comte de Mondejeu, originaire de Prusse; maréchal en 1658 : mort en 1671.

TALLARD (Camille de Hostun, duc de). Ce fut lui qui conclut les deux traités de partage. Maréchal en 1703, ministre d'état en 1726 : mort en 1728.

TESSÉ (René de Froulai, comte de), maréchal en 1703 : mort en 1725.

TOURVILLE (Anne-Hilarion de Costentin, comte de), se fit connaître, étant chevalier de Malte, par ses exploits contre les Turcs et les Barbaresques. Vice-amiral en 1690, il remporta une victoire complète sur les flottes d'Angleterre et de Hollande, et perdit, en 1692, celle de La Hogue; défaite qui l'a rendu plus célèbre que ses victoires. Maréchal de France en 1693 : mort en 1701.

TURENNE (Henri de La Tour d'Auvergne, vicomte de), né en 1611; maréchal de France en 1644, maréchal général en 1660 : mort en 1675.

UXELLES (Nicolas Châlon du Blé, marquis d'), maréchal en 1703, président du conseil des affaires étrangères en 1718 : mort en 1730.

Vauban (Sébastien Le Prêtre, marquis de), maréchal en 1703 : mort en 1707[1].

Villars (Louis-Claude, duc de), qui prit le nom d'Hector, maréchal en 1702, président du conseil de guerre en 1718[2], représenta le connétable au sacre de Louis XV en 1722. Mort en 1734. Il est assez mention de lui dans cette histoire, ainsi que de Turenne.

Villeroi (Nicolas de Neuville, duc de), gouverneur de Louis XIV en 1646; maréchal la même année : mort en 1685.

Villeroi (François de Neuville, duc de), fils du précédent, gouverneur de Louis XV, maréchal en 1693. Son père et lui ont été chefs du conseil des finances, titre sans fonction qui leur donnait entrée au conseil. Mort en 1730.

Vivonne (Louis-Victor de Rochechouart, duc de), gonfalonier de l'Église, général des galères, vice-roi de Messine ; maréchal de France en 1675. On ne le compte point comme le premier maréchal de la marine, parcequ'il servit long-temps sur terre : mort en 1688.

GRANDS AMIRAUX DE FRANCE

SOUS LE RÈGNE DE LOUIS XIV.

Armand de Maillé, marquis de Brézé, grand-

---

[1] Il a place, ci-après, dans le *Catalogue des écrivains*. R.

[2] Ce fut au conseil de régence que Villars fut admis en 1718; il était président du conseil de guerre dès 1715. Villars a aussi place dans le *Catalogue des écrivains*. R.

maître, chef et surintendant-général de la navigation et du commerce de France en 1643 : tué sur mer d'un coup de canon, le 14 juin 1646.

Anne D'AUTRICHE, reine régente, surintendante des mers de France en 1646 : elle s'en démit en 1650.

César, duc DE VENDÔME et de Beaufort, grand-maître et surintendant-général de la navigation et du commerce de France en 1650.

François DE VENDÔME, duc de Beaufort, fils de César, tué au combat de Candie le 25 juin 1669.

Louis de Bourbon, comte de VERMANDOIS, légitimé de France, amiral au mois d'août 1669, âgé de deux ans : mort en 1683.

Louis-Alexandre DE BOURBON, légitimé de France, comte de Toulouse, amiral en 1683, et mort en 1737.

GÉNÉRAUX DES GALÈRES DE FRANCE

SOUS LE RÈGNE DE LOUIS XIV.

Armand-Jean du Plessis, duc DE RICHELIEU, pair de France en 1643, du vivant de François son père; et se démit de cette charge en 1661.

François, marquis DE CRÉQUI, lui succéda, et se démit en 1669, un an après avoir été nommé maréchal de France.

Louis-Victor DE ROCHECHOUART, comte, puis duc DE VIVONNE, prince de Tonnai-Charente, en 1669.

Louis DE ROCHECHOUART, duc DE MORTEMAR, en survivance de son père : mort le 3 avril 1688.

Louis-Auguste DE BOURBON, légitimé de France,

prince de Dombes, duc du Maine et d'Aumale, en 1688; et s'en démit en 1694.

Louis-Joseph, duc DE VENDÔME, en 1694 : mort en 1712.

René, sire DE FROULAI, comte DE TESSÉ, maréchal de France en 1712, et s'en démit en 1716.

Le chevalier D'ORLÉANS[1], en 1716 : mort en 1748. Après lui cette dignité a été réunie à l'amirauté.

MINISTRE D'ÉTAT.

Giulio MAZARINI, cardinal, premier ministre, d'une ancienne famille de Sicile transplantée à Rome, fils de Pietro Mazarini et d'Hortenzia Bufalini, né en 1602; employé d'abord par le cardinal Sacchetti. Il arrêta les deux armées française et espagnole prêtes à se charger auprès de Casal, et fit conclure la paix de Quérasque, en 1631. Vice-légat à Avignon, et nonce extraordinaire en France en 1634. Il apaisa les troubles de Savoie, en 1640, en qualité d'ambassadeur extraordinaire du roi. Cardinal en 1641, à la recommandation de Louis XIII. Entièrement attaché à la France depuis ce temps-là. Admis au conseil suprême, le 5 décembre 1642, sous le nom de *spécial conseiller*. Il y prit place au-dessus du chancelier. Déclaré seul conseiller de la reine régente pour les affaires ecclésiastiques, par le testament de Louis XIII. Parrain de Louis XIV avec la princesse de Condé-Montmorenci.

[1] Jean-Philippe, dit le chevalier d'Orléans, né en 1702, enfant naturel de Philippe d'Orléans, régent, et d'une demoiselle Lebel, fille d'honneur de la duchesse d'Orléans. Cl.

Il se désista d'abord de la préséance sur les princes du sang, que le cardinal de Richelieu avait usurpée; mais il précédait les maisons de Vendôme et de Longueville: après le traité des Pyrénées, il prit le pas en lieu tiers sur le grand Condé. Il n'eut point de lettres patentes de premier ministre, mais il en fit les fonctions. On en a expédié pour le cardinal Dubois. Philippe d'Orléans, petit-fils de France, a daigné en recevoir après sa régence. Le cardinal de Fleuri n'a jamais eu ni la patente, ni le titre. Le cardinal Mazarin, mort en 1661.

CHANCELIERS.

Charles DE L'AUBESPINE, marquis de Châteauneuf, long-temps employé dans les ambassades. Garde des sceaux en 1630, mis en prison en 1633 au château d'Angoulême, où il resta dix ans prisonnier. Garde des sceaux en 1650, démis en 1651, vécut et mourut dans les orages de la cour. Mort en 1653.

Pierre SÉGUIER, chancelier, duc de Villemor, pair de France. Il apaisa les troubles de la Normandie en 1639, hasarda sa vie à la journée des barricades. Il fut toujours fidèle dans un temps où c'était un mérite de ne l'être pas. Il ne contesta point au père du grand Condé la préséance dans les cérémonies, quand il y assistait avec le parlement. Homme équitable, savant, aimant les gens de lettres, il fut le protecteur de l'Académie française [1], avant que ce corps libre, composé des premiers seigneurs du royaume et des pre-

---

[1] Voyez tome XXII, page 249. B.

miers écrivains, fût en état de n'avoir jamais d'autre protecteur que le roi. Mort à quatre-vingt-quatre ans, en 1672.

Matthieu MOLÉ, premier président du parlement de Paris en 1641, garde des sceaux en 1651, magistrat juste et intrépide. Il n'est pas vrai, comme le disent deux nouveaux dictionnaires [1], que le peuple voulut l'assassiner; mais il est vrai qu'il en imposa toujours aux séditieux par son courage tranquille. Mort en 1656.

Étienne D'ALIGRE, chancelier en 1674, fils d'un autre Étienne, chancelier sous Louis XIII. Mort en 1677.

Michel LE TELLIER, chancelier en 1677, père de l'illustre marquis de Louvois. Sa mémoire a été honorée d'une oraison funèbre par le grand Bossuet. Mort en 1685.

Louis BOUCHERAT, chancelier en 1685. Sa devise était un coq sous un soleil, par allusion à la devise de Louis XIV. Les paroles étaient, *Sol reperit vigilem*. Mort en 1699.

Louis PHÉLYPEAUX, comte de Pontchartrain, descendant de plusieurs secrétaires d'état, chancelier en 1699. Se retira à l'institution de l'Oratoire en 1714. Mort en 1727.

Daniel-François VOISIN, mort en 1717, prédécesseur du célèbre D'Aguesseau.

---

[1] L'un de ces dictionnaires est celui de Barral et Guibaud, dont il est parlé tome XXVIII, page 348; l'autre est le dictionnaire connu sous le nom de Chaudon, son premier et principal auteur, dont la première édition est de 1766, en quatre volumes in-8°. La phrase de Voltaire fut ajoutée dans l'édition de 1768 du *Siècle de Louis XIV*. B.

SURINTENDANTS DES FINANCES [1].

Claude LE BOUTHILLIER, d'abord surintendant, conjointement avec Claude de Bullion, en 1632; seul en 1640. Ce fut lui qui le premier fit imposer les tailles par les intendants. Retiré en 1643. Mort en 1655.

Nicolas BAILLEUL, marquis de Château-Gontier, président du parlement, surintendant des finances, en 1643 jusqu'en 1648; mort en 1652 : plus versé dans la connaissance du barreau que dans celle des finances. Il eut sous lui, pour contrôleur-général, Particelli, dit Émeri, connu par ses déprédations [2].

Cet Émeri était le fils d'un paysan de Sienne, placé par le cardinal Mazarin. Il disait que les ministres des finances n'étaient faits que pour être maudits.

Émeri imagina bien des sortes d'impôts, de nouveaux offices de jurés mesureurs et porteurs de charbon; de mouleurs, chargeurs et porteurs de bois; de premiers commis de la taille et des ponts-et-chaussées, du sou pour livre, d'augmentations de gages; de contrôleurs des amendes et des épices, etc.

Le même Émeri fut surintendant en 1648; mais, quelques mois après, on le sacrifia à la haine publique en l'exilant.

Le maréchal duc DE LA MEILLERAYE, surintendant

---

[1] La place de surintendant était la première au conseil quand il n'y avait point de premier ministre. De là vient que le cardinal de Richelieu fut obligé de briguer, en 1623 et 1624, la faveur du marquis, depuis duc de La Vieuville, surintendant, pour entrer au conseil. K.

[2] Voyez tome XXII, pages 255 et 264; et, ci-après, le chap. IV. B.

en 1648, pendant l'exil d'Émeri. On avait déjà vu des guerriers dans cette place. Il avait la probité du duc de Sulli, mais non pas ses ressources. Il vint dans le temps le plus difficile, et le duc de Sulli n'avait eu la surintendance qu'après la guerre civile. Il taxa tous les financiers et tous les traitants. La plupart firent banqueroute, et on ne trouva plus d'argent. Il abandonna la surintendance en 1649. Mort en 1664.

ÉMERI reprit la surintendance immédiatement après la démission du maréchal. Un Italien, nommé Tonti, imagina alors les emprunts en rentes viagères, rentes distribuées en plusieurs classes, et qui sont payées au dernier vivant de chaque classe. Elles furent appelées Toutines, du nom de l'inventeur. Il y en eut pour un million vingt-cinq mille livres annuelles, ce qui forma un revenu prodigieux pour le dernier qui survécut; invention qui charge l'état pour un siècle, mais moins onéreuse que celle des rentes perpétuelles, qui chargent l'état pour toujours. Mort en 1650.

Claude DE MESME, comte D'AVAUX, d'une ancienne maison en Guienne, homme de lettres qui unissait l'esprit et les graces à la science; plénipotentiaire avec Servien; chéri de tous les négociateurs autant que Servien en était redouté. Surintendant en 1650 : mort la même année.

Charles, duc DE LA VIEUVILLE, le même que le cardinal de Richelieu avait fait chasser du conseil, et enfermer dans le château d'Amboise, en 1624; qui, échappé de ce château, avait fui en Angleterre, et qui avait été condamné à mort par contumace. Créé duc et pair en 1651, et surintendant la même année. Mort en 1653.

René de Longueil, marquis de Maisons, président à mortier, surintendant en 1651. Il ne le fut qu'un an. On a prétendu qu'il avait bâti pendant cette année le château de Maisons [1], qui est un des plus beaux de l'Europe; mais il fut construit un an auparavant. C'est le coup d'essai et le chef-d'œuvre de François Mansard, qui était alors un jeune homme, et simple maçon. Il y a sur cela une singulière anecdote, que plusieurs personnes ont apprise comme moi du petit-fils [2] du surintendant. Son hôtel, démoli aujourd'hui, formait un impasse dans la rue des Prouvaires. Un jour, en fesant fouiller dans un ancien petit caveau, il y trouva quarante mille pièces d'or au coin de Charles IX. C'est avec cet argent que le château de Maisons fut bâti. Mort en 1677.

On voit que les surintendants se succédaient rapidement dans ces troubles.

Abel Servien, après avoir négocié la paix de Westphalie avec le duc de Longueville et le comte d'Avaux, et en ayant eu le principal honneur, surintendant en 1653, conjointement avec Nicolas Fouquet, administra jusqu'à sa mort, arrivée en 1659. Mais Fouquet eut toujours la principale direction.

Nicolas Fouquet, marquis de Belle-Isle, surintendant en 1653, quoiqu'il fût procureur-général du

---

[1] Près de Saint-Germain. Voyez, dans la *Correspondance*, la lettre au baron de Breteuil, janvier 1724. B.

[2] Ce petit-fils, ami de Voltaire, mourut en 1731; voyez, dans la *Correspondance*, la lettre à Cideville du 27 septembre 1731. B.

parlement de Paris. On a imprimé par erreur, dans les premières éditions du *Siècle de Louis XIV*, qu'il dépensa dix-huit cent mille francs à bâtir son palais de Vaux, aujourd'hui Villars; c'est une erreur de typographie : il y prodigua dix-huit millions de son temps, qui en feraient près de trente-six du nôtre.

Le cardinal Mazarin, depuis son retour en 1653, se fesait donner, par le surintendant, vingt-trois millions par an pour les dépenses secrètes. Il achetait à vil prix de vieux billets décriés, et se fesait payer la somme entière. Ce fut ce qui perdit Fouquet. Jamais dissipateur des finances royales ne fut plus noble et plus généreux que ce surintendant. Jamais homme en place n'eut plus d'amis personnels, et jamais homme persécuté ne fut mieux servi dans son malheur. Condamné cependant au bannissement perpétuel [1], par commissaires, en 1664 : mort ignoré en 1680 [2].

Après sa disgrace, la place de surintendant fut supprimée.

Sous les surintendants il y avait des contrôleurs-généraux. Le cardinal Mazarin nomma à cette place un étranger, calviniste d'Augsbourg, nommé Barthélemi Hervart, qui était son banquier. Cet Hervart avait en effet rendu les plus grands services à la couronne. Ce fut lui qui, après la mort du duc Bernard de Saxe-Veimar, donna son armée à la France, en avançant tout l'argent nécessaire. Ce fut lui qui retint cette même armée et d'autres régiments dans le service du roi, lorsque le vicomte de Turenne voulut la faire

---

[1] Voyez, ci-après, tome XX, le chap. xxv. B.
[2] Voyez ma note, tome XXVI, page 319, et tome XX, chapitre 25. B.

révolter, en 1648. Il avança deux millions cinq cent mille livres de la monnaie d'alors pour la retenir dans le devoir; deux importants services qui prouvent qu'on n'est le maître qu'avec de l'argent.

Lorsqu'on arrêta le surintendant Fouquet, il prêta encore au roi deux millions. Il jouait un jeu prodigieux, et perdit souvent cent mille écus dans une séance. Cette profusion l'empêcha d'avoir la première place. Le roi eut avec raison plus de confiance en Colbert. Hervart, mort simple conseiller d'état, en 1676.

Sa famille quitta le royaume après la révocation de l'édit de Nantes, et porta des biens immenses dans les pays étrangers.

SECRÉTAIRES D'ÉTAT

ET CONTROLEURS-GÉNÉRAUX DES FINANCES.

Henri-Auguste DE LOMÉNIE, comte DE BRIENNE, eut le département des affaires étrangères pendant la minorité de Louis XIV. Sa fierté ne lui fit point de tort, parcequ'elle était fondée sur des sentiments d'honneur. Nous avons de lui des *Mémoires* [1] instructifs. Mort en 1666.

François SUBLET DES NOYERS, retiré en 1643, mort en 1645.

Léon LE BOUTHILLIER DE CHAVIGNI, fils de Claude Le Bouthillier, eut le département de la guerre : mort en 1652.

[1] 1719, trois volumes in-12. B.

Louis PHELYPEAUX, marquis DE LA VRILLIÈRE, eut le département des affaires du royaume : mort en 1681.

Louis PHELYPEAUX, son fils, fut reçu en survivance; mais la charge fut donnée à un autre de ses enfants, Balthasar Phelypeaux, qui eut pour successeur un autre Louis Phelypeaux, son fils. Balthasar Phelypeaux, reçu en survivance en 1669, entre en exercice en 1676 : mort en 1700. Tous trois estimés pour leurs vertus, et aimés pour leur douceur. Cette charge de secrétaire d'état est restée sans interruption dans la famille des Phelypeaux pendant cent soixante-cinq ans, depuis Paul Phelypeaux, fait secrétaire d'état en 1610, jusqu'à Louis Phelypeaux, duc de la Vrillière, retiré en 1775 [1].

Henri-Louis DE LOMÉNIE, comte DE BRIENNE, fils de Henri-Auguste, eut la vivacité de son père, mais n'en eut pas les autres qualités. Étant conseiller d'état dès l'âge de seize ans, et destiné aux affaires étrangères, envoyé en Allemagne pour s'instruire, il alla jusqu'en Finlande, et écrivit ses voyages en latin. Il exerça la charge de secrétaire d'état des affaires étrangères à vingt-trois ans; mais ayant perdu sa femme, Henriette de Chavigni, il en fut si affligé que son esprit s'aliéna; on fut obligé de l'éloigner de la société. Le reste de sa vie fut très malheureux. On a déchiré sa mémoire dans les derniers *Dictionnaires histo-*

---

[1] Mort en 1777. Il avait porté successivement les noms de Phelippeaux, comte de Saint-Florentin, duc de la Vrillière. On lui fit cette épitaphe :

Ci gît un petit homme à l'air assez commun,
Ayant porté trois noms, et n'en laissant aucun.   B.

riques [1] ; on devait montrer de la compassion pour son état et de la considération pour son nom [2].

Hugues, marquis de Lyonne, d'une ancienne maison de Dauphiné, eut les affaires étrangères jusqu'en 1670. On a de lui des Mémoires. C'était un homme aussi laborieux qu'aimable : son fils avait obtenu la survivance de sa charge; mais à la mort du père elle fut donnée à M. de Pomponne. Mort en 1671.

Jean-Baptiste Colbert s'avança uniquement par son mérite. Il parvint à être intendant du cardinal Mazarin. S'étant instruit à fond de toutes les parties du gouvernement, et particulièrement des finances, il devint un homme nécessaire dans le délabrement où le cardinal Mazarin, le surintendant Fouquet, et encore plus le malheur des temps, avaient mis les finances. Louis XIV le fit travailler secrètement avec lui pour s'instruire. Il perdit Fouquet de concert avec Le Tellier, alors secrétaire d'état; mais il se fit pardonner cet acharnement par l'ordre invariable qu'il mit dans les finances, et par des services dont on ne doit point perdre la mémoire. Contrôleur-général en 1664, on peut le regarder comme le fondateur du commerce et le protecteur de tous les arts : il n'a point négligé l'agriculture, comme on le dit dans tant de livres nouveaux. Son génie et ses soins ne pouvaient négliger cette partie essentielle. On ne peut lui reprocher peut-être que d'avoir cédé au préjugé qui ne

---

[1] Voyez ma note, page 35. B.

[2] Né le 13 janvier 1636, Henri-Louis, ou plutôt Louis-Henri, est mort le 17 avril 1698. Ses *Mémoires* ont été publiés en 1828, deux volumes in-8°, qui ont des préliminaires et des éclaircissements aussi amples que l'ouvrage. B.

voulait pas que le commerce des grains avec l'étranger restât libre. Mort en 1683.

Jean-Baptiste COLBERT, marquis de SEIGNELAI, fils du précédent, d'un esprit plus vaste encore que son père, beaucoup plus brillant et plus cultivé : secrétaire d'état de la marine, qu'il rendit la plus belle de l'Europe. Mort en 1690.

Charles COLBERT DE CROISSI, frère du grand Colbert; secrétaire d'état des affaires étrangères, en 1679, après plusieurs ambassades glorieuses. Il eut la place de secrétaire d'état d'Arnauld de Pomponne; mais on le place ici pour ne pas interrompre la liste des Colbert. Mort en 1696.

Jean-Baptiste COLBERT, marquis de TORCI, fils du précédent, secrétaire d'état des affaires étrangères, à la mort de son père. Il joignit la dextérité à la probité, ne donna jamais de promesse qu'il ne tînt, fut aimé et respecté des étrangers. Mort en 1746.

Simon ARNAULD DE POMPONNE, secrétaire d'état des affaires étrangères en 1671, homme savant et de beaucoup d'esprit, ainsi que presque tous les Arnauld, chéri dans la société, et préférant quelquefois les agréments de cette société aux affaires, renvoyé en 1679, et remplacé par le marquis de Croissi. Il ne fut point secrétaire d'état toute sa vie, comme le disent les nouveaux Dictionnaires historiques; mais le roi lui conserva le titre de ministre d'état, avec la permission d'entrer au conseil, permission dont il n'usa pas. Mort en 1699.

Michel LE TELLIER, le chancelier, secrétaire d'état jusqu'en 1666.

François-Michel LE TELLIER, marquis de Louvois, le plus grand ministre de la guerre qu'on eût vu jusqu'alors, secrétaire d'état en 1666. Il fut plus estimé qu'aimé du roi, de la cour, et du public; il eut le bonheur, comme Colbert, d'avoir des descendants qui ont fait honneur à sa maison, et même des maréchaux de France; il n'est pas vrai qu'il mourut subitement au sortir du conseil, comme on l'a dit dans tant de livres et de dictionnaires. Il prenait les eaux de Balaruc, et voulait travailler en les prenant : cette ardeur indiscrète de travail causa sa mort, en 1691[1].

Louis-François-Marie LE TELLIER, marquis de BARBESIEUX, fils du marquis de Louvois, secrétaire d'état de la guerre, après la mort de son père, jeune homme qui commença par préférer les plaisirs et le faste au travail. Mort à trente-trois ans, en 1701.

Claude LE PELLETIER, président aux enquêtes, prévôt des marchands, homme de bien, modeste, retiré, travailla au code de droit canon. Cette étude ne paraissait pas le désigner pour successeur du grand Colbert; cependant il le fut en 1683. On dit[2] au roi qu'il n'était pas propre pour cette place, parcequ'il n'était pas assez dur : c'est pour cela que je le choisis, répondit Louis XIV. Il quitta le ministère et la cour au bout de six ans. Toute sa famille a été renommée, comme lui, pour son intégrité. Mort en 1711.

Louis PHÉLYPEAUX, comte de Pontchartrain, le même qui fut chancelier, commença par être premier

---

[1] Le 16 juillet. Voyez, tome XX, une des notes sur le chap. XXVII. B.
[2] Ce fut le chancelier Le Tellier : voyez tome XX, chap. XXX. B.

président du parlement de Bretagne; contrôleur-général en 1690, après la retraite du contrôleur-général Le Pelletier; secrétaire d'état après la mort du marquis de Seignelai, la même année 1690. C'est lui qui, par l'avis de l'abbé Bignon, soumit toutes les académies aux secrétaires d'état, excepté l'académie française, qui ne pouvait dépendre que du roi.

Jérôme Phelypeaux, comte de Pontchartrain, fils du précédent, secrétaire d'état du vivant de son père le chancelier, exclu par le duc d'Orléans, à la mort de Louis XIV.

Michel de Chamillart, conseiller d'état, contrôleur-général en 1699, secrétaire d'état de la guerre en 1701, homme modéré et doux, ne put porter ces deux fardeaux dans des temps difficiles, obligé bientôt de les quitter : son fils, qui avait la survivance du ministère de la guerre, se démit, en 1709, en même temps que lui. Mort en 1721.

Daniel Voisin, secrétaire d'état de la guerre en 1709, exerça le ministère, quoique chancelier, en 1714, jusqu'à la mort de Louis XIV.

Nicolas Desmarets, contrôleur-général en 1708, zélé, laborieux, intelligent, ne put réparer les maux de la guerre. Démis après la mort de Louis XIV. En quittant sa place, il donna au régent une apologie de son administration qu'on a imprimée depuis. Il y parle avec franchise des opérations injustes en elles-mêmes auxquelles il a été forcé, par le malheur des temps, pour prévenir de nouveaux malheurs et de plus grandes injustices. Ce mémoire prouve qu'il avait des talents, une grande modestie, et des intentions droites. On peut le regarder comme un modèle de la manière simple, noble, respectueuse, et ferme, qui convient à un ministre obligé de rendre compte de son administration. Il fut immolé à la haine publique, et ses successeurs le firent regretter. Mort en 1721.

CATALOGUE

DE LA PLUPART DES ÉCRIVAINS FRANÇAIS

QUI ONT PARU DANS LE SIÈCLE DE LOUIS XIV,

POUR SERVIR A L'HISTOIRE LITTÉRAIRE DE CE TEMPS.

ABADIE ou LABADIE[1] (Jean), né en Guienne, en 1610, jésuite, puis janséniste, puis protestant, voulut faire enfin une secte et s'unir avec Antoinette Bourignon, qui lui répondit que chacun avait son Saint-Esprit, et que le sien était fort supérieur à celui d'Abadie. On a de lui trente et un volumes[2] de fanatisme. On n'en parle ici que pour montrer l'aveuglement de l'esprit humain. Il ne laissa pas d'avoir des disciples. Mort à Altena, en 1674.

ABBADIE (Jacques), né en Béarn, en 1658, célèbre par son traité *de la Religion chrétienne*, mais qui fit tort ensuite à cet ouvrage par celui de l'*Ouverture des sept sceaux*. Mort en Irlande[3], en 1727.

ACHERI (Dom Jean-Luc d'), bénédictin, grand et judicieux compilateur. Né en 1608, mort en 1685.

---

[1] Son nom est Labadie. B.

[2] Dans l'article sur Labadie, inséré au dix-huitième volume des *Mémoires* de Nicéron, on ne parle que de trente et un volumes ou ouvrages; mais on donne les titres de cinq autres dans le vingtième volume de Nicéron. B.

[3] Mort à Sainte-Mary-le-bone, aujourd'hui renfermé dans l'enceinte de Londres. B.

ALEXANDRE (Noël), né à Rouen, en 1639, dominicain. Il a fait beaucoup d'ouvrages de théologie, et disputé beaucoup sur les usages de la Chine contre les jésuites qui en revenaient. Mort en 1724.

AMELOT DE LA HOUSSAIE (Nicolas), né à Orléans, en 1634. Ses traductions avec des notes politiques et ses histoires sont fort recherchées; ses Mémoires, par ordre alphabétique, sont très fautifs. Il est le premier qui ait fait connaître le gouvernement de Venise. Son histoire déplut au sénat, qui était encore dans l'ancien préjugé qu'il y a des mystères politiques qu'il ne faut pas révéler. On a appris depuis qu'il n'y a plus de mystères, et que la politique consiste à être riche et à entretenir de bonnes armées. Amelot traduisit et commenta *le Prince de Machiavel*, livre long-temps cher aux petits seigneurs qui se disputaient de petits états mal gouvernés, devenu inutile dans un temps où tant de grandes puissances, toujours armées, étouffent l'ambition des faibles. Amelot se croyait le plus grand politique de l'Europe; cependant il ne sut jamais se tirer de la médiocrité, et il mourut dans la misère: c'est qu'il était politique par son esprit, et non par son caractère. Mort en 1706.

AMELOTTE (Denys), né en Saintonge, en 1606, de l'Oratoire. Il est principalement connu par une assez bonne version du *Nouveau Testament*: mort en 1678.

AMONTONS (Guillaume), né à Paris, en 1663, excellent mécanicien: mort le 11 octobre en 1705.

ANCILLON (David), né à Metz, en 1617, calviniste, et son fils Charles, mort à Berlin en 1715, ont eu quelque réputation dans la littérature.

Anselme [1], moine augustin, le premier qui ait fait une histoire généalogique des grands officiers de la couronne, continuée et augmentée par Dufourni, auditeur des comptes. On a une notion très vague de ce qui constitue les grands officiers. On s'imagine que ce sont ceux à qui leur charge donne le titre de *grand*, comme *grand écuyer, grand échanson;* mais le connétable, les maréchaux, le chancelier, sont grands officiers, et n'ont point ce titre de *grand*, et d'autres qui l'ont ne sont point réputés grands officiers. Les capitaines des gardes, les premiers gentilshommes de la chambre, sont devenus réellement de grands officiers, et ne sont pas comptés par le père Anselme. Rien n'est décidé sur cette matière, et il y a autant de confusion et d'incertitude sur tous les droits et sur tous les titres en France, qu'il y a d'ordre dans l'administration. Mort en 1694.

Arnauld (Antoine), vingtième fils de celui qui plaida contre les jésuites, docteur en Sorbonne, né en 1612. Rien n'est plus connu que son éloquence, son érudition, et ses disputes, qui le rendirent si célèbre et en même temps si malheureux, selon les idées ordinaires qui mettent le malheur dans l'exil et dans la pauvreté, sans considérer la gloire, les amis, et une vieillesse saine, qui furent le partage de cet homme fameux. Il est dit dans le supplément au *Moréri* qu'Arnauld, en 1689, pour avoir les bonnes graces de la cour, fit un libelle contre le roi Guillaume, intitulé : « Le vrai portrait de Guillaume-Henri de Nassau, nou-

---

[1] Pierre de Guibours, communément appelé le P. Anselme de Sainte-Marie. B.

« vel Absalon, nouvel Hérode, nouveau Cromwell, nou-
« veau Néron. » Ce style, qui ressemble à celui du père
Garasse, n'est guère celui d'Arnauld. Il ne songea jamais à flatter la cour. Louis XIV eût fort mal reçu un
livre si grossièrement intitulé; et ceux qui attribuent
cet ouvrage et cette intention au fameux Arnauld[1] ne
savent pas qu'on ne réussit point à la cour par des
livres. Mort à Bruxelles, en 1694.

L'auteur du Dictionnaire historique, littéraire, critique, et janséniste[2], dit à l'article *Arnauld* qu'aussitôt
que son livre sur *la Fréquente Communion* parut,
*l'enfer en frémit, et que le jésuite Nouet fit la première
attaque.* Il est difficile de savoir au juste quelle est
l'opinion de l'enfer sur un livre nouveau; et, à l'égard
des hommes, ils ont entièrement oublié le P. Nouet.
Il est très vrai que la plupart des écrits polémiques d'Arnauld ne sont plus connus aujourd'hui. C'est le sort
de presque toutes les disputes. Le Dictionnaire historique, littéraire, critique, et janséniste, s'emporte un
peu contre cette vérité; il a raison : mais l'auteur devrait savoir que les injures prodiguées au sujet des
querelles théologiques sont aujourd'hui aussi méprisées que ces querelles mêmes, et c'est beaucoup dire.

ARNAULD-D'ANDILLI (Robert), frère aîné du précédent, né en 1588, l'un des plus grands écrivains de
Port-Royal. Il présenta à Louis XIV, à l'âge de quatre-vingt-cinq ans, sa traduction de *Josèphe*, qui de tous

---

[1] *Le véritable portrait de Guillaume-Henri de Nassau*, imprimé d'abord en 1689, in-4°, in-8° et in-12, fait aujourd'hui partie du tome XXXVI des OEuvres d'Arnauld. B.

[2] Voyez ma note, tome XXVIII, page 348. B.

ses ouvrages est le plus recherché. Il fut père de Simon Arnauld, marquis de Pomponne, ministre d'état; et ce ministre ne put empêcher ni les disputes ni les disgraces de son oncle le docteur de Sorbonne. Mort en 1674.

AUBERI (Antoine), né en 1616. On a de lui les vies des cardinaux de Richelieu et de Mazarin, ouvrages médiocres, mais dans lesquels on peut s'instruire. Mort en 1695. C'est lui qui le premier fit connaître la fourberie de l'auteur du *Testament politique du cardinal de Richelieu*.

AUBIGNAC (François d'), né en 1604. Il n'eut jamais de maître que lui-même. Attaché au cardinal de Richelieu, il était l'ennemi de Corneille. Sa *Pratique du théâtre* est peu lue; il prouva par sa tragédie de *Zénobie* que les connaissances ne donnent pas les talents. Mort en 1676.

AULNOI (La comtesse d'). Son *Voyage* et ses *Mémoires d'Espagne*, et des romans écrits avec légèreté, lui firent quelque réputation. Morte en 1705.

AVRIGNI (Hyacinthe Robillard d'), jésuite [1], auteur d'une nouvelle manière d'écrire l'histoire. On a de lui des *Annales chronologiques depuis 1601 jusqu'à 1715*. On y voit ce qui s'est passé de plus important dans l'Europe exactement discuté, et en peu de mots; les dates sont exactes. Jamais on n'a mieux su discerner le vrai, le faux, et le douteux. Il a fait aussi des *Mé-*

---

[1] Dans les *Mémoires* de D'Artigny, tome VII, page 21, on avait, en 1756, reproché à Voltaire de n'avoir pas parlé de D'Avrigny ni de Bougeant. L'omission sur D'Avrigny fut réparée en 1763, dans les termes qu'on lit aujourd'hui. Voltaire n'a point donné d'article au P. Bougeant. B.

moires ecclésiastiques [1]; mais ils sont malheureusement infectés de l'esprit de parti. Marcel et lui ont été tous deux effacés par l'*Histoire chronologique de France* du président Hénault, l'ouvrage à-la-fois le plus court, le plus plein que nous ayons en ce genre, et le plus commode pour les lecteurs.

BAILLET (Adrien), né près de Beauvais, en 1649; critique célèbre. Mort en 1706.

BALUZE (Étienne), du Limousin, né en 1630. C'est lui qui a formé le recueil des manuscrits de la bibliothèque de Colbert. Il a travaillé jusqu'à l'âge de quatre-vingt-huit ans. On lui doit sept volumes d'anciens monuments. Exilé pour avoir soutenu les prétentions du cardinal de Bouillon, qui se croyait indépendant du roi, et qui fondait son droit sur ce qu'il était né d'une maison souveraine, et dans la principauté de Sédan, avant que l'échange de cette souveraineté avec le roi eût été consommé. Mort en 1718.

BALZAC (Jean-Louis Guer, de), né en 1594. Homme éloquent, et le premier qui fonda un prix d'éloquence. Il eut le brevet d'historiographe de France et de conseiller d'état, qu'il appelait de magnifiques bagatelles. La langue française lui a une très grande obligation. Il donna le premier du nombre et de l'harmonie à la prose. Il eut de son vivant tant de réputation, qu'un

---

[1] Les ouvrages de D'Avrigny sont intitulés, l'un : *Mémoires chronologiques et dogmatiques pour servir à l'histoire ecclésiastique depuis 1600 jusqu'en 1716*, quatre volumes; l'autre: *Mémoires pour servir à l'histoire universelle de l'Europe, depuis 1600 jusqu'en 1716*, quatre volumes. Le P. Griffet a donné de ces derniers une édition en 1757, cinq volumes in-12, avec additions et corrections. B.

nommé Goulu, général des feuillants, écrivit contre lui deux volumes d'injures. Mort en 1654[1].

BARATIER, le plus singulier peut-être de tous les enfants célèbres. Il doit être compté parmi les Français, quoique né en Allemagne[2]. Son père était un prédicant réfugié. Il sut le grec à six ans, et l'hébreu à neuf. C'est à lui que nous devons la traduction des voyages du Juif *Benjamin de Tudèle* avec des dissertations curieuses. Le jeune Baratier était déjà savant en histoire, en philosophie, en mathématique. Il étonna tous ceux qui le connurent pendant sa vie, et en fut regretté à sa mort; il n'avait que dix-neuf ans lorsqu'il fut ravi au monde; il est vrai que son père travailla beaucoup aux ouvrages de cet enfant.

BARBEYRAC (Jean), né à Béziers, en 1674; calviniste, professeur en droit et en histoire à Lausanne, traducteur et commentateur de *Puffendorf* et de *Grotius*. Il semble que ces *Traités du droit des gens, de la guerre, et de la paix*, qui n'ont jamais servi ni à aucun traité de paix, ni à aucune déclaration de guerre, ni à assurer le droit d'aucun homme, soient une consolation pour les peuples des maux qu'ont faits la politique et la force. Ils donnent l'idée de la justice, comme on a les portraits des personnes célèbres qu'on ne peut voir. Sa préface de *Puffendorf* mérite d'être lue : il y prouve que la morale des Pères est fort inférieure à celle des philosophes modernes. Mort en 1729.

---

[1] Le 18 février 1654, suivant D'Olivet, dans son *Histoire de l'académie française*. B.

[2] Né en 1721, plus de cinq ans après la mort de Louis XIV, il n'est pas de son siècle. B.

BARBIER D'AUCOUR (Jean), connu chez les jésuites sous le nom de l'*Avocat Sacrus*, et dans le monde par sa *Critique des entretiens du P. Bouhours*, et par l'excellent plaidoyer pour un homme innocent appliqué à la question et mort dans ce supplice; il fut longtemps protégé par Colbert, qui le fit contrôleur des bâtiments du roi; mais ayant perdu son protecteur, il mourut dans la misère, en 1694.

BARBIER (Mademoiselle) a fait quelques tragédies [1].

BARON (Michel). On ne croit pas que les pièces qu'il donna sous son nom soient de lui [2]. Son mérite plus reconnu était dans la perfection de l'art du comédien, perfection très rare, et qui n'appartint qu'à lui. Cet art demande tous les dons de la nature, une grande intelligence, un travail assidu, une mémoire imperturbable, et surtout cet art si rare de se transformer en la personne qu'on représente. Voilà pourtant ce qu'on s'obstine à mépriser. Les prédicateurs venaient souvent à la comédie dans une loge grillée étudier Baron, et de là ils allaient déclamer contre la comédie. C'est la coutume que les confesseurs exigent des comédiens mourants qu'ils renoncent à leur profession. Baron avait quitté le théâtre en 1691, par dégoût. Il y avait remonté en 1720, à l'âge de 68 ans: et il y fut encore admiré, jusqu'en l'année 1729. Il était alors âgé de près de soixante et dix-huit ans: il se retira encore et mourut la même année, en protestant qu'il n'avait jamais eu le moindre scrupule

---

[1] Voyez, tome IV, la *Préface* (de 1738) de la *Mort de César*. B.

[2] On les attribue au jésuite Larue et à D'Alègre. Baron, né en 1653, est mort en 1729: voyez ma note, tome XXXVII, page 95. B.

d'avoir déclamé devant le public les chefs-d'œuvre de génie et de morale des grands auteurs de la nation; et que rien n'est plus impertinent que d'attacher de la honte à réciter ce qu'il est glorieux de composer.

BASNAGE (Jacques), né à Rouen en 1653. Calviniste, pasteur à La Haye, plus propre à être ministre d'état que d'une paroisse. De tous ses livres, son *Histoire des Juifs*, celles *des Provinces-Unies* et *de l'Église*, sont les plus estimés. Les livres sur les affaires du temps meurent avec les affaires ; les ouvrages d'une utilité générale subsistent. Mort en 1723.

BASNAGE DE BEAUVAL (Henri), de Rouen, frère du précédent, avocat en Hollande, mais encore plus philosophe, qui a écrit *De la tolérance des Religions*. Il était laborieux, et nous avons de lui le *Dictionnaire de Furetière* augmenté. Mort en 1710.

BASSOMPIERRE (François, maréchal de). Quoique ses *Mémoires*[1] appartiennent au siècle précédent, on peut le compter dans cette liste, étant mort en 1646.

BAUDRAND (Michel-Antoine), né à Paris en 1633, géographe, moins estimé que Sanson. Mort en 1700.

BAYLE[2] (Pierre), né au Carlat dans le comté de Foix, en 1647, retiré en Hollande plutôt comme philosophe que comme calviniste, persécuté pendant sa vie par Jurieu, et après sa mort par les ennemis de

---

[1] Les *Mémoires de Bassompierre*, avec une suite jusqu'alors inédite, sont imprimés aux tomes XIX-XXI de la deuxième série de la *Collection des mémoires relatifs à l'histoire de France*, par Petitot et M. Monmerqué. B.

[2] Bayle a un autre article dans les *Questions sur l'Encyclopédie* (voyez tome XXVII, page 309) ; et dans la septième des *Lettres à son altesse sérénissime le prince de**** (voyez tome XLIII). Voltaire en reparle encore dans l'article RENAUDOT. B.

la philosophie. Ce savant, que Louis Racine appelle un *homme affreux*[1], donnait aux pauvres son superflu : et quand Jurieu lui eut fait retrancher sa pension, il refusa une augmentation de l'honoraire que lui donnait Reiniers Leers, son imprimeur. S'il avait prévu combien son Dictionnaire serait recherché, il l'aurait rendu encore plus utile, en retranchant les noms obscurs, et en y ajoutant plus de noms illustres. C'est par son excellente manière de raisonner qu'il est surtout recommandable, non par sa manière d'écrire, trop souvent diffuse, lâche, incorrecte, et d'une familiarité qui tombe quelquefois dans la bassesse. Dialecticien admirable, plus que profond philosophe, il ne savait presque rien en physique. Il ignorait les découvertes du grand Newton. Presque tous ses articles philosophiques supposent ou combattent un cartésianisme qui ne subsiste plus. Il ne connaissait d'autre définition de la matière que l'étendue : ses autres propriétés reconnues ou soupçonnées ont fait naître enfin la vraie philosophie. On a eu des démonstration nouvelles, et des doutes nouveaux : de sorte qu'en plus d'un endroit le sceptique Bayle n'est pas encore assez sceptique. Il a vécu et il est mort en sage. Des-Maizeaux a écrit sa vie en un gros volume[2]; elle ne devait pas contenir six pages : la vie d'un écrivain sédentaire est dans ses écrits. Mort en 1706.

Il ne faut jamais oublier la persécution que le fa-

---

[1] Dans une *Épître à J.-B. Rousseau*; voyez tome XXVII, page 309; et tome XXXVII, page 516. B.

[2] Elle est en deux petits volumes in-12. B.

natique Jurieu suscita dans un pays libre à ce philosophe. Il arma contre lui le consistoire calviniste sous plusieurs prétextes, et surtout à l'occasion du fameux article de David. Bayle avait fortement relevé les excès, les trahisons, et les barbaries, que ce prince juif avait commises dans les temps où la grace de Dieu l'abandonnait. Il n'eût pas été indécent à ce consistoire d'engager Bayle à célébrer ce prince juif qui fit une si belle pénitence, et qui obtint de Dieu que soixante et dix mille de ses sujets mourussent de la peste, pour expier le crime de leur roi qui avait osé faire le dénombrement du peuple. Mais ce qui doit être soigneusement observé, c'est que ces pasteurs, dans leur censure, le reprennent d'avoir quelquefois donné des éloges à des papes gens de bien, et lui enjoignent de ne jamais justifier aucun pape, parceque, disent-ils expressément, ils ne sont pas de leur Église. Ce trait est un de ceux qui caractérisent le mieux l'esprit de parti. Au reste, on a voulu continuer son Dictionnaire; mais on n'a pu l'imiter[1]. Les continuateurs ont cru qu'il ne s'agissait que de compiler. Il fallait avoir le génie et la dialectique de Bayle pour oser travailler dans le même genre.

BEAUMONT DE PÉRÉFIXE (Hardouin), précepteur de Louis XIV, archevêque de Paris. Son *Histoire de Henri IV*, qui n'est qu'un abrégé, fait aimer ce grand prince, et est propre à former un bon roi. Il la com-

---

[1] J.-G. de Chaufepié, dont Voltaire a déjà parlé tome XXVII, page 318, est auteur du *Nouveau Dictionnaire historique et critique, pour servir de supplément ou de continuation au Dictionnaire de M. P. Bayle*, 1750, quatre volumes in-folio. B.

posa pour son élève. On crut que Mézerai y avait eu part; en effet; il s'y trouve beaucoup de ses manières de parler; mais Mézerai n'avait pas ce style touchant et digne, en plusieurs endroits, du prince dont Péréfixe écrivait la vie, et de celui à qui il l'adressait. Les excellents conseils qui s'y trouvent pour gouverner par soi-même ne furent insérés que dans la seconde édition, après la mort du cardinal Mazarin. On apprend d'ailleurs à connaître Henri IV beaucoup plus dans cette histoire que dans celle de Daniel, écrite un peu sèchement, et où il est trop parlé du P. Coton, et trop peu des grandes qualités de Henri IV, et des particularités de la vie de ce bon roi. Péréfixe émeut tout cœur né sensible, et fait adorer la mémoire de ce prince, dont les faiblesses n'étaient que celles d'un homme aimable, et dont les vertus étaient celles d'un grand homme. Mort en 1670.

BEAUSOBRE (Isaac de), né à Niort, en 1659, d'une maison distinguée dans la profession des armes, l'un de ceux qui ont fait honneur à leur patrie qu'ils ont été forcés d'abandonner. Son *Histoire du manichéisme* est un des livres les plus profonds, les plus curieux, et les mieux faits. On y développe cette religion philosophique de Manès, qui était la suite des dogmes de l'ancien Zoroastre et de l'ancien Hermès; religion qui séduisit long-temps saint Augustin. Cette histoire est enrichie de connaissances de l'antiquité; mais enfin ce n'est (comme tant d'autres livres moins bons) qu'un recueil des erreurs humaines. Mort à Berlin, en 1738.

BENSERADE (Isaac de), né en Normandie, en 1612.

Sa petite maison de Gentilli, où il se retira sur la fin de sa vie, était remplie d'inscriptions en vers, qui valaient bien ses autres ouvrages; c'est dommage qu'on ne les ait pas recueillies. Mort en 1691.

BERGIER (Nicolas) a eu le titre d'historiographe de France; mais il est plus connu par sa curieuse *Histoire des grands chemins de l'empire romain,* surpassés aujourd'hui par les nôtres en beauté, mais non pas en solidité. Son fils mit la dernière main à cet ouvrage utile, et le fit imprimer sous Louis XIV [1]. Mort en 1623.

BERNARD [2] (mademoiselle), auteur de quelques pièces de théâtre, conjointement avec le célèbre *Bernard* de Fontenelle, qui a fait presque tout le *Brutus.* Il est bon d'observer que la *Fable allégorique de l'imagination et du bonheur,* qu'on a imprimée sous son nom, est de l'évêque de Nîmes, La Parisière, successeur de Fléchier.

BERNARD (Jacques), du Dauphiné, né en 1658, savant littérateur. Ses journaux ont été estimés. Mort en Hollande, en 1718.

BERNIER (François), surnommé *le Mogol;* né à Angers, vers l'an 1625. Il fut huit ans médecin de l'empereur des Indes. Ses Voyages sont curieux. Il voulut, avec Gassendi, renouveler en partie le système des atomes d'Épicure; en quoi certes il avait très-

[1] Dans les *Mémoires* de l'abbé D'Artigny, tome VII, publié en 1756, on observe, page 22, qu'il fallait ici *Louis XIII.* La première édition de l'*Histoire des grands chemins* est de Paris, 1622, in-4°. B.

[2] Catherine Bernard, parente de Corneille, et conséquemment de Fontenelle, née à Rouen, est morte en 1712 : voyez, ci-après, l'article FONTENELLE. B.

grande raison, les espèces ne pouvant être toujours reproduites les mêmes, si les premiers principes ne sont invariables : mais alors les romans de Descartes prévalaient. Mort en vrai philosophe, en 1688.

BIGNON (Jérôme), né en 1589. Il a laissé un plus grand nom que de grands ouvrages. Il n'était pas encore du bon temps de la littérature. Le parlement, dont il fut avocat général, chérit avec raison sa mémoire. Mort en 1656.

BILLAUT (Adam), connu sous le nom de *Maître Adam*, menuisier à Nevers. Il ne faut pas oublier cet homme singulier qui, sans aucune littérature, devint poëte dans sa boutique. On ne peut s'empêcher de citer de lui ce rondeau, qui vaut mieux que beaucoup de rondeaux de Benserade :

> Pour te guérir de cette sciatique
> Qui te retient comme un paralytique
> Dedans ton lit sans aucun mouvement,
> Prends-moi deux brocs d'un fin jus de sarment,
> Puis lis comment on le met en pratique.
>
> Prends-en deux doigts, et bien chauds les applique
> Dessus l'externe où la douleur te pique ;
> Et tu boiras le reste promptement
>   Pour te guérir.
>
> Sur cet avis ne sois point hérétique ;
> Car je te fais un serment authentique
> Que si tu crains ce doux médicament,
> Ton médecin, pour ton soulagement,
> Fera l'essai de ce qu'il communique
>   Pour te guérir.

Il eut des pensions du cardinal de Richelieu, et de Gaston frère de Louis XIII. Mort en 1662.

Bochart (Samuel), né à Rouen, en 1599, calviniste, un des plus savants hommes de l'Europe dans les langues et dans l'histoire, mais systématique, comme tous les savants. Il fut un de ceux qui allèrent en Suède instruire et admirer la reine Christine. Mort en 1667.

[1]Boileau Despréaux (Nicolas), de l'académie, né au village de Crône auprès de Paris, en 1636. Il essaya du barreau, et ensuite de la Sorbonne. Dégoûté de ces deux chicanes, il ne se livra qu'à son talent, et devint l'honneur de la France. On a tant commenté ses ouvrages, on a chargé ces commentaires de tant de minuties, que tout ce qu'on pourrait dire ici serait superflu.

On fera seulement une remarque qui paraît essentielle; c'est qu'il faut distinguer soigneusement dans ses vers ce qui est devenu proverbe d'avec ce qui mérite de devenir maxime. Les maximes sont nobles, sages, et utiles. Elles sont faites pour les hommes d'esprit et de goût, pour la bonne compagnie. Les proverbes ne sont que pour le vulgaire, et l'on sait que le vulgaire est de tous les états.

> Pour paraître honnête homme, en un mot il faut l'être.
> On me verra dormir au branle de sa roue[a].
> Chaque âge a ses plaisirs, son esprit, et ses mœurs.

---

[1] Dans l'édition de 1751 cet article avait quatre lignes que voici : « Boileau « Despréaux (Nicolas), né à Paris, en 1636, le plus correct de nos poëtes. « On a tant commenté ses ouvrages, qu'un éloge est ici superflu; mort en « 1711. » Voltaire a successivement augmenté son article : le texte actuel est de 1768. B.

[a] La roue de la Fortune.

L'esprit n'est point ému de ce qu'il ne croit pas.
Le vrai peut quelquefois n'être pas vraisemblable.

Voilà ce qu'on doit appeler des maximes dignes des honnêtes gens. Mais pour des vers tels que ceux-ci,

J'appelle un chat un chat, et Rolet un fripon.
S'en va chercher son pain de cuisine en cuisine.
Quand je veux dire blanc, la quinteuse dit noir.
Aimez-vous la muscade? on en a mis partout.
La raison dit Virgile, et la rime Quinault.

ce sont là plutôt des proverbes du peuple que des vers dignes d'être retenus par les connaisseurs. Mort en 1711.

BOILEAU (Gilles), né à Paris, en 1631, frère aîné du fameux Boileau. Il a fait quelques traductions qui valent mieux que ses vers : mort en 1669.

BOILEAU (Jacques), autre aîné de Despréaux, docteur de Sorbonne : esprit bizarre, qui a fait des livres bizarres, écrits dans un latin extraordinaire, comme l'*Histoire des flagellants*, *les Attouchements impudiques*, *les Habits des prêtres*, etc. On lui demandait pourquoi il écrivait toujours en latin : C'est, dit-il, de peur que les évêques ne me lisent; ils me persécuteraient. Mort en 1716.

BOINDIN (Nicolas), trésorier de France et procureur du roi de sa compagnie, de l'académie des belles-lettres, connu par d'excellentes recherches sur les théâtres anciens, et sur les tribus romaines, par la jolie comédie du *Port de mer*. C'était un critique dur; le Dictionnaire historique et janséniste[1] le traite d'athée.

[1] Voltaire désigne ainsi le *Dictionnaire de Barral et Guibaud* (voyez ma note, tome XXVIII, page 348). B.

Il n'a jamais rien écrit sur la religion. Pourquoi insulter ainsi à la mémoire d'un magistrat que les auteurs de ce Dictionnaire n'ont point connu? Quelle insolence punissable! Comme il était mort sans sacrements, les prêtres de sa paroisse voulaient lui refuser la sépulture, espèce de juridiction qu'ils prétendent avoir droit d'exercer; mais le gouvernement et les magistrats, qui veillent au maintien des lois, de la décence, et des mœurs, répriment avec soin ces actes de superstition et de barbarie. Cependant on craignit que ces prêtres n'ameutassent le petit peuple contre le convoi de Boindin, ainsi qu'ils l'avaient ameuté contre celui de Molière; et Boindin fut enterré sans cérémonie: mort en 1751.

Boisrobert (François Le Metel de), plus célèbre par sa faveur auprès du cardinal de Richelieu, et par sa fortune, que par son mérite. Il composa dix-huit pièces de théâtre qui ne réussirent guère qu'auprès de son patron. Mort en 1662.

Boivin (Jean), né en Normandie, en 1663, frère de Louis Boivin, et utile comme lui pour l'intelligence des beautés des auteurs grecs: mort en 1726.

Bossuet (Jacques-Bénigne), de Dijon, né en 1627, évêque de Condom, et ensuite de Meaux. On a de lui cinquante-un [1] ouvrages; mais ce sont ses *Oraisons funèbres* et son *Discours sur l'Histoire universelle* qui l'ont conduit à l'immortalité. On a imprimé plusieurs

---

[1] C'est le nombre donné dans les tomes II et X (première partie) des *Mémoires de Nicéron*; mais, dans la seconde partie du tome X de ces *Mémoires*, publiée en 1731, on nomme deux ouvrages de plus. La *Biographie universelle* en énumère quatre-vingt-onze ou quatre-vingt-quinze. B.

fois que cet évêque a vécu marié ; et Saint-Hyacinthe[1], connu par la part qu'il eut à la plaisanterie de Mathanasius, a passé pour son fils ; mais c'est une fausseté reconnue. La famille des Secousses, considérée dans Paris, et qui a produit des personnes de mérite, assure qu'il y eut un contrat de mariage secret entre Bossuet, encore très jeune, et mademoiselle Desvieux[2] ; que cette demoiselle fit le sacrifice de sa passion et de son état à la fortune que l'éloquence de son amant devait lui procurer dans l'Église ; qu'elle consentit à ne jamais se prévaloir de ce contrat, qui ne fut point suivi de la célébration ; que Bossuet, cessant ainsi d'être son mari, entra dans les ordres ; et qu'après la mort du prélat, ce fut cette même famille qui régla les reprises et les conventions matrimoniales. Jamais cette demoiselle n'abusa, dit cette famille, du secret dangereux qu'elle avait entre les mains. Elle vécut toujours l'amie de l'évêque de Meaux, dans une union sévère et respectée. Il lui donna de quoi acheter la petite terre de Mauléon, à cinq lieues de Paris. Elle prit alors le nom de Mauléon, et a vécu près de cent années. On raconte qu'ayant dit au jésuite La Chaise, confesseur de

---

[1] Hyacinthe Cordonnier, connu sous le nom de Thémiseuil de Saint-Hyacinthe, né à Orléans le 24 septembre 1684, mort en 1746. Il fut l'un des ennemis de Voltaire, qui, de son côté, ne le ménagea pas : voyez tome XXXVII, page 382 ; et, dans la *Correspondance*, plusieurs lettres, entre autres celles à Berger, du 16 février 1739, et à Levesque de Pouilly, du 27 février 1739. On trouvera, dans les *Pièces justificatives*, à la suite de la *Vie de Voltaire* (voyez tome Ier), une lettre de Saint-Hyacinthe à M. de Burigny. B.

[2] Voyez l'article PELLISSON. B.

Louis XIV: « On sait que je ne suis pas janséniste, » La Chaise répondit : « On sait que vous n'êtes que « mauléoniste. » Au reste, on a prétendu que ce grand homme avait des sentiments philosophiques différents de sa théologie, à peu près comme un savant magistrat qui, jugeant selon la lettre de la loi, s'élèverait quelquefois en secret au-dessus d'elle par la force de son génie. Mort en 1704.

Boudier (René), de La Jousselinière[1], auteur de quelques vers naturels. Il fit en mourant, à quatre-vingt-dix ans, son épitaphe :

> J'étais poëte, historien ;
> Et maintenant je ne suis rien.

Bouhier (Jean), président du parlement de Dijon, né en 1673. Son érudition l'a rendu célèbre. Il a traduit en vers français quelques morceaux d'anciens poëtes latins. Il pensait qu'on ne doit pas les traduire autrement ; mais ses vers font voir combien c'est une entreprise difficile. Mort en 1746[2].

Bouhours (Dominique), jésuite, né à Paris, en 1628. La langue et le bon goût lui ont beaucoup d'obligations. Il a fait quelques bons ouvrages dont on a fait de bonnes critiques : *Ex privatis odiis respublica crescit.*

La vie de saint *Ignace* de Loyola, qu'il composa, n'a réussi ni chez les gens du monde, ni chez les savants, ni chez les philosophes. Celle de Xavier a été

---

[1] Né à Alençon en 1634, mort en 1723. B.

[2] Ce fut à lui que Voltaire succéda dans la place de membre de l'académie française : voyez son *Discours de réception*, tome XXXVIII, page 545. B.

plus mal reçue. Ses *Remarques sur la langue*, et surtout sa *Manière de bien penser sur les ouvrages d'esprit*, seront toujours utiles aux jeunes gens qui voudront se former le goût : il leur enseigne à éviter l'enflure, l'obscurité, le recherché, et le faux : s'il juge trop sévèrement en quelques endroits le Tasse et d'autres auteurs italiens, il les condamne souvent avec raison. Son style est pur et agréable. Ce petit livre de *la Manière de bien penser* blessa les Italiens, et devint une querelle de nation ; on sentait que les opinions de Bouhours, appuyées de celles de Boileau, pouvaient tenir lieu de lois. Le marquis Orsi et quelques autres composèrent deux gros volumes pour justifier quelques vers du Tasse.

Remarquons que le P. Bouhours ne serait guère en droit de reprocher des pensées fausses aux Italiens, lui qui compare Ignace de Loyola à César, et François Xavier à Alexandre, s'il n'était tombé rarement dans ces fautes. Mort en 1702.

BOUILLAUD[1] (Ismaël), de Loudun, né en 1605, savant dans l'histoire et dans les mathématiques. Comme tous les astronomes de ce siècle, il se mêla d'astrologie, ainsi qu'on le voit dans les lettres que lui écrivait Desnoyers, ambassadeur en Pologne, et depuis secrétaire d'état ; c'était alors un moyen de faire la cour aux gens puissants. *Confugiendum ad astrologiam, astronomiæ altricem*, disait Kepler. Mort en 1694.

[1] C'est d'après Nicéron que Voltaire appelle ainsi cet auteur, dont le vrai nom est BOULLIAU : voyez la *Bibliothèque du Poitou*, par Dreux du Radier, tome IV, pages 275-76. B.

Boulainvilliers (Henri, comte de), de la maison de Crouï, le plus savant gentilhomme du royaume dans l'histoire, et le plus capable d'écrire celle de France, s'il n'avait pas été trop systématique. Il appelle notre gouvernement féodal *le chef-d'œuvre de l'esprit humain.* Le système féodal pourrait mériter le nom de chef-d'œuvre en Allemagne; mais en France il ne fut qu'un chef-d'œuvre d'anarchie. Il regrette les temps où les peuples, esclaves de petits tyrans ignorants et barbares, n'avaient ni industrie, ni commerce, ni propriété; et il croit qu'une centaine de seigneurs, oppresseurs de la terre et ennemis du roi, composaient le plus parfait des gouvernements. Malgré ce système, il était excellent citoyen, comme, malgré son faible pour l'astrologie judiciaire, il était philosophe de cette philosophie qui compte la vie pour peu de chose, et qui méprise la mort. Ses écrits, qu'il faut lire avec précaution, sont profonds et utiles. On a imprimé, à la fin de ses ouvrages, un gros Mémoire *pour rendre le roi de France plus riche que tous les autres monarques ensemble*[1]. Il est évident que cet ouvrage n'est pas du comte de Boulainvilliers; cependant tous ces petits écrivains politiques, qui gouvernent l'état dans leur grenier, citent cette rapsodie. Mort vers l'an 1720[2].

Bourchenu (Jean-Pierre Moret de), marquis de Valbonais, né à Grenoble, en 1651. Il voyagea dans

---

[1] Voltaire veut probablement parler des *Mémoires présentés au duc d'Orléans, régent de France, contenant les moyens de rendre ce royaume très puissant*, La Haye, 1727, deux volumes in-12. B.

[2] Il est mort le 23 janvier 1722. B.

sa jeunesse, et se trouva sur la flotte d'Angleterre à la bataille de Solbaye. Il fut depuis premier président de la chambre des comptes du Dauphiné. Sa mémoire est chère à Grenoble pour le bien qu'il fit, et aux gens de lettres pour ses grandes recherches. Ses *Mémoires sur le Dauphiné*[1] furent composés dans le temps qu'il était aveugle, et sur les lectures qu'on lui fesait. Mort en 1730.

BOURDALOUE (Louis), né à Bourges, en 1632, jésuite; le premier modèle des bons prédicateurs en Europe : mort en 1704.

BOURSAULT (Edme), né en Bourgogne, en 1638. Ses *Lettres à Babet*, estimées de son temps, sont devenues, comme toutes les lettres dans ce goût, l'amusement des jeunes provinciaux. On joue encore sa comédie d'*Ésope*[2]. Mort en 1701.

BOURSIER (Laurent-François), de la société de Sorbonne, né en 1679, auteur du fameux livre de *l'action de Dieu sur les créatures*, ou de la *prémotion physique*. C'est un ouvrage profond par les raisonnements, fortifié par beaucoup d'érudition, et orné quelquefois d'une grande éloquence; mais l'attachement à certains dogmes peut ravir à ce célèbre écrit beaucoup de sa solidité et de sa force. L'auteur ressemble à un homme d'état qui, en voulant établir des lois générales, les corrompt par des intérêts de famille. Il est trop difficile d'allier les systèmes sur la

---

[1] 1711, in-folio, réimprimés après avoir été revus par A. Lancelot, sous le titre de : *Histoire de Dauphiné*, 1722, deux volumes in-folio. B.

[2] Boursault a fait un *Ésope à la ville* et un *Ésope à la cour*. Cette dernière comédie est restée au théâtre plus long-temps que l'autre. B.

grace avec le grand système de l'action éternelle et immuable de Dieu sur tout ce qui existe. Il faut avouer qu'il n'y a que deux manières philosophiques d'expliquer la machine du monde : ou Dieu a ordonné une fois, et la nature obéit toujours; ou Dieu donne continuellement à tout l'être et toutes les modifications de l'être : un troisième parti est inexplicable.

Il est dit dans le nouveau Dictionnaire historique [1], littéraire, critique, et janséniste, que « Boursier, « semblable à l'aigle, s'élève en haut, et trempe sa « plume dans le sein de Dieu. » On ne voit pas trop comment Dieu peut servir de cornet à M. Boursier. Voilà la première fois qu'on ait comparé Dieu à la bouteille à l'encre. Mort en 1749.

BOURZEIS (Amable de), né en Auvergne en 1606, auteur de plusieurs ouvrages de politique et de controverse. Silhon [2] et lui sont soupçonnés d'avoir composé le *Testament politique* attribué au cardinal de Richelieu [3]. Mort en 1672.

BRÉBEUF (Guillaume de), né en Normandie en 1618. Il est connu par sa *traduction de la Pharsale;* mais on ignore communément qu'il a fait le *Lucain travesti* [4]. Mort en 1661.

BRETEUIL (Gabrielle-Émilie Le Tonnelier de), marquise du Châtelet, née en 1706. Elle a éclairci Leibnitz, traduit et commenté Newton, mérite fort inutile à la cour, mais révéré chez toutes les nations qui se pi-

---

[1] Voyez ma note, tome XXVIII, page 348. B.

[2] Jean Silhon, conseiller d'état, l'un des premiers membres de l'académie française, est mort en 1667. B.

[3] Voyez tome XXXIX, page 282. B.

[4] Il n'en a fait que le premier livre. B.

quent de savoir, et qui ont admiré la profondeur de son génie et de son éloquence. De toutes les femmes qui ont illustré la France, c'est celle qui a eu le plus de véritable esprit, et qui a moins affecté le bel esprit[1]. Morte en 1749.

BRIENNE (Henri-Auguste de Loménie de), secrétaire d'état. Il a laissé des Mémoires. Il serait utile que les ministres en écrivissent, mais non tels[2] que ceux qui sont rédigés depuis peu[3] sous le nom du duc de Sulli. Mort en 1666.

BRUEYS (l'abbé de), né en Languedoc en 1639[4]. Dix volumes de controverse qu'il a faits auraient laissé son nom dans l'oubli; mais la petite comédie du *Grondeur*, supérieure à toutes les farces de Molière, et celle de *l'Avocat Patelin*, ancien monument de la naïveté gauloise qu'il rajeunit, le feront connaître tant qu'il y aura en France un théâtre. Palaprat l'aida dans ces deux jolies pièces. Ce sont les seuls ouvrages de génie que deux auteurs aient composés ensemble. Mort en 1723.

On croit devoir relever ici un fait très singulier qui se trouve dans un *recueil d'Anecdotes littéraires*[5], 1750, chez Durand, tome II, page 369. Voici les pa-

---

[1] Voyez son *Éloge* par Voltaire, tome XXXIX, page 411. B.

[2] Toutes les éditions, depuis 1751 jusqu'à la présente, portent : *mais tels*; j'ai mis *mais non tels*, parceque le sens de la phrase l'indique, et parceque cela est d'accord avec une note de Voltaire dans son *Histoire du parlement*; voyez tome XXII, pages 182-3. (Avril 1830.) B.

[3] Voltaire écrivait cela en 1751. Les *Mémoires de Sulli*, rédigés par Lécluse, sont de 1745 : voyez ma note, tome XXII, page 183. B.

[4] David-Augustin de Brueys est né à Aix, en Provence, en 1640. B.

[5] Par l'abbé Raynal. Une édition de 1752 a trois volumes in-12. B.

roles de l'auteur : « Les amours de Louis XIV ayant
« été jouées en Angleterre, Louis XIV voulut faire
« jouer aussi celles du roi Guillaume. L'abbé Brueys
« fut chargé par M. de Torci de faire la pièce; mais,
« quoique applaudie, elle ne fut pas jouée. »

Remarquez que ce *recueil d'Anecdotes*, qui est rempli de pareils contes, est imprimé avec approbation et privilége; jamais on ne joua les amours de Louis XIV sur aucun théâtre de Londres, et on sait que le roi Guillaume n'eut jamais de maîtresse. Quand il en aurait eu, Louis XIV était trop attaché aux bienséances pour ordonner qu'on fît une comédie des amours de Guillaume; M. de Torci n'était pas homme à proposer une chose si impertinente; enfin l'abbé Brueys ne songea jamais à composer ce ridicule ouvrage qu'on lui attribue. On ne peut trop répéter que la plupart de ces recueils d'anecdotes, de ces *ana*, de ces mémoires secrets, dont le public est inondé, ne sont que des compilations faites au hasard par des écrivains mercenaires.

BRUMOY (Pierre), jésuite, né à Rouen en 1688. Son *Théâtre des Grecs* passe pour le meilleur ouvrage qu'on ait en ce genre, malgré ses fautes et l'infidélité de la traduction. Il a prouvé par ses poésies qu'il est bien plus aisé de traduire et de louer les anciens, que d'égaler par ses propres productions les grands modernes. On peut d'ailleurs lui reprocher de n'avoir pas assez senti la supériorité du théâtre français sur le grec, et la prodigieuse différence qui se trouve entre le *Misanthrope* et les *Grenouilles*. Mort en 1742 [1].

[1] Le 16 avril. Voyez, ci-après, l'article LONGUEVAL. B.

BUFFIER (Claude), jésuite. Sa *Mémoire artificielle* est d'un grand secours pour ceux qui veulent avoir les principaux faits de l'histoire toujours présents à l'esprit. Il a fait servir les vers (je ne dis pas la poésie) à leur premier usage, qui était d'imprimer dans la mémoire des hommes les événements dont on voulait garder le souvenir. Il y a dans ses traités de métaphysique des morceaux que Locke n'aurait pas désavoués ; et c'est le seul jésuite qui ait mis une philosophie raisonnable dans ses ouvrages. Mort en 1737.

BUSSI RABUTIN (Roger de Rabutin, comte de), né dans le Nivernois, en 1618. Il écrivit avec pureté. On connaît ses malheurs et ses ouvrages. Ses *Amours des Gaules* passent pour un ouvrage médiocre dans lequel il n'imita Pétrone que de fort loin. La manie des Français a été long-temps de croire que toute l'Europe devait s'occuper de leurs intrigues galantes. Vingt courtisans ont écrit l'histoire de leurs amours, à peine lue des femmes de chambre de leurs maîtresses. Mort à Autun, en 1693.

CAILLI (Le chevalier de), qui n'est connu que sous le nom *d'Aceilli*, était attaché au ministre Colbert. On ignore le temps de sa naissance et de sa mort[1]. Il y a de lui un recueil de quelques centaines d'épigrammes, parmi lesquelles il y en a beaucoup de mauvaises, et quelques unes de jolies. Il écrit natu-

---

[1] Voltaire ajouta l'article de Cailly en 1752. Le Moréri de 1759 ne donne pas la date de sa naissance, et dit qu'il mourut avant 1674. De Cailly était né à Orléans en 1604. B.

rellement, mais sans aucune imagination dans l'expression.

CALMET (Augustin), bénédictin, né en 1672. Rien n'est plus utile que la compilation de ses recherches sur la Bible. Les faits y sont exacts, les citations fidèles. Il ne pense point, mais en mettant tout dans un grand jour, il donne beaucoup à penser. Mort en 1757.

CALPRENÈDE (Gautier-Coste de La), né à Cahors¹ vers l'an 1612, gentilhomme ordinaire du roi. Ce fut lui qui mit les longs romans à la mode. Le mérite de ces romans consistait dans des aventures dont l'intrigue n'était pas sans art et qui n'étaient pas impossibles, quoiqu'elles fussent presque incroyables. Le Boiardo, l'Arioste, le Tasse, au contraire, avaient chargé leurs romans poétiques de fictions qui sont entièrement hors de la nature : mais les charmes de leur poésie, les beautés innombrables de détail, leurs allégories admirables, surtout celles de l'Arioste, tout cela rend ces poëmes immortels, et les ouvrages de La Calprenède, ainsi que les autres grands romans, sont tombés. Ce qui a contribué à leur chute, c'est la perfection du théâtre. On a vu dans les bonnes tragédies et dans les opéra beaucoup plus de sentiments qu'on n'en trouve dans ces énormes volumes : ces sentiments y sont bien mieux exprimés, et la connaissance du cœur humain beaucoup plus approfondie. Ainsi Racine et Quinault, qui ont un peu imité le style de ces romans, les ont fait oublier en parlant

---

¹ C'est-à-dire dans le diocèse de Cahors. B.

au cœur un langage plus vrai, plus tendre, et plus harmonieux. Mort en 1663.

CAMPISTRON (Jean-Galbert de), né à Toulouse en 1656, élève et imitateur de Racine. Le duc de Vendôme, dont il fut secrétaire, fit sa fortune, et le comédien Baron une partie de sa réputation. Il y a des choses touchantes dans ses pièces; elles sont faiblement écrites, mais au moins le langage est assez pur : après lui on a tellement négligé la langue dans les pièces de théâtre, qu'on a fini par écrire d'un style entièrement barbare. C'est ce que Boileau déplorait en mourant [1]. Mort en 1723.

CASSANDRE (François), a rendu, aussi bien que Dacier, plus de services à la réputation d'Aristote que tous les prétendus philosophes ensemble. Il traduisit la *Rhétorique*, comme Dacier a traduit la *Poétique* de ce fameux Grec. On ne peut s'empêcher d'admirer Aristote et le siècle d'Alexandre, quand on voit que le précepteur de ce grand homme, tant décrié sur la physique, a connu à fond tous les principes de l'éloquence et de la poésie. Où est le physicien de nos jours chez qui on puisse apprendre à composer un discours et une tragédie? Cassandre vécut et mourut dans la plus grande pauvreté. Ce fut la faute non pas de ses talents, mais de son caractère intraitable, farouche, et solitaire. Ceux qui se plaignent de la fortune n'ont souvent à se plaindre que d'eux-mêmes. Mort en 1695.

CASSINI (Jean-Dominique), né dans le comté de

[1] Au sujet de Crébillon, voyez, ci-après, son article, page 88; tome II, page 4; et tome XXXII, page 444. B.

Nice en 1625, appelé par Colbert en 1666. Il a été le premier des astronomes de son temps, du moins suivant les Italiens et les Français; mais il commença comme les autres par l'astrologie. Puisqu'il fut naturalisé en France, qu'il s'y maria, qu'il y eut des enfants, et qu'il est mort à Paris, on doit le compter au nombre des Français. Il a immortalisé son nom par sa *Méridienne de Saint-Pétrone* à Bologne; elle servit à faire voir les variations de la vitesse du mouvement de la terre autour du soleil. On lui doit les premières tables des satellites de Jupiter, la connaissance de la rotation de Jupiter et de Mars, ou de la durée de leurs jours, la découverte de quatre des satellites de Saturne. Huygens n'en avait aperçu qu'un; et cette découverte de Cassini fut célébrée par une médaille dans l'histoire métallique de Louis XIV. Il a le premier observé et fait connaître la lumière zodiacale. Il a donné une méthode pour déterminer la parallaxe d'un astre par des observations faites dans un même lieu, et s'en servir pour déterminer la distance des astres à la terre, avec plus de précision qu'on ne l'avait encore fait; mais la première idée de cette méthode est due à Morin [1].

Le fils [2], le petit-fils de Cassini [3], ont été de l'académie des sciences, et son arrière-petit-fils [4] y est entré en 1772 : cette espèce d'illustration est plus

---

[1] Michel-Jean Baptiste : voyez, ci-après, son article. B.

[2] Jacques Cassini, né en 1677, mort en 1756. Ce qui concerne lui et ses descendants est posthume. B.

[3] César-François Cassini, né en 1714, mort en 1784. B.

[4] M. Jacques-Dominique Cassini, aujourd'hui (mai 1830) membre de l'Institut, est né en 1740. B.

réelle et sera plus durable que celle dont la famille de Cassini avait joui en Italie, quelques siècles auparavant, et que les révolutions de ce pays lui avaient fait perdre. Mort en 1712.

Catrou (François), né en 1659, jésuite. Il a fait avec le P. Rouillé vingt tomes de l'*Histoire romaine*. Ils ont cherché l'éloquence, et n'ont pas trouvé la précision. Mort en 1737.

Cerisi (Germain Habert de) était du temps de l'aurore du bon goût et de l'établissement de l'académie française. Sa *Métamorphose des yeux de Philis en astres* fut vantée comme un chef-d'œuvre, et a cessé de le paraître dès que les bons auteurs sont venus. Mort en 1655 [1].

Chantereau Le Fèvre (Louis), né en 1588. Très savant homme, l'un des premiers qui ont débrouillé l'histoire de France; mais il a accrédité une grande erreur, c'est que les fiefs héréditaires n'ont commencé qu'après *Hugues* Capet. Quand il n'y aurait que l'exemple de la Normandie, donnée ou plutôt extorquée à titre de fief héréditaire en 912, cela suffirait pour détruire l'opinion de Chantereau, que plusieurs historiens ont adoptée. Il est d'ailleurs certain que Charlemagne institua en France des fiefs avec propriété, et que cette forme de gouvernement était connue avant lui dans la Lombardie et dans la Germanie. Mort en 1658.

Chapelain (Jean), né en 1595. Sans *la Pucelle* il aurait eu de la réputation parmi les gens de lettres. Ce mauvais poëme lui valut beaucoup plus que *l'Iliade*

[1] C'est la date donnée par D'Olivet. B.

à Homère. Chapelain fut pourtant utile par sa littérature. Ce fut lui qui corrigea les premiers vers de Racine. Il commença par être l'oracle des auteurs, et finit par en être l'opprobre. Mort en 1674.

CHAPELLE (Jean de LA). *Voyez* LA CHAPELLE.

CHAPELLE [1] (Claude-Emmanuel Luillier), fils naturel de François Luillier, maître des comptes. Il n'est pas vrai qu'il fut le premier qui se servit des rimes redoublées; Dassouci [2] s'en servait avant lui, et même avec quelque succès.

> Pourquoi donc, sexe au teint de rose,
> Quand la charité vous impose
> La loi d'aimer votre prochain,
> Pouvez-vous me haïr sans cause,
> Moi qui ne vous fis jamais rien?
> Ah! pour mon honneur je vois bien
> Qu'il faut vous faire quelque chose, etc.

On trouve beaucoup de rimes redoublées dans Voiture. Chapelle réussit mieux que les autres dans ce genre qui a de l'harmonie et de la grace, mais dans lequel il a préféré quelquefois une abondance stérile de rimes à la pensée et au tour. Sa vie voluptueuse et son peu de prétention contribuèrent encore à la célébrité de ces petits ouvrages. On sait qu'il y a dans son *Voyage de Montpellier* beaucoup de traits de Bachaumont [3], fils du président Le Coigneux, l'un des plus aimables hommes de son temps. Chapelle était d'ailleurs un des meilleurs élèves de Gassendi. Au reste, il faut bien distinguer les éloges que tant de

---

[1] Né en 1626. B.
[2] Né en 1604, mort vers 1679. B.
[3] Né en 1624, mort en 1702. B.

gens de lettres ont donnés à Chapelle et à des esprits de cette trempe, d'avec les éloges dus aux grands maîtres. Le caractère de Chapelle, de Bachaumont, du Broussin [1], et de toute cette société du Marais, était la facilité, la gaîté, la liberté. On peut juger de Chapelle par cet impromptu, que je n'ai point vu encore imprimé. Il le fit à table, après que Boileau eut récité une épigramme.

> Qu'avec plaisir de ton haut style
> Je te vois descendre au quatrain;
> Et que je t'épargnai de bile
> Et d'injures au genre humain,
> Quand, renversant ta cruche à l'huile,
> Je te mis le verre à la main !

Mort en 1686.

CHARAS (Moyse), de l'académie des sciences, le premier qui ait bien écrit sur la pharmacie; tant il est vrai que sous Louis XIV tous les arts élargirent leur sphère. Ce pharmacien, voyageant à Madrid, fut mis dans les cachots de l'inquisition, parcequ'il était calviniste. Une prompte abjuration et les sollicitations de l'ambassadeur de France lui sauvèrent la vie et la liberté. Il s'occupa long-temps d'expériences sur les vipères, et des moyens d'empêcher les effets souvent mortels de leur morsure : mais il se trompa en soutenant contre Redi [2] que le venin des vipères n'était pas contenu dans le suc jaune qui sort de deux

---

[1] Voyez ma note; tome XXXII, page 285. B.

[2] Depuis Redi (François), né à Arezzo, en 1626, mort en 1694, un autre Italien, Félix Fontana, né en 1730, mort le 9 mars 1805, a multiplié les expériences sur le venin de la vipère. B.

vésicules placées derrière les crochets de leurs mâchoires. Dans le cours de ses expériences, il fut mordu plusieurs fois, sans qu'il en résultât d'accidents très graves. Mort en 1698.

CHARDIN (Jean), né à Paris en 1643. Nul voyageur n'a laissé des Mémoires plus curieux. Mort à Londres en 1713.

CHARLEVAL (Charles Faucon de Ris), l'un de ceux qui acquirent de la célébrité par la délicatesse de leur esprit, sans se livrer trop au public. La fameuse *Conversation du maréchal d'Hocquincourt et du P. Canaye*, imprimée dans les *OEuvres de Saint-Évremond*, est de Charleval, jusqu'à la petite Dissertation sur le jansénisme et sur le molinisme que Saint-Évremond y a ajoutée. Le style de cette fin est très différent de celui du commencement. Feu M. de Caumartin [1], le conseiller d'état, avait l'écrit de Charleval, de la main de l'auteur. On trouve dans le *Moréri* [2] que le président de Ris, neveu de Charleval, ne voulut pas faire imprimer les ouvrages de son oncle, de peur que *le nom d'auteur peut-être ne fût une tache dans sa famille*. Il faut être d'un état et d'un esprit bien abject pour avancer une telle idée dans le siècle où nous sommes; et c'eût été dans un homme de robe un orgueil digne des temps militaires et barbares, où l'on

---

[1] Il s'agit d'Antoine-Louis-François Lefèvre de Caumartin, né le 6 septembre 1696, conseiller d'état en juillet 1745, mort le 14 avril 1748. Voltaire publia son article CHARLEVAL en 1751. B.

[2] Édition de 1740. Le passage rapporté par Voltaire est une réflexion de l'abbé Goujet, et non du président de Ris, et n'est plus dans le Moréri de 1759. B.

abandonnait l'étude purement à la robe, par mépris pour la robe et pour l'étude. Mort en 1693 [1].

CHARPENTIER (François), né à Paris en 1620, académicien utile. On a de lui une traduction de *la Cyropédie*. Il soutint vivement l'opinion que les inscriptions des monuments publics de France doivent être en français. En effet, c'est dégrader une langue qu'on parle dans toute l'Europe, que de ne pas oser s'en servir; c'est aller contre son but, que de parler à tout le public dans une langue que les trois quarts au moins de ce public n'entendent pas. Il y a une espèce de barbarie à latiniser des noms français que la postérité méconnaîtrait, et les noms de Rocroi et de Fontenoi font un plus grand effet que les noms de *Rocrosium* et *Fonteniacum*. Mort en 1702.

CHASTRE (Edme de La Chastre-Nançay, comte de LA), a laissé des Mémoires. Mort en 1645.

CHAULIEU (Guillaume Anfrye de), né en Normandie en 1639, connu par ses poésies négligées, et par les beautés hardies et voluptueuses qui s'y trouvent. La plupart respirent la liberté, le plaisir, et une philosophie au-dessus des préjugés; tel était son caractère. Il vécut dans les délices, et mourut avec intrépidité en 1720.

Les vers qu'on cite le plus de lui sont la pièce intitulée *la Goutte*, qui commence ainsi,

> Le destructeur impitoyable
> Et des marbres et de l'airain :

---

[1] En 1688, suivant le Moréri de 1759. B.

mais surtout l'Épître sur la Mort, au marquis de La Fare :

> Plus j'approche du terme, et moins je le redoute;
> Sur des principes sûrs mon esprit affermi,
> Content, persuadé, ne connaît plus le doute;
> Je ne suis libertin, ni dévot à demi.
> Exempt des préjugés, j'affronte l'imposture
>   Des vaines superstitions,
>   Et me ris des préventions
> De ces faibles esprits dont la triste censure
>   Fait un crime à la créature
> De l'usage des biens que lui fit son auteur.

Une autre épître au même fit encore plus de bruit : elle commence ainsi :

> J'ai vu de près le Styx, j'ai vu les Euménides;
> Déjà venaient frapper mes oreilles timides
> Les affreux cris du chien de l'empire des morts;
> Et les noires vapeurs, et les brûlants transports
> Allaient de ma raison offusquer la lumière :
> C'est lors que j'ai senti mon ame tout entière,
> Se ramenant en soi, faire un dernier effort
> Pour braver les erreurs que l'on joint à la mort.
> Ma raison m'a montré, tant qu'elle a pu paraître,
> Que rien n'est en effet de ce qui ne peut être;
> Que ces fantômes vains sont enfants de la peur
> Qu'une faible nourrice imprime en notre cœur,
> Lorsque de loups-garoux, qu'elle-même elle pense,
> De démons et d'enfers elle endort notre enfance.

Ces pièces ne sont pas châtiées; ce sont des statues de Michel-Ange ébauchées. Le stoïcisme de ces sentiments ne lui attira point de persécution; car, quoique abbé, il était ignoré des théologiens, et ne vivait qu'avec ses amis. Il n'aurait tenu qu'à lui de mettre la dernière main à ses ouvrages, mais il ne savait pas corriger. On a imprimé de lui trop de bagatelles insipides de société ; c'est le mauvais goût et l'avarice des éditeurs qui en est cause. Les préfaces qui sont à la tête du recueil sont de ces gens obscurs qui croient être de bonne compagnie en imprimant toutes les fadaises d'un homme de bonne compagnie.

CHEMINAIS, jésuite. On l'appelait le *Racine* des prédicateurs, et Bourdaloue le *Corneille*. Mort en 1689.

CHERON (Élisabeth-Sophie), née à Paris en 1648, célèbre par la musique, la peinture, et les vers, et plus connue sous son nom que sous celui de son mari, le sieur Le Hay : morte en 1711.

CHEVREAU (Urbain), né à Loudun en 1613, savant et bel esprit qui eut beaucoup de réputation : mort en 1701.

CHIFFLET (Jean-Jacques), né à Besançon en 1588. On a de lui plusieurs recherches : mort en 1660. Il y a eu sept écrivains de ce nom.

CHOISI (François-Timoléon de), de l'Académie, né à Paris en 1644, envoyé à Siam. On a sa relation. Il n'était que tonsuré à son départ ; mais à Siam il se fit ordonner prêtre en quatre jours. Il a composé plusieurs histoires, une *Traduction de l'Imitation de Jésus-Christ*, dédiée à madame de Maintenon, avec cette épigraphe, *Concupiscet rex decorem tuum* [1] ; et

---

[1] Ce n'est pas à madame de Maintenon, c'est à Louis XIV que Choisi dédia sa *Traduction de l'Imitation*. La première édition de 1692 est la seule qui contienne la dédicace. Elle a aussi (ainsi que les deuxième et troisième, qui sont de 1692 et 1694), en tête du second livre, une figure dans laquelle on peut reconnaître madame de Maintenon ; mais au bas on ne lit que ces deux mots : *Audi, filia*. Amelot de la Houssaie, dans ses *Mémoires historiques*, au lieu de citer ces deux mots du verset 2 du psaume XLIV, cite le verset entier et les mots du verset 12 : *Concupiscet rex decorem tuum*, qu'on

des *Mémoires de la comtesse des Barres*. Cette comtesse des Barres, c'était lui-même. Il s'habilla et vécut en femme plusieurs années. Il acheta, sous le nom de la comtesse des Barres, une terre auprès de Tours. Ces *Mémoires* racontent avec naïveté comment il eut impunément des maîtresses sous ce déguisement. Mais quand le roi fut devenu dévot, il écrivit l'histoire de l'Église. Dans ses *Mémoires* [1] sur la cour on trouve des choses vraies, quelques unes fausses, et beaucoup de hasardées; ils sont écrits dans un style trop familier. Mort en 1724.

CLAUDE (Jean), né en Agénois en 1619, ministre de Charenton, et l'oracle de son parti, émule digne des Bossuet, des Arnauld, et des Nicole. Il a composé quinze ouvrages, qu'on lut avec avidité dans le temps des disputes. Presque tous les livres polémiques n'ont qu'un temps. Les fables de La Fontaine, l'Arioste, passeront à la dernière postérité. Cinq ou six mille volumes de controverse sont déjà oubliés. Mort à La Haye en 1687.

COLBERT (Jean-Baptiste), marquis de Torci, neveu du grand Colbert, ministre d'état sous Louis XIV, a laissé des Mémoires depuis la paix de Risvick jusqu'à celle d'Utrecht : ils ont été imprimés pendant qu'on achevait l'édition de cet *Essai sur le siècle de Louis XIV* [2]. Ils confirment tout ce qu'on y avance.

---

a ensuite seuls cités. La figure ne se trouve plus dans la quatrième édition. B.

[1] 1727, trois volumes in-12, publiés par Camusat. B.

[2] Cet article est de 1756. Le *Catalogue des écrivains* était alors à la fin de l'ouvrage de Voltaire. Les *Mémoires de Torci* ont paru en 1756, trois volumes in-12. B.

Ces Mémoires renferment des détails qui ne conviennent qu'à ceux qui veulent s'instruire à fond : ils sont écrits plus purement que tous les Mémoires de ses prédécesseurs : on y reconnaît le goût de la cour de Louis XIV. Mais leur plus grand prix est dans la sincérité de l'auteur : c'est la vérité, c'est la modération elle-même, qui ont conduit sa plume. Mort en 1746.

Collet (Philibert), né à Châtillon-les-Dombes, en 1643, jurisconsulte et homme libre. Excommunié par l'archevêque de Lyon pour une querelle de paroisse, il écrivit contre l'excommunication, il combattit la clôture des religieuses; et, dans son *Traité de l'usure*, il soutint vivement l'usage autorisé en Bresse de stipuler les intérêts avec le capital, usage approuvé dans plus de la moitié de l'Europe; et reçu dans l'autre par tous les négociants, malgré les lois qu'on élude. Il assura aussi que les dîmes qu'on paie aux ecclésiastiques ne sont pas de droit divin. Mort en 1718.

Colomiez (Paul). Le temps de sa naissance est inconnu[1] : la plupart de ses ouvrages commencent à l'être; mais ils sont utiles à ceux qui aiment les recherches littéraires. Mort à Londres, en 1692.

Commire (Jean), jésuite. Il réussit parmi ceux qui croient qu'on peut faire de bons vers latins, et qui pensent que des étrangers peuvent ressusciter le siècle d'Auguste dans une langue qu'ils ne peuvent pas même prononcer. Mort en 1702.

« In silvam non ligna feras. »
Hor., sat. X, lib. I.

Conti (Armand de Bourbon, prince de), frère du

[1] Il est né à La Rochelle en 1638. B.

grand Condé [1], destiné d'abord pour l'état ecclésiastique, dans un temps où le préjugé rendait encore la dignité de cardinal supérieure à celle d'un prince du sang de France. Ce fut lui qui eut le malheur d'être généralissime de la fronde contre la cour et même contre son frère. Il fut depuis dévot et janséniste. Nous avons de lui *le Devoir des grands*. Il écrivit sur la grace contre le jésuite De Champs, son ancien préfet [2]. Il écrivit aussi contre la comédie; il eût peut-être mieux fait d'écrire contre la guerre civile. *Cinna* et *Polyeucte* étaient aussi utiles et aussi respectables que la guerre des portes cochères et des pots de chambre était injuste et ridicule.

CORDEMOI (Géraud de), né à Paris. Il a le premier débrouillé le chaos des deux premières races des rois de France; on doit cette utile entreprise au duc de Montausier, qui chargea Cordemoi de faire l'histoire de Charlemagne, pour l'éducation de Monseigneur. Il ne trouva guère dans les anciens auteurs que des absurdités et des contradictions. La difficulté l'encouragea, et il débrouilla les deux premières races. Mort en 1684.

CORNEILLE (Pierre), né à Rouen, en 1606. Quoiqu'on ne représente plus que six ou sept pièces de trente-trois qu'il a composées, il sera toujours le père du théâtre. Il est le premier qui ait élevé le génie de la nation, et cela demande grace pour environ vingt

---

[1] Voyez page 8. B.

[2] Les *Lettres sur la grace*, par Etienne-Agard De Champs (né à Bourges, en 1613, mort le 31 juillet 1701), forment un volume, 1689, in-12, qui contient les réponses du prince. B.

de ses pièces qui sont, à quelques endroits près, ce que nous avons de plus mauvais par le style, par la froideur de l'intrigue, par les amours déplacés et insipides, et par un entassement de raisonnements alambiqués qui sont l'opposé du tragique. Mais on ne juge d'un grand homme que par ses chefs-d'œuvre, et non par ses fautes. On dit que sa traduction de l'*Imitation de Jésus-Christ* a été imprimée trente-deux fois : il est aussi difficile de le croire que de la lire une seule. Il reçut une gratification du roi dans sa dernière maladie. Mort en 1684.

On a imprimé dans plusieurs recueils d'anecdotes qu'il avait sa place marquée toutes les fois qu'il allait au spectacle, qu'on se levait pour lui, qu'on battait des mains. Malheureusement les hommes ne rendent pas tant de justice. Le fait est que les comédiens du roi refusèrent de jouer ses dernières pièces, et qu'il fut obligé de les donner à une autre troupe[1].

CORNEILLE (Thomas), né à Rouen, en 1625, homme qui aurait eu une grande réputation, s'il n'avait point eu de frère. On a de lui trente-quatre pièces de théâtre. Mort pauvre, en 1709.

COURTILZ DE SANDRAS (Gatien de), né à Paris, en 1644. On ne place ici son nom que pour avertir les Français, et surtout les étrangers, combien ils doivent se défier de tous ces faux Mémoires imprimés en Hollande. Courtilz fut un des plus coupables écrivains de ce genre. Il inonda l'Europe de fictions sous le nom

---

[1] Voyez, tome XX, ce que Voltaire dit encore de Corneille dans le chapitre XXXII. B.

d'histoires. Il était bien honteux qu'un capitaine du régiment de Champagne allât en Hollande vendre des mensonges aux libraires. Lui et ses imitateurs qui ont écrit tant de libelles contre leur propre patrie, contre de bons princes qui dédaignent de se venger, et contre des citoyens qui ne le peuvent, ont mérité l'exécration publique. Il a composé *la Conduite de la France depuis la paix de Nimègue*, et *la Réponse* au même livre; *l'État de la France sous Louis XIII et sous Louis XIV*; *la Conduite de Mars dans les guerres de Hollande*; *les Conquêtes amoureuses du grand Alcandre*; *les Intrigues amoureuses de la France*; *la Vie de Turenne*; celle *de l'amiral Coligni*; *les Mémoires de Rochefort*, *d'Artagnan*, *de Montbrun*, *de Vordac*[1], *de la marquise de Fresne*; *le Testament politique de Colbert*, et beaucoup d'autres ouvrages qui ont amusé et trompé les ignorants. Il a été imité par les auteurs de ces misérables brochures contre la France, *le Glaneur*[2], *l'Épilogueur*, et tant d'autres bêtises périodiques que la faim a inspirées, que la sottise et le mensonge ont dictées, à peine lues de la canaille. Mort à Paris, en 1712.

Cousin (Louis), né à Paris, en 1627, président à la cour des monnaies. Personne n'a plus ouvert que lui les sources de l'histoire. Ses traductions de la collection Bysantine et d'Eusèbe de Césarée ont mis tout

---

[1] Voyez ma note, tome XXXIX, page 283. B.

[2] Le *Glaneur historique, moral, littéraire, et galant*, était un journal qui paraissait en Hollande les lundi et jeudi, en 1731 et années suivantes. Il contient plusieurs morceaux contre Voltaire et ses ouvrages. J'en ai cité un dans ma note, tome II, page 348. B.

le monde en état de juger du vrai et du faux, et de connaître avec quels préjugés et quel esprit de parti l'histoire a été presque toujours écrite. On lui doit beaucoup de traductions d'historiens grecs, que lui seul a fait connaître. Mort en 1707.

CRÉBILLON (Prosper Jolyot de), né à Dijon, en 1674. Nous ignorons si un procureur, nommé Prieur, le fit poëte, comme il est dit dans le *Dictionnaire historique portatif*, en quatre volumes [1]. Nous croyons que le génie y eut plus de part que le procureur. Nous ne croyons pas que l'anecdote rapportée dans le même ouvrage contre son fils soit vraie. On ne peut trop se défier de tous ces petits contes. Il faut ranger Crébillon parmi les génies qui illustrèrent le siècle de Louis XIV, puisque sa tragédie de *Rhadamiste*, la meilleure de ses pièces, fut jouée en 1710 [2]. Si Despréaux, qui se mourait alors, trouva cette tragédie plus mauvaise que celle de Pradon [3], c'est qu'il était dans un âge et dans un état où l'on n'est sensible qu'aux défauts, et insensible aux beautés. Mort à quatre-vingt-huit ans, en 1762 [4].

DACIER (André), né à Castres, en 1651, calviniste comme sa femme, et devenu catholique comme elle, garde des livres du cabinet du roi à Paris, charge qui ne subsiste plus. Homme plus savant qu'écrivain élégant, mais à jamais utile par ses traductions et par

[1] Voyez mes notes, ci-dessus, pages 35 et 62 ; et tome XXVIII, page 348. B.

[2] En janvier 1711. B.

[3] Voyez tome XXXII, page 444. B.

[4] Voltaire a composé, en 1762, un *Éloge de Crébillon*, qui n'est pas un panégyrique : voyez tome XL. B.

quelques unes de ses notes. Mort au Louvre, en 1722. Nous devons à madame Dacier la traduction d'Homère la plus fidèle par le style, quoiqu'elle manque de force, et la plus instructive par les notes, quoiqu'on y desire la finesse du goût. On remarque surtout qu'elle n'a jamais senti que ce qui devait plaire aux Grecs dans des temps grossiers, et ce qu'on respectait déjà comme ancien dans des temps postérieurs plus éclairés, aurait pu déplaire s'il avait été écrit du temps de Platon et de Démosthène; mais enfin nulle femme n'a jamais rendu plus de services aux lettres. Madame Dacier est un des prodiges du siècle de Louis XIV.

Dacier (Anne Lefèvre, madame), née calviniste à Saumur, en 1651, illustre par sa science. Le duc de Montausier la fit travailler à l'un de ces livres qu'on nomme *Dauphins*, pour l'éducation de Monseigneur. Le *Florus* avec des notes latines est d'elle. Ses traductions de *Térence* et d'*Homère* lui font un honneur immortel. On ne pouvait lui reprocher que trop d'admiration pour tout ce qu'elle avait traduit. La Motte ne l'attaqua qu'avec de l'esprit, et elle ne combattit qu'avec de l'érudition. Morte en 1720, au Louvre.

D'Aguesseau[1] (Henri-François), chancelier, le plus savant magistrat que jamais la France ait eu, possédant la moitié des langues modernes de l'Europe,

---

[1] C'est ainsi qu'a écrit Voltaire, qui avait placé cet article à la lettre D. Il l'avait ajouté en 1768. Mais il s'exprime bien autrement sur le chancelier, dans sa *Correspondance*; voyez la lettre à Damilaville, du 24 mai 1761, et à D'Alembert, des 7 ou 8 mai 1761, et 30 janvier 1764. Le chancelier signait *Daguesseau*. B.

outre le latin, le grec, et un peu d'hébreu ; très instruit dans l'histoire, profond dans la jurisprudence, et, ce qui est plus rare, éloquent. Il fut le premier au barreau qui parla avec force et pureté à-la-fois; avant lui on fesait des phrases. Il conçut le projet de réformer les lois, mais il ne put faire que quatre ou cinq ordonnances utiles. Un seul homme ne peut suffire à ce travail immense que Louis XIV avait entrepris avec le secours d'un grand nombre de magistrats. Mort en 1750.

DANCHET (Antoine), né à Riom, en 1671, a réussi à l'aide du musicien dans quelques opéra, qui sont moins mauvais que ses tragédies. Son prologue des Jeux séculaires au-devant d'*Hésione* passe même pour un très bon ouvrage, et peut être comparé à celui d'*Amadis*. On a retenu ces beaux vers imités d'Horace :

    Père des saisons et des jours,
Fais naître en ces climats un siècle mémorable.
Puisse à ses ennemis ce peuple redoutable
Être à jamais heureux, et triompher toujours !
Nous avons à nos lois asservi la victoire ;
Aussi loin que tes feux nous portons notre gloire.
Fais dans tout l'univers craindre notre pouvoir.
    Toi, qui vois tout ce qui respire,
    Soleil, puisses-tu ne rien voir
    De si puissant que cet empire !

C'est dans ce prologue qu'on trouve les ariettes qui servirent depuis de canevas au poëte Rousseau pour composer les couplets effrénés qui causèrent sa disgrace. Les couplets originaux de Danchet valent peut-être mieux que les parodies de Rousseau. Voici surtout celui de Danchet qu'on a le plus retenu :

Que l'amant qui devient heureux
En devienne encor plus fidèle !
Que toujours dans les mêmes nœuds
Il trouve une douceur nouvelle !
Que les soupirs et les langueurs
Puissent seuls fléchir les rigueurs
De la beauté la plus sévère !
Que l'amant comblé de faveurs
Sache les goûter et les taire !

Mort en 1748.

DANCOURT (Florent Carton), avocat, né à Fontainebleau, en 1661, aima mieux se livrer au théâtre qu'au barreau. Ce que Regnard était à l'égard de Molière dans la haute comédie, le comédien Dancourt l'était dans la farce. Beaucoup de ses pièces attirent encore un assez grand concours ; elles sont gaies ; le dialogue en est naïf. La quantité de pièces qu'on a faites dans ce genre facile est immense ; elles sont plus du goût du peuple que des esprits délicats ; mais l'amusement est un des besoins de l'homme, et cette espèce de comédie, aisée à représenter, plaît dans Paris et dans les provinces au grand nombre, qui n'est pas susceptible de plaisirs plus relevés. Mort en 1726.

DANET (Pierre), l'un de ces hommes qui ont été plus utiles qu'ils n'ont eu de réputation. Ses Dictionnaires de la langue latine et des antiquités furent au nombre de ces livres mémorables faits pour l'éducation du dauphin, Monseigneur, et qui, s'ils ne firent pas de ce prince un savant homme, contribuèrent beaucoup à éclairer la France. Mort en 1709.

Dangeau (Louis de Courcillon, abbé de), né en 1643, excellent académicien[1]. Mort en 1723.

Daniel (Gabriel), jésuite, historiographe de France, né à Rouen, en 1649, a rectifié les fautes de Mézerai sur la première et seconde race. On lui a reproché que sa diction n'est pas toujours pure, que son style est trop faible, qu'il n'intéresse pas, qu'il n'est pas peintre, qu'il n'a pas assez fait connaître les usages, les mœurs, les lois; que son histoire est un long détail d'opérations de guerre dans lesquelles un historien de son état se trompe presque toujours. Mort en 1728.

Le comte de Boulainvilliers dit, dans ses Mémoires sur le gouvernement de France, qu'on peut reprocher à Daniel dix mille erreurs : c'est beaucoup ; mais heureusement la plupart de ces erreurs sont aussi indifférentes que les vérités qu'il aurait mises à la place; car qu'importe que ce soit l'aile gauche ou l'aile droite qui ait plié à la bataille de Montlhéri? Qu'importe par quel endroit Louis-le-Gros entra dans les masures du Puiset[2]? Un citoyen veut savoir par quels degrés le gouvernement a changé de forme, quels ont été les droits et les usurpations des différents corps, ce qu'ont fait les états-généraux, quel a été l'esprit de la nation. Le grand défaut de Daniel est de n'avoir pas été instruit des droits de la nation, ou de les avoir dissimulés. Il a omis entièrement les célèbres états de 1355. Il n'a parlé des papes, et surtout du

---

[1] Il était frère du marquis de Dangeau, dont les *Mémoires* sont souvent cités et réfutés par Voltaire, qui, le premier, en fit imprimer un extrait avec des notes : voyez tome XLVI. B.

[2] Le Puiset est un bourg entre Orléans et Chartres. Cl.

grand et bon roi Henri IV, qu'en jésuite; nulle connaissance des finances, nulle de l'intérieur du royaume ni des mœurs.

Il prétend dans sa préface, et [1] le président Hénault a dit après lui, que les premiers temps de l'histoire de France sont plus intéressants que ceux de Rome, parceque Clovis et Dagobert avaient plus de terrain que Romulus et Tarquin. Il ne s'est pas aperçu que les faibles commencements de tout ce qui est grand intéressent toujours les hommes; on aime à voir la petite origine d'un peuple dont la France n'était qu'une province, et qui étendit son empire jusqu'à l'Elbe, l'Euphrate et le Niger. Il faut avouer que notre histoire et celle des autres peuples, depuis le cinquième siècle de l'ère vulgaire jusqu'au quinzième, n'est qu'un chaos d'aventures barbares, sous des noms barbares.

D'Argonne (Noël), né à Paris, en 1634, chartreux à Gaillon. C'est le seul chartreux qui ait cultivé la littérature. Ses *Mélanges*, sous le nom de *Vigneul de Marville*, sont remplis d'anecdotes curieuses et hasardées. Mort en 1704.

Delisle (Guillaume), né à Paris, en 1675, a réformé la géographie, qui aura long-temps besoin d'être perfectionnée. C'est lui qui a changé toute la position de notre hémisphère en longitude. Il a enseigné à Louis XV la géographie, et n'a point fait de meilleur élève. Ce monarque a composé [2], après la

[1] Les éditions données du vivant de Voltaire portent : *et on a dit après lui*, etc. B.

[2] Cette flatterie à Louis XV existe dès 1751. Le *Cours des principaux fleuves et rivières de l'Europe*, imprimé dès 1718, c'est-à-dire *du vivant de*

mort de son maître, un *Traité du cours de tous les fleuves*. Guillaume Delisle est le premier qui ait eu le titre de premier géographe du roi. Mort en 1726.

DESCARTES (René), né en Touraine, en 1596, fils d'un conseiller au parlement de Bretagne, le plus grand mathématicien de son temps, mais le philosophe qui connut moins la nature, si on le compare à ceux qui l'ont suivi. Il passa presque toute sa vie hors de France, pour philosopher en liberté, à l'exemple de Saumaise qui avait pris ce parti. On a remarqué qu'il avait un frère aîné, conseiller au parlement de Bretagne, qui le méprisait beaucoup, et qui disait qu'il était indigne du frère d'un conseiller de s'abaisser à être mathématicien. Ayant cherché le repos dans des solitudes en Hollande, il ne l'y trouva pas. Un nommé Voët, et un nommé Shockius, deux professeurs du galimatias scolastique qu'on enseignait encore, intentèrent contre lui cette ridicule accusation d'athéisme dont les écrivains méprisés ont toujours chargé les philosophes. En vain Descartes avait épuisé son génie à rassembler les preuves de la Divinité, et à en chercher de nouvelles; ses infames ennemis le comparèrent à Vanini dans un écrit public : ce n'est pas que Vanini eût été athée, le contraire est démontré[1]; mais il avait été brûlé comme tel, et on ne pouvait faire une comparaison plus odieuse. Descartes eut beaucoup de peine à obtenir

---

Delisle, paraît, dit M. Renouard, n'être que la copie des leçons du maître. B.

[1] Voyez tome XXVII, page 180; et, tome XLIII, la troisième des *Lettres à son altesse monseigneur le prince de****. B.

une très légère satisfaction par sentence de l'Académie de Groningue. Ses *Méditations*, son *Discours sur la méthode*, sont encore estimés; toute sa physique est tombée, parcequ'elle n'est fondée ni sur la géométrie, ni sur l'expérience. Ses *Recherches sur la dioptrique*, où l'on trouve la loi fondamentale de cette science soupçonnée par Snellius, et des applications de cette loi, qui ne pouvaient être que l'ouvrage d'un très grand géomètre; ses travaux sur les lois du choc des corps, objet dont il a eu le premier l'idée de s'occuper, seront toujours, malgré les erreurs qui lui sont échappées, des monuments d'un génie extraordinaire; et le petit livre connu sous le nom de *Géométrie* de Descartes, lui assure la supériorité sur tous les mathématiciens de son temps. Il a eu long-temps une si prodigieuse réputation, que La Fontaine, ignorant à la vérité, mais écho de la voix publique, a dit de lui :

> Descartes, ce mortel dont on eût fait un dieu
> Dans les siècles passés, et qui tient le milieu
> Entre l'homme et l'esprit, comme entre l'huître et l'homme
> Le tient tel de nos gens, franche bête de somme.

L'abbé Genest, dans le siècle présent, s'est donné la malheureuse peine de mettre en vers français la physique de Descartes [1].

Ce n'est guère que depuis l'année 1730 qu'on a commencé à revenir en France de toutes les erreurs de cette philosophie chimérique, quand la géométrie et la physique expérimentale ont été plus cultivées.

[1] Voyez, ci-après, l'article GENEST. B.

Le sort de Descartes en physique a été celui de Ronsard en poésie. Mort à Stockholm, en 1650.

Des Barreaux (Jacques de La Vallée, seigneur) est connu des gens de lettres et de goût par plusieurs petites pièces de vers agréables dans le goût de Sarasin et de Chapelle. Il était conseiller au parlement. On sait qu'ennuyé d'un procès dont il était rapporteur, il paya de son argent ce que le demandeur exigeait, jeta le procès au feu, et se démit de sa charge. Ses petites pièces de poésie sont encore entre les mains des curieux; elles sont toutes assez hardies. La voix publique lui attribua un sonnet aussi médiocre que fameux, qui finit par ces vers :

> Tonne, frappe, il est temps, rends-moi guerre pour guerre :
> J'adore en périssant la raison qui t'aigrit ;
> Mais dessus quel endroit tombera ton tonnerre,
> Qui ne soit tout couvert du sang de Jésus-Christ ?

Il est très faux que ce sonnet soit de Des Barreaux[1], il était très fâché qu'on le lui imputât. Il est de l'abbé de Lavau, qui était alors jeune et inconsidéré ; j'en ai vu la preuve dans une lettre de Lavau à l'abbé Servien. Des Barreaux est mort en 1673.

Des Coutures (Le baron) traduisit en prose et

---

[1] Dreux Du Radier, dans ses *Récréations historiques*, I, 89, remarque que le dernier tercet du sonnet de Des Barreaux est une imitation du dernier tercet d'un sonnet de l'abbé Des Portes (édition de 1598 de ses *Poésies chrétiennes*) :

> Ne tourne point les yeux sur mes actes pervers ;
> Ou, si tu les veux voir, vois-les teints et couverts
> Du beau sang de ton fils, ma grace et ma justice.

Voltaire, dans la septième de ses *Lettres à son altesse monseigneur le prince de**** (voyez tome XLIII), reparle de Des Barreaux et de son sonnet. B.

commenta *Lucrèce*, vers le milieu du règne de Louis XIV. Il pensait comme ce philosophe sur la plupart des premiers principes des choses[1]; il croyait la matière éternelle, à l'exemple de tous les anciens. La religion chrétienne a seule combattu cette opinion.

DESHOULIÈRES (Antoinette du Ligier de La Garde). De toutes les dames françaises qui ont cultivé la poésie, c'est celle qui a le plus réussi, puisque c'est celle dont on a retenu le plus de vers. C'est dommage qu'elle soit l'auteur du mauvais sonnet contre l'admirable *Phèdre* de Racine. Ce sonnet ne fut bien reçu du public que parcequ'il était satirique. N'est-ce pas assez que les femmes soient jalouses en amour? faut-il encore qu'elles le soient en belles-lettres? Une femme satirique ressemble à Méduse et à Scylla, deux beautés changées en monstres. Morte en 1694.

DESLYONS (Jean), né à Pontoise, en 1616, docteur de Sorbonne, homme singulier, auteur de plusieurs ouvrages polémiques. Il voulut prouver que les réjouissances à la fête des rois sont des profanations, et que le monde allait bientôt finir. Mort en 1700.

DESMARETS DE SAINT-SORLIN (Jean), né à Paris, en 1595. Il travailla beaucoup à la tragédie de *Mi-*

---

[1] L'article DES COUTURES fut ajouté dans l'édition de 1752, et tel qu'il est ici. Au lieu de ce qui le termine, on lit ces mots dans un manuscrit que je possède de la main de Voltaire: « Le nombre de ceux qui, à l'exemple des « anciens, ont cru la matière éternelle, est étonnant. » Jacques Parrain, baron Des Coutures, né à Avranches, est mort en 1702. Sa traduction de Lucrèce, qui avait paru en 1685, deux volumes in-12, a été effacée par celle de Lagrange: voyez tome XXVIII, page 383. B.

rame du cardinal de Richelieu. Sa comédie des *Visionnaires* passa pour un chef-d'œuvre, mais c'est que Molière n'avait pas encore paru. Il fut contrôleur-général de l'extraordinaire des guerres et secrétaire de la marine du Levant. Sur la fin de sa vie, il fut plus connu par son fanatisme[1] que par ses ouvrages. Mort en 1676.

DESTOUCHES (Philippe Néricault), né à Tours, en 1680, avait été comédien dans sa jeunesse. Après avoir fait plusieurs comédies, il fut chargé long-temps des affaires de France en Angleterre; et ayant rempli ce ministère avec succès, il se remit à faire des comédies. On ne trouve pas dans ses pièces la force et la gaîté de Regnard, encore moins ces peintures du cœur humain, ce naturel, cette vraie plaisanterie, cet excellent comique, qui fait le mérite de l'inimitable Molière; mais il n'a pas laissé de se faire de la réputation après eux. On a de lui quelques pièces qui ont eu du succès, quoique le comique en soit un peu forcé. Il a du moins évité le genre de la comédie qui n'est que langoureuse, de cette espèce de tragédie bourgeoise, qui n'est ni tragique, ni comique, monstre né de l'impuissance des auteurs et de la satiété du public après les beaux jours du siècle de Louis XIV[2]. Sa comédie du *Glorieux* est son meilleur ouvrage[3], et probablement restera au théâtre, quoique le personnage du *Glorieux* soit, dit-on, man-

---

[1] Voyez, ci-après, l'article MORIN (Simon). B.

[2] Tout ce qui précède est de 1757; ce qui suit est de 1763. B.

[3] Voyez, tome XIV, dans les *Poésies mêlées* (année 1749), les vers de Voltaire sur le *Glorieux*. B.

qué; mais les autres caractères paraissent traités supérieurement. Mort en 1754.

D'Hosier (Pierre), né à Marseille, en 1592, fils d'un avocat. Il fut le premier qui débrouilla les généalogies, et qui en fit une science. Louis XIII le fit gentilhomme servant, maître d'hôtel, et gentilhomme ordinaire de sa chambre. Louis XIV lui donna un brevet de conseiller d'état. De véritablement grands hommes ont été bien moins récompensés; leurs travaux n'étaient pas si nécessaires à la vanité humaine[1]. Mort en 1660.

D'Olivet (Joseph Thoulier), abbé, conseiller d'honneur de la chambre des comptes de Dôle, de l'académie française, né à Salins, en 1682; célèbre dans la littérature par son *Histoire de l'Académie*, lorsqu'on désespérait d'en avoir jamais une qui égalât celle de Pellisson. Nous lui devons les traductions les plus élégantes et les plus fidèles des ouvrages philosophiques de Cicéron, enrichies de remarques judicieuses. Toutes les œuvres de Cicéron, imprimées par ses soins et ornées de ses remarques, sont un beau monument qui prouve que la lecture des anciens n'est point abandonnée dans ce siècle. Il a parlé sa langue avec la même pureté que Cicéron parlait la sienne, et il a rendu service à la grammaire française par les observations les plus fines et les plus exactes. On lui doit aussi l'édition du livre de *la Faiblesse de l'Esprit humain*, composé par l'évêque d'Avranches, Huet, lorsqu'une longue expérience l'eut fait enfin revenir des absurdes futilités de l'école, et du

[1] Voyez l'article Th. Renaudot. B.

fatras des recherches des siècles barbares. Les jésuites, auteurs du *Journal de Trévoux*[1], se déchaînèrent contre l'abbé d'Olivet, et soutinrent que l'ouvrage n'était pas de l'évêque Huet, sur le seul prétexte qu'il ne convenait pas à un ancien prélat de Normandie d'avouer que la scolastique est ridicule, et que les légendes ressemblent aux quatre fils Aimon, comme s'il était nécessaire, pour l'édification publique, qu'un évêque normand fût imbécile. C'est ainsi à peu près qu'ils avaient soutenu que les Mémoires du cardinal de Retz n'étaient pas de ce cardinal. L'abbé d'Olivet leur répondit, et sa meilleure réponse fut de montrer à l'académie l'ouvrage de l'ancien évêque d'Avranches, écrit de la main de l'auteur. Son âge et son mérite sont notre excuse de l'avoir placé, ainsi que le président Hénault, dans une liste où nous nous étions fait une loi de ne parler que des morts[2].

DOMAT (Jean), célèbre jurisconsulte. Son livre des *Lois civiles* a eu beaucoup d'approbation. Mort en 1696.

DORLÉANS (Pierre-Joseph), jésuite, le premier qui ait choisi dans l'histoire les révolutions pour son seul objet. Celles d'Angleterre qu'il écrivit sont d'un style éloquent; mais depuis le règne de Henri VIII il est plus disert que fidèle. Mort en 1698.

---

[1] Sur ce *Journal*, voyez ma note, tome XXXIII, page 267. B.

[2] Les éditions de Kehl terminaient cet article par ces mots, qui étaient entre parenthèses : « Mort depuis l'impression de cet article, en 1768. » Ils ne sont point dans l'édition de 1775 donnée du vivant de Voltaire. D'Olivet est mort le 8 octobre 1768. C'était dans l'édition du *Siècle de Louis XIV*, donnée cette année, que Voltaire avait ajouté son article, ainsi que celui de HÉNAULT. Jusque-là Fontenelle était le seul auteur admis de son vivant dans le *Catalogue*. B.

Doujat (Jean), né à Toulouse, en 1609, jurisconsulte et homme de lettres. Il fesait tous les ans un enfant à sa femme, et un livre. On en dit autant de Tiraqueau. Le *Journal des Savants* l'appelle *grand homme*; il ne faut pas prodiguer ce titre. Mort en 1688, à soixante-dix-neuf ans.

Dubois (Gérard), né à Orléans, en 1629, de l'Oratoire. Il a fait l'*Histoire de l'Église de Paris*. Mort en 1696.

Dubos (L'abbé). Son *Histoire de la ligue de Cambrai* est profonde, politique, intéressante; elle fait connaître les usages et les mœurs du temps, et est un modèle en ce genre. Tous les artistes lisent avec fruit ses *Réflexions sur la poésie, la peinture et la musique*. C'est le livre le plus utile qu'on ait jamais écrit sur ces matières chez aucune des nations de l'Europe. Ce qui fait la bonté de cet ouvrage, c'est qu'il n'y a que peu d'erreurs et beaucoup de réflexions vraies, nouvelles et profondes. Ce n'est pas un livre méthodique; mais l'auteur pense, et fait penser. Il ne savait pourtant pas la musique; il n'avait jamais pu faire de vers, et n'avait pas un tableau; mais il avait beaucoup lu, vu, entendu et réfléchi[1]. Il publia, pendant la guerre de la succession, un ouvrage intitulé *les Intérêts de l'Angleterre mal entendus dans la guerre présente*[2]. Il y prédit la séparation des colonies anglaises, comme la suite nécessaire de la destruction de la puissance

---

[1] Cette phrase et celle qui suit sont posthumes; elles ne sont pas dans l'édition de 1775. B.

[2] 1703, in-12. Sur la guerre de la succession, voyez, tome XX, les chapitres xviii et suivants. B.

française dans l'Amérique septentrionale, du besoin qu'aurait l'Angleterre d'imposer des taxes sur ses colonies, et du refus qu'elles feraient de se soumettre à ces taxes. Mort en 1712.

Ducange (Charles Dufresne), né à Amiens, en 1610. On sait combien ses deux *Glossaires* sont utiles pour l'intelligence de tous les usages du Bas-Empire et des siècles suivants. On est effrayé de l'immensité de ses connaissances et de ses travaux. De pareils hommes méritent notre éternelle reconnaissance, après ceux qui ont fait servir leur génie à nos plaisirs. Il fut un de ceux que Louis XIV récompensa. Mort en 1688.

Ducerceau (Jean-Antoine), né en 1670, jésuite. On trouve dans ses poésies françaises, qui sont du genre médiocre, quelques vers naïfs et heureux. Il a mêlé à la langue épurée de son siècle le langage marotique, qui énerve la poésie par sa malheureuse facilité, et qui gâte la langue de nos jours par des mots et des tours surannés. Mort en 1730.

Du Chatelet (madame). Voyez Breteuil.

Duché de Vanci (Joseph-François), valet de chambre de Louis XIV, fit pour la cour quelques tragédies tirées de l'*Écriture*, à l'exemple de Racine, non avec le même succès. L'opéra d'*Iphigénie en Tauride* est son meilleur ouvrage. Il est dans le grand goût; et, quoique ce ne soit qu'un opéra, il retrace une grande idée de ce que les tragédies grecques avaient de meilleur. Ce goût n'a pas subsisté long-temps; même bientôt après on s'est réduit aux simples ballets, composés d'actes détachés, faits uniquement pour amener des danses ; ainsi l'opéra même a dégénéré dans le temps que presque tout le reste tombait dans la décadence.

Madame de Maintenon fit la fortune de cet auteur : elle le recommanda si fortement à M. de Pontchartrain, secrétaire d'état, que ce ministre, prenant Duché pour un homme considérable, alla lui rendre visite. Duché, homme alors très obscur, voyant entrer chez lui un secrétaire d'état, crut qu'on allait le conduire à la Bastille. Mort en 1704.

) DUCHESNE (André), né en Touraine, en 1584 ; historiographe du roi, auteur de beaucoup d'histoires et de recherches généalogiques. On l'appelait *le Père de l'Histoire de France*. Mort en 1640.

DUFRESNOI (Charles-Alfonse), né à Paris en 1611, peintre et poëte. Son poëme *de la Peinture* a réussi auprès de ceux qui peuvent lire d'autres vers latins que ceux du siècle d'Auguste. Mort en 1665.

DUFRESNY (Charles Rivière), né à Paris en 1648. Il passait pour petit-fils de Henri IV, et lui ressemblait. Son père avait été valet de garde-robe de Louis XIII, et le fils l'était de Louis XIV, qui lui fit toujours du bien, malgré son dérangement, mais qui ne put l'empêcher de mourir pauvre. Avec beaucoup d'esprit et plus d'un talent, il ne put jamais rien faire de régulier. On a de lui beaucoup de comédies, et il n'y en a guère où l'on ne trouve des scènes jolies et singulières. Mort en 1724.

DU GUAI-TROUIN (René), né à Saint-Malo en 1673, d'armateur devenu lieutenant-général des armées navales, l'un des plus grands hommes en son genre, a donné des *Mémoires*[1] écrits du style d'un soldat, et propres à exciter l'émulation chez ses compatriotes. Mort en 1736.

Duguet (Jacques-Joseph), né en Forez en 1649; l'une des meilleures plumes du parti janséniste. Son livre de l'*Éducation d'un roi* n'a point été fait pour le roi de Sardaigne, comme on l'a dit, et il a été achevé par une autre main[2]. Le style de Duguet est formé sur celui des bons écrivains de Port-Royal. Il aurait pu comme eux rendre de grands services aux lettres; trois volumes sur vingt-cinq chapitres d'*Isaïe* prouvent qu'il n'était avare ni de son temps ni de sa plume. Mort en 1733.

Duhalde (Jean-Baptiste), jésuite, quoiqu'il ne soit point sorti de Paris, et qu'il n'ait point su le chinois, a donné sur les Mémoires de ses confrères la plus ample et la meilleure description de l'empire de la Chine[3] qu'on ait dans le monde. Mort en 1743.

L'insatiable curiosité que nous avons de connaître à fond la religion, les lois, les mœurs des Chinois, n'est point encore satisfaite : un bourgmestre de Middelbourg, nommé *Hudde*[4], homme très riche, guidé

---

[1] 1740, in-4°, réimprimés en divers formats. B.

[2] L'*Institution d'un prince* n'a été publiée qu'après la mort de Duguet, Londres, 1739, in-4°, ou quatre volumes in-12. Si, malgré ce que dit Voltaire, ce traité a été composé pour l'éducation d'un prince de Savoie, ce doit avoir été pour Charles-Emmanuel, né en 1701, plutôt que Victor-Amédée, né en 1726. B.

[3] L'abbé Grosier a donné une *Description de la Chine*, qui forme le treizième volume de l'*Histoire générale de la Chine*, 1777-85, treize volumes in-4°, et a été réimprimée séparément en deux volumes in-8°, puis, en 1818-1820, sept volumes in-8°. B.

[4] Voltaire a composé une *Lettre de M. Hudde, échevin d'Amsterdam, écrite*

par cette seule curiosité, alla à la Chine vers l'an 1700. Il employa une grande partie de son bien à s'instruire de tout. Il apprit si parfaitement la langue, qu'on le prenait pour un Chinois. Heureusement pour lui la forme de son visage ne le trahissait pas. Enfin il sut parvenir au grade de mandarin ; il parcourut toutes les provinces en cette qualité, et revint ensuite en Europe avec un recueil de trente années d'observations ; elles ont été perdues dans un naufrage : c'est peut-être la plus grande perte qu'ait faite la république des lettres.

DUHAMEL (Jean-Baptiste), de Normandie, né en 1624, secrétaire de l'académie des sciences. Quoique philosophe, il était théologien. La philosophie, qui s'est perfectionnée depuis lui, a nui à ses ouvrages, mais son nom a subsisté. Mort en 1706.

DUMARSAIS (César Chesneau), né à Marseille en 1676. Personne n'a connu mieux que lui la métaphysique de la grammaire ; personne n'a plus approfondi les principes des langues. Son livre des *Tropes* est devenu insensiblement nécessaire, et tout ce qu'il a écrit sur la grammaire mérite d'être étudié. Il y a dans le grand *Dictionnaire encyclopédique* beaucoup d'articles de lui, qui sont d'une grande utilité. Il était du nombre de ces philosophes obscurs dont Paris est plein, qui jugent sainement de tout, qui vivent entre eux dans la paix et dans la communication de la raison, ignorés des grands, et très redoutés de ces charlatans en tout genre qui veulent dominer sur les es-

---

en 1620. Il n'en reste qu'un fragment, *inédit jusqu'à ce jour*, et que je donnerai dans le tome L (dernier des *Mélanges*). B.

prits. La foule de ces hommes sages est une suite de l'esprit du siècle. Mort en 1756.

DUPIN (Louis Ellies), né en 1657, docteur de Sorbonne. Sa *Bibliothèque des auteurs ecclésiastiques* lui a fait beaucoup de réputation et quelques ennemis. Mort en 1719.

DUPLEIX (Scipion), de Condom, quoique né en 1569, peut être compté dans le siècle de Louis XIV, ayant encore vécu sous son règne. Il est le premier historien qui ait cité en marge ses autorités, précaution absolument nécessaire quand on n'écrit pas l'histoire de son temps, à moins qu'on ne s'en tienne aux faits connus. On ne lit plus son *Histoire de France*, parceque depuis lui on a mieux fait et mieux écrit. Mort en 1661.

DUPUY (Pierre), fils de Claude Dupuy, conseiller au parlement, très savant homme, naquit en 1583. La science de Pierre Dupuy fut utile à l'état. Il travailla plus que personne à l'inventaire des chartes, et aux recherches des droits du roi sur plusieurs états. Il débrouilla, autant qu'on le peut, la *loi Salique*, et défendit les libertés de l'Église gallicane, en prouvant qu'elles ne sont qu'une partie des anciens droits des anciennes Églises. Il résulte de son *Histoire des Templiers* qu'il y avait quelques coupables dans cet ordre, mais que la condamnation de l'ordre entier et le supplice de tant de chevaliers furent une des plus horribles injustices qu'on ait jamais commises. Mort en 1651.

DURYER (André), gentilhomme ordinaire de la chambre du roi, long-temps employé à Constantinople et en Égypte. Nous avons de lui la traduction de *l'Alcoran* et de l'*Histoire de Perse*[1].

DURYER (Pierre), né à Paris en 1605, secrétaire du roi, historiographe de France, pauvre malgré ses charges. Il fit dix-neuf pièces de théâtre, et treize traductions, qui furent toutes bien reçues de son temps : mort en 1658.

ESPRIT (Jacques), né à Béziers en 1611, auteur du livre *de la Fausseté des vertus humaines*, qui n'est qu'un commentaire du duc de La Rochefoucauld. Le chancelier Séguier, qui goûta sa littérature, lui fit avoir un brevet de conseiller d'état. Mort en 1678.

ESTRADES (Godefroi, maréchal d'). Ses *Lettres*[2] sont aussi estimées que celles du cardinal d'Ossat ; et c'est une chose particulière aux Français, que de simples dépêches aient été souvent d'excellents ouvrages. Mort en 1686.

FÉLIBIEN (André), né à Chartres en 1619. Il est le premier qui, dans les inscriptions de l'hôtel-de-ville, ait donné à Louis XIV le nom de *Grand*. Ses *Entretiens sur la vie des peintres* sont l'ouvrage qui lui a fait le plus d'honneur. Il est élégant, profond, et il respire le goût : mais il dit trop peu de choses en trop de paroles, et est absolument sans méthode. Mort en 1695.

[1] On ignore la date de la naissance de Duryer, qui était revenu en France vers 1630 : né à Semur-en-Brionais, il est mort en 1688. Sa traduction de l'*Alcoran* parut en 1647, in-4°. Quant à son *Histoire de Perse*, elle est tout-à-fait inconnue. Voltaire a peut-être voulu parler de la traduction qu'a donnée Duryer de *Gulistan, ou l'Empire des roses*, composé par Saadi, prince des poëtes turcs et persans, 1634, in-8°. B.

[2] 1709, cinq volumes in-12; 1719, six volumes in-12; 1743, neuf volumes in-12. B.

FÉNÉLON (François de Salignac de La Mothe), archevêque de Cambrai, né en Périgord en 1651. On a de lui cinquante-cinq ouvrages différents. Tous partent d'un cœur plein de vertu, mais son *Télémaque* l'inspire. Il a été vainement blâmé par Gueudeville, et par l'abbé Faydit[1]. Mort à Cambrai en 1715.

Après la mort de Fénélon, Louis XIV brûla lui-même tous les manuscrits que le duc de Bourgogne avait conservés de son précepteur. Ramsay, élève de ce célèbre archevêque, m'a écrit ces mots : « S'il était « né en Angleterre, il aurait développé son génie, et « donné l'essor sans crainte à ses principes, que per- « sonne n'a connus. »

FERRAND (Antoine), conseiller de la cour des aides. On a de lui de très jolis vers: Il joutait avec Rousseau dans l'épigramme et le madrigal. Voici dans quel goût Ferrand écrivait :

> D'amour et de mélancolie
> Célemnus enfin consumé,
> En fontaine fut transformé ;
> Et qui boit de ses eaux oublie
> Jusqu'au nom de l'objet aimé.
> Pour mieux oublier Égérie,
> J'y courus hier vainement;
> A force de changer d'amant,
> L'infidèle l'avait tarie.

On voit que Ferrand mettait plus de naturel, de grace, et de délicatesse, dans ses sujets galants, et Rousseau

---

[1] L'abbé Faydit est l'auteur de la *Télémacomanie*, 1700, in-12; Gueudeville a composé une *Critique générale de Télémaque*, 1700, deux volumes in-12. Voltaire reparle de Fénélon dans le chapitre XXXVIII (voyez tome XX). B.

plus de force et de recherche dans des sujets de débauche. Mort en 1719.

FEUQUIÈRES (Antoine de Pas, marquis de), né à Paris en 1648. Officier consommé dans l'art de la guerre, et excellent guide s'il est critique trop sévère. Mort en 1711.

FLÉCHIER (Esprit), du comtat d'Avignon, né en 1632, évêque de Lavaur et puis de Nîmes ; poëte français et latin, historien, prédicateur, mais connu surtout par ses belles oraisons funèbres [1]. Son *Histoire de Théodose* a été faite pour l'éducation de Monseigneur. Le duc de Montausier avait engagé les meilleurs esprits de France à travailler, par de bons ouvrages, à cette éducation. Mort en 1710.

FLEURY (Claude), né en 1640, sous-précepteur du duc de Bourgogne, et confesseur de Louis XV son fils, vécut à la cour dans la solitude et dans le travail. Son *Histoire de l'Église* est la meilleure qu'on ait jamais faite, et les discours préliminaires sont fort au-dessus de l'histoire. Ils sont presque d'un philosophe, mais l'histoire n'en est pas. Mort en 1723.

FONTAINE (Jean de La). *Voyez* LA FONTAINE.

FONTENELLE (Bernard Le Bovier[2] de), né à Rouen le 11 février 1657. On peut le regarder comme l'esprit le plus universel que le siècle de Louis XIV ait produit. Il a ressemblé à ces terres heureusement

---

[1] Voyez, tome XX, ce que Voltaire dit de Fléchier dans le chapitre XXXII. B.

[2] « Originairement *Le Bouyer* (dit l'abbé Trublet); dans la suite l'*u* « voyelle s'est changé en *v* consonne, et l'*y* grec en *i* français, comme dans « beaucoup d'autres noms. » B.

situées qui portent toutes les espèces de fruits. Il n'avait pas vingt ans lorsqu'il fit une grande partie de la tragédie-opéra de *Bellérophon*, et depuis il donna l'opéra de *Thétis et Pélée*, dans lequel il imita beaucoup Quinault, et qui eut un grand succès. Celui d'*Énée et Lavinie* en eut moins. Il essaya ses forces au théâtre tragique; il aida mademoiselle Bernard dans quelques pièces. Il en composa deux, dont une fut jouée en 1680, et jamais imprimée [1]. Elle lui attira trop long-temps de très injustes reproches : car il avait eu le mérite de reconnaître que, bien que son esprit s'étendît à tout, il n'avait pas le talent de Pierre Corneille, son oncle, pour la tragédie [2].

En 1686, il fit l'allégorie de *Méro* et d'*Énégu*[3]; c'est Rome et Genève. Cette plaisanterie si connue, jointe à l'*Histoire des oracles*, excita depuis contre lui une persécution. Il en essuya une moins dangereuse, et qui n'était que littéraire, pour avoir soutenu qu'à plusieurs égards les modernes valaient bien les anciens.

---

[1] C'est *Aspar*, connue par l'épigramme de Racine. J'ignore l'autre, dit l'abbé Trublet (qui connaissait si bien son Fontenelle), à moins que Voltaire n'ait voulu parler du *Brutus*; voyez, ci-dessus, page 59. B.

[2] Après ce mot, on lisait en 1752 : *Il fit beaucoup d'ouvrages légers*, etc. Dans l'édition de 1763, Voltaire avait ajouté : « Il essuya même une espèce de persécution littéraire pour avoir soutenu qu'à plusieurs égards les modernes valaient bien les anciens. Racine et Boileau, qui avaient pourtant intérêt que Fontenelle eût raison, affectèrent de le mépriser, et lui fermèrent long-temps les portes de l'académie. Ils firent contre lui des épigrammes; il en fit contre eux, et ils furent toujours ses ennemis. Il fit beaucoup, etc. » Ce fut en 1768 que Voltaire remplaça ce passage de 1763 par ce qu'on lit aujourd'hui. B.

[3] Voyez ma note, tome XXXVII, page 257. Voltaire parle plus au long de tout ceci dans la septième de ses *Lettres à son altesse monseigneur le prince de****, qui sont dans le tome XLIII. B.

Racine et Boileau, qui avaient pourtant intérêt que Fontenelle eût raison, affectèrent de le mépriser, et lui fermèrent long-temps les portes de l'académie. Ils firent contre lui des épigrammes ; il en fit contre eux, et ils furent toujours ses ennemis. Il fit beaucoup d'ouvrages légers, dans lesquels on remarquait déjà cette finesse et cette profondeur qui décèlent un homme supérieur à ses ouvrages mêmes. On remarqua dans ses vers et dans ses *Dialogues des morts* l'esprit de Voiture, mais plus étendu et plus philosophique. Sa *Pluralité des mondes* fut un ouvrage unique en son genre[1]. Il sut faire, des *Oracles* de Van-Dale, un livre agréable. Les matières délicates auxquelles on touche dans ce livre lui attirèrent des ennemis violents, auxquels il eut le bonheur d'échapper. Il vit combien il est dangereux d'avoir raison dans des choses où des hommes accrédités ont tort. Il se tourna vers la géométrie et vers la physique avec autant de facilité qu'il avait cultivé les arts d'agrément. Nommé secrétaire perpétuel de l'académie des sciences, il exerça cet emploi pendant plus de quarante ans avec un applaudissement universel. Son *Histoire de l'académie* jette très souvent une clarté lumineuse sur les mémoires les plus obscurs. Il fut le premier qui porta cette élégance dans les sciences. Si quelquefois il y répandit trop d'ornement, c'était de ces moissons abondantes dans lesquelles les fleurs croissent naturellement avec les épis.

Cette *Histoire de l'académie des sciences* serait aussi

---

[1] Voyez, tome XXXIX, page 243, ce que Voltaire dit des *Lettres diverses du chevalier d'Her...*, ouvrage de Fontenelle. B.

utile qu'elle est bien faite, s'il n'avait eu à rendre compte que de vérités découvertes : mais il fallait souvent qu'il expliquât des opinions combattues les unes par les autres, et dont la plupart sont détruites.

Les éloges[1] qu'il prononça des académiciens morts ont le mérite singulier de rendre les sciences respectables, et ont rendu tel leur auteur. En vain l'abbé Desfontaines et d'autres gens de cette espèce ont voulu obscurcir sa réputation; c'est le propre des grands hommes d'avoir de méprisables ennemis. S'il fit imprimer depuis des comédies froides, peu théâtrales, et une apologie des tourbillons de Descartes, on a pardonné ces comédies en faveur de sa vieillesse, et son cartésianisme, en faveur des anciennes opinions qui, dans sa jeunesse, avaient été celles de l'Europe.

Enfin, on l'a regardé comme le premier des hommes dans l'art nouveau de répandre de la lumière et des graces sur les sciences abstraites, et il a eu du mérite dans tous les autres genres qu'il a traités. Tant de talents ont été soutenus par la connaissance des langues et de l'histoire; et il a été, sans contredit, au-dessus de tous les savants qui n'ont pas eu le don de l'invention.

Son *Histoire des Oracles,* qui n'est qu'un abrégé très sage et très modéré de la grande histoire de Van-Dale, lui fit une querelle assez violente avec quelques jésuites compilateurs de la *Vie des saints*[2], qui avaient

---

[1] Voyez ce que Voltaire a dit de ces *Éloges des académiciens,* t. XXXVII, p. 552. B.

[2] Le jésuite Baltus, adversaire de Fontenelle (voyez ma note, tome XXXI, page 398), n'a point fait de *Vies des saints;* mais il a donné, entre autres

précisément l'esprit des compilateurs. Ils écrivirent à leur manière contre le sentiment raisonnable de Van-Dale et de Fontenelle. Le philosophe de Paris ne répondit point[1] ; mais son ami, le savant Basnage, philosophe de Hollande, répondit, et le livre des compilateurs ne fut pas lu. Plusieurs années après, le jésuite Le Tellier, confesseur de Louis XIV, ce malheureux auteur de toutes les querelles qui ont produit tant de mal et tant de ridicule en France, déféra Fontenelle à Louis XIV, comme un athée, et rappela l'allégorie de *Méro* et d'*Énégu*. *Marc-René* de Paulmi, marquis d'Argenson, alors lieutenant de police, et depuis garde des sceaux, écarta la persécution qui allait éclater contre Fontenelle, et ce philosophe le fait assez entendre dans l'éloge du garde des sceaux d'Argenson, prononcé dans l'académie des sciences. Cette anecdote est plus curieuse que tout ce qu'a dit l'abbé Trublet de Fontenelle. Mort le 9 janvier 1757, âgé de cent ans moins un mois et deux jours[2].

ouvrages, les *Actes de saint Barlaam*, 1720, in-12. Sur Baltus, voyez aussi tome XXXI, page 307. B.

[1] Basnage pressa long-temps Fontenelle de répondre à Baltus. « Mon parti « est pris, répondit Fontenelle, je ne répondrai point au livre du jésuite ; je « consens que le diable ait été prophète, puisque Baltus le veut, et qu'il « trouve cela plus orthodoxe. »

[2] Lorsque la première édition du *Siècle de Louis XIV* devint publique, Fontenelle vivait encore. On avait cherché à l'irriter contre M. de Voltaire. Comment suis-je traité dans cet ouvrage ? demanda Fontenelle à un de ses amis. — Monsieur, répondit-il, M. de Voltaire commence par dire que vous êtes le seul homme vivant pour lequel il se soit écarté de la loi qu'il s'est faite de ne parler que des morts.—Je n'en veux pas savoir davantage, reprit Fontenelle ; quelque chose qu'il ait pu ajouter, je dois être content.

Ce qu'on trouve ici sur l'*Histoire des Oracles*, et sur *Méro et Énégu*, a été ajouté depuis la mort de Fontenelle. K. — L'article Fontenelle ne parut

FORBIN (Claude, chevalier de), chef d'escadre en France, grand-amiral du roi de Siam. Il a laissé des Mémoires curieux qu'on a rédigés, et l'on peut juger entre lui et du Guai-Trouin. Mort en 1733.

FRAGUIER (Claude), né à Paris, en 1666, bon littérateur et plein de goût. Il a mis la philosophie de Platon en bons vers latins. Il eût mieux valu faire de bons vers français. On a de lui d'excellentes dissertations dans le recueil utile de l'académie des belles-lettres. Mort en 1728.

FURETIÈRE (Antoine), né en 1620, fameux par son Dictionnaire et par sa querelle : mort en 1688.

GACON (François), né à Lyon, en 1667, mis par le P. Nicéron dans le catalogue des hommes illustres, et qui n'a été fameux que par de grossières plaisanteries, qu'on appelle *brevets de la calotte*. Ces turpitudes ont pris leur source dans je ne sais quelle association qu'on appelait *le régiment des fous et de la calotte*. Ce n'est pas là assurément du bon goût. Les honnêtes gens ne voient qu'avec mépris de tels ouvrages et leurs auteurs, qui ne peuvent être cités que pour faire abhorrer leur exemple. Gacon n'écrivit presque que de mauvaises satires en mauvais vers contre les auteurs les plus estimés de son temps. Ceux qui n'en écrivent

que dans la seconde édition du *Siècle de Louis XIV*, donnée à Leipsick, en 1752, deux volumes in-12 ; il commençait ainsi : «Fontenelle (B. de), « quoique vivant encore en l'année 1752, fera une exception à la loi qu'on « s'est faite de ne mettre aucun homme vivant dans ce catalogue. Son âge « de près de cent années semble demander cette distinction. Il est à présent « au-dessus de l'éloge et de la critique. On peut le regarder, etc. » jusqu'à l'alinéa qui finit par ces mots, *le don de l'invention*. (Sauf toutefois les trois phrases que j'ai indiquées.) B.

aujourd'hui qu'en mauvaise prose sont encore plus méprisés que lui. On n'en parle ici que pour inspirer le même mépris envers ceux qui pourraient l'imiter. Mort en 1725.

GALLAND (Antoine), né en Picardie, en 1646. Il apprit à Constantinople les langues orientales, et traduisit une partie des *Contes arabes,* qu'on connaît sous le titre de *Mille et une nuits;* il y mit beaucoup du sien: c'est un des livres les plus connus en Europe; il est amusant pour toutes les nations. Mort en 1715.

GALLOIS (L'abbé Jean), né à Paris, en 1632, savant universel, fut le premier qui travailla au *Journal des savants* avec le conseiller-clerc Sallo, qui avait conçu l'idée de ce travail. Il enseigna depuis un peu de latin au ministre d'état Colbert, qui, malgré ses occupations, crut avoir assez de temps pour apprendre cette langue; il prenait surtout ses leçons en carrosse dans ses voyages de Versailles à Paris. On disait, avec vraisemblance, que c'était en vue d'être chancelier. On peut observer que les deux hommes qui ont le plus protégé les lettres ne savaient pas le latin, Louis XIV et M. Colbert. On prétend que l'abbé Gallois disait : « M. Colbert veut quelquefois se familiariser avec « moi, mais je le repousse par le respect. » On attribue ce même mot à Fontenelle à l'égard du régent : il est plus dans le caractère de Fontenelle, et le régent avait dans le sien plus de familiarité que Colbert. Mort en 1707.

GASSENDI (Pierre Gassend, plus connu sous le nom de), né en Provence, en 1592, restaurateur d'une partie de la physique d'Épicure. Il sentit la nécessité des atomes et du vide. Newton et d'autres ont démontré depuis ce que Gassendi avait affirmé. Il eut moins de réputation que Descartes, parcequ'il était plus raisonnable, et qu'il n'était pas inventeur ; mais on l'accusa, comme Descartes, d'athéisme. Quelques uns crurent que celui qui admettait le vide, comme Épicure, niait un Dieu, comme lui. C'est ainsi que raisonnent les calomniateurs. Gassendi en Provence, où l'on n'était point jaloux de lui, était appelé le *saint Prêtre*; à Paris, quelques envieux l'appelaient l'*athée*. Il est vrai qu'il était sceptique, et que la philosophie lui avait appris à douter de tout, mais non pas de l'existence d'un Être suprême[1]. Il avait avancé longtemps avant Locke, dans une grande lettre à Descartes, qu'on ne connaît point du tout l'ame, que Dieu peut accorder la pensée à l'autre être inconnu qu'on nomme matière, et la lui conserver éternellement. Mort en octobre 1655.

GÉDOIN (Nicolas), chanoine de la Sainte-Chapelle à Paris, auteur d'une excellente traduction de Quintilien[2] et de Pausanias. Il était entré chez les jésuites à l'âge de quinze ans, et en sortit dans un âge mûr. Il était si passionné pour les bons auteurs de l'antiquité qu'il aurait voulu qu'on eût pardonné à leur religion en faveur des beautés de leurs ouvrages et

---

[1] Les déclamations contre le scepticisme sont l'ouvrage de la sottise ou de la charlatanerie. Un sceptique qui n'admettrait pas les différents degrés de probabilité serait un fou ; un sceptique qui les admet ne diffère des dogmatiques qu'en ce qu'il cherche à démêler ces différents degrés avec plus de subtilité. K.

[2] Ce qui précède est de 1751 ; ce qui suit, de 1763 : le *N. B.* est de 1768. B.

de leur mythologie : il trouvait dans la fable une philosophie naturelle, admirable, et des emblèmes frappants de toutes les opérations de la Divinité. Il croyait que l'esprit de toutes les nations s'était rétréci, et que la grande poésie et la grande éloquence avaient disparu du monde avec la mythologie des Grecs. Le poëme de Milton lui paraissait un poëme barbare et d'un fanatisme sombre et dégoûtant, dans lequel le diable hurle sans cesse contre le Messie. Il écrivit sur ce sujet quatre dissertations très curieuses : on croit qu'elles seront bientôt imprimées [1]. Mort en 1744.

N. B. On a imprimé dans quelques dictionnaires que Ninon lui accorda ses faveurs à quatre-vingts ans. En ce cas on aurait dû dire plutôt que l'abbé Gédoin lui accorda les siennes; mais c'est un conte ridicule. Ce fut à l'abbé de Châteauneuf que Ninon donna un rendez-vous pour le jour auquel elle aurait soixante ans accomplis [2].

GENEST (Charles-Claude), né en 1635 [3], aumônier de la duchesse d'Orléans, philosophe et poëte. Sa tragédie de *Pénélope* a encore du succès sur le théâtre, et c'est la seule de ses pièces qui s'y soit conservée. Elle est au rang de ces pièces écrites d'un style lâche et prosaïque, que les situations font tolérer dans la représentation. Son laborieux ouvrage *de la Philosophie de Descartes*, en rimes plutôt qu'en vers, signala plus sa patience que son génie; et il n'eut guère rien de commun avec Lucrèce que de versifier une phi-

---

[1] Elles ne le sont pas encore. B.
[2] Voyez tome XXVIII, page 353; et tome XXXIX, page 409. B.
[3] Le 17 octobre 1639, suivant D'Olivet et D'Alembert. B.

losophie erronée presque en tout : il eut part aux bienfaits de Louis XIV. Mort en 1719.

GIRARD (l'abbé Gabriel), de l'académie. Son livre des *Synonymes* est très utile; il subsistera autant que la langue, et servira même à la faire subsister. Mort fort vieux, en 1748.

GODEAU (Antoine), l'un de ceux qui servirent à l'établissement de l'académie française, poëte, orateur, et historien. On sait que pour faire un jeu de mots, le cardinal de Richelieu lui donna l'évêché de Grasse pour le *Benedicite* mis en vers. Son *Histoire ecclésiastique* en prose fut plus estimée que son poëme sur les *Fastes de l'Église*. Il se trompa en croyant égaler les Fastes d'Ovide : ni son sujet ni son génie n'y pouvaient suffire. C'est une grande erreur de penser que les sujets chrétiens puissent convenir à la poésie comme ceux du paganisme, dont la mythologie aussi agréable que fausse animait toute la nature. Mort en 1672.

GODEFROI (Théodore), fils de Denys Godefroi, Parisien; homme savant, né à Genève, en 1580, historiographe de France sous Louis XIII et Louis XIV. Il s'appliqua surtout aux titres et au cérémonial. Mort en 1648.

N. B. Son père, Denys, a rendu un service important à l'Europe par son travail immense sur le *Corpus juris civilis*.

GODEFROI (Denys), son fils, né à Paris, en 1615, historiographe de France, comme son père : mort en 1681. Toute cette famille a été illustre dans la littérature.

Gombauld (Jean Ogier de), quoique né sous Charles IX [1], vécut long-temps sous Louis XIV. Il y a de lui quelques bonnes épigrammes, dont même on a retenu des vers. Mort en 1666.

Gomberville (Marin Le Roi de), né à Paris, en 1600; l'un des premiers académiciens. Il écrivit de grands romans avant le temps du bon goût, et sa réputation mourut avec lui. Mort en 1674.

Gondi (Jean-François-Paul de), cardinal de Rêtz [2], né en 1613, qui vécut en Catilina dans sa jeunesse, et en Atticus dans sa vieillesse. Plusieurs endroits de ses Mémoires sont dignes de Salluste; mais tout n'est pas égal. Mort en 1679.

Gourville, valet de chambre du duc de La Rochefoucauld, devenu son ami et même celui du grand Condé; dans le même temps pendu à Paris en effigie, et envoyé du roi en Allemagne; ensuite proposé pour succéder au grand Colbert dans le ministère. Nous avons de lui des Mémoires de sa vie, écrits avec naïveté, dans lesquels il parle de sa naissance et de sa fortune avec indifférence. Il y a des anecdotes vraies et curieuses. Né en 1625, mort en 1703.

Grécourt, chanoine de Tours. Son poëme de *Philotanus* eut un succès prodigieux. Le mérite de ces sortes d'ouvrages n'est d'ordinaire que dans le choix du sujet, et dans la malignité humaine. Ce n'est pas qu'il n'y ait quelques vers bien faits dans ce poëme.

---

[1] Gombauld est né en 1576, sous le règne de Henri III. B.

[2] Né à Montmirel, en Brie, au mois d'octobre 1614 : voyez les *Recherches historiques sur le cardinal de Retz*, par V.-D. Musset Pathay, 1807, in-8°. B.

Le commencement en est très heureux ; mais la suite n'y répond pas. Le diable n'y parle pas aussi plaisamment qu'il est amené. Le style est bas, uniforme, sans dialogue, sans graces, sans finesse, sans pureté de style, sans imagination dans l'expression ; et ce n'est enfin qu'une histoire satirique de la bulle *Unigenitus* en vers burlesques, parmi lesquels il s'en trouve de très plaisants. Mort en 1743.

GUÉRET (Gabriel), né à Paris en 1641, connu dans son temps par son *Parnasse réformé*, et par la *Guerre des auteurs*. Il avait du goût ; mais son discours, *Si l'empire de l'éloquence est plus grand que celui de l'amour*, ne prouverait pas qu'il en eût. Il a fait le *Journal du palais*, conjointement avec Blondeau : ce journal du palais est un recueil des arrêts des parlements de France, jugements souvent différents dans des causes semblables. Rien ne fait mieux voir combien la jurisprudence a besoin d'être réformée, que cette nécessité où l'on est de recueillir des arrêts. Mort en 1688.

HAMILTON (Antoine, comte d'), né à Caen[1]. On a de lui quelques jolies poésies, et il est le premier qui ait fait des romans dans un goût plaisant, qui n'est pas le burlesque de Scarron. Ses *Mémoires du comte de Grammont*, son beau-frère, sont de tous les livres celui où le fond le plus mince est paré du style le plus gai, le plus vif, et le plus agréable. C'est le modèle d'une conversation enjouée, plus que le modèle d'un livre. Son héros n'a guère d'autres rôles dans ses

---

[1] Hamilton est né en Irlande : voyez ma note, tome XXXVII, page 373. R.

mémoires que celui de friponner ses amis au jeu, d'être volé par son valet de chambre, et de dire quelques prétendus bons mots sur les aventures des autres.

HARDOUIN (Jean), jésuite, né à Quimper en 1646, profond dans l'histoire et chimérique dans les sentiments. *Il faut s'enquérir*, dit Montaigne, *non quel est le plus savant, mais le mieux savant.* Hardouin poussa la bizarrerie jusqu'à prétendre que l'*Énéide* et les Odes d'Horace ont été composées par des moines du treizième siècle : il veut qu'Énée soit Jésus-Christ, et Lalagé, la maîtresse d'Horace, la religion chrétienne. Le même discernement qui fesait voir au père Hardouin le Messie dans Énée, lui découvrait des athées dans les pères Thomassin, Quesnel, Malebranche, dans Arnauld, dans Nicole, et Pascal [1]. Sa folie ôta à sa calomnie toute son atrocité; mais tous ceux qui renouvellent cette accusation d'athéisme contre des sages ne sont pas toujours reconnus pour fous, et sont souvent très dangereux. On a vu des hommes abuser de leur ministère, en employant ces armes contre lesquelles il n'y a point de bouclier, pour perdre, sans ressource, des personnes respectables auprès des princes trop peu instruits. Mort en 1729.

HECQUET (Philippe), médecin [2], mit au jour, en 1722,

[1] Le P. Hardouin cherchait à prouver qu'un dieu tel que les cartésiens le concevaient, ne pouvait ressembler au véritable Dieu tel que l'admettent les chrétiens, puisque ce dieu des philosophes devait gouverner le monde par des lois générales et invariables; ce qui, selon le P. Hardouin, détruisait toute espèce de révélation particulière, et toute religion, même la religion naturelle. Il prouvait que ces philosophes étaient athées par les mêmes arguments que les déistes emploient pour prouver que les théologiens sont absurdes. K.

[2] Sur Hecquet, voyez mes notes, tome XXXII, pages 298 et 456. B.

le système raisonné de la *Trituration*, idée ingénieuse qui n'explique pas la manière dont se fait la digestion. Les autres médecins y ont joint le suc gastrique, et la chaleur des viscères; mais nul n'a pu découvrir le secret de la nature, qui se cache dans toutes ses opérations.

HELVÉTIUS (Jean-Claude-Adrien), fameux médecin, qui a très bien écrit sur l'économie animale et sur la fièvre. Mort en 1755. Il était père d'un vrai philosophe qui renonça à la place de fermier-général pour cultiver les lettres, et qui a eu le sort de plusieurs philosophes; persécuté pour un livre et pour sa vertu [1].

HÉNAULT (Charles-Jean-François), président aux enquêtes du parlement, surintendant de la maison de la reine, de l'académie française, né à Paris le 8 février 1685. Nous avons déjà parlé de son livre utile de l'Abrégé de l'Histoire de la France. Les recherches pénibles qu'une telle étude doit avoir coûtées ne l'ont pas empêché de sacrifier aux graces, et il a été du très petit nombre de savants qui ont joint aux travaux utiles les agréments de la société qui ne s'acquièrent point. Il a été dans l'histoire ce que Fontenelle a été dans la philosophie. Il l'a rendue familière; aussi lui avons-nous rendu, comme à Fontenelle, justice de son vivant [2]. Mort en 1770.

---

[1] Tout cet article HELVÉTIUS est de 1768. Sur les persécutions contre C.-A. Helvétius, voyez ma note, tome XXX, page 236. B.

[2] Ce qui précède est de 1768; ce qui suit est posthume. Dès 1763 Voltaire avait rendu justice au président Hénault : voyez, page 52, la fin de l'article AVRIGNY. Dès 1751 existait la fin de l'article J. HESNAULT, qui suit. B.

Hesnault (Jean), connu par le sonnet de *l'Avorton*, par d'autres pièces, et qui aurait une très grande réputation si les trois premiers chants de sa traduction de *Lucrèce*, qui furent perdus, avaient paru et avaient été écrits comme ce qui nous est resté du commencement de cet ouvrage. Mort en 1682. Au reste, la postérité ne le confondra pas avec un homme du même nom, et d'un mérite supérieur, à qui nous devons la plus courte et la meilleure histoire de France, et peut-être la seule manière dont il faudra désormais écrire toutes les grandes histoires; car la multiplicité des faits et des écrits devient si grande qu'il faudra bientôt tout réduire aux extraits et aux dictionnaires : mais il sera difficile d'imiter l'auteur de l'*Abrégé chronologique*, d'approfondir tant de choses, en paraissant les effleurer.

Herbelot (Barthélemi d'), né à Paris en 1625, le premier parmi les Français qui connut bien les langues et les histoires orientales : peu célèbre d'abord dans sa patrie; reçu par le grand-duc de Toscane, Ferdinand II, avec une distinction qui apprit à la France à connaître son mérite; rappelé ensuite et encouragé par Colbert qui encourageait tout. Sa *Bibliothèque orientale* est aussi curieuse que profonde. Mort en 1695.

Hermant (Godefroi), né à Beauvais en 1616. Il n'a fait que des ouvrages polémiques qui s'anéantissent avec la dispute. Mort en 1690.

Hermant (Jean), né à Caen en 1650, auteur de l'*Histoire des conciles, des ordres religieux, des héré-*

sies. Cette *Histoire des hérésies* ne vaut pas celle de M. Pluquet[1]. Mort en 1725.

Huet (Pierre-Daniel), né à Caen en 1630, savant universel, et qui conserva la même ardeur pour l'étude jusqu'à l'âge de quatre-vingt-onze ans. Appelé auprès de la reine Christine, à Stockholm, il fut ensuite un des hommes illustres qui contribuèrent à l'éducation du dauphin. Jamais prince n'eut de pareils maîtres. Huet se fit prêtre à quarante ans; il eut l'évêché d'Avranches, qu'il abdiqua ensuite pour se livrer tout entier à l'étude dans la retraite. De tous ses livres, *le Commerce et la Navigation des anciens*, et *l'Origine des Romans*, sont le plus d'usage. Son *Traité sur la Faiblesse de l'esprit humain* a fait beaucoup de bruit, et a paru démentir sa *Démonstration évangélique*. Mort en 1721.

Jacquelot (Isaac), né en Champagne en 1647, calviniste, pasteur à La Haye, et ensuite à Berlin. Il a fait quelques ouvrages sur la religion. Mort en 1708.

Joli (Gui), conseiller au châtelet, secrétaire du cardinal de Retz, a laissé des Mémoires qui sont à ceux du cardinal ce qu'est le domestique au maître; mais il y a des particularités curieuses.

Jouvenci (Joseph), jésuite, né à Paris en 1643. C'est encore un homme qui a eu le mérite obscur d'écrire en latin aussi bien qu'on le puisse de nos jours. Son livre *De ratione discendi et docendi* est

---

[1] Ce qui précède de cet article fut ajouté en 1768. Les *Mémoires pour servir à l'histoire des égaremens de l'esprit humain* (par l'abbé Pluquet, né à Bayeux en 1716, mort en 1790) avaient paru en 1762, deux volumes in-8°. B.

un des meilleurs qu'on ait en ce genre, et des moins connus depuis Quintilien. Il publia en 1710, à Rome, une partie de l'histoire de son ordre. Il l'écrivit en jésuite, et en homme qui était à Rome[1]. Le parlement de Paris, qui pense tout différemment de Rome et des jésuites, condamna ce livre, dans lequel on justifiait le P. Guignard, condamné à être pendu par ce même parlement, pour l'assassinat commis sur la personne de Henri IV par l'écolier Châtel. Il est vrai que Guignard n'était nullement complice, et qu'on le jugea à la rigueur : mais il n'est pas moins vrai que cette rigueur était nécessaire dans ces temps-malheureux, où une partie de l'Europe, aveuglée par le plus horrible fanatisme, regardait comme un acte de religion de poignarder le meilleur des rois et le meilleur des hommes. Mort en 1719.

LABADIE, voyez ABADIE.

LABBE (Philippe), né à Bourges en 1607, jésuite. Il a rendu de grands services à l'histoire. On a de lui soixante et seize ouvrages. Mort en 1667.

LA BRUYÈRE (Jean de), né à Dourdan en 1644. Il est certain qu'il peignit dans ses *Caractères* des personnes connues et considérables. Son livre a fait beaucoup de mauvais imitateurs. Ce qu'il dit à la fin contre les athées est estimé ; mais quand il se mêle de théologie, il est au-dessous même des théologiens. Mort en 1696.

LA CHAMBRE (Marin Cureau de), né au Mans en 1594. L'un des premiers membres de l'académie française, et ensuite de celle des sciences : mort en

[1] Voyez ma note, tome XXII, page 282. B.

1669. Lui, et son fils, curé de Saint-Barthélemi, et académicien, ont eu de la réputation.

La Chapelle (Jean de), receveur général des finances, auteur de quelques tragédies qui eurent du succès en leur temps. Il était un de ceux qui tâchaient d'imiter Racine; car Racine forma, sans le vouloir, une école comme les grands peintres. Ce fut un Raphaël qui ne fit point de Jules Romain : mais au moins ses premiers disciples écrivirent avec quelque pureté de langage; et, dans la décadence qui a suivi, on a vu de nos jours des tragédies entières où il n'y a pas douze vers de suite dans lesquels il n'y ait des fautes grossières. Voilà d'où l'on est tombé, et à quels excès on est parvenu après avoir eu de si grands modèles. Mort en 1723.

La Chaussée, voyez Nivelle.

La Croze (Mathurin Veissière de), né à Nantes en 1661, bénédictin à Paris. Sa liberté de penser, et un prieur contraire à cette liberté, lui firent quitter son ordre et sa religion. C'était une bibliothèque vivante, et sa mémoire était un prodige. Outre les choses utiles et agréables qu'il savait, il en avait étudié d'autres qu'on ne peut savoir, comme l'ancienne langue égyptienne. Il y a de lui un ouvrage estimé, c'est *le Christianisme des Indes.* Ce qu'on y trouve de plus curieux, c'est que les bramins croient l'unité d'un Dieu, en laissant les idoles aux peuples. La fureur d'écrire est telle, qu'on a écrit la vie de cet homme en un volume aussi gros que la *Vie d'Alexandre.* Ce petit extrait, encore trop long, aurait suffi[1]. Mort à Berlin en 1739.

[1] Cet article est de 1752. L'*Histoire de la vie et des ouvrages de M. La*

La Fare (Charles-Auguste, marquis de), connu par ses Mémoires et par quelques vers agréables. Son talent pour la poésie ne se développa qu'à l'âge de près de soixante ans. Ce fut madame de Caylus[1], l'une des plus aimables personnes de ce siècle par sa beauté et par son esprit, pour laquelle il fit ses premiers vers, et peut-être les plus délicats qu'on ait de lui :

> M'abandonnant un jour à la tristesse,
> Sans espérance et même sans desirs,
> Je regrettais les sensibles plaisirs
> Dont la douceur enchanta ma jeunesse.
> Sont-ils perdus, disais-je, sans retour?
>   Et n'es-tu pas cruel, Amour!
>   Toi que je fis, dès mon enfance,
>   Le maître de mes plus beaux jours,
>   D'en laisser terminer le cours
>   A l'ennuyeuse indifférence?
>
>   Alors j'aperçus dans les airs
>   L'enfant maître de l'univers,
>   Qui, plein d'une joie inhumaine,
> Me dit en souriant : Tircis, ne te plains plus,
>   Je vais mettre fin à ta peine,
>   Je te promets un regard de Caylus.

Né en 1644, mort le 22 mai 1712.

La Fayette (Marie-Magdeleine Pioche de La Vergne, comtesse de). Sa *Princesse de Clèves* et sa *Zaïde* furent les premiers romans où l'on vit les mœurs des honnêtes gens, et des aventures naturelles décrites

---

Croze, par C.-E. Jordan, est de 1741, deux parties in-8° : voyez, sur La Croze, ma note, tome XXXI, page 145. B.

[1] Voltaire a publié des *Remarques sur les souvenirs de madame de Caylus*; voyez tome XLVI. B.

avec grace. Avant elle on écrivait d'un style ampoulé des choses peu vraisemblables. Morte en 1693.

La Fontaine (Jean), né à Château-Thierri en 1621; le plus simple des hommes, mais admirable dans son genre, quoique négligé et inégal. Il fut le seul des grands hommes de son temps qui n'eut point de part aux bienfaits de Louis XIV. Il y avait droit par son mérite et par sa pauvreté. Dans la plupart de ses fables, il est infiniment au-dessus de tous ceux qui ont écrit avant et après lui, en quelque langue que ce puisse être. Dans les contes qu'il a imités de l'Arioste, il n'a pas son élégance et sa pureté; il n'est pas, à beaucoup près, si grand peintre, et c'est ce que Boileau n'a pas aperçu dans sa Dissertation sur *Joconde*, parceque Despréaux ne savait presque pas l'italien : mais dans les contes puisés chez Boccace, La Fontaine lui est bien supérieur, parcequ'il a beaucoup plus d'esprit, de graces, de finesse. Boccace n'a d'autre mérite que la naïveté, la clarté et l'exactitude dans le langage. Il a fixé sa langue, et La Fontaine a souvent corrompu la sienne. Mort en 1695.

Il faut que les jeunes gens, et surtout ceux qui dirigent leurs lectures, prennent bien garde à ne pas confondre avec son beau naturel, le familier, le bas, le négligé, le trivial; défauts dans lesquels il tombe trop souvent. Il commence par dire au Dauphin dans son prologue :

> Et si de t'agréer je n'emporte le prix,
> J'aurai du moins l'honneur de l'avoir entrepris.

On sent assez qu'il n'y aurait nul honneur à ne pas

emporter le prix d'agréer. La pensée est aussi fausse que l'expression est mauvaise.

> Vous chantiez! j'en suis fort aise;
> Hé bien! dansez maintenant.
> Livre Ier, fable 1re.

Comment une fourmi peut-elle dire ce proverbe du peuple à une cigale?

> Si j'apprenais l'hébreu, les sciences, l'histoire!
> Tout cela c'est la mer à boire.
> Livre VIII, 25.

Il faut avouer que Phèdre écrit avec une pureté qui n'a rien de cette bassesse.

> Le gibier du lion, ce ne sont pas moineaux,
> Mais beaux et bons sangliers, daims et cerfs bons et beaux.
> Livre II, 19.
> Un jour, sur ses longs pieds, allait, je ne sais où,
> Le héron au long bec emmanché d'un long cou;
> Livre VII, 4.

Et le renard qui a *cent tours dans son sac;* et le chat qui *n'en a qu'un dans son bissac*[1].

Distinguons bien ces négligences, ces puérilités, qui sont en très grand nombre, des traits admirables de ce charmant auteur, qui sont en plus grand nombre encore.

Quel est donc le pouvoir naturel des vers naturels, puisque, par ce seul charme, La Fontaine, avec de grandes négligences, a une réputation si universelle et si méritée, sans avoir jamais rien inventé! mais aussi quel mérite dans les anciens Asiatiques, inventeurs de ces fables connues dans toute la terre habitable!

[1] Livre IX, fable 14, vers 15 et 16. B.

La Fosse (Antoine de), né en 1653. *Manlius* est sa meilleure pièce de théâtre. Mort en 1708.

La Hire (Philippe de), né à Paris, en 1640, fils d'un bon peintre. Il a été un savant mathématicien, et a beaucoup contribué à la fameuse Méridienne de France. Mort en 1718.

Lainé ou Lainez (Alexandre), né dans le Hainaut, en 1650, poëte singulier, dont on a recueilli un petit nombre de vers heureux. Un homme[1] qui s'est donné la peine de faire élever à grands frais un *Parnasse* en bronze, couvert de figures en relief de tous les poëtes et musiciens dont il s'est avisé, a mis ce Lainez au rang des plus illustres. Les seuls vers délicats qu'on ait de lui sont ceux qu'il fit pour madame Martel :

> Le tendre Apelle un jour, dans ces jeux si vantés
> Qu'Athènes sur ses bords consacrait à Neptune,
> Vit au sortir de l'onde éclater cent beautés ;
>   Et, prenant un trait de chacune,
> Il fit de sa Vénus le portrait immortel.
> Hélas ! s'il avait vu l'adorable Martel,
>   Il n'en aurait employé qu'une.

On ne sait pas que ces vers sont une traduction un peu longue de ce beau morceau de l'Arioste :

> « Non avea da torre altra, che costei,
> « Che tutte le bellezze erano in lei. »
>   C. XI, Ott. LXXI.

Mort en 1710.

Lainet ou Lenet (Pierre), conseiller d'état, natif

---

[1] Titon du Tillet, dont Voltaire parle dans son *Commentaire historique*, à l'année 1760 : voyez ce *Commentaire* dans le tome XLVIII. Le *Parnasse français*, de Titon du Tillet, est dans une des salles de la Bibliothèque du roi. B.

de Dijon, attaché au grand Condé, a laissé des Mémoires sur la guerre civile. Tous les Mémoires de ce temps sont éclaircis et justifiés les uns par les autres. Ils mettent la vérité de l'histoire dans le plus grand jour. Ceux de Lenet[1] ont une anecdote très remarquable. Une dame de qualité, de Franche-Comté, se trouvant à Paris, grosse de huit mois, en 1664, son mari, absent depuis un an, arrive : elle craint qu'il ne la tue ; elle s'adresse à Lenet, sans le connaître. Celui-ci consulte l'ambassadeur d'Espagne ; tous deux imaginent de faire enfermer le mari, par lettre de cachet, à la Bastille, jusqu'à ce que la femme soit relevée de couche. Ils s'adressent à la reine. Le roi, en riant, fait et signe la lettre de cachet lui-même ; il sauve la vie de la femme et de l'enfant ; ensuite il demande pardon au mari, et lui fait un présent[2].

La Loubère (Simon de), né à Toulouse en 1642, et envoyé à Siam en 1687. On a de lui des Mémoires de ce pays, meilleurs que ses sonnets et ses odes. Mort en 1729.

Il y a un jésuite du même pays et du même nom[3], savant mathématicien, mais qui n'est plus connu que pour avoir voulu partager avec Pascal la gloire d'avoir résolu les problèmes sur la cicloïde.

La Mare (Nicolas de), né à Paris, en 1641[4], com-

---

[1] *Plus curieux que connus*, dit Voltaire, ci-après, dans le chap. IV. B.

[2] Lenet est mort en 1671. B.

[3] Antoine de La Loubère, né en 1600, mort en 1664, était oncle de Simon. B.

[4] Né à Noisy-le-Grand le 23 juin 1639, mort à Paris le 25 avril 1723. La Mare publia, en 1705, les deux premiers volumes de son *Traité de la*

missaire au châtelet. Il a fait un ouvrage qui était de son ressort, l'*Histoire de la police*. Il n'est bon que pour les Parisiens, et meilleur à consulter qu'à lire. Il eut pour récompense une part sur le produit de la Comédie, dont il ne jouit jamais; il aurait autant valu assigner aux comédiens une pension sur les gages du guet.

LAMBERT (Anne-Thérèse de Marguenat de Courcelles, marquise de), née en 1647, dame de beaucoup d'esprit, a laissé quelques écrits d'une morale utile et d'un style agréable. Son traité *De l'Amitié* fait voir qu'elle méritait d'avoir des amis. Le nombre des dames qui ont illustré ce beau siècle est une des grandes preuves des progrès de l'esprit humain :

> « Le donne son venute in eccellenza
> « Di ciascun' arte ove hanno posto cura. »
> *Orl. fur.*, c. XX, ott. II.

Morte à Paris, en 1733.

LAMI (Bernard), né au Mans, en 1645, de l'Oratoire, savant dans plus d'un genre. Il composa ses *Éléments de Mathématiques* dans un voyage qu'il fit à pied de Grenoble à Paris. Mort en 1715.

LA MONNOYE (Bernard de), né à Dijon, en 1641, excellent littérateur. Il fut le premier qui remporta le prix de poésie à l'académie française; et même son poëme du *Duel aboli*, qui remporta ce prix, est à peu de chose près un des meilleurs ouvrages de poésie qu'on ait faits en France. Mort en 1728. Je ne sais

---

police, qui devait avoir douze livres; la dernière édition, 1722-1738 quatre volumes in-folio, n'en contient que six. B.

pourquoi le docteur de Sorbonne Ladvocat, dans son Dictionnaire, dit que les *Noëls* de La Monnoye, en patois bourguignon, sont ce qu'il a fait de mieux : est-ce parceque la Sorbonne, qui ne sait pas le patois bourguignon, a fait un décret contre ce livre sans l'entendre ?

La Mothe Le Vayer (François de), né à Paris [1], en 1588. Précepteur de Monsieur, frère de Louis XIV, et qui enseigna le roi un an ; historiographe de France, conseiller d'état, grand pyrrhonien, et connu pour tel. Son pyrrhonisme n'empêcha pas qu'on ne lui confiât une éducation si précieuse. On trouve beaucoup de science et de raison dans ses ouvrages trop diffus. Il combattit le premier avec succès cette opinion qui nous sied si mal, que notre morale vaut mieux que celle de l'antiquité.

Son traité de *la Vertu des païens* est estimé des sages. Sa devise était,

« De las cosas mas seguras
« La mas segura es dudar. »

comme celle de Montaigne était, *Que sais-je ?* Mort en 1672.

La Motte-Houdar [2] (Antoine de), né à Paris, en 1672, célèbre par sa tragédie d'*Inès de Castro*, l'une des plus intéressantes qui soient restées au théâtre, par de très jolis opéra, et surtout par quelques odes

---

[1] Voltaire reparle de La Mothe Le Vayer dans la septième de ses *Lettres à son altesse monseigneur le prince de**** ; voyez tome XLIII. B.

[2] Voltaire écrivait *La Motte-Houdart ;* d'autres écrivent *La Motte-Houdard*. L'auteur d'*Inès* signait *Houdar de La Motte :* voyez son approbation transcrite dans ma note, tome II, page 52. B.

qui lui firent d'abord une grande réputation ; il y a presque autant de choses que de vers ; il est philosophe et poëte. Sa prose est encore très estimée. Il fit les Discours du marquis de Mimeure et du cardinal Dubois, lorsqu'ils furent reçus à l'académie française; le Manifeste de la guerre de 1718; le Discours que prononça le cardinal de Tencin au petit concile d'Embrun. Ce fait est mémorable : un archevêque condamne un évêque [1]; et c'est un auteur d'opéra et de comédies qui fait le sermon de l'archevêque. Il avait beaucoup d'amis, c'est-à-dire qu'il y avait beaucoup de gens qui se plaisaient dans sa société. Je l'ai vu mourir, sans qu'il eût personne auprès de son lit, en 1731[2]. L'abbé Trublet dit qu'il y avait du monde; apparemment il y vint à d'autres heures que moi [3].

[4] L'intérêt seul de la vérité oblige à passer ici les bornes ordinaires de ces articles.

[1] Soanen, évêque de Senez, fut déposé par le concile d'Embrun, que présidait Tencin : voyez, tome XX, le chap. XXXVII. B.

[2] Dans l'édition de 1751 du *Siècle de Louis XIV*, l'article LA MOTTE était conçu en ces termes : « La Motte-Houdart (Antoine), né à Paris en 1672, célèbre par ses ouvrages, et aimable par ses mœurs. Il avait beaucoup d'amis, c'est-à-dire qu'il y avait beaucoup de gens qui se plaisaient dans sa société. Je l'ai vu mourir sans qu'il y eût personne auprès de son lit, en 1731. » Le texte de ce qui précède est de 1768, ainsi que la phrase qui termine ce premier alinéa. C'était en 1759, dans ses *Mémoires pour servir à l'histoire de Fontenelle* (et de La Motte), que Trublet, page 349, combattait ce que dit Voltaire sur la mort de La Motte. B.

[3] M. de La Motte avait une famille nombreuse dont il était aimé, et qui lui rendait beaucoup de soins par devoir et par goût. Ses infirmités ne lui avaient rien ôté de sa gaité et de son amabilité naturelles. Mais M. de Voltaire ne parle ici que des amis de M. de La Motte. K.

[4] La fin de cet article, sauf quelques corrections et additions, est de 1752. Au moment où l'on imprimait l'édition de 1752, « on publiait, dit

Cet homme de mœurs si douces, et de qui jamais personne n'eut à se plaindre, a été accusé après sa mort, presque juridiquement, d'un crime énorme, d'avoir composé les horribles couplets qui perdirent Rousseau en 1710, et d'avoir conduit plusieurs années toute la manœuvre qui fit condamner un innocent. Cette accusation a d'autant plus de poids qu'elle est faite par un homme très instruit de cette affaire, et faite comme une espèce de testament de mort. Nicolas Boindin, procureur du roi des trésoriers de France, en mourant en 1751, laisse un Mémoire très circonstancié, dans lequel il charge, après plus de quarante années, La Motte-Houdar, de l'académie française, Joseph Saurin, de l'académie des sciences, et Malafer, marchand bijoutier, d'avoir ourdi toute cette trame; et le châtelet et le parlement d'avoir rendu consécutivement les jugements les plus injustes.

1° Si N. Boindin était en effet persuadé de l'innocence de Rousseau, pourquoi tant tarder à la faire connaître? pourquoi ne pas la manifester au moins immédiatement après la mort de ses ennemis? pourquoi ne pas donner ce mémoire écrit il y a plus de vingt années?

2° Qui ne voit clairement que le Mémoire de Boindin est un libelle diffamatoire, et que cet homme haïssait également tous ceux dont il parle dans cette dénonciation faite à la postérité?

3° Il commence par des faits dont on connaît toute

M. Clogenson, le *Mémoire pour servir à l'histoire des couplets de* 1710, *attribués faussement à Rousseau*. Voilà pourquoi l'article de La Motte-Houdar est plus long que la plupart des autres. » B.

la fausseté. Il prétend que le comte de Nocé[1], et N. Melon[2], secrétaire du régent, étaient les associés de Malafer, petit marchand joaillier. Tous ceux qui les ont fréquentés savent que c'est une insigne calomnie. Ensuite il confond N. La Faye[3], secrétaire du cabinet du roi, avec son frère le capitaine aux gardes. Enfin comment peut-on imputer à un joaillier d'avoir eu part à toute cette manœuvre des couplets?

4° Boindin[4] prétend que ce joaillier et Saurin le géomètre s'unirent avec La Motte pour empêcher Rousseau d'obtenir la pension de Boileau, qui vivait encore en 1710. Serait-il possible que trois personnes de professions si différentes se fussent unies et eussent médité ensemble une manœuvre si réfléchie, si infame, et si difficile, pour priver un citoyen, alors obscur, d'une pension qui ne vaquait pas, que Rousseau n'aurait pas eue, et à laquelle aucun de ces trois associés ne pouvait prétendre?

5° Après être convenu que Rousseau avait fait les cinq premiers couplets, suivis de ceux qui lui attirèrent sa disgrace, il fait tomber sur La Motte-Houdar le soupçon d'une douzaine d'autres dans le même goût; et, pour unique preuve de cette accusation, il dit que ces douze couplets contre une douzaine de

---

[1] Ou Nocei, gendre de madame de la Sablière. B.

[2] Voyez ma note, tome XXXVII, page 529. B.

[3] Jean-François-Leriget de La Faye, mort en 1731, est l'auteur des vers cités par Voltaire, tome II, page 63; c'est pour son portrait que Voltaire fit les vers qui sont dans les *Poésies mêlées*, tome XIV. Il était frère cadet de Jean-Élie, capitaine aux gardes, mort en 1718 : voyez tome XXXVII, pages 491-92. B.

[4] Cet alinéa fut ajouté en 1768. Le précédent fut alors retouché. B.

personnes qui devaient s'assembler chez N. de Villiers
furent apportés par La Motte-Houdar lui-même chez
le sieur de Villiers, une heure après que Rousseau
avait été informé que les intéressés devaient s'assembler dans cette maison. Or, dit-il, Rousseau n'avait
pu en une heure de temps composer et transcrire ces
vers diffamatoires. C'est La Motte qui les apporta;
donc La Motte en est l'auteur. Au contraire, c'est, ce
me semble, parcequ'il a la bonne foi de les apporter,
qu'il ne doit pas être soupçonné de la scélératesse de
les avoir faits. On les a jetés à sa porte, ainsi qu'à la
porte de quelques autres particuliers. Il a ouvert le
paquet; il a trouvé des injures atroces contre tous ses
amis et contre lui-même; il vient en rendre compte:
rien n'a plus l'air de l'innocence.

6° Ceux qui s'intéressent à l'histoire de ce mystère
d'iniquité doivent savoir que l'on s'assemblait depuis
un mois chez N. de Villiers, et que ceux qui s'y assemblaient étaient, pour la plupart, les mêmes que
Rousseau avait déjà outragés dans cinq couplets qu'il
avait imprudemment récités à quelques personnes.
Le premier même de ces douze nouveaux couplets
marquait assez que les intéressés s'assemblaient tantôt au café[1], tantôt chez Villiers.

> Sots assemblés chez de Villiers,
> Parmi les sots troupe d'élite,
> D'un vil café dignes piliers,
> Craignez la fureur qui m'irrite.
> Je vais vous poursuivre en tous lieux,
> Vous noircir, vous rendre odieux;

---

[1] Voyez ma note, tome XXXVII, page 491. B.

> Je veux que partout on vous chante;
> Vous percer et rire à vos yeux
> Est une douceur qui m'enchante.

7° Il est très faux que les cinq premiers couplets, reconnus pour être de Rousseau, ne fissent qu'effleurer le ridicule de cinq ou six particuliers, comme le dit le Mémoire; on y voit les mêmes horreurs que dans les autres.

> Que le bourreau, par son valet,
> Fasse un jour serrer le sifflet
> De Bérin et de sa séquelle;
> Que Pécourt [1], qui fait le ballet,
> Ait le fouet au pied de l'échelle.

C'est là le style des cinq premiers couplets avoués par Rousseau. Certainement ce n'est pas là de la fine plaisanterie. C'est le même style que celui de tous les couplets qui suivirent.

8° Quant aux derniers couplets sur le même air, qui furent, en 1710, la matière du procès intenté à Saurin, de l'académie des sciences, le Mémoire ne dit rien que ce que les pièces du procès ont appris depuis long-temps. Il prétend seulement que le malheureux [2] qui fut condamné au bannissement, pour avoir été suborné par Rousseau, devait être condamné aux galères, si en effet il avait été faux témoin. C'est en quoi le sieur Boindin se trompe; car, en premier lieu, il eût été d'une injustice ridicule de condamner aux galères le suborné, quand on ne décernait que la peine

---

[1] Voyez ma note, tome XXXVII, page 493. B.
[2] Guillaume Arnoult : voyez tome XXXVII, pages 505 et 525; et ci-après, page 142. B.

du bannissement au suborneur ; en second lieu, ce malheureux ne s'était pas porté accusateur contre Saurin. Il n'avait pu être entièrement suborné. Il avait fait plusieurs déclarations contradictoires ; la nature de sa faute et la faiblesse de son esprit ne comportaient pas une peine exemplaire.

9° N. Boindin fait entendre expressément dans son Mémoire que la maison de Noailles et les jésuites servirent à perdre Rousseau dans cette affaire, et que Saurin fit agir le crédit et la faveur. Je sais avec certitude, et plusieurs personnes vivantes encore le savent comme moi, que ni la maison de Noailles ni les jésuites ne sollicitèrent. La faveur fut d'abord tout entière pour Rousseau ; car, quoique le cri public s'élevât contre lui, il avait gagné deux secrétaires d'état, M. de Pontchartrain et M. Voisin, que ce cri public n'épouvantait pas. Ce fut sur leurs ordres, en forme de sollicitations, que le lieutenant-criminel Lecomte décréta et emprisonna Saurin [1], l'interrogea, le confronta, le récola, le tout en moins de vingt-quatre heures, par une procédure précipitée. Le chancelier réprimanda le lieutenant-criminel sur cette procédure violente et inusitée.

Quant aux jésuites, il est si faux qu'ils se fussent déclarés contre Rousseau, qu'immédiatement après la sentence contradictoire du châtelet, par laquelle il fut unanimement condamné, il fit une retraite au noviciat des jésuites, sous la direction du P. Sanadon, dans le temps qu'il appelait au parlement. Cette retraite chez les jésuites prouve deux choses : la pre-

[1] Voyez tome XXXVII, pages 506 et 508. B.

mière, qu'ils n'étaient pas ses ennemis; la seconde, qu'il voulait opposer les pratiques de la religion aux accusations de libertinage que d'ailleurs on lui suscitait. Il avait déjà fait ses meilleurs psaumes, en même temps que ses épigrammes licencieuses, qu'il appelait les *gloria patri* de ses psaumes, et Danchet lui avait adressé ces vers :

> A te masquer habile,
> Traduis tour à tour
> Pétrone à la ville,
> David à la cour, etc.

Il ne serait donc pas étonnant qu'ayant pris le manteau de la religion, comme tant d'autres, tandis qu'il portait celui de cynique, il eût depuis conservé le premier, qui lui était devenu absolument nécessaire. On ne veut tirer aucune conséquence de cette induction; il n'y a que Dieu qui connaisse le cœur de l'homme.

10° Il est important d'observer que pendant plus de trente années que La Motte-Houdar, Saurin, et Malafer, ont survécu à ce procès, aucun d'eux n'a été soupçonné ni de la moindre mauvaise manœuvre, ni de la plus légère satire. La Motte-Houdar n'a jamais même répondu à ces invectives atroces, connues sous le nom de *Calottes*, et sous d'autres titres, dont un ou deux hommes, qui étaient en horreur à tout le monde, l'accablèrent si long-temps. Il ne déshonora jamais son talent par la satire, et même, lorsqu'en 1709, outragé continuellement par Rousseau, il fit cette belle ode,

> On ne se choisit point son père;
> Par un reproche populaire

> Le sage n'est point abattu.
> Oui, quoi que le vulgaire pense,
> Rousseau, la plus vile naissance
> Donne du lustre à la vertu, etc.

quand, dis-je, il fit cet ouvrage, ce fut bien plutôt une leçon de morale et de philosophie qu'une satire. Il exhortait Rousseau, qui reniait son père, à ne point rougir de sa naissance. Il l'exhortait à dompter l'esprit d'envie et de satire. Rien ne ressemble moins à la rage qui respire dans les couplets dont on l'accuse.

Mais Rousseau, après une condamnation qui devait le rendre sage, soit qu'il fût innocent ou coupable, ne put dompter son penchant. Il outragea souvent, par des épigrammes, les mêmes personnes attaquées dans les couplets, La Faye, Danchet, La Motte-Houdar, etc. Il fit des vers contre ses anciens et nouveaux protecteurs. On en retrouve quelques-uns dans des lettres, peu dignes d'être connues, qu'on a imprimées; et la plupart de ces vers sont du style de ces couplets pour lesquels le parlement l'avait condamné; témoin ceux-ci contre l'illustre musicien Rameau :

> Distillateurs d'accords baroques,
> Dont tant d'idiots sont férus,
> Chez les Thraces et les Iroques
> Portez vos opéra bourrus, etc.

On en retrouve du même goût dans le recueil intitulé *Portefeuille de Rousseau*[1], contre l'abbé D'Olivet, qui avait formé un projet de le faire revenir en France.

---

[1] 1751, deux volumes in-12, recueil de mauvaises pièces, dont la plupart ne sont point de Rousseau; dit Voltaire lui-même, dans le fragment conservé de sa lettre du 15 avril 1752 : voyez la *Correspondance*. B.

Enfin, lorsque, sur la fin de sa vie, il vint se cacher quelque temps à Paris, affichant la dévotion, il ne put s'empêcher de faire encore des épigrammes violentes. Il est vrai que l'âge avait gâté son style, mais il ne réforma point son caractère, soit que par un mélange bizarre, mais ordinaire chez les hommes, il joignît cette atrocité à la dévotion, soit que, par une méchanceté non moins ordinaire, cette dévotion fût hypocrisie.

11° Si Saurin, La Motte, et Malafer, avaient comploté le crime dont on les accuse, ces trois hommes ayant été depuis assez mal ensemble, il est bien difficile qu'il n'eût rien transpiré de leur crime. Cette réflexion n'est pas une preuve; mais, jointe aux autres, elle est d'un grand poids.

12° Si un garçon aussi simple et aussi grossier que le nommé *Guillaume Arnoult*, condamné comme témoin suborné par Rousseau, n'avait point été en effet coupable, il l'aurait dit, il l'aurait crié toute sa vie à tout le monde. Je l'ai connu. Sa mère aidait dans la cuisine de mon père, ainsi qu'il est dit dans le factum de Saurin; et sa mère et lui ont dit plusieurs fois à toute ma famille, en ma présence, qu'il avait été justement condamné.

Pourquoi donc, au bout de quarante-deux ans, N. Boindin a-t-il voulu laisser, en mourant, cette accusation authentique contre trois hommes qui ne sont plus? C'est que le Mémoire était composé il y a plus de vingt ans; c'est que Boindin les haïssait tous trois; c'est qu'il ne pouvait pardonner à La Motte de n'avoir pas sollicité pour lui une place à l'académie française, et de lui avoir avoué que ses ennemis, qui l'accusaient d'athéisme, lui donneraient l'exclusion. Il s'était brouillé avec Saurin, qui était, comme lui, un esprit altier et inflexible. Il s'était brouillé de même avec Malafer, homme dur et impoli. Il était devenu l'ennemi de Lériget de La Faye, qui avait fait contre lui cette épigramme :

> Oui, Vadius, on connaît votre esprit ;
> Savoir s'y joint ; et quand le cas arrive
> Qu'œuvre paraît par quelque coin fautive,
> Plus aigrement qui jamais la reprit ?
> Mais on ne voit qu'en vous aussi se montre
> L'art de louer le beau qui s'y rencontre,
> Dont cependant maints beaux esprits font cas.
> De vos pareils que voulez-vous qu'on pense ?
> Eh quoi ! qu'ils sont connaisseurs délicats ?
> Pas n'en voudrais tirer la conséquence ;
> Mais bien qu'ils sont gens à fuir de cent pas.

C'était là en effet le caractère de Boindin, et c'est lui qui est peint dans le *Temple du goût*, sous le nom de Bardou. Il fut dans son Mémoire la dupe de sa haine, incapable de dire ce qu'il ne croyait pas, et incapable de changer d'avis sur ce que son humeur lui inspirait. Ses mœurs étaient irréprochables ; il vécut toujours en philosophe rigide ; il fit des actions de générosité ; mais cette humeur dure et insociable lui donnait des préventions dont il ne revenait jamais.

Toute cette funeste affaire, qui a eu de si longues suites, et dont il n'y a guère d'hommes plus instruits que moi, dut son origine au plaisir innocent que prenaient plusieurs personnes de mérite de s'assembler dans un café. On n'y respectait pas assez la première loi de la société, de se ménager les uns les autres. On se critiquait durement, et de simples impolitesses donnèrent lieu à des haines durables et à des crimes. C'est au lecteur à juger si dans cette affaire il y a eu trois criminels ou un seul.

[1] On a dit qu'il se pourrait à toute force que Saurin eût été l'auteur des derniers couplets attribués à Rousseau. Il se pourrait que Rousseau ayant été reconnu coupable des cinq premiers, qui étaient de la même atrocité, Saurin eût fait les derniers pour le perdre, quoiqu'il n'y eût aucune rivalité entre ces deux hommes, quoique Saurin fût alors plongé dans les calculs de l'algèbre, quoique lui-même fût cruellement outragé dans ces derniers couplets, quoique tous les offensés les imputassent unanimement à Rousseau,

---

[1] En 1756, l'article se terminait ainsi : « Il se pourrait que Saurin eût été l'auteur des derniers couplets attribués à Rousseau. Il se pourrait que Rousseau, ayant été reconnu coupable des cinq premiers, Saurin eût fait les autres pour le perdre, quoiqu'il n'y eût point de rivalité entre ces deux hommes ; mais il n'y a aucune raison d'en accuser La Motte. Le but de cet article est seulement de justifier La Motte, que je crois innocent. Il sera difficile, après tout, de savoir qui de Joseph Saurin ou de Rousseau était le coupable ; mais La Motte ne l'était pas. »

Lorsqu'en 1757 Voltaire fit les cartons dont j'ai parlé dans ma *Préface*, il avait changé la rédaction de ce passage, qu'on lisait ainsi : « Il se pourrait, à toute force, que Saurin eût été l'auteur des derniers couplets attribués à Rousseau. Il se pourrait que Rousseau ayant été reconnu coupable des cinq premiers, Saurin eût fait les autres pour le perdre, quoiqu'il n'y eût point de rivalité entre ces deux hommes. Rousseau l'en accusa toute sa vie ; il l'avait même chargé encore de ce crime par son testament ; mais le professeur Rollin l'engagea à rayer cette dernière imputation. Rousseau n'osa jamais accuser La Motte pendant le cours du procès, ni pendant le reste de sa vie, ni à la mort : voyez l'article SAURIN. »

B.-J. Saurin, fils de Joseph, réclama contre cette version, que Voltaire modifia en 1763 et en 1768. B.

enfin quoiqu'un jugement solennel ait déclaré Saurin innocent. Mais, si la chose est physiquement dans l'ordre des possibles, elle n'est nullement vraisemblable. Rousseau l'en accusa toute sa vie : il le chargea de ce crime par son testament ; mais le professeur Rollin, auquel Rousseau montra ce testament quand il vint clandestinement à Paris, l'obligea de rayer cette accusation. Rousseau se contenta de protester de son innocence à l'article de la mort ; mais il n'osa jamais accuser La Motte, ni pendant le cours du procès, ni durant le reste de sa vie, ni à ses derniers moments. Il se contenta de faire toujours des vers contre lui. (Voyez l'article *Joseph* SAURIN[1].)

LANCELOT (Claude), né à Paris, en 1616. Il eut part à des ouvrages très utiles, que firent les solitaires de Port-Royal pour l'éducation de la jeunesse. Mort en 1695.

LAPLACETTE (Jean de), de Béarn, né en 1639, ministre protestant à Copenhague et en Hollande ; estimé pour ses divers ouvrages. Mort à Utrecht, en 1718.

LA PORTE[2] (Pierre de), premier valet de chambre de la reine-mère, et quelque temps de Louis XIV ; mis en prison par le cardinal de Richelieu, et menacé de la mort pour le forcer à trahir les secrets de sa maîtresse, qu'il ne trahit point. Dans la foule des mémoires qui développent l'histoire de cet âge, ceux de La Porte ne sont pas à mépriser ; ils sont d'un honnête homme, ennemi de l'intrigue et de la flatterie, sévère jusqu'au

---

[1] Et aussi l'article J.-B. ROUSSEAU. B.
[2] Né en 1603, mort en 1680. CL.

pédantisme. Il avoue qu'il avertissait la reine que sa familiarité avec le cardinal Mazarin diminuait le respect des grands et des peuples pour elle. Il y a dans ses Mémoires une anecdote sur l'enfance de Louis XIV, qui rendrait la mémoire du cardinal Mazarin exécrable, s'il avait été coupable du crime honteux que La Porte semble lui imputer. Il paraît que La Porte fut trop scrupuleux et trop mauvais physicien; il ne savait pas qu'il y a des tempéraments fort avancés. Il devait surtout se taire; il se perdit pour avoir parlé, et pour avoir attribué à la débauche un accident fort naturel. Mort à Paris, vers la fin de 1680.

LA QUINTINIE (Jean de), né près de Poitiers, en 1626[1]. Il a créé l'art de la culture des arbres, et celui de les transplanter. Ses préceptes ont été suivis de toute l'Europe, et ses talents récompensés magnifiquement par Louis XIV. Mort vers 1700.

ROCHEFOUCAULD (François, duc de La), né en 1613. Ses Mémoires sont lus, et on sait par cœur ses *Pensées*. Mort en 1680.

LARREY (Isaac de), né en Normandie, en 1638. Son *Histoire d'Angleterre* fut estimée avant celle de Rapin de Thoiras, et son *Histoire de Louis XIV* ne le fut jamais. Mort à Berlin, en 1719.

LA RUE (Charles de), né en 1643, jésuite, poëte latin, poëte français, et prédicateur, l'un de ceux qui travaillèrent à ces livres nommés *Dauphins*, pour l'éducation de Monseigneur. *Virgile* lui tomba en partage. Il a fait plusieurs tragédies et comédies; sa tra-

[1] La Quintinie, né à Chabanais, petite ville de l'Angoumois, en 1626, est mort à Versailles en 1688. B.

gédie de *Sylla* fut présentée aux comédiens, et refusée. Il a fait encore celle de *Lysimachus*. On croit qu'il a beaucoup travaillé à l'*Andrienne*. Il était très lié avec le comédien Baron, dont il apprit à déclamer. Il y avait deux sermons de lui qui étaient fort en vogue ; l'un était le *Pécheur mourant*, et l'autre le *Pécheur mort ;* on les affichait quand il devait les prononcer. Mort en 1725.

Launay (François de), né à Angers, en 1612, jurisconsulte et homme de lettres. Il fut le premier qui enseigna le droit français à Paris. Mort en 1693.

Launoy (Jean de), né en Normandie en 1603, docteur en théologie, savant laborieux, et critique intrépide. Il détrompa de plusieurs erreurs, et surtout de l'existence de plusieurs saints. On sait qu'un curé de Saint-Eustache disait : « Je lui fais toujours de pro-
« fondes révérences, de peur qu'il ne m'ôte mon saint
« Eustache. » Mort en 1678.

Laurière (Eusèbe-Jacob de), né à Paris, en 1659, avocat. Personne n'a plus approfondi la jurisprudence et l'origine des lois. C'est lui qui dressa le plan du Recueil des ordonnances, ouvrage immense qui signale le règne de Louis XIV. C'est un monument de l'inconstance des choses humaines. Un recueil d'ordonnances n'est que l'histoire des variations. Mort en 1728.

Leboeuf (L'abbé), né en 1687, l'un des plus savants hommes dans les détails de l'histoire de France. Il aurait été employé par un Colbert, mais il vint trop tard. Mort en 1760.

Lebossu (Réné), né à Paris, en 1631, chanoine régulier de Sainte-Geneviève. Il voulut concilier Aristote avec Descartes; il ne savait pas qu'il fallait les abandonner l'un et l'autre. Son *Traité sur le poëme épique* a beaucoup de réputation, mais il ne fera jamais de poëtes. Mort en 1680.

LEBRUN (Pierre), né à Aix, en 1661, de l'Oratoire. Son livre critique *des Pratiques superstitieuses* a été recherché; mais c'est un médecin qui ne parle que de très peu de maladies, et qui est lui-même malade. Mort en 1729.

LE CLERC (Jean), né à Genève, en 1657, mais originaire de Beauvais. Il n'était pas le seul savant de sa famille, mais il était le plus savant. Sa *Bibliothèque universelle*, dans laquelle il imita la *République des lettres* de Bayle, est son meilleur ouvrage. Son plus grand mérite est d'avoir alors approché de Bayle, qu'il a combattu souvent. Il a beaucoup plus écrit que ce grand homme; mais il n'a pas connu comme lui l'art de plaire et d'instruire qui est si au-dessus de la science. Mort à Amsterdam, en 1736.

LECOINTE (Charles), né à Troyes, en 1611; de l'Oratoire. Ses *Annales ecclésiastiques*, imprimées au Louvre par ordre du roi, sont un monument utile. Mort en 1681.

LEFÈVRE (Tannegui), né à Caen, en 1615, calviniste, professeur à Saumur, méprisant ceux de sa secte, et demeurant parmi eux; plus philosophe que huguenot, écrivant aussi bien en latin qu'on puisse écrire dans une langue morte, fesant des vers grecs qui doivent avoir eu peu de lecteurs. La plus grande obligation que lui aient les lettres est d'avoir produit madame Dacier. Mort en 1672.

Lefèvre (Anne). *Voyez* madame Dacier.

Legendre (Louis), né à Rouen, en 1659, a fait une *Histoire de France*. Pour bien faire cette histoire, il faudrait la plume et la liberté du président de Thou; et il serait encore très difficile de rendre les premiers siècles intéressants. Mort en 1733.

Legrand (Joachim), né en Normandie, en 1653, élève du P. Lecointe. Il a été l'un des hommes les plus profonds dans l'histoire. Mort en 1733.

Le Laboureur (Jean), né à Montmorenci, en 1623, gentilhomme servant de Louis XIV, et ensuite son aumônier. Sa relation du voyage de Pologne, qu'il fit avec madame la maréchale de Guébriant, la seule femme qui ait jamais eu le titre et fait les fonctions d'ambassadrice plénipotentiaire, est assez curieuse. Les commentaires historiques dont il a enrichi les Mémoires de Castelnau ont répandu beaucoup de jour sur l'histoire de France. Le mauvais poëme de *Charlemagne* n'est pas de lui, mais de son frère. Mort en 1675.

Le Long (Jacques), né à Paris, en 1665; de l'Oratoire. Sa *Bibliothèque historique de la France*[1] est d'une grande recherche et d'une grande utilité, à quelques fautes près. Mort en 1721.

Lémery (Nicolas), né à Rouen, en 1645, fut le premier chimiste raisonnable, et le premier qui ait donné une *Pharmacopée universelle*. Mort en 1715.

Le Moine (Pierre), jésuite, né en 1602. Sa *Dévotion aisée* le rendit ridicule; mais il eût pu se faire un grand

---

[1] Sur cette *Bibliothèque*, voyez ma note, tome XXX, page 200. B.

nom par sa *Louisiade*[1]. Il avait une prodigieuse imagination. Pourquoi donc ne réussit-il pas? C'est qu'il n'avait ni goût, ni connaissance du génie de sa langue, ni des amis sévères. Mort en 1671.

LENAIN DE TILLEMONT (Louis-Sébastien), fils de Jean Lenain, maître des requêtes, né à Paris, en 1637, élève de Nicole, et l'un des plus savants écrivains de Port-Royal. Son *Histoire des empereurs*, et ses seize volumes de l'*Histoire ecclésiastique*, sont écrits avec autant de vérité que peuvent l'être des compilations d'anciens historiens ; car l'histoire, avant l'invention de l'imprimerie, étant peu contredite, était peu exacte. Mort en 1698.

LENFANT (Jacques), né en Beauce, en 1661, pasteur calviniste à Berlin. Il contribua plus que personne à répandre les graces et la force de la langue française aux extrémités de l'Allemagne. Son *Histoire du concile de Constance*, bien faite et bien écrite, sera, jusqu'à la dernière postérité, un témoignage du bien et du mal qui peuvent résulter de ces grandes assemblées, et que du sein des passions, de l'intérêt, et de la cruauté même, il peut encore sortir de bonnes lois. Mort en 1728.

LE QUIEN (Michel), né en 1661, dominicain; homme très savant. Il a beaucoup travaillé sur les Églises d'Orient et sur celle d'Angleterre. Il a surtout écrit contre Le Courayer sur la validité des évêques anglicans : mais les Anglais ne font pas plus de cas de ces dis-

---

[1] *Saint Louis, ou la sainte couronne reconquise*, 1658, in-8°; et dans les *Œuvres poétiques du P. Pierre Le Moyne*, 1672, in-folio. B.

putes, que les Turcs n'en font des dissertations sur l'Église grecque. Mort en 1733.

Le Sage, né à Vannes[1], en Basse-Bretagne, en 1667. Son roman de *Gil Blas* est demeuré, parcequ'il y a du naturel; il est entièrement pris[2] du roman espagnol intitulé: *La Vida del escudero don Marcos de Obrego.* Mort en 1747.

Le Tourneux (Nicolas), né en 1640. Son *Année chrétienne* est dans beaucoup de mains, quoique mise à Rome à l'index des livres prohibés, ou plutôt parcequ'elle y est mise. Mort en 1686.

Levassor (Michel), de l'Oratoire, réfugié en Angleterre. Son *Histoire de Louis XIII*[3], diffuse, pesante, et satirique, a été recherchée pour beaucoup de faits singuliers qui s'y trouvent; mais c'est un déclamateur odieux, qui, dans l'*Histoire de Louis XIII*, ne cherche qu'à décrier Louis XIV, qui attaque les morts et les vivants; il ne se trompe que sur peu de faits, et passe pour s'être trompé dans tous ses jugements. Mort en 1718.

L'Hospital (François, marquis de), né en 1661, le premier qui ait écrit en France sur le calcul inventé par Newton, qu'il appela *les infiniment petits;* c'était alors un prodige. Mort en 1704.

Longepierre (Hilaire-Bernard de Requeleyne, baron de), né en Bourgogne en 1658. Il possédait

---

[1] A Sarzeau, à quatre lieues de Vannes, le 8 mai 1668. B.

[2] Cette opinion est combattue et détruite par François de Neufchâteau, dans son *Examen de la question de savoir si Le Sage est l'auteur de Gil Blas, ou s'il l'a pris de l'espagnol.* B.

[3] 1710-11, dix tomes reliés en vingt volumes in-12; 1757, sept volumes in-4°. B.

toutes les beautés de la langue grecque, mérite très rare en ce temps-là ; on a de lui des traductions en vers d'Anacréon, Sapho, Bion, et Moschus. Sa tragédie de *Médée*, quoique inégale et trop remplie de déclamations, est fort supérieure à celle de Pierre Corneille : mais la *Médée* de Corneille n'était pas de son bon temps. Longepierre fit beaucoup d'autres tragédies d'après les poëtes grecs, et il les imita en ne mêlant point l'amour à ces sujets sévères et terribles ; mais aussi il les imita dans la prolixité des lieux communs, et dans le vide d'action et d'intrigue, et ne les égala point dans la beauté de l'élocution, qui fait le grand mérite des poëtes. Il n'a donné au théâtre que *Médée* et *Électre*[1]. Mort en 1721.

LONGUERUE (Louis Dufour de), né à Charleville en 1652. Abbé du Jard. Il savait, outre les langues savantes, toutes celles de l'Europe. Apprendre plusieurs langues médiocrement, c'est le fruit du travail de quelques années ; parler purement et éloquemment la sienne, le travail de toute la vie. Il savait l'histoire universelle ; et on prétend qu'il composa de mémoire la description historique et géographique de la France ancienne et moderne. Mort vers l'an 1733.

LONGUEVAL (Jacques), né en 1680, jésuite. Il a fait huit volumes de l'*Histoire de l'Église gallicane*, continuée par le P. Fontenay[2]. Mort en 1735.

---

[1] *Médée* est de 1694 ; *Électre*, de 1703. Entre ces deux pièces Longepierre, né à Dijon, le 18 octobre 1659, avait donné, en 1695, *Sésostris*, connu par l'épigramme de Racine. B.

[2] Cet article est de 1751. Le P. Fontenay, mort le 15 octobre 1742, a fait les tomes IX, X, et une partie du XIe. Brumoy acheva le XIe, et fit le XIIe. Berthier a fait et publié les tomes XIII à XVIII, 1745-49, in-4°. B.

Mabillon (Jean), né en Champagne en 1632, bénédictin. C'est lui qui, étant chargé de montrer le trésor de Saint-Denys, demanda à quitter cet emploi, *parcequ'il n'aimait pas à mêler la fable avec la vérité.* Il a fait de profondes recherches. Colbert l'employa à rechercher les anciens titres.

Maignan (Emmanuel), né à Toulouse en 1601, minime. L'un de ceux qui ont appris les mathématiques sans maître. Professeur de mathématiques à Rome, où il y a toujours eu depuis un professeur minime français. Mort à Toulouse, en 1676.

Maillet (Benoît de), consul au Grand-Caire. On a de lui des lettres instructives sur l'Égypte, et des ouvrages manuscrits d'une philosophie hardie. L'ouvrage intitulé *Telliamed* est de lui, ou du moins a été fait d'après ses idées. On y trouve l'opinion que la terre a été toute couverte d'eau, opinion adoptée par M. de Buffon, qui l'a fortifiée de preuves nouvelles; mais ce n'est et ce ne sera long-temps qu'une opinion. Il est même certain qu'il existe de grands espaces où l'on ne trouve aucun vestige du séjour des eaux; d'autres où l'on n'aperçoit que des dépôts laissés par les eaux terrestres. Mort en 1738.

Maimbourg (Louis), jésuite, né en 1610. Il y a encore quelques unes de ses histoires qu'on ne lit pas sans plaisir. Il eut d'abord trop de vogue, et on l'a trop négligé ensuite. Ce qui est singulier, c'est qu'il fut obligé de quitter les jésuites, pour avoir écrit en faveur du clergé de France. Mort à Saint-Victor en 1686.

MAINTENON[1] (Françoise d'Aubigné Scarron, marquise de). Elle est auteur, comme madame de Sévigné, parcequ'on a imprimé ses *Lettres*[2] après sa mort. Les unes et les autres sont écrites avec beaucoup d'esprit, mais avec un esprit différent. Le cœur et l'imagination ont dicté celles de madame de Sévigné; elles ont plus de gaîté, plus de liberté : celles de madame de Maintenon sont plus contraintes; il semble qu'elle ait toujours prévu qu'elles seraient un jour publiques. Madame de Sévigné, en écrivant à sa fille, n'écrivait que pour sa fille. On trouve quelques anecdotes dans les unes et dans les autres. On voit par celles de madame de Maintenon, qu'elle avait épousé Louis XIV, qu'elle influait dans les affaires d'état, mais qu'elle ne les gouvernait pas; qu'elle ne pressa point la révocation de l'*Édit de Nantes* et ses suites, mais qu'elle ne s'y opposa point; qu'elle prit le parti des molinistes, parceque Louis XIV l'avait pris, et qu'ensuite elle s'attacha à ce parti; que Louis XIV, sur la fin de sa vie, portait des reliques; et beaucoup d'autres particularités. Mais les connaissances qu'on peut puiser dans ce recueil sont trop achetées par la quantité de lettres inutiles qu'il renferme; défaut commun à tous ces recueils. Si l'on n'imprimait que l'utile, il y aurait cent fois moins de livres. Morte à Saint-Cyr, en 1719.

[1] Née en 1635; femme de Scarron en 1652, de Louis XIV en 1685 : voyez tome XXXIX, page 385. B.

[2] 1752, deux volumes petit in-12; 1755, huit volumes in-12; 1756, neuf volumes in-12. L'éditeur fut La Beaumelle. L'article de Voltaire est de 1756. B.

[1]Un nommé La Beaumelle, qui a été précepteur à Genève, a fait imprimer des *Mémoires de Maintenon* remplis de faussetés[2].

MALEBRANCHE (Nicolas), né à Paris en 1638, de l'Oratoire, l'un des plus profonds méditatifs qui aient jamais écrit. Animé de cette imagination forte qui fait plus de disciples que la vérité, il en eut : de son temps il y avait des *malebranchistes*. Il a montré admirablement les erreurs des sens et de l'imagination; et quand il a voulu sonder la nature de l'ame, il s'est perdu dans cet abîme comme les autres. Il est, ainsi que Descartes, un grand homme, avec lequel on apprend bien peu de chose; et il n'était pas un grand géomètre comme Descartes. Mort en 1715.

MALEZIEU (Nicolas), né à Paris en 1650. Les *Éléments de géométrie du duc de Bourgogne* sont les leçons qu'il donna à ce prince. Il se fit une réputation par sa profonde littérature. Madame la duchesse du Maine fit sa fortune. Mort en 1727.

MALLEVILLE (Claude de), l'un des premiers académiciens. Le seul sonnet de *la Belle matineuse* en fit un homme célèbre. On ne parlerait pas aujourd'hui d'un tel ouvrage; mais le bon en tout genre était alors aussi rare qu'il est devenu commun depuis. Mort en 1647.

MARCA (Pierre de), né en 1594. Étant veuf et ayant plusieurs enfants, il entra dans l'Église, et fut nommé à l'archevêché de Paris. Son livre de *la Con-*

---

[1] Cet alinéa fut ajouté en 1768. B.

[2] Voyez, dans le tome XLII, la *Lettre à l'auteur des honnêtetés littéraires* (à la fin de ces *Honnêtetés*). B.

corde de l'empire et du sacerdoce est estimé. Mort en 1662.

Marolles (Michel de), né en Touraine en 1600, fils du célèbre Claude de Marolles, capitaine des cent suisses, connu par son combat singulier, à la tête de l'armée de Henri IV, contre Marivault[1]. Michel, abbé de Villeloin, composa soixante-neuf ouvrages[2], dont plusieurs étaient des traductions très utiles dans leur temps. Mort en 1681.

Marsollier (Jacques), né à Paris en 1647, chanoine régulier de Sainte-Geneviève, connu par plusieurs histoires bien écrites. Mort en 1724.

Martignac (Étienne Algai de), né en 1628, le premier qui donna une traduction supportable en prose de Virgile, d'Horace, etc. Je doute qu'on les traduise jamais heureusement en vers. Ce ne serait pas assez d'avoir leur génie : la différence des langues est un obstacle presque invincible. Mort en 1698.

Mascaron (Jules), de Marseille, né en 1634, évêque de Tulles, et puis d'Agen. Ses Oraisons funèbres balancèrent d'abord celles de Bossuet ; mais aujourd'hui elles ne servent qu'à faire voir combien Bossuet était un grand homme. Mort en 1703.

Massillon (Jean-Baptiste), né à Hières, en Provence, en 1633, de l'Oratoire, évêque de Clermont. Le prédicateur qui a le mieux connu le monde ; plus fleuri que Bourdaloue, plus agréable, et dont l'éloquence sent l'homme de cour, l'académicien, et

---

[1] Voyez, tome X, une note du chant x de *la Henriade*. B.
[2] C'est le nombre donné dans le tome XXXII des *Mémoires* de Nicéron. B.

l'homme d'esprit; de plus, philosophe modéré et tolérant. Mort en 1742.

MAUCROIX (François de), né à Noyon en 1619, historien, poëte, et littérateur. On a retenu quelques uns de ses vers, tels que ceux-ci, qu'il fit à l'âge de plus de quatre-vingts ans :

> Chaque jour est un bien que du ciel je reçoi ;
> Jouissons aujourd'hui de celui qu'il nous donne.
> Il n'appartient pas plus aux jeunes gens qu'à moi,
> Et celui de demain n'appartient à personne.

Mort en 1708.

MAYNARD (François), président d'Aurillac, né à Toulouse vers 1582. On peut le compter parmi ceux qui ont annoncé le siècle de Louis XIV. Il reste de lui un assez grand nombre de vers heureux purement écrits. C'est un des auteurs qui s'est plaint le plus de la mauvaise fortune attachée aux talents. Il ignorait que le succès d'un bon ouvrage est la seule récompense digne d'un artiste ; que, si les princes et les ministres veulent se faire honneur en récompensant cette espèce de mérite, il y a plus d'honneur encore d'attendre ces faveurs sans les demander ; et que, si un bon écrivain ambitionne la fortune, il doit la faire soi-même.

Rien n'est plus connu que son beau sonnet[1] pour le cardinal de Richelieu ; et cette réponse dure du ministre, ce mot cruel, *rien*. Le président Maynard, re-

---

[1] Ce n'est point un sonnet; la pièce a vingt vers, et est intitulée : *Épigramme*, à la page 204 de l'édition des OEuvres de *Maynard*, 1646, in-4°. B.

tiré enfin à Aurillac, fit ces vers [1], qui méritent autant d'être connus que son sonnet :

> Par votre humeur le monde est gouverné ;
> Vos volontés font le calme et l'orage ;
> Vous vous riez de me voir confiné
> Loin de la cour dans mon petit ménage :
> Mais n'est-ce rien que d'être tout à soi,
> De n'avoir point le fardeau d'un emploi,
> D'avoir dompté la crainte et l'espérance ?
> Ah ! si le ciel, qui me traite si bien,
> Avait pitié de vous et de la France,
> Votre bonheur serait égal au mien.

Depuis la mort du cardinal, il dit dans d'autres vers que le tyran est mort, et qu'il n'en est pas plus heureux. Si le cardinal lui avait fait du bien, ce ministre eût été un dieu pour lui : il n'est un tyran que

---

[1] Ces vers sont intitulés : *Sonnet*, page 31 de l'édition des *OEuvres*, citée dans ma note précédente ; mais c'est un sonnet irrégulier. En voici le texte, qui est bien différent de celui que donne Voltaire :

> Par vos humeurs le monde est gouverné ;
> Vos volontés font le calme et l'orage ;
> Et vous riez de me voir confiné,
> Loin de la cour, dans mon petit village.
>
> Cléomédon, mes desirs sont contents ;
> Je trouve beau le désert où j'habite,
> Et connais bien qu'il faut céder au temps,
> Fuir l'éclat, et devenir ermite.
>
> Je suis heureux de vivre sans emploi,
> De me cacher, de vivre tout à moi,
> D'avoir dompté la crainte et l'espérance.
>
> Et si le ciel, qui me traite si bien,
> Avait pitié de vous et de la France,
> Votre bonheur serait égal au mien.

Il paraît que cette pièce de Maynard circula en 1756, sous le titre de *Compliment à la chèvre*, et qu'on l'attribua à Voltaire : voyez sa lettre à madame de Lutzelbourg, du 13 août 1756. B.

parceque'il ne lui donna rien. C'est trop ressembler à ces mendiants qui appellent les passants monseigneur, et qui les maudissent s'ils n'en reçoivent point d'aumône. Les vers de Maynard étaient fort beaux. Il eût été plus beau de passer sa vie sans demander et sans murmurer. L'épitaphe qu'il fit pour lui-même est dans la bouche de tout le monde :

> Las d'espérer et de me plaindre
> Des muses, des grands, et du sort,
> C'est ici que j'attends la mort,
> Sans la desirer ni la craindre.

Les deux derniers vers sont la traduction de cet ancien vers latin :

> « Summum nec metuas diem, nec optes. »
> Mart., lib. X, ep. 47.

La plupart des beaux vers de morale sont des traductions. Il est bien commun de ne pas desirer la mort ; il est bien rare de ne pas la craindre, et il eût été grand de ne pas seulement songer s'il y a des grands au monde. Mort en 1646.

Ménage (Gilles), d'Angers, né en 1613. Il a prouvé qu'il est plus aisé de faire des vers en italien qu'en français. Ses vers italiens sont estimés, même en Italie ; et notre langue doit beaucoup à ses recherches. Il était savant en plus d'un genre. Sa *Requête des dictionnaires* l'empêcha d'entrer à l'académie. Il adressa au cardinal Mazarin, sur son retour en France, une pièce latine, où l'on trouve ce vers :

> « Et puto tam viles despicis ipse togas[1]. »

Le parlement, qui, après avoir mis à prix la tête du

---

[1] Voltaire cite et traduit ce vers dans le chapitre LVII de son *Histoire du parlement ;* voyez tome XXII, page 276. B.

cardinal, l'avait complimenté, se crut désigné par ce vers, et voulait sévir contre l'auteur; mais Ménage prouva au parlement que *toga* signifiait un habit de cour. Mort en 1692. La Monnoye a augmenté et rectifié le *Menagiana*.

MÉNESTRIER (Claude-François), né en 1631, a beaucoup servi à la science du blason, des emblèmes, et des devises. Mort en 1705.

MÉRY (Jean), né en Berri, en 1645, l'un de ceux qui ont le plus illustré la chirurgie. Il a laissé des observations utiles. Mort en 1722.

MÉZÉRAI (François-Eudes de), né à Argentan[1], en Normandie, en 1610. Son *Histoire de France* est très connue ; ses autres écrits le sont moins. Il perdit ses pensions, pour avoir dit ce qu'il croyait la vérité. D'ailleurs plus hardi qu'exact, et inégal dans son style. Son nom de famille était Eudes ; il était frère du P. Eudes, fondateur de la congrégation très répandue et très peu connue des eudistes. Mort en 1683.

MIMEURE[2] (Le marquis de), menin de Monseigneur, fils de Louis XIV. On a de lui quelques morceaux de poésies qui ne sont pas inférieures à celles de Racan et de Maynard : mais comme ils parurent dans un temps où le bon était très rare, et le marquis de Mimeure dans un temps où l'art était perfectionné, ils eurent beaucoup de réputation, et à peine fut-il connu. Son *Ode à Vénus*, imitée d'Horace, n'est pas indigne de l'original[3].

[1] A Ry, ou Rye, près d'Argentan. B.

[2] Jacques-Louis Valon, marquis de Mimeure, né à Dijon le 19 novembre 1659, est mort à Auxonne, le 3 mars 1719. B.

[3] Dalembert a imprimé l'*Ode à Vénus* à la suite de l'éloge qu'il a fait de Mimeure : voyez aussi, page 134, l'article LA MOTTE-HOUDAR. B.

Molière (Jean-Baptiste Poquelin de), né à Paris [1], en 1620, le meilleur des poëtes comiques de toutes les nations. Cet article a engagé à relire les poëtes comiques de l'antiquité. Il faut avouer que si l'on compare l'art et la régularité de notre théâtre avec ces scènes décousues des anciens, ces intrigues faibles, cet usage grossier de faire annoncer par des acteurs, dans des monologues froids et sans vraisemblance, ce qu'ils ont fait, et ce qu'ils veulent faire; il faut avouer, dis-je, que Molière a tiré la comédie du chaos, ainsi que Corneille en a tiré la tragédie; et que les Français ont été supérieurs en ce point à tous les peuples de la terre. Molière avait d'ailleurs une autre sorte de mérite, que ni Corneille, ni Racine, ni Boileau, ni La Fontaine, n'avaient pas. Il était philosophe, et il l'était dans la théorie et dans la pratique. C'est à ce philosophe que l'archevêque de Paris, Harlai, si décrié pour ses mœurs [2], refusa les vains honneurs de la sépulture : il fallut que le roi engageât ce prélat à souffrir que Molière fût enterré secrètement dans le cimetière de la petite chapelle de Saint-Joseph, rue Montmartre. Mort en 1673.

On s'est piqué à l'envi dans quelques dictionnaires nouveaux de décrier les vers de Molière, en faveur de sa prose, sur la parole de l'archevêque de Cambrai, Fénélon, qui semble en effet donner la préférence à la prose de ce grand comique, et qui avait ses raisons

---

[1] Voyez tome XXXVIII, page 385 et suivantes, la *Vie de Molière*, par Voltaire. B.

[2] Voyez ma note, tome XXXIII, page 436. B.

pour n'aimer que la prose poétique ; mais Boileau ne pensait pas ainsi. Il faut convenir qu'à quelques négligences près, négligences que la comédie tolère, Molière est plein de vers admirables, qui s'impriment facilement dans la mémoire. *Le Misanthrope, les Femmes savantes, le Tartufe*, sont écrits comme les satires de Boileau. L'*Amphitryon* est un recueil d'épigrammes et de madrigaux, faits avec un art qu'on n'a point imité depuis. La bonne poésie est à la bonne prose ce que la danse est à une simple démarche noble, ce que la musique est au récit ordinaire, ce que les couleurs d'un tableau sont à des dessins au crayon. De là vient que les Grecs et les Romains n'ont jamais eu de comédie en prose.

MONGAULT[1] (L'abbé de). La meilleure traduction qu'on ait faite des Lettres de Cicéron est de lui. Elle est enrichie de notes judicieuses et utiles. Il avait été précepteur du fils du duc d'Orléans, régent du royaume, et mourut, dit-on, de chagrin de n'avoir pu faire auprès de son élève la même fortune que l'abbé Dubois. Il ignorait apparemment que c'est par le caractère, et non par l'esprit, que l'on fait fortune.

MONTESQUIEU (Charles de Secondat, baron de La Brède et de), président au parlement de Bordeaux, né en 1689, donna à l'âge de trente-deux ans les *Lettres persanes*, ouvrage de plaisanterie, plein de traits qui annoncent un esprit plus solide que son livre. C'est une imitation du *Siamois* de Dufresni et de *l'Espion*

---

[1] Nicolas-Hubert Mongault, fils naturel de Colbert-Pouanges, naquit en 1674, et mourut le 15 août 1746. B.

Turc[1] ; mais imitation qui fait voir comment ces originaux devaient être écrits. Ces ouvrages d'ordinaire ne réussissent qu'à la faveur de l'air étranger; on met avec succès dans la bouche d'un Asiatique la satire de notre pays, qui serait bien moins accueillie dans la bouche d'un compatriote : ce qui est commun par soi-même devient alors singulier. Le génie qui règne dans les *Lettres persanes* ouvrit au président de Montesquieu les portes de l'académie française, quoique l'académie fût maltraitée dans son livre; mais en même temps la liberté avec laquelle il parle du gouvernement, et des abus de la religion, lui attira une exclusion de la part du cardinal de Fleury. Il prit un tour très adroit pour mettre le ministre dans ses intérêts; il fit faire en peu de jours une nouvelle édition de son livre[2], dans laquelle on retrancha ou on adoucit tout ce qui pouvait être condamné par un cardinal et par un ministre. M. de Montesquieu porta lui-même l'ouvrage au cardinal, qui ne lisait guère, et qui en lut une partie. Cet air de confiance, soutenu par l'empressement de quelques personnes de crédit, ramena le cardinal, et Montesquieu entra dans l'académie.

Il donna ensuite le traité *sur la Grandeur et la Décadence des Romains*, matière usée, qu'il rendit neuve par des réflexions très fines et des peintures très for-

---

[1] Voyez, tome XLII, mes notes sur la seconde des *Honnêtetés littéraires*. B.

[2] Voltaire est le seul auteur qui parle de cette édition, faite spécialement pour le cardinal, et que personne encore n'a pu se procurer. Mais il ne faut pas se hâter d'en conclure que l'anecdote soit fausse. Voltaire a eu, sur beaucoup de faits contemporains, des renseignements particuliers. B.

tes : c'est une histoire politique de l'empire romain.
Enfin on vit son *Esprit des lois*. On a trouvé dans ce
livre beaucoup plus de génie que dans Grotius et dans
Puffendorf. On se fait quelque violence pour lire ces
auteurs; on lit l'*Esprit des lois* autant pour son plaisir
que pour son instruction. Ce livre est écrit avec autant
de liberté que les *Lettres persanes;* et cette liberté n'a
pas peu servi au succès : elle lui attira des ennemis
qui augmentèrent sa réputation, par la haine qu'ils
inspiraient contre eux : ce sont ces hommes nourris
dans les factions obscures des querelles ecclésiastiques, qui regardent leurs opinions comme sacrées, et
ceux qui les méprisent comme sacriléges. Ils écrivirent
violemment contre le président de Montesquieu ; ils
engagèrent la Sorbonne à examiner son livre, mais
le mépris dont ils furent couverts arrêta la Sorbonne.
Le principal mérite de l'*Esprit des lois*[1] est l'amour
des lois qui règne dans cet ouvrage; et cet amour des
lois est fondé sur l'amour du genre humain. Ce qu'il
y a de plus singulier, c'est que l'éloge qu'il fait du
gouvernement anglais est ce qui a plu davantage en
France. La vive et piquante ironie qu'on y trouve
contre l'inquisition a charmé tout le monde, hors
les inquisiteurs. Ses réflexions, presque toujours
profondes, sont appuyées d'exemples tirés de l'histoire de toutes les nations. Il est vrai qu'on lui
a reproché de prendre trop souvent des exemples
dans de petites nations sauvages et presque inconnues,
sur les relations trop suspectes des voyageurs. Il ne

---

[1] Voyez ma note 2, tome XXXI, page 86. B.

cite pas toujours avec beaucoup d'exactitude; il fait dire, par exemple, à l'auteur du *Testament politique* attribué au cardinal de Richelieu, « que s'il se trouve « dans le peuple quelque malheureux honnête homme, « il ne faut pas s'en servir. » Le *Testament politique* dit seulement, à l'endroit cité, qu'il vaut mieux se servir des hommes riches et bien élevés, parcequ'ils sont moins corruptibles. Montesquieu s'est trompé dans d'autres citations, jusqu'à dire que François Ier (qui n'était pas né lorsque Christophe Colomb découvrit l'Amérique) avait refusé les offres de Christophe Colomb [1]. Le défaut continuel de méthode dans cet ouvrage, la singulière affectation de ne mettre souvent que trois ou quatre lignes dans un chapitre, et encore de ne faire de ces quatre lignes qu'une plaisanterie, ont indisposé beaucoup de lecteurs; on s'est plaint de trouver trop souvent des saillies où l'on attendait des raisonnements; on a reproché à l'auteur d'avoir trop donné d'idées douteuses pour des idées certaines : mais, s'il n'instruit pas toujours son lecteur, il le fait toujours penser; et c'est là un très grand mérite. Ses expressions vives et ingénieuses, dans lesquelles on trouve l'imagination de Montaigne, son compatriote, ont contribué surtout à la grande réputation de l'*Esprit des lois;* les mêmes choses dites par un homme savant, et même plus savant que lui, n'auraient pas été lues. Enfin, il n'y a guère d'ouvrages où il y ait plus d'esprit, plus d'idées profondes, plus de choses hardies, et où l'on trouve plus à

---

[1] Voyez tome XXVII, page 5; et tome XXXI, page 97. B.

s'instruire, soit en approuvant ses opinions, soit en les combattant. On doit le mettre au rang des livres originaux qui ont illustré le siècle de Louis XIV [1], et qui n'ont aucun modèle dans l'antiquité.

Il est mort en 1755, en philosophe [2], comme il avait vécu.

MONTFAUCON (Bernard de), né en 1655, bénédictin, l'un des plus savants antiquaires de l'Europe. Mort en 1741.

MONTFAUCON DE VILLARS (l'abbé), né en 1635, célèbre par le *Comte de Gabalis*. C'est une partie de l'ancienne mythologie des Perses. L'auteur fut tué, en 1675, d'un coup de pistolet. On dit que les sylphes l'avaient assassiné pour avoir révélé leurs mystères.

MONTPENSIER (Anne-Marie-Louise d'Orléans), connue sous le nom de *Mademoiselle*, fille de Gaston d'Orléans, née à Paris, en 1627. Ses Mémoires sont plus d'une femme occupée d'elle, que d'une princesse témoin de grands événements; mais il s'y trouve des choses très curieuses; on a aussi quelques petits romans d'elle, qu'on ne lit guère. Les princes, dans leurs écrits, sont au rang des autres hommes. Si Alexandre et Sémiramis avaient fait des ouvrages ennuyeux, ils seraient négligés. On trouve plus aisément des courtisans que des lecteurs. Morte en 1693.

MONTREUIL (Matthieu de), né à Paris, en 1621, l'un

---

[1] Le premier ouvrage imprimé de Montesquieu est de 1721; ce sont les *Lettres persanes;* Louis XIV était mort en 1715. Montesquieu, Voltaire, J.-J. Rousseau, et Buffon, sont les quatre grands hommes du dix-huitième siècle. B.

[2] Voyez tome XXX, pages 433-34; et, tome XLIII, la septième des *Lettres à son altesse monseigneur le prince de****. B.

de ces écrivains agréables et faciles dont le siècle de Louis XIV a produit un grand nombre, et qui n'ont pas laissé de réussir dans le genre médiocre. Il y a peu de vrais génies; mais l'esprit du temps et l'imitation ont fait beaucoup d'auteurs agréables. Mort à Aix, en 1692 [1].

Moréri (Louis), né en Provence, en 1643. On ne s'attendait pas que l'auteur du *Pays d'amour*, et le traducteur de *Rodriguez*, entreprît dans sa jeunesse le premier dictionnaire de faits qu'on eût encore vu [2]. Ce grand travail lui coûta la vie. L'ouvrage réformé et très augmenté porte encore son nom, et n'est plus de lui. C'est une ville nouvelle bâtie sur le plan ancien. Trop de généalogies suspectes ont fait tort surtout à cet ouvrage si utile. Mort en 1680. On a fait des suppléments remplis d'erreurs.

Morin (Michel-Jean-Baptiste), né en Beaujolais, en 1583, médecin, mathématicien, et, par les préjugés du temps, astrologue. Il tira l'horoscope de Louis XIV. Malgré cette charlatanerie, il était savant. Il proposa d'employer les observations de la lune à la détermination des longitudes en mer; mais cette méthode exigeait dans les tables des mouvements de cette planète ce degré d'exactitude que les travaux réunis des

---

[1] Son vrai nom est *Montereul;* mais celui de *Montreuil,* que Boileau lui donna (dans sa satire VII) pour la mesure d'un vers, et pour mieux rimer avec *recueil,* lui est resté. Né en 1620; mort à Valence. Cl.

[2] Juigné-Broissinière, sieur de Molière, avait fait imprimer, dès 1627, son *Dictionnaire théologique, historique, poétique, cosmographique et chronologique,* in-4°. La première édition du *Dictionnaire de Moréri* est de 1673, un volume in-folio. La dernière édition, en dix volumes in-folio, est de 1759. B.

premiers géomètres de ce siècle ont pu à peine leur donner. *Voyez* l'article CASSINI. Mort en 1656.

MORIN (Jean), né à Blois, en 1591, très savant dans les langues orientales et dans la critique. Mort à l'Oratoire, en 1659.

MORIN (Simon), né en Normandie, en 1623. On ne parle ici de lui que pour déplorer sa fatale folie et celle de Desmarets Saint-Sorlin, son accusateur[1]. Saint-Sorlin fut un fanatique qui en dénonça un autre. Morin, qui ne méritait que les Petites-Maisons, fut brûlé vif en 1663, avant que la philosophie eût fait assez de progrès pour empêcher les savants de dogmatiser, et les juges d'être si cruels.

MOTTEVILLE (Françoise Bertaut[2] de), née en 1615, en Normandie. Cette dame a écrit des Mémoires qui regardent particulièrement la reine Anne, mère de Louis XIV. On y trouve beaucoup de petits faits, avec un grand air de sincérité. Morte en 1689.

NAUDÉ (Gabriel), né à Paris, en 1600; médecin, et plus philosophe que médecin. Attaché d'abord au cardinal Barberin, à Rome, puis au cardinal de Richelieu, au cardinal Mazarin, et ensuite à la reine Christine, dont il alla quelque temps grossir la cour savante; retiré enfin à Abbeville, où il mourut dès qu'il fut libre. De tous ses livres, son *Apologie des grands hommes accusés de magie* est presque le seul qui soit demeuré. On ferait un plus gros livre des grands hommes accusés d'impiété depuis Socrate.

---

[1] Voyez, tome XLII, l'*Histoire de Simon Morin*, qui forme le paragraphe VIII du *Commentaire sur le livre des délits et des peines*. B.

[2] Nièce de Jean Bertaut, évêque de Seez; elle signait *Mauteville*. CL.

« . . . . . . *Populus nam* solos credit habendos
« Esse Deos quos ipse colit. »
Juv., sat. XV, v. 37.

Mort en 1653.

Nemours (Marie de Longueville, duchesse de), née en 1625. On a d'elle des Mémoires où l'on trouve quelques particularités des temps malheureux de la fronde. Morte en 1707.

Nevers (Philippe-Julien Mazarin Mancini, duc de). On a de lui des pièces de poésie d'un goût très singulier. Il ne faut pas s'en rapporter au sonnet parodié par Racine et Despréaux :

>Dans un palais doré, Nevers jaloux et blême
>Fait des vers où jamais personne n'entend rien.

Il en fesait qu'on entendait très aisément et avec grand plaisir, comme ceux-ci contre Rancé, le fameux réformateur de la Trappe, qui avait écrit contre l'archevêque Fénélon :

>Cet abbé qu'on croyait pétri de sainteté,
>Vieilli dans la retraite et dans l'humilité,
>Orgueilleux de ses croix, bouffi de sa souffrance,
>Rompt ses sacrés statuts en rompant le silence ;
>Et, contre un saint prélat s'animant aujourd'hui,
>Du fond de ses déserts déclame contre lui ;
>Et moins humble de cœur que fier de sa doctrine,
>Il ose décider ce que Rome examine.

Son esprit et ses talents se sont perfectionnés dans son petit-fils [1]. Mort en 1707.

Nicéron (Jean-Pierre), barnabite, né à Paris, en

---

[1] Tout cet article est de 1756. Louis-Jules-Barbon, duc de Nivernais, petit-fils du duc de Nevers, mort le 25 février 1798, a survécu quarante-deux ans à son éloge par Voltaire. B.

1685, auteur des *Mémoires sur les hommes illustres dans les lettres.* Tous ne sont pas illustres, mais il parle de chacun convenablement; il n'appelle point un orfèvre grand homme. Il mérite d'avoir place parmi les savants utiles. Mort en 1738.

NICOLE (Pierre), né à Chartres, en 1625, un des meilleurs écrivains de Port-Royal. Ce qu'il a écrit contre les jésuites n'est guère lu aujourd'hui; et ses *Essais de morale,* qui sont utiles au genre humain, ne périront pas. Le chapitre, surtout, des moyens de conserver la paix dans la société, est un chef-d'œuvre auquel on ne trouve rien d'égal en ce genre dans l'antiquité; mais cette paix est peut-être aussi difficile à établir que celle de l'abbé de Saint-Pierre. Mort en 1695.

NIVELLE DE LA CHAUSSÉE (Pierre-Claude). Il a fait quelques comédies dans un genre nouveau et attendrissant, qui ont eu du succès. Il est vrai que pour faire des comédies il lui manquait le génie comique. Beaucoup de personnes de goût ne peuvent souffrir des comédies où l'on ne trouve pas un trait de bonne plaisanterie; mais il y a du mérite à savoir toucher, à bien traiter la morale, à faire des vers bien tournés et purement écrits : c'est le mérite de cet auteur. Il était né sous Louis XIV[1]. On lui a reproché que ce qui approche du tragique dans ses pièces n'est pas toujours assez intéressant, et que ce qui est du ton de la comédie n'est pas plaisant. L'alliage de ces deux métaux est difficile à trouver. On croit que La Chaus-

---

[1] En 1692. B.

sée est un des premiers après ceux qui ont eu du génie. Il est mort vers l'année 1750 [1].

Nodot, n'est connu que par ses fragments de Pétrone, qu'il dit avoir trouvés à Belgrade, en 1688. Les lacunes qu'il a en effet remplies ne me paraissent pas d'un aussi mauvais latin que ses adversaires le disent. Il y a des expressions, à la vérité, dont ni Cicéron, ni Virgile, ni Horace, ne se servent; mais le vrai Pétrone est plein d'expressions pareilles, que de nouvelles mœurs et de nouveaux usages avaient mises à la mode. Au reste, je ne fais cet article touchant Nodot que pour faire voir que la satire de Pétrone n'est point du tout celle que le consul Pétrone envoya, dit-on, à Néron, avant de se faire ouvrir les veines : « Flagitia principis sub nominibus exoletorum femi-« narumque, et novitate cujusque stupri perscripsit, « atque obsignata misit Neroni [2]. »

On a prétendu que le professeur Agamemnon est Sénèque; mais le style de Sénèque est précisément le contraire de celui d'Agamemnon, *turgida oratio*; Agamemnon est un plat déclamateur de collége.

On ose dire que Trimalcion est Néron. Comment un jeune empereur, qui après tout avait de l'esprit et des talents, peut-il être représenté par un vieux financier ridicule, qui donne à dîner à des parasites plus ridicules encore, et qui parle avec autant d'igno-

---

[1] La Chaussée est mort le 14 mai 1754. C'est en 1757 que Voltaire lui donna place dans le *Siècle de Louis XIV*. Voltaire a depuis revu son article. La première pièce de La Chaussée est de 1733. B.

[2] Tacite, *Annales* XVI, 19. Voltaire revient sur le Pétrone de Nodot, dans le quatorzième chapitre de son *Pyrrhonisme de l'histoire;* voyez tome XLIV. B.

rance et de sottise que le Bourgeois gentilhomme de Molière?

Comment la crasseuse et idiote Fortunata, qui est fort au-dessous de madame Jourdain, pourrait-elle être la femme ou la maîtresse de Néron? quel rapport des polissons de collége, qui vivent de petits larcins dans des lieux de débauche obscurs, peuvent-ils avoir avec la cour magnifique et voluptueuse d'un empereur? Quel homme sensé, en lisant cet ouvrage licencieux, ne jugera pas qu'il est d'un homme effréné, qui a de l'esprit, mais dont le goût n'est pas encore formé; qui fait tantôt des vers très agréables, et tantôt de très mauvais; qui mêle les plus basses plaisanteries aux plus délicates, et qui est lui-même un exemple de la décadence du goût dont il se plaint?

La clef qu'on a donnée de Pétrone ressemble à celle des *Caractères de La Bruyère*; elle est faite au hasard.

OZANAM (Jacques), Juif d'origine, né près de Dombes, en 1642. Il apprit la géométrie sans maître, dès l'âge de quinze ans. Il est le premier qui ait fait un dictionnaire de mathématiques. Ses *Récréations mathématiques et physiques* ont toujours un grand débit; mais ce n'est plus l'ouvrage d'Ozanam, comme les dernières éditions de Moréri ne sont plus son ouvrage. Mort en 1717.

PAGI (Antoine), Provençal, né en 1624, franciscain. Il a corrigé Baronius, et a eu pension du clergé pour cet ouvrage. Mort en 1699.

PAPIN (Isaac), né à Blois en 1657, calviniste. Ayant quitté sa religion, il écrivit contre elle. Mort en 1709.

Pardies (Ignace-Gaston), jésuite, né à Pau, en 1636, connu par ses *Éléments de géométrie*, et par son livre *sur l'Ame des bêtes*[1]. Prétendre avec Descartes que les animaux sont de pures machines privées du sentiment dont ils ont les organes, c'est démentir l'expérience et insulter la nature. Avancer qu'un esprit pur les anime, c'est dire ce qu'on ne peut prouver. Reconnaître que les animaux sont doués de sensations et de mémoire, sans savoir comment cela s'opère, ce serait parler en sage qui sait que l'ignorance vaut mieux que l'erreur : car quel est l'ouvrage de la nature dont on connaisse les premiers principes? Mort en 1673.

Parent (Antoine), né à Paris, en 1666, bon mathématicien. Il est encore un de ceux qui apprirent la géométrie sans maître. Ce qu'il y a de plus singulier de lui, c'est qu'il vécut long-temps à Paris, libre et heureux, avec moins de deux cents livres de rente. Mort en 1716.

Pascal (Blaise), fils du premier intendant qu'il y eut à Rouen, né en 1623, génie prématuré. Il voulut se servir de la supériorité de ce génie comme les rois de leur puissance; il crut tout soumettre et tout abaisser par la force. Ce qui a le plus révolté certains lecteurs dans ses *Pensées*[2], c'est l'air despotique et méprisant dont il débute. Il ne fallait commencer que par avoir raison. Au reste, la langue et l'éloquence

---

[1] L'ouvrage de Pardies parut à Paris en 1672, in-12, sous le titre de *Discours sur la connaissance des bêtes*. Le petit volume intitulé : *De l'ame des bêtes*, Lyon, 1766, est de A. Dilli, prêtre d'Embrun. CL.

[2] Voyez, tomes XXXVII et L, les *Remarques*, et les *Dernières remarques* de Voltaire *sur les Pensées de Pascal*. B.

lui doivent beaucoup. Les ennemis de Pascal et d'Arnauld firent supprimer leurs éloges dans le livre des *Hommes illustres* de Perrault. Sur quoi on cita ce passage de Tacite (Ann. III, 76), « Præfulgebant Cas-« sius atque Brutus eo ipso quod effigies eorum non « visebantur. » Mort en 1662.

PATIN (Gui), né à Houdan, en 1601, médecin, plus fameux par ses Lettres médisantes que par sa médecine. Son recueil de Lettres a été lu avec avidité, parcequ'elles contiennent des nouvelles et des anecdotes que tout le monde aime, et des satires qu'on aime davantage. Il sert à faire voir combien les auteurs contemporains qui écrivent précipitamment les nouvelles du jour, sont des guides infidèles pour l'histoire. Ces nouvelles se trouvent souvent fausses ou défigurées par la malignité ; d'ailleurs, cette multitude de petits faits n'est guère précieuse qu'aux petits esprits. Mort en 1672.

PATIN (Charles), né à Paris, en 1633, fils de *Gui* Patin. Ses ouvrages sont lus des savants, et les Lettres de son père le sont des gens oisifs. *Charles* Patin, très savant antiquaire, quitta la France, et mourut professeur en médecine à Padoue, en 1693.

PATRU (Olivier), né à Paris en 1604, le premier qui ait introduit la pureté de la langue dans le barreau. Il reçut dans sa dernière maladie une gratification de Louis XIV, à qui l'on dit qu'il n'était pas riche. Mort en 1681.

PAVILLON (Étienne), né à Paris, en 1632, avocat général au parlement de Metz, connu par quelques poésies écrites naturellement. Mort en 1705.

Pellisson-Fontanier (Paul), né calviniste à Béziers, en 1624; poëte médiocre, à la vérité, mais homme très savant et très éloquent; premier commis et confident du surintendant Fouquet; mis à la Bastille en 1661. Il y resta quatre ans et demi, pour avoir été fidèle à son maître. Il passa le reste de sa vie à prodiguer des éloges au roi, qui lui avait ôté sa liberté : c'est une chose qu'on ne voit que dans les monarchies. Beaucoup plus courtisan que philosophe, il changea de religion, et fit sa fortune. Maître des comptes, maître des requêtes, et abbé, il fut chargé d'employer le revenu du tiers des économats à faire quitter aux huguenots leur religion, qu'il avait quittée. Son *Histoire de l'académie* fut très applaudie. On a de lui beaucoup d'ouvrages, des *Prières pendant la messe*, un *Recueil de pièces galantes*, un *Traité sur l'Eucharistie*, beaucoup de vers amoureux à Olympe. Cette Olympe était mademoiselle Desvieux, qu'on prétend avoir épousé le célèbre Bossuet avant qu'il entrât dans l'Église [1]. Mais ce qui a fait le plus d'honneur à Pellisson, ce sont ses excellents discours pour M. Fouquet, et son *Histoire de la conquête de la Franche-Comté*. Les protestants ont prétendu qu'il était mort avec indifférence; les catholiques ont soutenu le contraire, et tous sont convenus qu'il mourut sans sacrements. Mort en 1693.

Perrault (Claude), né à Paris en 1613 [2]. Il fut médecin, mais il n'exerça la médecine que pour ses

---

[1] Voyez page 64. B.

[2] Le 12 janvier 1628, suivant ses *Mémoires*, publiés par Patte, 1769, in-12. B.

amis. Il devint, sans aucun maître, habile dans tous les arts qui ont rapport au dessin, et dans les mécaniques. Bon physicien, grand architecte, il encouragea les arts sous la protection de Colbert, et eut de la réputation malgré Boileau. Il a publié plusieurs Mémoires sur l'anatomie comparée, dans les recueils de l'académie des sciences, et une magnifique édition de Vitruve. La traduction et les dessins qui l'embellissent sont également ses ouvrages. Mort en 1688.

PERRAULT (Charles), né en 1633, frère de Claude. Contrôleur-général des bâtiments sous Colbert, donna la forme aux académies de peinture, de sculpture, et d'architecture. Utile aux gens de lettres, qui le recherchèrent pendant la vie de son protecteur, et qui l'abandonnèrent ensuite. On lui a reproché d'avoir trouvé trop de défauts dans les anciens; mais sa grande faute est de les avoir critiqués maladroitement, et de s'être fait des ennemis de ceux même qu'il pouvait opposer aux anciens. Cette dispute a été et sera long-temps une affaire de parti, comme elle l'était du temps d'Horace. Que de gens encore en Italie qui, ne pouvant lire Homère qu'avec dégoût, et lisant tous les jours l'Arioste et le Tasse avec transport, appellent encore Homère incomparable! Mort en 1703.

N. B. Il est dit dans les *Anecdotes littéraires*, tome II, page 27, qu'Addison ayant fait présent de ses ouvrages à Despréaux, celui-ci lui répondit qu'il n'aurait jamais écrit contre Perrault, s'il eût vu de si excellentes pièces d'un moderne. Comment peut-on imprimer un tel mensonge? Boileau ne savait pas un mot d'anglais, aucun Français n'étudiait alors cette langue. Ce n'est que vers l'an 1730 qu'on commença à se familiariser avec elle. Et d'ailleurs, quand même Addison, qui s'est moqué de Boileau, aurait été connu de lui, pourquoi Boileau n'aurait-il pas écrit contre Perrault, en faveur des anciens dont Addison fait l'éloge dans tous ses ouvrages? Encore une fois[1], défions-nous de tous ces *ana*, de toutes ces petites anecdotes. Un sûr moyen de dire des sottises est de répéter au hasard ce qu'on a entendu dire.

PERROT D'ABLANCOURT (Nicolas), d'une ancienne famille du parlement de Paris, né à Vitri[2] en 1606, traducteur élégant, et dont on appela chaque traduction *la belle infidèle*: mort pauvre en 1664.

PETAU (Denys), né à Orléans, en 1583, jésuite. Il a réformé la chronologie. On a de lui soixante et dix ouvrages. Mort en 1652.

PETIS DE LA CROIX (François), l'un de ceux dont le grand ministre Colbert encouragea et récompensa le mérite. Louis XIV l'envoya en Turquie et en Perse, à l'âge de seize ans, pour apprendre les langues orientales. Qui croirait qu'il a composé une partie de la vie de Louis XIV en arabe, et que ce livre est estimé dans l'Orient? On a de lui l'*Histoire de Gengis-Kan*[3] *et de Tamerlan, tirée des anciens auteurs arabes*, et plusieurs livres utiles; mais sa traduction des *Mille et un jours* est ce qu'on lit le plus:

---

[1] Voyez page 71. B.

[2] A Châlons-sur-Marne. CL.

[3] Cet ouvrage est de son père François Petis, mort en 1695, et il n'en fut que l'éditeur au commencement du dix-huitième siècle. CL.

> L'homme est de glace aux vérités,
> Il est de feu pour les mensonges.
>
> La Fontaine, IX, 6.

Mort en 1713.

Petit (Pierre), né à Paris, en 1617, philosophe et savant. Il n'a écrit qu'en latin. Mort en 1687.

Pezron (Paul), de l'ordre de Citeaux, né en Bretagne, en 1639, grand antiquaire, qui a travaillé sur l'origine de la langue des Celtes. Mort en 1706.

Polignac (Melchior de), cardinal, né au Puy, en Vélay, en 1661, aussi bon poëte latin qu'on peut l'être dans une langue morte; très éloquent dans la sienne; l'un de ceux qui ont prouvé qu'il est plus aisé de faire des vers latins que des vers français. Malheureusement pour lui, en combattant Lucrèce il combat Newton. Mort en 1741[1].

Pontis (Louis de). Ses Mémoires ont été tellement en vogue, qu'il est nécessaire de dire que cet homme, qui a fait tant de belles choses pour le service du roi, est le seul qui en ait jamais parlé. Aussi ses *Mémoires* ne sont pas de lui; ils sont de Dufossé, écrivain de Port-Royal. Il feint que son héros portait le nom de sa terre en Dauphiné. Il n'y a point en Dauphiné de seigneurie de Pontis. Il est même fort douteux que Pontis ait existé [2]. Le *Dictionnaire historique portatif* [3], en quatre volumes, assure que ces Mémoires sont

---

[1] Voyez Saint-Pierre. B.

[2] Pontis n'est point un personnage imaginaire. Né en 1583, il est mort en 1670. P. Thomas Dufossé fut le rédacteur de ses *Mémoires;* voyez ma note, tome XXXIX, page 283. B.

[3] C'est le *Dictionnaire de Barral et Guibaud:* voyez ma note, t. XXVIII, page 348. B.

vrais. Ils sont cependant remplis de fables, comme l'a démontré le P. d'Avrigni, dans la préface de ses *Mémoires historiques*.

Porée (Charles), né en Normandie [1] en 1675, jésuite; du petit nombre de professeurs qui ont eu de la célébrité chez les gens du monde; éloquent dans le goût de Sénèque; poëte, et très bel esprit. Son plus grand mérite fut de faire aimer les lettres et la vertu à ses disciples. Mort en 1741.

Puységur (Jacques de Chastenet, maréchal de). Il nous a laissé l'*Art de la guerre*, comme Boileau a donné l'*Art poétique* [2].

Quesnel (Pasquier), né en 1634, de l'Oratoire. Il a été malheureux, en ce qu'il s'est vu le sujet d'une grande division parmi ses compatriotes. D'ailleurs, il a vécu pauvre et dans l'exil. Ses mœurs étaient sévères comme celles de tous ceux qui ne sont occupés que de disputes. Trente pages changées et adoucies dans son livre auraient épargné des querelles à sa patrie; mais il eût été moins célèbre. Mort en 1719.

Quinault (Philippe), né à Paris en 1636, auditeur des comptes, célèbre par ses belles poésies lyriques, et par la douceur qu'il opposa aux satires très injustes de Boileau. Quinault était, dans son genre, très supérieur à Lulli. On le lira toujours; et Lulli, à son récitatif près, ne peut plus être chanté. Cependant on croyait, du temps de Quinault, qu'il devait à Lulli sa

---

[1] A Vendes, près de Caen. B.

[2] Cet article est dans l'édition de 1751. Le roi de Prusse n'a publié qu'en 1760 son *Art de la guerre*, poëme en six chants. Puységur, né à Paris en 1655, est mort en 1743. B.

réputation. Le temps apprécie tout. Il eut part, comme les autres grands hommes, aux récompenses que donna Louis XIV, mais une part médiocre; les grandes graces furent pour Lulli. Mort en 1688.

N. B. Il est rapporté dans les *Anecdotes littéraires*[1] que Boileau, étant à la salle de l'Opéra de Versailles, dit à l'officier qui plaçait: *Monsieur, mettez-moi dans un endroit où je n'entende point les paroles. J'estime fort la musique de Lulli, mais je méprise souverainement les vers de Quinault.*

Il n'y a nulle apparence que Boileau ait dit cette grossièreté. S'il s'était borné à dire, mettez-moi dans un endroit où je n'entende que la musique, cela n'eût été que plaisant, mais n'eût pas été moins injuste. On a surpassé prodigieusement Lulli dans tout ce qui n'est pas récitatif; mais personne n'a jamais égalé Quinault.

QUINCI (le marquis de), lieutenant-général d'artillerie, auteur de l'*Histoire militaire de Louis XIV*. Il entre dans de grands détails, utiles pour ceux qui veulent suivre dans leur lecture les opérations d'une campagne. Ces détails pourraient fournir des exemples, s'il y avait des cas pareils; mais il ne s'en trouve jamais, ni dans les affaires, ni dans la guerre. Les ressemblances sont toujours imparfaites, les différences toujours grandes. La conduite de la guerre est comme les jeux d'adresse, qu'on n'apprend que par l'usage; et les jours d'action sont quelquefois des jeux de hasard.

RACINE (Jean), né à la Ferté-Milon en 1639, élevé

[1] Par Raynal: voyez page 70. B.

à Port-Royal. Il portait encore l'habit ecclésiastique quand il fit la tragédie de *Théagène*, qu'il présenta à Molière, et celle des *Frères ennemis*, dont Molière lui donna le sujet. Il est intitulé prieur de l'Épinai dans le privilége de l'*Andromaque*. Louis XIV fut sensible à son extrême mérite. Il lui donna une charge de gentilhomme ordinaire, le nomma quelquefois des voyages de Marli, le fit coucher dans sa chambre, dans une de ses maladies, et le combla de gratifications. Cependant Racine mourut de chagrin ou de crainte de lui avoir déplu. Il n'était pas aussi philosophe que grand poëte. On lui a rendu justice fort tard. « Nous avons été touchés, dit Saint-Évremond, « de *Mariamne*, de *Sophonisbe*, d'*Alcyonée*, d'*An-* « *dromaque*, et de *Britannicus*. » C'est ainsi qu'on mettait non seulement la mauvaise *Sophonisbe* de Corneille, mais encore les impertinentes pièces d'*Alcyonée* et de *Mariamne*[1], à côté de ces chefs-d'œuvre immortels. L'or est confondu avec la boue pendant la vie des artistes, et la mort les sépare.

Il est à remarquer que Racine ayant consulté Corneille sur sa tragédie d'*Alexandre*, Corneille lui conseilla de ne plus faire de tragédies, et lui dit qu'il n'avait nul talent pour ce genre d'écrire[2]. N'oublions pas qu'il écrivit contre les jansénistes, et qu'il se fit ensuite janséniste. Mort en 1699.

[1] L'*Alcyonée* de Du Ryer est de 1639; la *Mariamne* de Tristan est de 1636; c'était le *Cléomédon* de Du Ryer qu'on opposait au *Cid*: voyez tome XXXV, page 98. B.

[2] Fontenelle donna le même conseil à M. de Voltaire, après la tragédie de *Brutus*. Tous deux étaient de bonne foi. Corneille trouvait Racine trop simple, et Fontenelle trouvait Voltaire trop brillant. K.

Racine[1] (Louis), fils de l'immortel Jean Racine, a marché sur les traces de son père, mais dans un sentier plus étroit et moins fait pour les muses. Il entendait la mécanique des vers aussi bien que son père, mais il n'en avait ni l'ame ni les graces. Il manquait d'ailleurs d'invention et d'imagination. Janséniste comme son père, il ne fit des vers que pour le jansénisme. On en trouve de très beaux dans le poëme de *la Grace*, et dans celui de *la Religion*, ouvrage trop didactique et trop monotone, copié des *Pensées de Pascal*, mais rempli de beaux détails, tels que ces vers du chant second, dans lequel il traduit Lucrèce pour le réfuter :

> Cet esprit, ô mortels, qui vous rend si jaloux,
> N'est qu'un feu qui s'allume et s'éteint avec nous.
> Quand par d'affreux sillons l'implacable vieillesse
> A sur un front hideux imprimé la tristesse;
> Que, dans un corps courbé sous un amas de jours,
> Le sang, comme à regret, semble achever son cours;
> Lorsqu'en des yeux couverts d'un lugubre nuage
> Il n'entre des objets qu'une infidèle image;
> Qu'en débris chaque jour le corps tombe et périt :
> En ruines *aussi* je vois tomber l'esprit.
> L'ame mourante alors, flambeau sans nourriture,
> Jette par intervalle une lueur obscure.
> Triste destin de l'homme! il arrive au tombeau
> Plus faible, plus enfant qu'il ne l'est au berceau.
> La mort d'un coup fatal frappe enfin l'édifice;
> Dans un dernier soupir, achevant son supplice,
> Lorsque, vide de sang, le cœur reste glacé,
> Son ame s'évapore, et tout l'homme est passé.

Il s'élève quelquefois dans ce poëme contre le *tout est*

---

[1] Cet article est de 1768. Louis Racine, né le 6 novembre 1692, est mort le 29 janvier 1763. B.

bien des lords Shaftesbury et Bolingbroke, si bien mis en vers par Pope.

> Sans doute qu'à ces mots, des bords de la Tamise,
> Quelque abstrait raisonneur qui ne se plaint de rien,
> Dans son flegme anglican répondra : Tout est bien.

Racine, en qualité de janséniste, croyait que presque tout est mal depuis long-temps; il accuse Pope d'irréligion. Pope était fils d'un papiste, c'est ainsi qu'on appelle en Angleterre les catholiques romains. Pope, élevé dans cette religion qu'il tourne quelquefois en ridicule dans ses épîtres, ne voulut cependant pas la quitter quoiqu'il fût philosophe, ou plutôt parcequ'il était assez philosophe pour croire que ce n'était pas la peine de changer. Il fut très piqué des accusations de Louis Racine. Ramsay entreprit de les concilier. C'était un Écossais du clan des Ramsay, et qui en avait pris le nom, suivant l'usage de ce pays. Il était venu en France après avoir essayé du presbytérianisme, de l'église anglicane, et du quakerisme, et s'était attaché à l'illustre Fénélon, dont il a depuis écrit la vie. C'est lui qui est l'auteur des *Voyages de Cyrus*, très faible imitation du *Télémaque*. Il imagina d'écrire à Louis Racine une lettre sous le nom de Pope, dans laquelle celui-ci semble se justifier.

J'avais vécu une année entière avec Pope; je savais qu'il était incapable d'écrire en français, qu'il ne parlait point du tout notre langue, et qu'à peine il pouvait lire nos auteurs; c'était une chose publique en Angleterre. J'avertis Louis Racine que cette lettre était de Ramsay, et non de Pope. Je voulus lui faire sentir le ridicule de cette supercherie : j'en instruisis même le public dans un chapitre sur Pope¹, qui a été imprimé plusieurs fois du vivant de Pope même. Cependant, après sa mort, l'abbé Ladvocat a imprimé cette lettre, forgée par Ramsay, et l'a imputée à Pope, dans son *Dictionnaire historique portatif*, où il copie plusieurs articles des premières éditions de cette liste des écrivains du siècle de Louis XIV, mais où il insère des anecdotes entièrement fausses. Il est juste de faire connaître au public la vérité.

Rancé (Armand-Jean Le Bouthillier de), né en 1626, commença par traduire *Anacréon*, et institua la réforme effrayante de la Trappe, en 1664. Il se dispensa, comme législateur, de la loi qui force ceux qui vivent dans ce tombeau, à ignorer ce qui se passe sur la terre. Il écrivit avec éloquence. Quelle inconstance dans l'homme! Après avoir fondé et gouverné son institut, il se démit de sa place, et voulut la reprendre. Mort en 1700².

Rapin (Réné), né à Tours, en 1621, jésuite, connu par le *Poëme des jardins* en latin, et par beaucoup d'ouvrages de littérature. Mort en 1687.

Rapin de Thoiras (Paul), né à Castres en 1661, réfugié en Angleterre, et long-temps officier. L'Angleterre lui fut long-temps redevable de la seule bonne histoire complète qu'on eût faite de ce royaume, et de la seule impartiale qu'on eût d'un pays où l'on n'écrivait que par esprit de parti; c'était même la seule

---

¹ Voyez tome XXXVII, page 262. B.

² Le 27 octobre, selon la plupart des biographes; mais le 31, selon une note apposée par un trappiste sur un manuscrit autographe de Rancé, intitulé: *De trinitate*, que possède la bibliothèque publique d'Alençon. Cl.

histoire qu'on pût citer en Europe comme approchante de la perfection qu'on exige de ces ouvrages, jusqu'à ce qu'enfin on ait vu paraître celle du célèbre Hume, qui a su écrire l'histoire en philosophe. Mort à Vésel, en 1725.

Régis (Pierre-Silvain), né en Agenois, en 1632. Ses livres de philosophie n'ont plus de cours depuis les grandes découvertes qu'on a faites. Mort en 1707.

Regnard (Jean-François), né à Paris, en 1656 [1]. Il eût été célèbre par ses seuls voyages. C'est le premier Français qui alla jusqu'en Laponie. Il grava sur un rocher ce vers :

« Hic tandem stetimus, nobis ubi defuit orbis. »

Pris sur la mer de Provence par des corsaires, esclave à Alger, racheté, établi en France dans les charges de trésorier de France et de lieutenant des eaux et forêts, il vécut en voluptueux et en philosophe. Né avec un génie vif, gai, et vraiment comique, sa comédie du *Joueur* est mise à côté de celles de Molière. Il faut se connaître peu aux talents et au génie des auteurs pour penser qu'il ait dérobé cette pièce à Dufresni. Il dédia la comédie des *Ménechmes* à Despréaux, et ensuite il écrivit contre lui [2], parceque Boileau ne lui rendit pas assez de justice. Cet homme si gai mourut de chagrin [3] à cinquante-quatre ans. On prétend même qu'il avança ses jours. Mort en 1710.

[1] Né à Paris le 8 février 1655, Regnard fut inhumé à Dourdan le 5 septembre 1709. B.

[2] Il avait écrit contre Boileau avant de publier les *Ménechmes*, qu'il lui dédia en 1705. Leur raccommodement est de 1698 environ. B.

[3] Ou des suites d'une indigestion. B.

REGNIER DESMARETS (François-Séraphin), né à Paris, en 1632. Il a rendu de grands services à la langue, et est auteur de quelques poésies françaises et italiennes. Il fit passer une de ses pièces italiennes pour être de *Pétrarque*. Il n'eût pas fait passer ses vers français sous le nom d'un grand poëte. Mort en 1713.

RENAUDOT (Théophraste), médecin, très savant en plus d'un genre, le premier auteur des gazettes en France[1]. Mort en 1658.

RENAUDOT (Eusèbe), né en 1646, très savant dans l'histoire, et dans les langues de l'Orient. On peut lui reprocher d'avoir empêché que le dictionnaire de Bayle ne fût imprimé en France. Mort en 1720.

RETZ. Voyez GONDI.

REYNAU (Charles-René), de l'Oratoire, de l'académie des sciences, né en 1656, auteur de l'*Analyse démontrée*, publiée en 1708. On l'appela l'Euclide de la haute géométrie. Mort en 1728.

RICHELET (César-Pierre), né en 1631, le premier qui ait donné un dictionnaire presque tout satirique, exemple plus dangereux qu'utile. Il est aussi le premier auteur des dictionnaires de rimes, tristes ouvrages, qui font voir combien il est peu de rimes nobles et riches dans notre poésie, et qui prouvent l'extrême difficulté de faire de bons vers dans notre langue. Mort en 1698.

RICHELIEU[2] (Armand-Jean Duplessis, cardinal de),

---

[1] La *Gazette de France*, créée par Renaudot et D'Hosier, commença à paraître en mai 1631. Les cinq premières feuilles sont sans date ; la sixième est du 4 juillet 1631. L'article de T. Renaudot existe dès 1751. B.

[2] Cet article fut ajouté en 1768. B.

né à Paris, en 1585. Puisque Louis XIV naquit pendant son ministère, on doit mettre parmi les écrivains de ce siècle illustre le fondateur de l'académie française, auteur lui-même de plusieurs ouvrages. Il fit la *Méthode des controverses* [1] dans son exil à Avignon, après l'assassinat du maréchal d'Ancre, et de la Galigaï, ses protecteurs. *Les principaux points de la Religion catholique défendus*, l'*Instruction du Chrétien*, et la *Perfection du Chrétien*, sont à peu près de ce temps-là. Il est bien sûr qu'il ne composait pas la *Perfection du Chrétien* du temps qu'il fesait condamner à mort le maréchal de Marillac dans sa propre maison de Ruel, et qu'il était avec Marion Delorme dans un appartement, lorsque les commissaires prononcèrent l'arrêt de mort dicté par lui. On sait aussi qu'il y a beaucoup de vers de sa façon dans la tragi-comédie allégorique intitulée *Europe*, et dans la tragédie de *Mirame*. On sait qu'il donnait à cinq auteurs [2] les sujets des pièces représentées au palais-cardinal, et qu'il eût mieux fait de s'en tenir au seul Corneille, sans même lui fournir de sujet. Le plus beau de ses ouvrages est la digue de La Rochelle.

L'abbé Ladvocat, bibliothécaire de Sorbonne, prétend, dans son *Dictionnaire historique*, que le cardinal de Richelieu est l'auteur de ce testament [3] qui a fait tant de bruit, et qui est supposé. Il croit devoir ce res-

---

[1] *Traité qui contient la méthode la plus facile et la plus assurée pour convertir ceux qui se sont séparés de l'Église*, 1651, in-folio. B.

[2] Voyez, tome XXXV, pages 6 et 7, la *Préface du commentateur*. B.

[3] Voyez, tome XXVI, page 323; tome XXXVII, page 384; t. XXXIX, page 282; tome XLII, les *Doutes nouveaux*, et l'*Arbitrage*. B.

pect à la mémoire du bienfaiteur de la Sorbonne ; mais c'est rendre un mauvais service à sa mémoire, que de l'accuser d'avoir fait un livre où il n'y a que des erreurs et des fautes de toute espèce. Si malheureusement un ministre d'état avait pu composer un si mauvais ouvrage, tout ce qu'on en devrait conclure, c'est qu'on pourrait être un grand ministre, ou plutôt un ministre heureux, avec une grande ignorance des faits les plus communs, des erreurs grossières, et des projets ridicules. C'est donc venger la mémoire du cardinal de Richelieu, que de démontrer, comme on l'a fait, qu'il ne peut être l'auteur de ce testament qui, sans son nom, aurait été ignoré à jamais.

L'abbé Ladvocat, tout bibliothécaire qu'il était de la Sorbonne, s'est trompé en disant qu'on avait retrouvé dans cette bibliothèque un manuscrit de cet ouvrage apostillé de la main du cardinal. Le seul manuscrit apostillé ainsi est au dépôt des affaires étrangères ; il n'y fut porté qu'en 1705. Ce n'est point le testament qui est apostillé, c'est une narration succincte composée par l'abbé de Bourzeis, à laquelle on avait, long-temps après, ajouté ce testament prétendu : et les notes marginales même, écrites de la main du cardinal, prouvent que cette narration succincte n'était pas de lui ; elles indiquent les omissions de l'abbé de Bourzeis, et ce qu'il devait résoudre. Voyez la réponse à M. de Foncemagne[1].

On attribue encore au cardinal de Richelieu une *Histoire de la mère et du fils* ; c'est un récit assez in-

[1] C'est-à-dire les *Doutes nouveaux sur le testament attribué au cardinal de Richelieu :* voyez tome XLII. B.

fidèle des malheureux démêlés de Louis XIII avec sa mère. Cette histoire faible et tronquée est probablement de Mézerai : mais dans la multitude des livres dont nous sommes accablés aujourd'hui, qu'importe de quelle main soit un ouvrage médiocre [1] ? Mort en 1642.

Rohault (Jacques), né à Amiens, en 1620. Il abrégea et il exposa avec clarté et méthode la philosophie de Descartes : mais aujourd'hui cette philosophie, erronée presque en tout, n'a d'autre mérite que celui d'avoir été opposée aux erreurs anciennes. Mort en 1675.

Rollin (Charles), né à Paris, en 1661, recteur de l'université. Le premier de ce corps qui a écrit en français avec pureté et noblesse. Quoique les derniers tomes de son *Histoire ancienne*, faits trop à la hâte, ne répondent pas aux premiers, c'est encore la meilleure compilation qu'on ait en aucune langue, parceque les compilateurs sont rarement éloquents, et que Rollin l'était. Son livre vaudrait beaucoup mieux si l'auteur avait été philosophe. Il y a beaucoup d'histoires anciennes ; il n'y en a aucune dans laquelle on aperçoive cet esprit philosophique qui distingue le

---

[1] Il est difficile de ne pas regarder cette histoire comme un ouvrage du cardinal de Richelieu. Elle renferme des anecdotes curieuses sur les premières années de Louis XIII, des détails particuliers au cardinal, écrits avec un air de naïveté et de franchise que Mézerai n'aurait pas saisi, et des opinions absolument opposées à celles de cet historien. Il n'en a paru que deux volumes ; le reste est demeuré entre les mains du gouvernement, ou chez les héritiers du cardinal. K. —Voyez, sur l'*Histoire de la mère et du fils*, ma note, tome XXII, page 232. B.

faux du vrai, l'incroyable du vraisemblable, et qui sacrifie l'inutile. Mort en 1740.

ROTROU (Jean), né en 1609, le fondateur du théâtre. La première scène et une partie du quatrième acte de *Venceslas* sont des chefs-d'œuvre. Corneille l'appelait son père. On sait combien le père fut surpassé par le fils. *Venceslas* ne fut composé qu'après *le Cid;* il est tiré entièrement, comme *le Cid*, d'une tragédie espagnole. Mort en 1650.

ROUSSEAU (Jean-Baptiste), né à Paris en 1669[1]. De beaux vers, de grandes fautes et de longs malheurs le rendirent très fameux. Il faut, ou lui imputer les couplets qui le firent bannir, couplets semblables à plusieurs qu'il avait avoués, ou flétrir deux tribunaux qui prononcèrent contre lui. Ce n'est pas que deux tribunaux, et même des corps plus nombreux, ne puissent commettre unanimement de très violentes injustices, quand l'esprit de parti domine. Il y avait un parti furieux acharné contre Rousseau. Peu d'hommes ont autant excité et senti la haine. Tout le public fut soulevé contre lui jusqu'à son bannissement, et même encore quelques années après ; mais enfin les succès de La Motte, son rival, l'accueil qu'on lui fesait, sa réputation qu'on croyait usurpée, l'art qu'il avait eu de s'établir une espèce d'empire dans la littérature, révoltèrent contre lui tous les gens de lettres, et les ramenèrent à Rousseau, qu'ils ne craignaient plus. Ils lui rendirent presque tout le public. La Motte leur parut trop heureux, parcequ'il était riche et accueilli.

---

[1] J.-B. Rousseau est né à Paris le 6 avril 1671 : voyez, tome XXXVII, page 483, la *Vie de M. J.-B. Rousseau*. B.

Ils oubliaient que cet homme était aveugle et accablé de maladies. Ils voyaient dans Rousseau un banni infortuné, sans songer qu'il est plus triste d'être aveugle et malade que de vivre à Vienne et à Bruxelles. Tous deux étaient en effet très malheureux ; l'un par la nature, l'autre par l'aventure funeste qui le fit condamner. Tous deux servent à faire voir combien les hommes sont injustes, combien ils varient dans leurs jugements, et qu'il y a de la folie à se tourmenter pour arracher leurs suffrages. Mort à Bruxelles, en 1740 [1].

Rousseau eut rarement dans ses ouvrages de l'aménité, des graces, du sentiment, de l'invention ; il savait très bien tourner une épigramme licencieuse et une stance. Ses épîtres sont écrites avec une plume de fer trempée dans le fiel le plus dégoûtant. Il appelle mesdemoiselles Louvancourt, qui étaient trois sœurs très aimables, *trio de louves acharnées* [2] : il appelle le conseiller d'état Rouillé *tabarin mordant, caustique et rustre*, après lui avoir prodigué des louanges dans une ode assez médiocre [3]. Les mots de *maroufles*, de *bélîtres*, salissent ses épîtres. Il faut, sans doute, opposer une noble fierté à ses ennemis ; mais ces basses injures sans gaîté, sans agréments, sont le contraire d'une ame noble.

Quant aux couplets qui le firent bannir, *voyez* les articles La Motte et Saurin.

[1] Le 17 mars 1741. B.

[2] Voyez tome XXXVII, page 488. B.

[3] C'est l'ode 3 du livre II, en tête de laquelle on lit : *A M. de Caumartin*, mais que Rousseau avait d'abord adressée à M. Rouillé du Coudray. B.

On se contentera de remarquer ici que Rousseau ayant avoué qu'il avait fait cinq de ces malheureux couplets, il était coupable de tous les autres au tribunal de tous les juges et de tous les honnêtes gens. Sa conduite après sa condamnation n'est nullement une preuve en sa faveur ; on a entre les mains des lettres du sieur Médine[1] de Bruxelles, du 7 mai 1737, conçues en ces termes : « Rousseau n'avait d'autre table « que la mienne, d'autre asile que chez moi ; il m'a- « vait baisé et embrassé cent fois le jour qu'il força « mes créanciers à me faire arrêter. »

Qu'on joigne à cela un pélerinage fait par Rousseau à Notre-Dame de Hall, et qu'on juge s'il doit en être cru sur sa parole dans l'affaire des couplets[2].

RUINART (Thierri), bénédictin, né en 1657, laborieux critique. Il a soutenu contre Dodwell[3] l'opinion que *l'Église eut dans les premiers temps une foule prodigieuse de martyrs*. Peut-être n'a-t-il pas assez distingué les martyrs et les morts ordinaires ; les persécutions pour cause de religion, et les persécutions politiques. Quoi qu'il en soit, il est au nombre des savants hommes du temps. C'est principalement dans

---

[1] Voyez tome XXXVII, pages 521-22 ; et, dans la *Correspondance*, la lettre à Rousset de Missy, du 9 février 1754. B.

[2] On pourrait ajouter que Rousseau, ayant été maltraité en public par La Faye, insulté dans les couplets, consentit à recevoir de l'argent, et renonça aux poursuites qu'il avait commencées ; cet excès de bassesse le rend indigne de toute croyance. K.—Voyez tome XXXVII, page 504. B.

[3] C'est dans la préface des *Acta primorum martyrum sincera et selecta*, 1689, in-4°; 1713, in-folio; 1731, in-folio. Les *Actes sincères*, que Voltaire cite fréquemment dans plusieurs de ses ouvrages (voyez, entre autres, tome XXXI, pages 144-158), ont été traduits en français par Drouet de Maupertuy, et plusieurs fois imprimés. B.

ce siècle que les bénédictins ont fait les plus profondes recherches, comme Martène[1] sur les anciens rites de l'Église. Thuillier[2] et tant d'autres ont achevé de tirer de dessous terre les décombres du moyen âge. C'est encore un genre nouveau qui n'appartient qu'au siècle de Louis XIV ; et ce n'est qu'en France que les bénédictins y ont excellé. Mort en 1709.

SABLIÈRE (Antoine Rambouillet de La). Ses madrigaux sont écrits avec une finesse qui n'exclut pas le naturel. Mort en 1680.

SACI (Louis-Isaac Le Maistre de), né en 1613, l'un des bons écrivains de Port-Royal. C'est de lui qu'est la *Bible de Royaumont*[3], et une traduction des comédies de Térence. Mort en 1684. Son frère, Antoine Le Maistre[4], se retira comme lui à Port-Royal. Il avait été avocat; on le croyait un homme très éloquent, mais on ne le crut plus dès qu'il eut cédé à la vanité de faire imprimer ses plaidoyers. Un autre Saci[5], avocat, et de l'académie française, mais d'une autre famille, a donné une traduction estimée des *Lettres de Pline*, en 1701.

SAINT-AULAIRE (François-Joseph de Beaupoil, marquis de). C'est une chose très singulière que les plus jolis vers qu'on ait de lui aient été faits lorsqu'il était

---

[1] Edmond Martène, bénédictin, né en 1654, mort le 20 juin 1739, est auteur du traité *De antiquis Ecclesiæ ritibus libri tres*, 1700-1702, trois volumes in-4°, et de beaucoup d'autres écrits. B.

[2] Dom Vincent Thuillier, né en 1685, mort le 12 janvier 1736, traducteur de Polybe. B.

[3] Le Maistre de Saci aida seulement Fontaine dans la composition connue sous le nom de *Bible de Royaumont*. B.

[4] Né en 1608, mort en 1658. B.

[5] Louis de Saci, né à Paris en 1651, mort le 26 octobre 1727. B.

plus que nonagénaire. Il ne cultiva guère le talent de
la poésie qu'à l'âge de plus de soixante ans, comme
le marquis de La Fare. Dans les premiers vers qu'on
connut de lui, on trouve ceux-ci qu'on attribua à La
Fare :

>O muse légère et facile,
>Qui, sur le coteau d'Hélicon,
>Vintes offrir au vieil Anacréon
>Cet art charmant, cet art utile
>Qui sait rendre douce et tranquille
>La plus incommode saison;
>Vous qui de tant de fleurs sur le Parnasse écloses,
>Orniez à ses côtés les Graces et les Ris,
>Et qui cachiez ses cheveux gris
>Sous tant de couronnes de roses, etc.

Ce fut sur cette pièce qu'il fut reçu à l'académie; et
Boileau alléguait cette même pièce pour lui refuser
son suffrage. Il est mort en 1742, à près de cent ans,
d'autres disent à cent deux. Un jour, à l'âge de plus
de quatre-vingt-quinze ans, il soupait avec madame
la duchesse du Maine : elle l'appelait Apollon, et lui
demandait je ne sais quel secret ; il lui répondit :

>La divinité qui s'amuse
>A me demander mon secret,
>Si j'étais Apollon ne serait point ma muse,
>Elle serait Thétis, et le jour finirait.

Anacréon moins vieux fit de bien moins jolies choses.
Si les Grecs avaient eu des écrivains tels que nos bons
auteurs, ils auraient été encore plus vains ; nous leur
applaudirions aujourd'hui avec encore plus de raison.

SAINTE-MARTHE (Gaucher de). Cette famille a été
pendant plus de cent années féconde en savants. Le

premier Gaucher de Sainte-Marthe fut Charles, qui fut éloquent pour son temps. Mort en 1555.

Scévole, neveu de Charles, se distingua dans les lettres et dans les affaires. Ce fut lui qui réduisit Poitiers sous l'obéissance de Henri IV. Il mourut à Loudun, en 1623, et le fameux Urbain Grandier prononça son oraison funèbre.

Abel de Sainte-Marthe, son fils, cultiva les lettres comme son père, et mourut en 1652. Son fils, nommé Abel comme lui, marcha sur ses traces : mort en 1706.

Scévole et Louis de Sainte-Marthe, frères jumeaux, fils du premier Scévole, enterrés tous deux à Paris, dans le même tombeau, à Saint-Severin, furent illustres par leur savoir. Ils composèrent ensemble le *Gallia christiana*. Scévole, mort en 1650; Louis, mort en 1656.

Denys de Sainte-Marthe[1], leur cousin, acheva cet ouvrage[2]. Mort à Paris, en 1725.

Pierre-Scévole de Sainte-Marthe, frère aîné[3] du dernier Scévole, fut historiographe de France. Mort en 1690.

SAINT-ÉVREMOND (Charles de Saint-Denys, de), né en Normandie, en 1613. Une morale voluptueuse, des lettres écrites à des gens de cour, dans un temps où

---

[1] Né le 24 mai 1650. B.

[2] C'est-à-dire qu'il en commença une nouvelle édition refondue, dont il publia les trois premiers volumes de 1715 à 1725. On a mis au jour, en 1785, le treizième volume de cette nouvelle édition, qui ne se trouve pas terminée. B.

[3] Né en 1618, il était, non le frère, mais le fils aîné du Scévole mort en 1650. B.

ce mot de cour était prononcé avec emphase par tout le monde, des vers médiocres, qu'on appelle vers de *société*, faits dans des sociétés illustres, tout cela avec beaucoup d'esprit contribua à la réputation de ses ouvrages. Un nommé Des-Maizeaux les a fait imprimer, avec une vie de l'auteur, qui contient seule un gros volume; et dans ce gros volume il n'y a pas quatre pages intéressantes. Il n'est grossi que des mêmes choses qu'on trouve dans les *OEuvres* de Saint-Évremond[1]: c'est un artifice du libraire, un abus du métier d'éditeur. C'est par de tels artifices qu'on a trouvé le secret de multiplier les livres à l'infini, sans multiplier les connaissances. On connaît son exil, sa philosophie, et ses ouvrages. Quand on lui demanda, à sa mort, s'il voulait se *réconcilier*, il répondit: « Je voudrais « me réconcilier avec l'appétit. » Il est enterré à Westminster, avec les rois et les hommes illustres d'Angleterre. Mort en 1703.

SAINT-PAVIN (Denys Sanguin de). Il était au nombre des hommes de mérite que Despréaux confondit dans ses satires avec les mauvais écrivains[2]. Le peu qu'on a de lui passe pour être d'un goût délicat. On peut connaître son mérite personnel par cette épitaphe, que fit pour lui Fieubet[3], le maître des re-

---

[1] Voyez, page 79, l'article CHARLEVAL. Voltaire parle de Saint-Évremond dans la septième de ses *Lettres à son altesse monseigneur le prince de****; voyez tome XLIII. B.

[2] Boileau a fait contre lui une épigramme, et lui a consacré un hémistiche du vers 128 de la satire première. Mais il ne parle que de son irréligion, et nullement de son talent poétique, que Voltaire vante peut-être trop. B.

[3] Gaspard de Fieubet, né à Toulouse, en 1626, mort au couvent des ca-

quêtes, l'un des esprits les plus polis de ce siècle :

> Sous ce tombeau gît Saint-Pavin ;
> Donne des larmes à sa fin.
> Tu fus de ses amis peut-être?
> Pleure sur ton sort et le sien :
> Tu n'en fus pas? pleure le tien,
> Passant, d'avoir manqué d'en être.

Mort en 1670.

SAINT-PIERRE (Charles-Irénée Castel, abbé de), né en 1658, gentilhomme de Normandie [1], n'ayant qu'une fortune médiocre, la partagea quelque temps avec les célèbres Varignon et Fontenelle. Il écrivit beaucoup sur la politique. La meilleure définition qu'on ait faite en général de ses ouvrages, est ce qu'en disait le cardinal Dubois, que c'étaient les rêves d'un bon citoyen. Il avait la simplicité de rebattre, dans ses livres, les vérités les plus triviales de la morale, et par une autre simplicité, il proposait presque toujours des choses impossibles comme praticables. Il ne cessa d'insister sur le projet d'une paix perpétuelle, et d'une espèce de parlement de l'Europe, qu'il appelle *la diète europaine*. On avait imputé une partie de ce projet chimérique au roi Henri IV, et l'abbé de Saint-Pierre, pour appuyer ses idées, prétendait que cette *diète europàine* avait été approuvée et ré-

---

maldules, à Grosbois, le 10 septembre 1694 ; est celui dont Voltaire a déjà parlé avec éloge, tome XXXVII, page 374. B.

[1] Dans l'édition de 1751, cet article n'avait que quatre lignes : « Saint-Pierre (l'abbé de) a contribué, par ses écrits, à faire établir la taille proportionnelle; ses idées politiques n'ont pas toujours été des rêves. » Le texte actuel du premier alinéa formait, à quelques mots près, tout l'article en 1752. Le second alinéa fut, comme on le verra, ajouté en 1763 et 1768. B.

digée par le dauphin, duc de Bourgogne, et qu'on en avait trouvé le plan dans les papiers de ce prince. Il se permettait cette fiction pour mieux faire goûter son projet. Il rapporte, avec bonne foi, la lettre par laquelle le cardinal de Fleury répondit à ses propositions : « Vous avez oublié, monsieur, pour article « préliminaire, de commencer par envoyer une troupe « de missionnaires pour disposer le cœur et l'esprit « des princes. » Cependant l'abbé de Saint-Pierre ne laissa pas enfin d'être très utile. Il travailla beaucoup pour délivrer la France de la tyrannie de la taille arbitraire; il écrivit et il agit en homme d'état sur cette seule matière. Il fut unanimement exclu de l'académie française, pour avoir, sous la régence du duc d'Orléans, préféré un peu durement, dans sa *Polisynodie*, l'établissement des conseils, à la manière de gouverner de Louis XIV, protecteur de l'académie [1]. Ce fut le cardinal de Polignac qui fit une brigue pour l'exclure, et qui en vint à bout. Ce qu'il y a d'étrange, c'est que, dans ce temps-là même, le cardinal de Polignac conspirait contre le régent, et que ce prince, qui donnait un logement au Palais-Royal à Saint-Pierre, et qui avait toute sa famille à son service, souffrit cette exclusion. L'abbé de Saint-Pierre ne se plaignit point. Il continua de vivre en

---

[1] L'exclusion fut unanime; à une voix près, celle de Fontenelle. Il raconta depuis qu'il avait entendu plus d'une fois un homme de la cour, membre de l'académie, s'attribuer, devant l'abbé de Saint-Pierre, et devant lui-même, le mérite de cette action de justice.

L'exemple de l'abbé de Saint-Pierre prouve qu'en France il est également dangereux pour un homme de lettres, qui ne veut que dire la vérité, de soutenir les opinions du gouvernement, ou de les combattre. K.

philosophe avec ceux mêmes qui l'avaient exclu. Boyer, ancien évêque de Mirepoix, son confrère, empêcha qu'à sa mort on ne prononçât son éloge à l'académie, selon la coutume. Ces vaines fleurs qu'on jette sur le tombeau d'un académicien n'ajoutent rien ni à sa réputation ni à son mérite; mais le refus fut un outrage; et les services que l'abbé de Saint-Pierre avait rendus, sa probité, et sa douceur, méritaient un autre traitement. Il mourut en 1743, âgé de quatre-vingt-six ans. Je lui demandai, quelques jours avant sa mort, comment il regardait ce passage; il me répondit : « Comme un voyage à la campagne. »

Le traité le plus singulier qu'on trouve dans ses ouvrages est l'anéantissement futur du mahométisme. Il assure qu'un temps viendra où la raison l'emportera chez les hommes sur la superstition. Les hommes comprendront, dit-il, qu'il suffit de la patience, de la politesse, et de la bienfesance, pour plaire à Dieu. Il est impossible, dit-il encore, qu'un livre où l'on trouve des propositions fausses données comme vraies, des choses absurdes opposées au sens commun, des louanges données à des actions injustes, ait été révélé par un être parfait. Il prétend que dans cinq cents ans tous les esprits, jusqu'aux plus grossiers, seront éclairés sur ce livre : que le grand muphti même et les cadis verront qu'il est de leur intérêt de détromper la multitude, et de se rendre plus nécessaires et plus respectés en rendant la religion plus simple. Ce traité est curieux [1]. Dans ses *Annales* de Louis XIV,

---

[1] Ce qui précède est de 1763. La phrase dernière de l'alinéa fut ajoutée en 1768. B.

il dit que l'état devrait bâtir des loges aux Petites-Maisons pour les théologiens intolérants, et qu'il serait à propos de jouer ces espèces de fous sur le théâtre.

¹ C'est ici l'occasion d'observer que l'auteur du *Siècle de Louis XIV* n'a donné cette liste des écrivains et des artistes qui ont fleuri sous Louis XIV, qu'après avoir vu leurs ouvrages, et souvent connu leurs personnes, recherchant tous les moyens de s'instruire sur ce siècle célèbre, depuis qu'il fut nommé historiographe de France. Il ne pouvait, dans cette liste, parler des *Annales politiques*² de l'abbé de Saint-Pierre sous Louis XIV, puisque le *Siècle* fut imprimé en 1752 pour la première fois, et que les *Annales* de l'abbé de Saint-Pierre ne parurent qu'en 1758, ayant été imprimées en 1757. Ces *Annales*, il le faut avouer, sont une satire continuelle du gouvernement de ce monarque qui méritait plus d'estime; et cette satire n'est pas assez bien écrite pour faire pardonner son injustice. La famille de l'abbé, sentant quel dangereux effet cet ouvrage pouvait produire, engagea son auteur à le dérober au public : il ne fut imprimé qu'après sa mort. Comment donc l'abbé Sabatier, natif de Castres, qui a donné depuis la liste des écrivains de *Trois siècles*³, a-t-il pu dire « que l'auteur du *Siècle de Louis XIV* en a puisé

---

¹ Toute la fin de l'article fut ajoutée en 1775. B.

² Voyez, tome XLVII, le treizième des *Fragments sur l'histoire*, intitulé : *Défense de Louis XIV contre les Annales politiques de l'abbé de Saint-Pierre*. B.

³ La première édition des *Trois siècles de la littérature française*, par Sabatier de Castres, est de 1772, trois volumes in-8°. B.

« l'idée mal remplie dans ces *Annales politiques* qui
« offrent un tableau frappant des progrès de l'esprit
« chez notre nation ? »

Premièrement, il est impossible que l'auteur du *Siècle* ait pu rien prendre des *Annales* de l'abbé de Saint-Pierre, qu'il ne pouvait connaître[1], et desquelles il a vengé la mémoire de Louis XIV, dès qu'il les a connues. Secondement, il est très faux que l'abbé de Saint-Pierre se soit étendu dans son livre sur les progrès de l'esprit humain chez notre nation. A peine en dit-il quelques mots; et quand il parle des beaux-arts, c'est pour les avilir.

Voici comme il s'explique, page 155 : « La pein-
« ture, la sculpture, la musique, la poésie, la comé-
« die, l'architecture, prouvent le nombre des fai-
« néants, leur goût pour la fainéantise, qui suffit à
« nourrir et à entretenir d'autres espèces de fainéants,
« gens qui se piquent d'esprit agréable, mais non pas
« d'esprit utile, etc. »

Il est rare, sans doute, d'entendre un académicien dire que des arts qui exigent le travail le plus assidu sont des occupations de fainéants.

Quant à la personne de Louis XIV, il veut l'avilir aussi bien que les arts dont ce roi fut le protecteur. On ne peut rapporter qu'avec indignation ce qu'il en dit, page 265 : « Louis se gouvernait à l'égard de ses

---

[1] Dans sa lettre à Thieriot, du 31 octobre 1738, Voltaire lui recommande de tâcher d'obtenir de l'abbé de Saint-Pierre communication de son manuscrit. Il paraît que, entre la première édition du *Siècle de Louis XIV* (1751) et 1756, Voltaire eut communication du manuscrit de l'abbé de Saint-Pierre; car il le cite plusieurs fois dans des notes imprimées cette année. Voyez, tome XX, les chapitres XXVIII, XXIX, XXX. B.

« voisins et de ses sujets comme s'il eût adopté la
« maxime d'un célèbre tyran »; qu'ils me haïssent,
pourvu qu'ils me craignent. « Il sacrifiait tout au plai-
« sir de se venger, et de montrer au public qu'il était
« redoutable; c'est le goût des ames médiocres, de
« tous les enfants, et de tous les hommes du com-
« mun. »

Il traite enfin Louis XIV, en vingt endroits, de grand enfant. Et lui, qui était sans contredit un vieil enfant, finit son livre par cette formule, *Paradis aux bienfesants;* mais il n'ose pas dire, *Paradis aux médisants.*

A l'égard de l'abbé Sabatier, natif de Castres, qui est venu à Paris faire le métier de calomniateur pour quelque argent, il est difficile d'espérer pour lui le paradis. C'est même un grand effort que de le lui souhaiter [1].

SAINT-RÉAL (César Vichard de), né à Chambéri, mais élevé en France. Son *Histoire de la conjuration de Venise* est un chef-d'œuvre. Sa *Vie de Jésus-Christ* est bien différente. Mort en 1692.

SALLO (Denys de), né en 1626, conseiller au parlement de Paris, inventeur des journaux[2]. Bayle perfectionna ce genre, déshonoré ensuite par quelques journaux que publièrent à l'envi des libraires avides, et que des écrivains obscurs remplirent d'extraits in-

---

[1] Voltaire parle encore de l'abbé de Saint-Pierre dans la septième de ses *Lettres à son altesse monseigneur le prince de*** :* voyez tome XLIII. B.

[2] L'article SALLO est de 1751. Voltaire avait déjà nommé Th. Renaudot (voyez son article) *premier auteur des gazettes en France.* Le *Journal des savants,* commencé par Sallo, ne date que de 1665. B.

fidèles, d'inepties, et de mensonges. Enfin on est parvenu jusqu'à faire un trafic public d'éloges et de censures, surtout dans des feuilles périodiques; et la littérature a éprouvé le plus grand avilissement par ces infames manéges. Mort en 1669.

SANDRAS, *voyez* COURTILZ.

SANLECQUE (Louis), né à Paris en 1650[1], chanoine régulier, poëte qui a fait quelques jolis vers. C'est un des effets du siècle de Louis XIV que le nombre prodigieux de poëtes médiocres dans lesquels on trouve des vers heureux. La plupart de ces vers appartiennent au temps, et non au génie. Mort en 1714.

SANSON (Nicolas), né à Abbeville en 1600; le père de la géographie, avant Guillaume Delisle. Mort en 1667. Ses deux fils[2] héritèrent de son mérite.

SANTEUL (Jean-Baptiste), né à Paris en 1630. Il passe pour excellent poëte latin, si on peut l'être, et ne pouvait faire des vers français. Ses hymnes sont chantées dans l'Église. Comme je n'ai point vécu chez Mécène entre Horace et Virgile, j'ignore si ces hymnes sont aussi bonnes qu'on le dit; si, par exemple, *Orbis redemptor, nunc redemptus* n'est pas un jeu de mots puéril. Je me défie beaucoup des vers modernes latins. Mort en 1697.

SARASIN (Jean-François), né près de Caen[3] en 1603, a écrit agréablement en prose et en vers : mort en 1654.

SAUMAISE (Claude), né en Bourgogne en 1588, re-

[1] En 1652. B.
[2] Guillaume, mort le 15 mai 1703; Adrien, mort le 7 septembre 1718. B.
[3] A Hermanville. B.

tiré à Leyde pour être libre, homme d'une érudition immense. On prétend que le cardinal de Richelieu lui offrit une pension de douze mille francs pour revenir en France, à condition qu'il écrirait à la gloire de ce ministre, et même qu'il écrirait sa vie; mais Saumaise aimait trop la liberté, et haïssait trop celui qu'il regardait comme le plus grand ennemi de cette même liberté, pour accepter ses offres. Le roi d'Angleterre, Charles II, l'engagea à composer *le Cri du sang royal* contre les parricides de Charles Ier. Le livre[1] ne répondit pas à la réputation de l'auteur : Milton, auteur d'un poëme barbare, quelquefois sublime, sur la pomme d'Adam, et le modèle de tous les poëmes barbares tirés de l'ancien Testament, réfuta Saumaise; mais le réfuta comme une bête féroce combat un sauvage. Ces deux ouvrages, d'un pédantisme dégoûtant, sont tombés dans l'oubli[2]. Les noms des auteurs n'ont pas péri. Mort en 1653.

SAURIN (Jacques), né à Nîmes en 1677. Il passa pour le meilleur prédicateur des églises réformées. Cependant on lui reproche, comme à tous ses confrères, ce qu'on appelle le style réfugié. « Il est diffi- « cile, dit-il, que ceux qui ont sacrifié leur patrie à « leur religion parlent leur langue avec pureté, etc. » De son temps, cependant, le français ne s'était pas corrompu en Hollande comme il l'est aujourd'hui. Bayle n'avait point le style réfugié; il ne péchait que

---

[1] L'ouvrage de Saumaise est intitulé : *Defensio regia, pro Carolo primo*, 1649, in-4°. B.

[2] Il en est de même de la réplique de Saumaise, qui ne fut imprimée qu'après sa mort, sous ce titre : *Ad Joannem Miltonum responsio*, Dijon, in-4°; Londres, 1660, in-8°. B.

par une familiarité qui approche quelquefois de la bassesse. Les défauts du langage des pasteurs calvinistes venaient de ce qu'ils copiaient les phrases incorrectes des premiers réformateurs; de plus, presque tous ayant été élevés à Saumur, en Poitou, en Dauphiné ou en Languedoc, ils conservaient les manières de parler vicieuses de la province. On créa pour Saurin une place de ministre de la noblesse à La Haye. Il était savant, et homme de plaisir. Mort en 1730.

SAURIN (Joseph), né près d'Orange en 1659, de l'académie des sciences. C'était un génie propre à tout; mais on n'a de lui que des extraits du *Journal des savants*, quelques Mémoires de mathématiques, et son fameux *Factum* contre Rousseau. Ce procès, si malheureusement célèbre, fit rechercher toute sa vie, et servit à susciter contre lui les plus infames accusations. Rousseau, réfugié en Suisse, et sachant que son ennemi avait été pasteur de l'église réformée à Bercher, dans le bailliage d'Yverdun, remua tout pour avoir des témoignages contre lui. Il faut savoir que Joseph Saurin, dégoûté de son ministère, livré à la philosophie et aux mathématiques, avait préféré la France sa patrie, la ville de Paris, et l'académie des sciences, au village de Bercher. Pour remplir ce dessein, il avait fallu rentrer dans le sein de l'Église romaine, et il y rentra dès l'année 1690. L'évêque de Meaux, Bossuet, crut avoir converti un ministre, et il ne fit que servir à la petite fortune d'un philosophe. Saurin retourna en Suisse plusieurs années après, pour y recueillir quelques biens de sa femme, qu'il avait persuadée de quitter aussi la religion réformée. Les magistrats le décrétèrent de prise de corps, comme un pasteur apostat qui avait fait apostasier sa femme. Cela se passait en 1712, après le fameux procès de Rousseau ; et Rousseau était à Soleure précisément dans ce temps-là. Ce fut alors que les accusations les plus flétrissantes éclatèrent contre Saurin. On lui imputa d'anciens délits qui auraient mérité la corde; on produisit ensuite contre lui une ancienne lettre, dans laquelle il avait fait lui-même, disait-on, la confession de ses crimes à un pasteur de ses amis. Enfin, pour comble d'indignité, on eut la bassesse cruelle d'imprimer ces accusations et cette lettre dans plusieurs journaux, dans le supplément de Bayle[1], dans celui de Moréri; nouveau moyen malheureusement inventé pour flétrir un homme dans l'Europe. C'est étrangement avilir la littérature que de faire d'un dictionnaire un greffe criminel, et de souiller d'opprobres scandaleux des ouvrages qui ne doivent être que le dépôt des sciences; ce n'était pas, sans doute, l'intention des premiers auteurs de ces archives de la littérature, qu'on a depuis infectées de tant d'additions aussi erronées qu'odieuses. L'art d'écrire est devenu souvent un vil métier, dans lequel des libraires qui ne savent pas lire paient des mensonges et des futilités, à tant la feuille, à des écrivains mercenaires qui ont fait de la littérature la plus lâche des professions. Il n'est pas permis au moins de consigner dans un dictionnaire des accusations crimi-

[1] Voyez ma note, page 57. B.

nelles, et de s'ériger en délateur sans avoir des preuves juridiques. J'ai été à portée d'examiner ces accusations contre Joseph Saurin; j'ai parlé au seigneur de la terre de Bercher, dans laquelle Saurin avait été pasteur; je me suis adressé à toute la famille du seigneur de cette terre : lui et tous ses parents m'ont dit unanimement qu'ils n'avaient jamais vu l'original de la lettre imputée à Saurin : ils m'ont tous marqué la plus vive indignation contre l'abus scandaleux dont on a chargé les suppléments aux dictionnaires de Bayle et de Moréri; et cette juste indignation qu'ils m'ont témoignée doit passer dans le cœur de tous les honnêtes gens[1]. J'ai en main les attestations de trois pasteurs, qui avouent « qu'ils n'ont jamais vu l'ori-« ginal de cette prétendue lettre de Saurin, ni connu « personne qui l'eût vue, ni ouï dire qu'elle eût été « adressée à aucun pasteur du pays de Vaud, et « qu'ils ne peuvent qu'improuver l'usage qu'on a fait « de cette pièce[2]. »

Joseph Saurin mourut en 1737[3], en philosophe intrépide qui connaissait le néant de toutes les choses de ce monde, et plein du plus profond mépris pour tous ces vains préjugés, pour toutes ces disputes, pour ces opinions erronées qui surchargent d'un nou-

---

[1] La fin de cet alinéa fut ajoutée lorsqu'en 1763 Voltaire supprima le morceau que je donne ci-après en note. B.

[2] Il est bon de remarquer que ce certificat est de 1757, vingt ans après la mort de Saurin; cependant les prédicants suisses voulurent déposer les trois dignes pasteurs qui avaient signé suivant leur conscience : tant la haine théologique est implacable, et tant l'hypocrite intolérance de Calvin a jeté de profondes racines dans les pays qu'il a infectés de son esprit. K.

[3] Le 29 décembre. B.

veau poids les malheurs innombrables de la vie humaine[1].

Joseph Saurin a laissé un fils d'un vrai mérite, auteur d'une tragédie de *Spartacus*[2], dans laquelle il y a des traits comparables à ceux de la plus grande force de Corneille.

SAUVEUR (Joseph), né à La Flèche en 1663. Il apprit sans maître les éléments de la géométrie. Il est un des premiers qui aient calculé les avantages et les désavantages des jeux de hasard. Il disait que tout ce

---

[1] Dans l'édition de 1757 (voyez ma *Préface*), l'article se terminait ainsi :

« Depuis que cet article a été composé, j'ai en main la déclaration suivante ; elle doit fermer la bouche à ceux qui ont voulu décrier un philosophe :

« Nous, les pasteurs de l'église de Lausanne, canton de Berne, en Suisse, déclarons que, requis de dire ce que nous pouvons savoir d'une accusation intentée contre feu M. Joseph Saurin, ci-devant pasteur de la baronnie de Bercher, au bailliage d'Yverdun, et touchant une lettre imputée audit sieur Saurin, dans laquelle il paraît s'accuser d'actions criminelles et honteuses ; ladite lettre et ladite imputation étant imprimées dans les *Suppléments aux Dictionnaires de Bayle et de Moréri*, nous déclarons n'avoir jamais vu l'original de cette prétendue lettre, ni connu personne qui l'ait vue, ni ouï dire qu'elle ait été adressée à aucun pasteur de ce pays ; en sorte que nous ne pouvons qu'improuver l'usage qu'on a fait de ladite pièce. En foi de quoi nous nous sommes signés. Ce 30 mars 1757, à Lausanne.

Signés : ABRAHAM DE CROUSAZ, premier pasteur de l'église de Lausanne, et doyen.

N. POLIER DE BOTTENS, premier pasteur de l'église de Lausanne.

DANIEL POVILLARD, pasteur. »

Ce certificat fut attaqué dans le *Journal helvétique ;* et Voltaire publia la *Réfutation d'un écrit anonyme,* etc., qui est à la fin du tome XXXIX. Voltaire ne reproduisit pas le certificat en 1763 ; ce fut alors qu'il ajouta l'alinéa sur l'auteur de *Spartacus.* B.

[2] Bernard-Joseph Saurin, auteur de *Spartacus*, né en 1706, est mort le 17 novembre 1781. B.

que peut un homme en mathématique, un autre le peut aussi. Cela s'entend pour ceux qui se bornent à apprendre, mais non pour les inventeurs. Il avait été muet jusqu'à l'âge de sept ans. Mort en 1716.

Savari (Jacques), né en 1622, le premier qui ait écrit sur le commerce. Il avait été long-temps négociant. Le conseil le consulta sur l'ordonnance de 1673, dans tout ce qui regarde le négoce, et il en rédigea presque tous les articles. Le *Dictionnaire de commerce*, qui est de lui[1] et de Philémon, son frère, chanoine de Saint-Maur, fut une entreprise aussi utile que nouvelle; mais il faut regarder ces livres à peu près comme les intérêts des princes, qui changent en moins de cinquante ans. Les objets et les canaux du commerce, les gains, les finesses, ne sont plus aujourd'hui ce qu'ils étaient du temps de Savari. Mort en 1690.

Scarron (Paul), fils d'un conseiller de la grand'-chambre, né en 1610. Ses comédies sont plus burlesques que comiques. Son *Virgile travesti* n'est pardonnable qu'à un bouffon. Son *Roman comique* est presque le seul de ses ouvrages que les gens de goût aiment encore; mais ils ne l'aiment que comme un ouvrage gai, amusant, et médiocre. C'est ce que Boileau avait prédit. Louis XIV épousa sa veuve en 1685. Mort en 1660.

[1] Le *Dictionnaire de commerce* n'est pas de Jacques Savari, mort en 1690, mais de Jacques Savari, son fils, mort en 1716, et connu sous le nom de Savari des Brulons. Ce ne fut qu'en 1723 que parut la première édition, par les soins de l'abbé Savari, qui avait été le collaborateur de son frère, et qui, lors de sa mort, en 1727, laissa un volume de supplément, qui fut publié en 1730. B.

Scudéri (Georges de), né au Havre-de-Grace en 1601. Favorisé du cardinal de Richelieu, il balança quelque temps la réputation de Corneille. Son nom est plus connu que ses ouvrages. Mort en 1667.

Scudéri (Magdeleine), sœur de Georges, née au Havre en 1607, plus connue aujourd'hui par quelques vers agréables qui restent d'elle, que par les énormes romans de la *Clélie* et du *Cyrus*. Louis XIV lui donna une pension, et l'accueillit avec distinction. Ce fut elle qui remporta le premier prix d'éloquence fondé par l'académie. Morte en 1701.

Segrais (Jean Regnault de), né à Caen en 1625. Mademoiselle l'appelle *une manière de bel esprit :* mais c'était en effet un très bel esprit et un véritable homme de lettres. Il fut obligé de quitter le service de cette princesse, pour s'être opposé à son mariage avec le comte de Lauzun. Ses églogues et sa traduction de *Virgile* furent estimées; mais aujourd'hui on ne les lit plus. Il est remarquable qu'on a retenu des vers de la *Pharsale* de Brébeuf, et aucun de *l'Énéide* de Segrais. Cependant Boileau loue Segrais et dénigre Brébeuf. Mort en 1701.

Senault (Jean-François), né en 1601, général de l'Oratoire. Prédicateur qui fut à l'égard du P. Bourdaloue ce que Rotrou est pour Corneille, son prédécesseur et rarement son égal. Il est compté parmi les premiers restaurateurs de l'éloquence, plutôt que dans le petit nombre des hommes véritablement éloquents. Mort en 1672 [1].

Sénecé (Antoine Bauderon de), né en 1643, pre-

---

[1] Le 3 auguste. B.

mier valet de chambre de Marie-Thérèse; poëte d'une imagination singulière. Son conte du *Kaïmac*, à quelques endroits près, est un ouvrage distingué. C'est un exemple qui apprend qu'on peut très bien conter d'une autre manière que La Fontaine. On peut observer que cette pièce, la meilleure qu'il ait faite, est la seule qui ne se trouve pas dans son recueil. Il y a aussi dans ses *Travaux d'Apollon* des beautés singulières et neuves. Mort en 1737.

SÉVIGNÉ (Marie de Rabutin-Chantal, marquise de), femme du marquis de Sévigné, née en 1626[1]. Ses lettres, remplies d'anecdotes, écrites avec liberté, et d'un style qui peint et anime tout, sont la meilleure critique des lettres étudiées où l'on cherche l'esprit, et encore plus de ces lettres supposées dans lesquelles on veut imiter le style épistolaire, en étalant de faux sentiments et de fausses aventures à des correspondants imaginaires[2]. C'est dommage qu'elle manque absolument de goût, qu'elle ne sache pas rendre justice à Racine, qu'elle égale l'Oraison funèbre de Turenne, prononcée par Mascaron, au grand chef-d'œuvre de Fléchier[3]. Morte en 1696.

[1] C'était l'opinion générale du temps de Voltaire; mais madame de Sévigné est née le 5 février 1627. B.

[2] Ce qui précède est de 1756, et conséquemment antérieur à la *Nouvelle Héloïse* de J.-J. Rousseau; Voltaire a eu en vue les *Lettres diverses du chevalier d'Herm...* (par Fontenelle) : voyez tome XXXIX, page 243. Ce qui suit est de 1768. B.

[3] Madame de Sévigné, dans sa lettre du 6 novembre 1675, dit que Mascaron *a surpassé tout ce qu'on attendait de lui.* Dans sa lettre du 10 novembre, elle appelle l'oraison funèbre *admirable;* mais dans la lettre du 28 mars 1676, elle met l'oraison funèbre de Turenne, par Fléchier, au-dessus de celle par Mascaron. B.

SILVA (Jean-Baptiste), né à Bordeaux, très célèbre médecin à Paris, a fait un livre estimé sur la saignée; il était fort au-dessus de son livre. C'était un de ces médecins que Molière n'eût pu ni osé rendre ridicules. Né en 1684. Mort vers l'an 1746 [1].

SIMON (Richard), né en 1638, de l'Oratoire; excellent critique. Son *Histoire de l'origine et du progrès des revenus ecclésiastiques*, son *Histoire critique du vieux Testament*, etc. sont lues de tous les savants. Mort à Dieppe, en 1712.

SIRMOND (Jacques), jésuite, né vers l'an 1559. L'un des plus savants et des plus aimables hommes de son temps. On sait à peine qu'il fut confesseur de Louis XIII, parcequ'il fit à peine parler de lui dans ce poste délicat. Il fut préféré par le pape à tous les savants d'Italie pour faire la Préface de la collection des conciles. Ses nombreux ouvrages furent très estimés, et sont très peu lus. Mort en 1651.

SIRMOND (Jean), neveu du précédent. Historiographe de France, avec le brevet de conseiller d'état, qui était d'ordinaire attaché à la charge d'historiographe. L'un de ses principaux ouvrages est la Vie du cardinal d'Amboise, qu'il ne composa que pour mettre ce ministre au-dessous du cardinal de Richelieu, son protecteur. Il fut un des premiers académiciens. Mort en 1649.

SORBIÈRE (Samuel), né en Dauphiné, en 1615. L'un de ceux qui ont porté le titre d'historiographe de France. Ami du pape Clément IX, avant son exalta-

---

[1] Silva, dont le nom se trouve dans des vers des second et quatrième *Discours sur l'homme* (voyez tome XII), est mort le 19 août 1742. B.

tion; ne recevant que de faibles marques de la générosité de ce pontife, il lui écrivit : « Saint père, vous « envoyez des manchettes à celui qui n'a point de « chemise. » Il effleura beaucoup de genres de science. Mort en 1670.

Suze (Henriette de Coligni[1], comtesse de La), célèbre dans son temps par son esprit et par ses élégies. C'est elle qui se fit catholique parceque son mari était huguenot, et qui s'en sépara, afin, disait la reine Christine, de ne voir son mari dans ce monde-ci ni dans l'autre. Née à Paris, en 1618. Morte dans la même ville, en 1673.

Tallemant (François), né à La Rochelle, en 1620 : second traducteur[2] de *Plutarque*. Mort en 1693.

Tallemant (Paul), né à Paris, en 1642. Quoiqu'il fût petit-fils du riche Montauron[3], et fils d'un maître des requêtes qui avait eu deux cent mille livres de rente de notre monnaie d'aujourd'hui, il se trouva presque sans fortune. Colbert lui fit du bien comme aux autres gens de lettres. Il a eu la principale part à l'Histoire du roi par médailles. Mort en 1712.

Talon (Omer), avocat-général du parlement de Paris, a laissé des Mémoires utiles, dignes d'un bon magistrat et d'un bon citoyen ; mais son éloquence n'est pas encore celle du bon temps. Mort en 1652.

Tarteron (Jérôme), jésuite. Il a traduit les satires

---

[1] Fille du maréchal de Coligni, tué à la Marfée, en 1646, et, par conséquent, arrière-petite-fille de l'amiral. Cl.

[2] Boileau (vers 90 de son épître VII) avait appelé Tallemant

...le sec traducteur du français d'Amyot. B.

[3] Voyez tome XXXV, pages 193-94. B.

d'Horace, de Perse, et de Juvénal, et a supprimé les obscénités grossières dont il est étrange que Juvénal, et surtout Horace, aient souillé leurs ouvrages. Il a ménagé en cela la jeunesse, pour laquelle il croyait travailler; mais sa traduction n'est pas assez littérale pour elle; le sens est rendu, mais non pas la valeur des mots. Mort en 1720.

TERRASSON (l'abbé Jean), né en 1669[1], philosophe pendant sa vie et à sa mort. Il y a de beaux morceaux dans son *Séthos*[2]. Sa traduction de *Diodore* est utile: son examen d'Homère passe pour être sans goût. Mort en 1750.

THIERS (Jean-Baptiste), né à Chartres, en 1641[3]. On a de lui beaucoup de dissertations. C'est lui qui écrivit contre l'inscription du couvent des cordeliers de Reims: *A Dieu et à saint François, tous deux crucifiés*. Mort en 1703.

THOMASSIN (Louis), de l'Oratoire, né en Provence, en 1619, homme d'une érudition profonde. Il fit le premier des conférences sur les pères, sur les conciles, et sur l'histoire. Il oublia sur la fin de sa vie tout ce qu'il avait su, et ne se souvint plus d'avoir écrit. Mort en 1695.

THOYNARD (Nicolas), né à Orléans, en 1629. On prétend qu'il a eu grande part au traité du cardinal Noris sur les *Époques syriennes:* Sa *Concordance des*

---

[1] Jean Terrasson est né à Lyon en 1670. Matthieu Terrasson, son cousin, avocat à Paris, né à Lyon, le 13 août 1669, est mort en 1734. B.

[2] Voyez, tome XIV, dans les *Poésies mêlées* (année 1731), une épigramme de Voltaire sur *Séthos*. B.

[3] Le 11 novembre 1636, auteur de l'*Histoire des perruques*, de *La Sauce-Robert*, de la *Dissertation sur la sainte larme de Vendôme*, etc. B.

quatre évangélistes, en grec, passe pour un ouvrage curieux. Il n'était que savant, mais il l'était profondément. Mort en 1706.

Torci (Jean-Baptiste Colbert de). *Voyez* Colbert.

Tourneford (Joseph Pitton de), né en Provence, en 1656, le plus grand botaniste de son temps. Il fut envoyé par Louis XIV en Espagne, en Angleterre, en Hollande, en Grèce, et en Asie, pour perfectionner l'histoire naturelle. Il rapporta treize cent trente-six nouvelles espèces de plantes, et il nous apprit à connaître les nôtres. Mort en 1708.

Tourreil (Jacques de), né à Toulouse, en 1656, célèbre par sa traduction de *Démosthène*. Mort en 1715[1].

Tristan (François), surnommé *l'Ermite*, gentilhomme de Gaston d'Orléans, frère de Louis XIII. Le prodigieux et long succès qu'eut sa tragédie de *Mariamne* fut le fruit de l'ignorance où l'on était alors. On n'avait pas mieux; et quand la réputation de cette pièce fut établie, il fallut plus d'une tragédie de Corneille pour la faire oublier. Il y a encore des nations chez qui des ouvrages très médiocres passent pour des chefs-d'œuvre, parcequ'il ne s'est pas trouvé de génie qui les ait surpassés. On ignore communément que Tristan ait mis en vers l'office de la Vierge, et il n'est pas étrange qu'on l'ignore. Mort en 1655. Voici son épitaphe, qu'il composa :

> Je fis le chien couchant auprès d'un grand seigneur;
> Je me vis toujours pauvre, et tâchai de paraître :

---

[1] Le 11 octobre 1714. Son successeur à l'académie française fut Malet, dont la réception est du 29 décembre 1714. B.

Je vécus dans la peine, espérant le bonheur,
Et mourus sur un coffre, en attendant mon maître.

TURENNE. Ce grand homme nous a laissé aussi des Mémoires qu'on trouve dans sa vie écrite par Ramsay[1]. Nous avons beaucoup de Mémoires de nos généraux; mais ils n'ont pas écrit comme Xénophon et César.

VAILLANT (Jean-Foy), né à Beauvais, en 1632. Le public lui doit la science des médailles; et le roi, la moitié de son cabinet. Le ministre Colbert le fit voyager en Italie, en Grèce, en Égypte, en Turquie, en Perse. Des corsaires d'Alger le prirent en 1674, avec l'architecte Desgodets. Le roi les racheta tous deux. Jamais savant n'essuya plus de dangers. Mort en 1706.

VAILLANT (Jean-François-Foy), né à Rome, en 1665, pendant les voyages de son père : antiquaire comme lui. Mort en 1708.

VALINCOURT (Jean-Baptiste-Henri du Trousset de), né en 1653. Une épître[2] que Despréaux lui a adressée fait sa plus grande réputation. On a de lui quelques petits ouvrages : il était bon littérateur. Il fit une assez grande fortune, qu'il n'eût pas faite s'il n'eût été qu'homme de lettres. Les lettres seules, dénuées de cette sagacité laborieuse qui rend un homme utile, ne procurent presque jamais qu'une vie malheureuse et méprisée. Un des meilleurs discours qu'on ait ja-

---

[1] Voltaire a déjà parlé de Ramsay, pages 183 et 184; voyez aussi, dans la lettre à Formont, du 25 juin 1735, ce que Voltaire dit de la *Vie de Turenne*, par Ramsay. B.

[2] C'est la satire XI, *Sur l'honneur;* elle a forme d'épître. CL.

mais prononcés à l'académie, est celui dans lequel M. de Valincourt tâche de guérir l'erreur de ce nombre prodigieux de jeunes gens qui, prenant leur fureur d'écrire pour du talent, vont présenter de mauvais vers à des princes, inondent le public de leurs brochures, et qui accusent l'ingratitude du siècle, parcequ'ils sont inutiles au monde et à eux-mêmes. Il les avertit que les professions qu'on croit les plus basses sont fort supérieures à celle qu'ils ont embrassée. Mort en 1730.

VALOIS (Adrien de), né à Paris, en 1607, historiographe de France. Ses meilleurs ouvrages sont sa *Notice des Gaules*, et son Histoire de la première race[1]. Mort en 1692.

VALOIS (Henri de), frère du précédent, né en 1603. Ses ouvrages sont moins utiles à des Français que ceux de son frère. Mort en 1676.

VARIGNON (Pierre), né à Caen, en 1654 : mathématicien célèbre. Mort en 1722.

VARILLAS (Antoine), né dans la Marche, en 1624, historien plus agréable qu'exact. Mort en 1696.

VAVASSEUR (François), né dans le Charolais, en 1605, jésuite, grand littérateur. Il fit voir le premier que les Grecs et les Romains n'ont jamais connu le style burlesque, qui n'est qu'un reste de barbarie. Mort en 1681.

VAUBAN (Sébastien Le Prestre, maréchal de), né en 1633. La *Dîme royale* qu'on lui a imputée n'est

---

[1] *Gesta Francorum*, 1646-58, trois volumes in-folio. B.

pas de lui, mais de Boisguillebert¹. Elle n'a pu être exécutée, et est en effet impraticable. On a de lui plusieurs Mémoires dignes d'un bon citoyen. Il contribua beaucoup par ses conseils à la construction du canal de Languedoc. Observons qu'il était très ignorant, qu'il l'avouait avec franchise, mais qu'il ne s'en vantait pas. Un grand courage, un zèle que rien ne rebutait, un talent naturel pour les sciences de combinaisons, de l'opiniâtreté dans le travail, le coup d'œil dans les occasions, qui ne se trouve pas toujours ni avec les connaissances ni avec le talent; telles furent les qualités auxquelles il dut sa réputation. Il a prouvé, par sa conduite, qu'il pouvait y avoir des citoyens dans un gouvernement absolu. Mort en 1707.

VAUGELAS (Claude Favre de), né à Bourg-en-Bresse, en 1585. C'est un des premiers qui ont épuré et réglé la langue, et de ceux qui pouvaient faire des vers italiens sans en pouvoir faire de français. Il retoucha pendant trente ans sa traduction de Quinte-Curce. Tout homme qui veut bien écrire doit corriger ses ouvrages toute sa vie. Mort en 1650.

VERGIER (Jacques), né à Paris, en 1657 ². Il est, à l'égard de La Fontaine, ce que Campistron est à Racine; imitateur faible, mais naturel : mort assassiné à Paris par des voleurs, en 1720. On laisse entendre, dans le *Moréri*, qu'il avait fait une parodie

---

¹ Vauban est l'auteur du *Projet de dixme royale;* voyez ma note, tome XXXIV, page 40. B.

² Vergier est né à Lyon, le 3 janvier 1655. B.

contre un prince puissant qui le fit tuer. Ce conte est faux[1].

Vertot (Réné Auber de), né en Normandie[2], en 1655. Historien agréable et élégant. Mort en 1735.

Villars (le maréchal, Louis-Claude duc de), né en 1652. Le premier tome des Mémoires qui portent son nom est entièrement de lui[3]. Il savait par cœur les beaux endroits de Corneille, de Racine, et de Molière. Je lui ai entendu dire un jour à un homme d'état fort célèbre, qui était étonné qu'il sût tant de vers de comédie : « J'en ai moins joué que vous, mais « j'en sais davantage. » Mort en 1734.

Villedieu[4] (Marie-Catherine Desjardins, plus connue sous le nom de madame de). Ses romans lui firent de la réputation. Au reste, on est bien éloigné de vouloir donner ici quelque prix à tous ces romans dont la France a été et est encore inondée ; ils ont presque tous été, excepté *Zaïde*, des productions d'esprits faibles qui écrivent avec facilité des choses indignes d'être lues par les esprits solides : ils sont même pour la plupart dénués d'imagination ; et il y en a plus dans quatre pages de l'Arioste que dans tous

---

[1] Vergier n'est pas l'auteur de la parodie d'une scène de *Mithridate*, dirigée contre le prince de Condé, que la calomnie accusa d'avoir fait assassiner Vergier. Ce furent des voleurs de la bande de Cartouche qui assassinèrent Vergier, dans l'intention de le voler. B.

[2] Au château de Bernetot, arrondissement d'Ivetot. CL.

[3] Les *Mémoires du duc de Villars, maréchal de France*, 1734, trois volumes in-12, ont été publiés par l'abbé Margon, qui fabriqua les deux derniers volumes ; c'est le même qui, trois ans après, donna les faux *Mémoires de Berwick :* voyez page 20. B.

[4] Née en 1632, à Alençon. CL.

ces insipides écrits qui gâtent le goût des jeunes gens. Née à Alençon, vers 1640; morte en 1683.

Villiers (Pierre de), né à Coignac, en 1648, jésuite. Il cultiva les lettres, comme tous ceux qui sont sortis de cet ordre. Ses sermons, et son *Poëme sur l'art de prêcher,* eurent de son temps quelqué réputation. Ses stances sur la solitude sont fort au-dessus de celles de Saint-Amant, qu'on avait tant vantées, mais ne sont pas encore tout-à-fait dignes d'un siècle si au-dessus de celui de Saint-Amant[1]. Mort en 1728.

Voiture (Vincent), né à Amiens, en 1598. C'est le premier qui fut en France ce qu'on appelle un bel esprit. Il n'eut guère que ce mérite dans ses écrits, sur lesquels on ne peut se former le goût[2]; mais ce mérite était alors très rare. On a de lui de très jolis vers, mais en petit nombre. Ceux qu'il fit pour la reine Anne d'Autriche, et qu'on n'imprima pas dans son recueil, sont un monument de cette liberté galante qui régnait à la cour de cette reine, dont les frondeurs lassèrent la douceur et la bonté.

....
....

Je pensois si le cardinal,
J'entends celui de La Valette,
Pouvoit voir l'éclat sans égal
Dans lequel maintenant vous ête[a];

---

[1] Marc-Antoine-Gérard, sieur de Saint-Amant, né à Rouen, en 1594, ne mourut qu'en 1660, la dix-septième année du règne de Louis XIV, alors âgé de vingt-deux ans. B.

[2] Sur sa *Lettre de la carpe au brochet,* voyez tome XXXIX, page 241. B.

[a] Alors on était dans l'usage de retrancher, dans les vers, les lettres finales

J'entends celui de la beauté ;
Car auprès je n'estime guère,
Cela soit dit sans vous déplaire,
Tout l'éclat de la majesté[1].

Il fit aussi des vers italiens et espagnols avec succès. Mort en 1648.

qui incommodaient ; *vous éte* pour *vous êtes*. C'est ainsi qu'en usent les Italiens et les Anglais. La poésie française est trop gênée, et très souvent trop prosaïque.

[1] Voiture, valet de chambre de la reine-mère, rêvant à la fontaine de Belle eau, la reine vint par derrière, lui donna un coup sur l'épaule, et lui demanda le sujet de sa rêverie. Sur quoi il lui répondit qu'il aurait l'honneur de le lui donner par écrit à son coucher ; et voici les vers qu'il fit :

Je pensois que la destinée,
Après tant d'injustes rigueurs,
Vous a justement couronnée
D'éclat, de gloire, et de grandeurs ;
Mais que vous étiez plus heureuse
Lorsque vous étiez autrefois,
Je ne veux pas dire amoureuse,
La rime le veut toutefois :
Je pensois (car nous autres poëtes
Nous pensons extravagamment)
Ce que, dans l'état où vous êtes,
Vous penseriez en ce moment
Si vous voyiez dans cette place
Venir le duc de Buckingam,
Et lequel seroit en disgrace
De lui ou du père Vincent.
Je pensois que le cardinal,
J'entends celui de La Valette,
Auroit un plaisir sans égal
En voyant l'éclat où vous ête :
Je dis celui de la beauté,
Car sans lui je n'estime guère,
Cela soit dit sans vous déplaire,
Tout celui de la majesté ;
Que tant de charmes, de jeunesse,
Pour vous le feroit soupirer,
Et que madame la princesse
Auroit beau s'en désespérer.
Je pensois à la plus aimable
Qui fut jadis dessous les cieux,
A l'ame la plus admirable

Ce n'est pas la peine de pousser plus loin ce catalogue. On y voit un petit nombre de grands génies, un assez grand d'imitateurs, et on pourrait donner une liste beaucoup plus longue des savants. Il sera difficile désormais qu'il s'élève des génies nouveaux, à moins que d'autres mœurs, une autre sorte de gouvernement, ne donnent un tour nouveau aux esprits. Il sera impossible qu'il se forme des savants universels, parceque chaque science est devenue immense. Il faudra nécessairement que chacun se réduise à cultiver une petite partie du vaste champ que le siècle de Louis XIV a défriché.

> Que formèrent jamais les dieux,
> A la ravissante merveille
> De cette taille sans pareille,
> A la bouche la plus vermeille,
> La plus belle qu'on ait jamais ;
> A deux pieds gentils et bien faits
> Où le temple d'amour se fonde ;
> A deux incomparables mains,
> A qui le ciel et les destins
> Ont promis le sceptre du monde ;
> A mille graces, mille attraits,
> A cent mille charmes secrets,
> A deux beaux yeux remplis de flamme
> Qui rangent tout dessous leurs lois :
> Devinez sur cela, madame,
> Et dites à quoi je pensois.

Voltaire, dans ses *Remarques sur l'épître dédicatoire de Polyeucte* (voyez tome XXXV, page 276), cite quatre vers de cette pièce ; qu'il dit et que je crois inédite. Cependant vingt-quatre vers, dont huit ne sont pas dans la copie que j'ai suivie, avaient été imprimés dans les *Mémoires* de madame de Motteville. B.

ARTISTES CÉLÈBRES.

MUSICIENS.

La musique française, du moins la vocale, n'a été jusqu'ici du goût d'aucune autre nation. Elle ne pouvait l'être, parceque la prosodie française est différente de toutes celles de l'Europe. Nous appuyons toujours sur la dernière syllabe, et toutes les autres nations pèsent sur la pénultième ou sur l'antépénultième, ainsi que les Italiens. Notre langue est la seule qui ait des mots terminés par des *e* muets, et ces *e*, qui ne sont pas prononcés dans la déclamation ordinaire, le sont dans la déclamation notée, et le sont d'une manière uniforme *gloi-reu, victoi-reu, barbari-eu, furi-eu*....Voilà ce qui rend la plupart de nos airs et notre récitatif insupportables à quiconque n'y est pas accoutumé. Le climat refuse encore aux voix la légèreté que donne celui d'Italie; nous n'avons point l'habitude qu'on a eue long-temps chez le pape et dans les autres cours italiennes, de priver les hommes de leur virilité pour leur donner une voix plus belle que celle des femmes. Tout cela, joint à la lenteur de notre chant, qui fait un étrange contraste avec la vivacité de notre nation, rendra toujours la musique française propre pour les seuls Français.

Malgré toutes ces raisons, les étrangers qui ont été long-temps en France conviennent que nos musiciens ont fait des chefs-d'œuvre en ajustant leurs airs à nos paroles, et que cette déclamation notée a souvent une expression admirable ; mais elle ne l'a que pour des oreilles très accoutumées, et il faut une exécution parfaite. Il faut des acteurs : en Italie, il ne faut que des chanteurs.

La musique instrumentale s'est ressentie un peu de la monotonie et de la lenteur qu'on reproche à la vocale ; mais plusieurs de nos symphonies, et surtout nos airs de danse, ont trouvé plus d'applaudissements chez les autres nations. On les exécute dans beaucoup d'opéra italiens; il n'y en a presque jamais d'autres chez un roi[1] qui entretient un des meilleurs Opéra de l'Europe, et qui, parmi ses autres talents singuliers, a cultivé avec un très grand soin celui de la musique.

Lulli (Jean-Baptiste), né à Florence, en 1633, amené en France à l'âge de quatorze ans, et ne sachant encore que jouer du violon, fut le père de la vraie musique en France. Il sut accommoder son art au génie de la langue; c'est l'unique moyen de réussir. Il est à remarquer qu'alors la musique italienne ne s'éloignait pas de la gravité et de la noble simplicité que nous admirons encore dans les récitatifs de Lulli.

Rien ne ressemble plus à ces récitatifs que le fameux motet de Luigi, chanté en Italie avec tant de succès dans le dix-septième siècle, et qui commence ainsi :

« Sunt breves mundi rosæ,
« Sunt fugitivi flores;
« Frondes veluti annosæ
« Sunt labiles honores. »

[1] Frédéric-le-Grand, roi de Prusse. B.

Il faut bien observer que dans cette musique de pure déclamation, qui est la *mélopée* des anciens, c'est principalement la beauté naturelle des paroles qui produit la beauté du chant ; on ne peut bien déclamer que ce qui mérite de l'être. C'est à quoi on se méprit beaucoup du temps de Quinault et de Lulli. Les poëtes étaient jaloux du poëte, et ne l'étaient pas du musicien. Boileau reproche à Quinault

> . . . . . . ces lieux communs de morale lubrique,
> Que Lulli réchauffa des sons de sa musique.

Les passions tendres, que Quinault exprimait si bien, étaient, sous sa plume, la peinture vraie du cœur humain bien plus qu'une morale lubrique. Quinault, par sa diction, échauffait encore plus la musique que l'art de Lulli n'échauffait ses paroles. Il fallait ces deux hommes et des acteurs pour faire de quelques scènes d'*Atys*, d'*Armide*, et de *Roland*, un spectacle tel que ni l'antiquité ni aucun peuple contemporain n'en connut. Les airs détachés, les ariettes, ne répondirent pas à la perfection de ces grandes scènes. Ces airs, ces petites chansons, étaient dans le goût de nos *Noëls*; ils ressemblaient aux *barcarolles* de Venise : c'était tout ce qu'on voulait alors. Plus cette musique était faible, plus on la retenait aisément ; mais le récitatif est si beau, que Rameau n'a jamais pu l'égaler. Il me faut des chanteurs, disait-il, et à Lulli des acteurs. Rameau a enchanté les oreilles, Lulli enchantait l'ame; c'est un des grands avantages du siècle de Louis XIV, que Lulli ait rencontré un Quinault.

Après Lulli, tous les musiciens, comme Colasse,

Campra, Destouches[1], et les autres, ont été ses imitateurs, jusqu'à ce qu'enfin Rameau est venu, qui s'est élevé au-dessus d'eux par la profondeur de son harmonie, et qui a fait de la musique un art nouveau.

A l'égard des musiciens de chapelle, quoiqu'il y en ait plusieurs célèbres en France, leurs ouvrages n'ont point encore été exécutés ailleurs.

PEINTRES.

Il n'en est pas de la peinture comme de la musique. Une nation peut avoir un chant qui ne plaise qu'à elle, parceque le génie de sa langue n'en admettra pas d'autres; mais les peintres doivent représenter la nature, qui est la même dans tous les pays, et qui est vue avec les mêmes yeux.

Il faut, pour qu'un peintre ait une juste réputation, que ses ouvrages aient un prix chez les étrangers. Ce n'est pas assez d'avoir un petit parti, et d'être loué dans de petits livres; il faut être acheté.

Ce qui resserre quelquefois les talents des peintres est ce qui semblerait devoir les étendre; c'est le goût académique; c'est la manière qu'ils prennent d'après ceux qui président. Les académies sont, sans doute, très utiles pour former des élèves, surtout quand les directeurs travaillent dans le grand goût : mais, si le chef a le goût petit, si sa manière est aride et léchée, si ses figures grimacent, si ses tableaux sont peints

---

[1] Pascal Colasse, né en 1639, est mort en 1709. Sur Campra, voyez tome XXXVII, page 493; sur Destouches, voyez, tome XLII, l'opuscule intitulé : *André Destouches à Siam.* B.

comme les éventails; les élèves, subjugués par l'imitation ou par l'envie de plaire à un mauvais maître, perdent entièrement l'idée de la belle nature. Il y a une fatalité sur les académies : aucun ouvrage qu'on appelle académique n'a été encore, en aucun genre, un ouvrage de génie. Donnez-moi un artiste tout occupé de la crainte de ne pas saisir la manière de ses confrères, ses productions seront compassées et contraintes. Donnez-moi un homme d'un esprit libre, plein de la nature qu'il copie, il réussira. Presque tous les artistes sublimes, ou ont fleuri avant les établissements des académies, ou ont travaillé dans un goût différent de celui qui régnait dans ces sociétés.

Corneille, Racine, Despréaux, Lesueur, Lemoine, non seulement prirent une route différente de leurs confrères, mais ils les avaient presque tous pour ennemis.

Poussin (Nicolas), né aux Andelis, en Normandie, en 1594, fut l'élève de son génie; il se perfectionna à Rome. On l'appelle le peintre des gens d'esprit; on pourrait aussi l'appeler celui des gens de goût. Il n'a d'autre défaut que celui d'avoir outré le sombre du coloris de l'école romaine. Il était, dans son temps, le plus grand peintre de l'Europe. Rappelé de Rome à Paris, il y céda à l'envie et aux cabales; il se retira : c'est ce qui est arrivé à plus d'un artiste. Le Poussin retourna à Rome, où il vécut pauvre, mais content. Sa philosophie le mit au-dessus de la fortune. Mort en 1665.

Lesueur (Eustache), né à Paris, en 1617, n'ayant eu que Vouët pour maître, devint cependant un peintre excellent. Il avait porté l'art de la peinture au plus haut point, lorsqu'il mourut, à l'âge de trente-huit ans, en 1655.

Bourdon et le Valentin [1] ont été célèbres. Trois des meilleurs tableaux qui ornent l'église de Saint-Pierre de Rome sont du Poussin, du Bourdon, et du Valentin.

Lebrun (Charles), né à Paris, en 1619. A peine eut-il développé son talent, que le surintendant Fouquet, l'un des plus généreux et des plus malheureux hommes qui aient jamais été, lui donna une pension de vingt-quatre mille livres de notre monnaie d'aujourd'hui. Il est à remarquer que son tableau de *la Famille de Darius*, qui est à Versailles, n'est point effacé par le coloris du tableau de Paul Véronèse, qu'on voit à côté, et le surpasse beaucoup par le dessin, la composition, la dignité, l'expression, et la fidélité du costume. Les estampes de ses tableaux des *batailles d'Alexandre* sont encore plus recherchées que les *batailles de Constantin*, par Raphaël et par Jules Romain. Mort en 1690.

Mignard (Pierre), né à Troyes en Champagne, en 1610, fut le rival de Lebrun pendant quelque temps; mais il ne l'est pas aux yeux de la postérité. Mort en 1695.

Gelée (Claude), dit Le Lorrain. Son père, qui en voulait faire un garçon pâtissier, ne prévoyait pas qu'un jour son fils ferait des tableaux qui seraient re-

---

[1] Sébastien Bourdon, né en 1616, mort en 1671. Moïse Valentin, né en 1600, mort en 1632. Cl.

gardés comme ceux d'un des premiers paysagistes de l'Europe. Mort à Rome, en 1678.

Cazes[1] (Pierre-Jacques). On a de lui des tableaux qui commencent à être d'un grand prix. On rend trop tard justice, en France, aux bons artistes. Leurs ouvrages médiocres y font trop de tort à leurs chefs-d'œuvre. Les Italiens, au contraire, passent chez eux le médiocre en faveur de l'excellent. Chaque nation cherche à se faire valoir. Les Français font valoir les autres nations en tout genre.

Parrocel (Joseph), né en 1648, bon peintre, et surpassé par son fils. Mort en 1704.

Jouvenet (Jean), né à Rouen en 1644[2], élève de Lebrun, inférieur à son maître, quoique bon peintre. Il a peint presque tous les objets d'une couleur un peu jaune. Il les voyait de cette couleur par une singulière conformation d'organes. Devenu paralytique du bras droit, il s'exerça à peindre de la main gauche, et on a de lui de grandes compositions exécutées de cette manière. Mort en 1717.

Santerre (Jean-Baptiste). Il y a de lui des tableaux de chevalet admirables, d'un coloris vrai et tendre. Son tableau d'Adam et d'Ève est un des plus beaux qu'il y ait en Europe. Celui de sainte Thérèse, dans la chapelle de Versailles, est un chef-d'œuvre de graces; et on ne lui a reproché que d'être trop voluptueux pour un tableau d'autel. Né en 1651. Mort en 1717.

---

[1] Né à Paris, en 1676; mort en 1754. Cl.
[2] En 1647. Un frère aîné de Jouvenet naquit en 1644; de là l'erreur. Cl.

La Fosse[1] (Charles de) s'est distingué par un mérite à peu près semblable.

Boullongne[2] (Bon), excellent peintre; la preuve en est que ses tableaux sont vendus fort cher.

Boullongne[3] (Louis). Ses tableaux, qui ne sont pas sans mérite, sont moins recherchés que ceux de son frère.

Raoux[4], peintre inégal; mais, quand il a réussi, il a égalé le Rembrandt.

Rigaud (Hyacinthe), né à Perpignan en 1663. Quoiqu'il n'ait guère de réputation que dans le portrait, le grand tableau où il a représenté le cardinal de Bouillon ouvrant l'année sainte, est un chef-d'œuvre égal aux plus beaux ouvrages de Rubens. Mort en 1743.

Detroy[5] (François) a travaillé dans le goût de Rigaud. On a de son fils des tableaux d'histoire estimés.

Watteau[6] (Antoine) a été dans le gracieux à peu près ce que Téniers a été dans le grotesque. Il a fait des disciples dont les tableaux sont recherchés.

Lemoine, né à Paris en 1688, a peut-être surpassé tous ces peintres par la composition du *salon d'Hercule*, à Versailles. Cette apothéose d'Hercule était une flatterie pour le cardinal Hercule de Fleury, qui n'avait rien de commun avec l'Hercule de la fable. Il

---

[1] Né en 1640; et mort à Paris, sa ville natale, en 1716. Cl.

[2] Né à Paris, en 1649; mort dans sa ville natale, en 1717. Cl.

[3] Né à Paris, en 1654; mort en 1733. Cl.

[4] Né à Montpellier, en 1677; mort en 1734. Cl.

[5] Né à Toulouse, en 1645; mort à Paris, en 1730. Cl.

[6] Né à Valenciennes, en 1684; il était âgé d'environ trente-sept ans quand il mourut, en 1721, à Nogent-sur-Marne. Cl.

eût mieux valu, dans le salon d'un roi de France, représenter l'apothéose de Henri IV. Lemoine, envié de ses confrères, et se croyant mal récompensé du cardinal, se tua de désespoir en 1737.

Quelques autres ont excellé à peindre des animaux, comme DESPORTES et OUDRY[1]; d'autres ont réussi dans la miniature; plusieurs dans le portrait. Quelques peintres, et surtout le célèbre VANLOO[2], se sont distingués depuis dans de plus grands genres; et il est à croire que cet art ne périra pas.

SCULPTEURS, ARCHITECTES, GRAVEURS, ETC.

La sculpture a été poussée à sa perfection sous Louis XIV, et s'est soutenue dans sa force sous Louis XV.

SARASIN (Jacques), né en 1598, fit des chefs-d'œuvre à Rome pour le pape Clément VIII. Il travailla à Paris avec le même succès. Mort en 1660.

PUGET (Pierre), né à Marseille en 1623, architecte, sculpteur, et peintre; célèbre par plusieurs chefs-d'œuvre qu'on voit à Marseille et à Versailles. Mort en 1694.

LEGROS et THÉODON[3] ont embelli l'Italie de leurs ouvrages. Ils firent chacun, à Rome, deux modèles

---

[1] François Desportes, né en 1661; mort en 1743. Jean-Baptiste Oudry, né en 1686; mort en 1755. CL.

[2] Charles-André Vanloo, né en 1705, mourut en 1765. Son frère aîné, Jean-Baptiste, cessa de vivre en 1745. CL.

[3] Pierre Legros, né à Paris, en 1666. Jean-Baptiste Théodon, mort à Paris, en 1713. CL.

qui l'emportèrent au concours sur tous les autres, et qui sont comptés parmi les chefs-d'œuvre. Legros mourut à Rome en 1719.

GIRARDON (François), né en 1630, a égalé tout ce que l'antiquité a de plus beau, par les bains d'*Apollon*, et par le tombeau du cardinal de Richelieu. Mort en 1715[1].

Les COISEVOX[2] et les COUSTOU[3], et beaucoup d'autres, se sont très distingués, et sont encore surpassés aujourd'hui par quatre ou cinq de nos sculpteurs modernes.

CHAUVEAU[4], NANTEUIL[5], MELLAN[6], AUDRAN[7], EDELINCK[8], LE CLERC[9], les DREVET[10], POILLY[11],

---

[1] Le même jour que Louis XIV. Il était né en 1630, selon la *Biographie universelle*. CL.

[2] Antoine Coisevox, originaire d'Espagne, né à Lyon, en 1640; mort à Paris, en 1720. CL.

[3] Trois sculpteurs ont illustré le nom de Coustou : Nicolas, né à Lyon, en 1658, mort en 1733; Guillaume, frère de Nicolas, le plus célèbre des trois, né en 1678, mort en 1746; et Guillaume, frère de ce dernier, né à Paris, en 1716, mort en 1777. CL.

[4] François Chauveau, mort en 1676. CL.

[5] Robert Nanteuil, né à Reims, en 1630, gendre d'Edelinck, mort à Paris, en 1678. CL.

[6] Claude Mellan, né à Abbeville, en 1598; mort à Paris, en 1688. CL.

[7] Girard Audran, le plus distingué des neuf artistes de ce nom, naquit à Lyon, en 1640, et mourut à Paris, en 1703. CL.

[8] Gérard Edelinck, né à Anvers, en 1649, et appelé en France par Colbert, mourut en 1707; il n'appartenait pas réellement au siècle de Louis XIV. CL.

[9] Sébastien Leclerc, né à Metz, en 1637; mort à Paris, en 1714. CL.

[10] Pierre Drevet, né à Lyon, en 1664, eut pour fils Pierre Drevet, né à Paris, en 1697; morts tous deux en 1739, selon la *Biographie universelle*. CL.

[11] François de Poilly, né en 1622, à Abbeville, mourut en 1693. Son frère Nicolas, mort en 1696, fut son élève, et laissa deux fils, morts avant 1730, avec la réputation de graveurs habiles. CL.

Picart[1], Duchange[2], suivis encore par de meilleurs artistes, ont réussi dans les tailles-douces; et leurs estampes ornent, dans l'Europe, les cabinets de ceux qui ne peuvent avoir des tableaux.

De simples orfèvres, tels que Claude Ballin et Pierre Germain[3], ont mérité d'être mis au rang des plus célèbres artistes, par la beauté de leur dessin et par l'élégance de leur exécution.

Il n'est pas aussi facile à un génie né avec le bon goût de l'architecture de faire valoir ses talents, qu'à tout autre artiste. Il ne peut élever de grands monuments que quand des princes les ordonnent. Plus d'un bon architecte a eu des talents inutiles.

Mansard[4] (François) a été un des meilleurs architectes de l'Europe. Le château ou plutôt le palais de Maisons, auprès de Saint-Germain, est un chef-d'œuvre, parcequ'il eut la liberté entière de se livrer à son génie.

Mansard[5] (Jules Hardouin), son neveu, mort en 1708, fit une fortune immense sous Louis XIV, et fut surintendant des bâtiments. La belle chapelle des Invalides est de lui. Il ne put déployer tous ses talents dans celle de Versailles, où il fut gêné par le terrain et par la disposition du petit château qu'il fallut conserver.

[1] Bernard Picart, fils d'Étienne, naquit à Paris, en 1673, et mourut à Amsterdam, en 1733. Cl.

[2] Gaspard Duchange, né à Paris, en 1662, mort en 1756. Cl.

[3] Claude Ballin mourut à Paris au commencement de 1678; et Pierre Germain en 1682. Cl.

[4] Né à Paris, en 1598; mort en 1666. Cl.

[5] Né en 1645, à Paris, où son père, nommé aussi Jules Hardouin, était premier peintre du cabinet du roi; mort à Marli, en 1708. Cl.

On reproche à la ville de Paris de n'avoir que deux fontaines dans le bon goût; l'ancienne, de Jean Goujon; et la nouvelle, de Bouchardon : encore sont-elles toutes deux mal placées [1]. On lui reproche de n'avoir d'autre théâtre magnifique que celui du Louvre, dont on ne fait point d'usage, et de ne s'assembler que dans des salles de spectacle sans goût, sans proportion, sans ornement, et aussi défectueuses dans l'emplacement que dans la construction; tandis que les villes de provinces donnent à la capitale des exemples qu'elle n'a pas encore suivis [2].

La France a été distinguée par d'autres ouvrages publics d'une plus grande importance : ce sont les vastes hôpitaux, les magasins, les ponts de pierre, les quais, les immenses levées qui retiennent les rivières dans leur lit, les canaux, les écluses, les ports, et surtout l'architecture militaire de tant de places frontières, où la solidité se joint à la beauté. On connaît assez les ouvrages élevés sur les dessins de PERRAULT, de LEVAU, et de DORBAY [3].

---

[1] Voyez ma note, tome XXXIII, page 8. B.

[2] On a construit, depuis que M. de Voltaire a écrit cet article, trois théâtres pour les trois grands spectacles de Paris. K. — Les trois théâtres dont parlent les éditeurs de Kehl, étaient, pour l'Opéra, la salle de la Porte Saint-Martin; pour les Français, la salle de l'Odéon, consumée par les flammes le 28 ventôse an 7 (18 mars 1799), reconstruite, brûlée de nouveau le 20 mars 1818, et reconstruite encore; pour l'Opéra-comique, ou les Italiens, la salle qui est entre le boulevard et la place des Italiens. Depuis la note des éditeurs de Kehl., on a construit beaucoup d'autres théâtres. Aucune des trois salles dont parlent les éditeurs de Kehl n'a conservé jusqu'à ce jour sa destination première. B.

[3] Claude Perrault, auquel on doit la colonnade du Louvre, quoi qu'en ait dit Boileau. Louis Levau, mort en 1670, eut pour élève François Dorbay, mort en 1697. CL.

L'art des jardins a été créé et perfectionné par Le Nostre pour l'agréable, et par La Quintinie pour l'utile. Il n'est pas vrai que Le Nostre ait poussé la simplicité jusqu'à embrasser familièrement le roi et le pape[1]. Son élève Collineau m'a protesté que ces historiettes, rapportées dans tant de dictionnaires, sont fausses; et on n'a pas besoin de ce témoignage pour savoir qu'un intendant des jardins ne baise point les papes et les rois des deux côtés.

La gravure en pierres précieuses, les coins des médailles, les fontes des caractères pour l'imprimerie, tout cela s'est ressenti des progrès rapides des autres arts.

Les horlogers, qu'on peut regarder comme des physiciens de pratique, ont fait admirer leur esprit dans leur travail.

On a nuancé les étoffes, et même l'or qui les embellit, avec une intelligence et un goût si rare, que telle étoffe, qui n'a été portée que par le luxe, méritait d'être conservée comme un monument d'industrie.

Enfin le siècle passé a mis celui où nous sommes en état de rassembler en un corps, et de transmettre à la postérité le dépôt de toutes les sciences et de tous

---

[1] André Le Nostre, fils d'un jardinier du roi, naquit en 1613, à Paris, où il mourut en 1700. Beaucoup d'ouvrages, même récents, racontent que Le Nostre embrassa effectivement Innocent XI, et qu'il en usait ainsi avec Louis XIV, de l'aveu même de ce monarque. Anobli par son maître, auquel il était fort attaché, mais sans adoration servile, il n'oublia ni son *bon homme de père*, ni sa *bêche;* bien différent en cela de tant de vilains, improvisés grands seigneurs depuis le commencement du dix-neuvième siècle. Cl.

les arts, tous poussés aussi loin que l'industrie humaine a pu aller; et c'est à quoi a travaillé une société de savants remplis d'esprit et de lumières. Cet ouvrage immense et immortel semble accuser la brièveté de la vie des hommes[1]. Il a été commencé par messieurs d'Alembert et Diderot, traversé et persécuté par l'envie et par l'ignorance, ce qui est le destin de toutes les grandes entreprises. Il eût été à souhaiter que quelques mains étrangères n'eussent pas défiguré cet important ouvrage par des déclamations puériles et des lieux communs insipides, qui n'empêchent pas que le reste de l'ouvrage ne soit utile au genre humain.

[1] C'était ici que finissait cet article dans les premières éditions : voyez la lettre de d'Alembert, du 24 août 1752. La fin de l'alinéa a été ajoutée en 1763. Sur l'*Encyclopédie*, voyez, tome XL, une des notes sur le premier des *Dialogues chrétiens*. B.

SIÈCLE
DE LOUIS XIV.

CHAPITRE I.

Introduction [1].

Ce n'est pas seulement la vie de Louis XIV qu'on prétend écrire; on se propose un plus grand objet. On veut essayer de peindre à la postérité, non les actions d'un seul homme, mais l'esprit des hommes dans le siècle le plus éclairé qui fut jamais.

Tous les temps ont produit des héros et des politiques : tous les peuples ont éprouvé des révolutions : toutes les histoires sont presque égales pour qui ne veut mettre que des faits dans sa mémoire. Mais quiconque pense, et, ce qui est encore plus rare, quiconque a du goût, ne compte que quatre siècles dans l'histoire du monde. Ces quatre âges heureux sont ceux où les arts ont été perfectionnés, et qui, servant d'époque à la grandeur de l'esprit humain, sont l'exemple de la postérité.

Le premier de ces siècles, à qui la véritable gloire est attachée, est celui de Philippe et d'Alexandre, ou celui des Périclès, des Démosthène, des Aristote, des Platon, des Apelle, des Phidias, des Praxitèle; et cet

---

[1] Voyez ma *Préface* en tête de ce volume. B.

honneur a été renfermé dans les limites de la Grèce; le reste de la terre alors connue était barbare.

Le second âge est celui de César et d'Auguste, désigné encore par les noms de Lucrèce, de Cicéron, de Tite-Live, de Virgile, d'Horace, d'Ovide, de Varron, de Vitruve.

Le troisième est celui qui suivit la prise de Constantinople par Mahomet II. Le lecteur peut se souvenir qu'on vit alors en Italie une famille de simples citoyens faire ce que devaient entreprendre les rois de l'Europe. Les Médicis appelèrent à Florence les savants, que les Turcs chassaient de la Grèce : c'était le temps de la gloire de l'Italie. Les beaux-arts y avaient déjà repris une vie nouvelle; les Italiens les honorèrent du nom de vertu, comme les premiers Grecs les avaient caractérisés du nom de sagesse. Tout tendait à la perfection.

Les arts, toujours transplantés de Grèce en Italie, se trouvaient dans un terrain favorable, où ils fructifiaient tout-à-coup. La France, l'Angleterre, l'Allemagne, l'Espagne, voulurent à leur tour avoir de ces fruits : mais ou ils ne vinrent point dans ces climats, ou bien ils dégénérèrent trop vite.

François Ier encouragea des savants, mais qui ne furent que savants : il eut des architectes; mais il n'eut ni des Michel-Ange, ni des Palladio : il voulut en vain établir des écoles de peinture; les peintres italiens qu'il appela ne firent point d'élèves français. Quelques épigrammes et quelques contes libres composaient toute notre poésie. Rabelais était notre seul livre de prose à la mode, du temps de Henri II.

CHAP. I. INTRODUCTION.

En un mot, les Italiens seuls avaient tout, si vous en exceptez la musique, qui n'était pas encore perfectionnée, et la philosophie expérimentale, inconnue partout également, et qu'enfin Galilée fit connaître.

Le quatrième siècle est celui qu'on nomme le siècle de Louis XIV; et c'est peut-être celui des quatre qui approche le plus de la perfection. Enrichi des découvertes des trois autres, il a plus fait en certains genres que les trois ensemble. Tous les arts, à la vérité, n'ont point été poussés plus loin que sous les Médicis, sous les Auguste et les Alexandre; mais la raison humaine en général s'est perfectionnée. La saine philosophie n'a été connue que dans ce temps; et il est vrai de dire qu'à commencer depuis les dernières années du cardinal de Richelieu, jusqu'à celles qui ont suivi la mort de Louis XIV, il s'est fait dans nos arts, dans nos esprits, dans nos mœurs, comme dans notre gouvernement, une révolution générale qui doit servir de marque éternelle à la véritable gloire de notre patrie. Cette heureuse influence ne s'est pas même arrêtée en France; elle s'est étendue en Angleterre; elle a excité l'émulation dont avait alors besoin cette nation spirituelle et hardie; elle a porté le goût en Allemagne, les sciences en Russie; elle a même ranimé l'Italie qui languissait, et l'Europe a dû sa politesse et l'esprit de société à la cour de Louis XIV.

Il ne faut pas croire que ces quatre siècles aient été exempts de malheurs et de crimes. La perfection des arts cultivés par des citoyens paisibles n'empêche pas les princes d'être ambitieux, les peuples d'être séditieux, les prêtres et les moines d'être quelquefois remuants et fourbes. Tous les siècles se ressemblent par la méchanceté des hommes ; mais je ne connais que ces quatre âges distingués par les grands talents.

Avant le siècle que j'appelle de Louis XIV, et qui commence à peu près à l'établissement de l'académie française[1], les Italiens appelaient tous les ultramontains du nom de barbares ; il faut avouer que les Français méritaient en quelque sorte cette injure. Leurs pères joignaient la galanterie romanesque des Maures à la grossièreté gothique. Ils n'avaient presque aucun des arts aimables, ce qui prouve que les arts utiles étaient négligés ; car lorsqu'on a perfectionné ce qui est nécessaire, on trouve bientôt le beau et l'agréable ; et il n'est pas étonnant que la peinture, la sculpture, la poésie, l'éloquence, la philosophie, fussent presque inconnues à une nation qui, ayant des ports sur l'Océan et sur la Méditerranée, n'avait pourtant point de flotte, et qui, aimant le luxe à l'excès, avait à peine quelques manufactures grossières.

Les Juifs, les Génois, les Vénitiens, les Portugais, les Flamands, les Hollandais, les Anglais, firent tour-à-tour le commerce de la France, qui en ignorait les principes. Louis XIII, à son avènement à la couronne, n'avait pas un vaisseau : Paris ne contenait pas quatre cent mille hommes, et n'était pas décoré de quatre beaux édifices ; les autres villes du royaume ressemblaient à ces bourgs qu'on voit au-delà de la Loire. Toute la noblesse, cantonnée à la campagne dans des donjons entourés de fossés, opprimait ceux qui cul-

---

[1] Louis XIV est né le 5 septembre 1638 ; l'établissement de l'académie française est de 1635 : voyez tome XXII, page 247. B.

tivent la terre. Les grands chemins étaient presque impraticables; les villes étaient sans police, l'état sans argent, et le gouvernement presque toujours sans crédit parmi les nations étrangères.

On ne doit pas se dissimuler que, depuis la décadence de la famille de Charlemagne, la France avait langui plus ou moins dans cette faiblesse, parcequ'elle n'avait presque jamais joui d'un bon gouvernement.

Il faut, pour qu'un état soit puissant, ou que le peuple ait une liberté fondée sur les lois, ou que l'autorité souveraine soit affermie sans contradiction. En France, les peuples furent esclaves jusque vers le temps de Philippe-Auguste; les seigneurs furent tyrans jusqu'à Louis XI; et les rois, toujours occupés à soutenir leur autorité contre leurs vassaux, n'eurent jamais ni le temps de songer au bonheur de leurs sujets, ni le pouvoir de les rendre heureux.

Louis XI fit beaucoup pour la puissance royale, mais rien pour la félicité et la gloire de la nation. François I*er* fit naître le commerce, la navigation, les lettres, et tous les arts; mais il fut trop malheureux pour leur faire prendre racine en France, et tous périrent avec lui. Henri-le-Grand allait retirer la France des calamités et de la barbarie où trente ans de discorde l'avaient replongée, quand il fut assassiné dans sa capitale, au milieu du peuple dont il commençait à faire le bonheur. Le cardinal de Richelieu, occupé d'abaisser la maison d'Autriche, le calvinisme, et les grands, ne jouit point d'une puissance assez paisible pour réformer la nation; mais au moins il commença cet heureux ouvrage.

Ainsi, pendant neuf cents années, le génie des Français a été presque toujours rétréci sous un gouvernement gothique, au milieu des divisions et des guerres civiles, n'ayant ni lois ni coutumes fixes, changeant de deux siècles en deux siècles un langage toujours grossier; les nobles sans discipline, ne connaissant que la guerre et l'oisiveté; les ecclésiastiques vivant dans le désordre et dans l'ignorance; et les peuples sans industrie, croupissant dans leur misère.

Les Français n'eurent part, ni aux grandes découvertes ni aux inventions admirables des autres nations: l'imprimerie, la poudre, les glaces, les télescopes, le compas de proportion, la machine pneumatique, le vrai système de l'univers, ne leur appartiennent point; ils fesaient des tournois, pendant que les Portugais et les Espagnols découvraient et conquéraient de nouveaux mondes à l'orient et à l'occident du monde connu. Charles-Quint prodiguait déjà en Europe les trésors du Mexique, avant que quelques sujets de François Ier eussent découvert la contrée inculte du Canada; mais par le peu même que firent les Français dans le commencement du seizième siècle, on vit de quoi ils sont capables quand ils sont conduits.

On se propose de montrer ce qu'ils ont été sous Louis XIV.

Il ne faut pas qu'on s'attende à trouver ici, plus que dans le tableau des siècles précédents, les détails immenses des guerres, des attaques de villes prises et reprises par les armes, données et rendues par des traités. Mille circonstances intéressantes pour les contemporains se perdent aux yeux de la postérité, et disparaissent pour ne laisser voir que les grands événements qui ont fixé la destinée des empires. Tout ce qui s'est fait ne mérite pas d'être écrit. On ne s'attachera, dans cette histoire, qu'à ce qui mérite l'attention de tous les temps, à ce qui peut peindre le génie et les mœurs des hommes, à ce qui peut servir d'instruction, et conseiller l'amour de la vertu, des arts, et de la patrie.

On a déjà vu [1] ce qu'étaient et la France et les autres états de l'Europe avant la naissance de Louis XIV; on décrira ici les grands événements politiques et militaires de son règne. Le gouvernement intérieur du royaume, objet plus important pour les peuples, sera traité à part. La vie privée de Louis XIV, les particularités de sa cour et de son règne, tiendront une grande place. D'autres articles seront pour les arts, pour les sciences, pour les progrès de l'esprit humain dans ce siècle. Enfin on parlera de l'Église, qui depuis si long-temps est liée au gouvernement; qui tantôt l'inquiète et tantôt le fortifie; et qui, instituée pour enseigner la morale, se livre souvent à la politique et aux passions humaines.

---

[1] Voltaire s'exprimait ainsi en 1756, lorsque les chapitres CLXV-CCX et CCXIII-CCXV de l'*Essai sur l'histoire générale* (devenu l'*Essai sur les mœurs*), se composaient de ce qu'il avait déjà publié sous le titre de *Siècle de Louis XIV*. Voyez, au reste, tome XVIII, page 169 et suivantes; et surtout les chapitres CLXXV et CLXXVI de l'*Essai sur les mœurs*; voyez aussi le chapitre suivant. B.

CHAPITRE II.

Des états de l'Europe avant Louis XIV.

Il y avait déjà long-temps qu'on pouvait regarder l'Europe chrétienne (à la Russie près) comme une espèce de grande république partagée en plusieurs états, les uns monarchiques, les autres mixtes; ceux-ci aristocratiques, ceux-là populaires, mais tous correspondants les uns avec les autres; tous ayant un même fond de religion, quoique divisés en plusieurs sectes; tous ayant les mêmes principes de droit public et de politique, inconnus dans les autres parties du monde. C'est par ces principes que les nations européanes ne font point esclaves leurs prisonniers, qu'elles respectent les ambassadeurs de leurs ennemis, qu'elles conviennent ensemble de la prééminence et de quelques droits de certains princes, comme de l'empereur, des rois, et des autres moindres potentats, et qu'elles s'accordent surtout dans la sage politique de tenir entre elles, autant qu'elles peuvent, une balance égale de pouvoir, employant sans cesse les négociations, même au milieu de la guerre, et entretenant les unes chez les autres des ambassadeurs ou des espions moins honorables, qui peuvent avertir toutes les cours des desseins d'une seule, donner à-la-fois l'alarme à l'Europe, et garantir les plus faibles des invasions que le plus fort est toujours prêt d'entreprendre.

Depuis Charles-Quint la balance penchait du côté de la maison d'Autriche. Cette maison puissante était, vers l'an 1630, maîtresse de l'Espagne, du Portugal, et des trésors de l'Amérique; les Pays-Bas, le Milanais, le royaume de Naples, la Bohême, la Hongrie, l'Allemagne même (si on peut le dire), étaient devenus son patrimoine; et si tant d'états avaient été réunis sous un seul chef de cette maison, il est à croire que l'Europe lui aurait enfin été asservie.

DE L'ALLEMAGNE.

L'empire d'Allemagne est le plus puissant voisin qu'ait la France : il est d'une plus grande étendue; moins riche peut-être en argent, mais plus fécond en hommes robustes et patients dans le travail. La nation allemande est gouvernée, peu s'en faut, comme l'était la France sous les premiers rois *Capétiens,* qui étaient des chefs, souvent mal obéis, de plusieurs grands vassaux et d'un grand nombre de petits. Aujourd'hui soixante villes libres, et qu'on nomme impériales, environ autant de souverains séculiers, près de quarante princes ecclésiastiques, soit abbés, soit évêques, neuf électeurs, parmi lesquels on peut compter aujourd'hui quatre rois [1], enfin l'empereur,

---

[1] Il n'y a plus dans ce moment (juillet 1782) que huit électeurs, les deux électorats de la maison de Bavière étant réunis; et de ces huit électeurs trois sont rois. K.—Les diverses éditions données du vivant de Voltaire portent dans le texte, les unes *quatre rois,* les autres, *trois rois,* selon que l'électeur de Saxe était ou n'était pas roi de Pologne. Les trois autres rois-électeurs

chef de tous ces potentats, composent ce grand corps germanique, que le flegme allemand a fait subsister jusqu'à nos jours, avec presque autant d'ordre qu'il y avait autrefois de confusion dans le gouvernement français.

Chaque membre de l'empire a ses droits, ses priviléges, ses obligations; et la connaissance difficile de tant de lois, souvent contestées, fait ce que l'on appelle en Allemagne l'*étude du droit public*, pour laquelle la nation germanique est si renommée.

L'empereur, par lui-même, ne serait guère à la vérité plus puissant ni plus riche qu'un doge de Venise. Vous savez que l'Allemagne, partagée en villes et en principautés, ne laisse au chef de tant d'états que la prééminence avec d'extrêmes honneurs, sans domaines, sans argent, et par conséquent sans pouvoir.

Il ne possède pas, à titre d'empereur, un seul village. Cependant cette dignité, souvent aussi vaine que suprême, était devenue si puissante entre les mains des Autrichiens, qu'on a craint souvent qu'ils ne convertissent en monarchie absolue cette république de princes.

Deux partis divisaient alors, et partagent encore aujourd'hui l'Europe chrétienne, et surtout l'Allemagne.

Le premier est celui des catholiques, plus ou moins

étaient ceux de Bohême, de Prusse (Brandebourg), d'Angleterre (Hanovre). L'empire d'Allemagne n'existe plus (voyez ma note, tome XXIII, page 662). Beaucoup d'autres états de l'Europe ont subi des changements par suite de la révolution française. B.

soumis au pape; le second est celui des ennemis de la domination spirituelle et temporelle du pape et des prélats catholiques. Nous appelons ceux de ce parti du nom général de protestants, quoiqu'ils soient divisés en luthériens, calvinistes, et autres, qui se haïssent entre eux presque autant qu'ils haïssent Rome.

En Allemagne, la Saxe, une partie du Brandebourg, le Palatinat, une partie de la Bohême, de la Hongrie, les états de la maison de Brunsvick, le Virtemberg, la Hesse, suivent la religion luthérienne, qu'on nomme *évangélique*. Toutes les villes libres impériales ont embrassé cette secte, qui a semblé plus convenable que la religion catholique à des peuples jaloux de leur liberté.

Les calvinistes, répandus parmi les luthériens qui sont les plus forts, ne font qu'un parti médiocre; les catholiques composent le reste de l'empire, et ayant à leur tête la maison d'Autriche, ils étaient sans doute les plus puissants.

Non seulement l'Allemagne, mais tous les états chrétiens, saignaient encore des plaies qu'ils avaient reçues de tant de guerres de religion, fureur particulière aux chrétiens, ignorée des idolâtres, et suite malheureuse de l'esprit dogmatique introduit depuis si long-temps dans toutes les conditions. Il y a peu de points de controverse qui n'aient causé une guerre civile; et les nations étrangères (peut-être notre postérité) ne pourront un jour comprendre que nos pères se soient égorgés mutuellement, pendant tant d'années, en prêchant la patience.

Je vous ai déjà fait voir comment Ferdinand II[a] fut près de changer l'aristocratie allemande en une monarchie absolue, et comment il fut sur le point d'être détrôné par Gustave-Adolphe. Son fils, Ferdinand III, qui hérita de sa politique, et fit comme lui la guerre de son cabinet, régna pendant la minorité de Louis XIV.

L'Allemagne n'était point alors aussi florissante qu'elle l'est devenue depuis; le luxe y était inconnu, et les commodités de la vie étaient encore très rares chez les plus grands seigneurs. Elles n'y ont été portées que vers l'an 1686 par les réfugiés français qui allèrent y établir leurs manufactures. Ce pays fertile et peuplé manquait de commerce et d'argent; la gravité des mœurs et la lenteur particulière aux Allemands les privaient de ces plaisirs et de ces arts agréables que la sagacité italienne cultivait depuis tant d'années, et que l'industrie française commençait dès-lors à perfectionner. Les Allemands, riches chez eux, étaient pauvres ailleurs; et cette pauvreté, jointe à la difficulté de réunir en peu de temps sous les mêmes étendards tant de peuples différents, les mettait à peu près, comme aujourd'hui, dans l'impossibilité de porter et de soutenir long-temps la guerre chez leurs voisins. Aussi c'est presque toujours dans l'empire que les Français ont fait la guerre contre les empereurs. La différence du gouvernement et du génie paraît rendre les Français plus propres pour l'attaque, et les Allemands pour la défense.

---

[a] *Essai sur les mœurs et l'esprit des nations.*—Voyez tome XVIII, pages 271-279; et aussi les *Annales de l'empire,* tome XXIII, pages 582 et 596. B.

DE L'ESPAGNE.

L'Espagne, gouvernée par la branche aînée de la maison d'Autriche, avait imprimé, après la mort de Charles-Quint, plus de terreur que la nation germanique. Les rois d'Espagne étaient incomparablement plus absolus et plus riches. Les mines du Mexique et du Potosi semblaient leur fournir de quoi acheter la liberté de l'Europe. Vous avez vu ce projet de la monarchie, ou plutôt de la supériorité universelle sur notre continent chrétien, commencé par Charles-Quint, et soutenu par Philippe II.

La grandeur espagnole ne fut plus, sous Philippe III, qu'un vaste corps sans substance, qui avait plus de réputation que de force.

Philippe IV, héritier de la faiblesse de son père, perdit le Portugal par sa négligence, le Roussillon par la faiblesse de ses armes, et la Catalogne par l'abus du despotisme. De tels rois ne pouvaient être long-temps heureux dans leurs guerres contre la France. S'ils obtenaient quelques avantages par les divisions et les fautes de leurs ennemis, ils en perdaient le fruit par leur incapacité. De plus, ils commandaient à des peuples que leurs priviléges mettaient en droit de mal servir; les Castillans avaient la prérogative de ne point combattre hors de leur patrie; les Aragonais disputaient sans cesse leur liberté contre le conseil royal; et les Catalans, qui regardaient leurs rois comme leurs ennemis, ne leur permettaient pas même de lever des milices dans leurs provinces.

L'Espagne cependant, réunie avec l'empire, mettait un poids redoutable dans la balance de l'Europe.

DU PORTUGAL.

Le Portugal redevenait alors un royaume. Jean, duc de Bragance, prince qui passait pour faible, avait arraché cette province à un roi plus faible que lui. Les Portugais cultivaient par nécessité le commerce, que l'Espagne négligeait par fierté; ils venaient de se liguer avec la France et la Hollande, en 1641, contre l'Espagne. Cette révolution du Portugal valut à la France plus que n'eussent fait les plus signalées victoires. Le ministère français, qui n'avait contribué en rien à cet événement, en retira sans peine le plus grand avantage qu'on puisse avoir contre son ennemi, celui de le voir attaqué par une puissance irréconciliable.

Le Portugal, secouant le joug de l'Espagne, étendant son commerce, et augmentant sa puissance, rappelle ici l'idée de la Hollande qui jouissait des mêmes avantages d'une manière bien différente.

DES PROVINCES-UNIES.

Ce petit état des sept Provinces-Unies, pays fertile en pâturages, mais stérile en grains, malsain, et presque submergé par la mer, était, depuis environ un demi-siècle, un exemple presque unique sur la terre de ce que peuvent l'amour de la liberté et le travail infatigable. Ces peuples pauvres, peu nombreux, bien moins aguerris que les moindres milices espagnoles, et qui n'étaient comptés encore pour rien dans l'Europe, résistèrent à toutes les forces de leur maître et de leur tyran, Philippe II, éludèrent les desseins de plusieurs princes, qui voulaient les secourir pour les asservir, et fondèrent une puissance que nous avons vue balancer le pouvoir de l'Espagne même. Le désespoir qu'inspire la tyrannie les avait d'abord armés : la liberté avait élevé leur courage, et les princes de la maison d'Orange en avaient fait d'excellents soldats. A peine vainqueurs de leurs maîtres, ils établirent une forme de gouvernement qui conserve, autant qu'il est possible, l'égalité, le droit le plus naturel des hommes.

Cet état, d'une espèce si nouvelle, était, depuis sa fondation, attaché intimement à la France : l'intérêt les réunissait; ils avaient les mêmes ennemis; Henri-le-Grand et Louis XIII avaient été ses alliés et ses protecteurs.

DE L'ANGLETERRE.

L'Angleterre, beaucoup plus puissante, affectait la souveraineté des mers, et prétendait mettre une balance entre les dominations de l'Europe; mais Charles Ier, qui régnait depuis 1625, loin de pouvoir soutenir le poids de cette balance, sentait le sceptre échapper déjà de sa main : il avait voulu rendre son pouvoir en Angleterre indépendant des lois, et changer la religion en Écosse. Trop opiniâtre pour se désister de ses desseins, et trop faible pour les exécuter, bon mari, bon maître, bon père, honnête homme, mais monarque mal conseillé, il s'engagea dans une guerre civile, qui lui fit perdre enfin, comme nous l'avons déjà dit [1], le trône et la vie sur un échafaud, par une révolution presque inouïe.

Cette guerre civile, commencée dans la minorité de Louis XIV, empêcha pour un temps l'Angleterre d'entrer dans les intérêts de ses voisins : elle perdit sa considération avec son bonheur ; son commerce fut interrompu ; les autres nations la crurent ensevelie sous ses ruines, jusqu'au temps où elle devint tout-à-coup plus formidable que jamais, sous la domination de Cromwell, qui l'assujettit en portant l'Évangile dans une main, l'épée dans l'autre, le masque de la religion sur le visage, et qui, dans son gouvernement, couvrit des qualités d'un grand roi tous les crimes d'un usurpateur.

DE ROME.

Cette balance que l'Angleterre s'était long-temps flattée de maintenir entre les rois par sa puissance, la cour de Rome essayait de la tenir par sa politique. L'Italie était divisée, comme aujourd'hui, en plusieurs souverainetés : celle que possède le pape est assez grande pour le rendre respectable comme prince, et trop petite pour le rendre redoutable. La nature du gouvernement ne sert pas à peupler son pays, qui d'ailleurs a peu d'argent et de commerce ; son autorité spirituelle, toujours un peu mêlée de temporel,

---

[1] Tome XVIII, page 295 et suiv.; et ci-dessus ma note, page 243. B.

est détruite et abhorrée dans la moitié de la chrétienté; et si dans l'autre il est regardé comme un père, il a des enfants qui lui résistent quelquefois avec raison et avec succès. La maxime de la France est de le regarder comme une personne sacrée, mais entreprenante, à laquelle il faut baiser les pieds, et lier quelquefois les mains. On voit encore, dans tous les pays catholiques, les traces des pas que la cour de Rome a faits autrefois vers la monarchie universelle. Tous les princes de la religion catholique envoient au pape, à leur avènement, des ambassades qu'on nomme d'*obédience*. Chaque couronne a dans Rome un cardinal, qui prend le nom de protecteur. Le pape donne des bulles de tous les évêchés, et s'exprime dans ses bulles comme s'il conférait ces dignités de sa seule puissance. Tous les évêques italiens, espagnols, flamands, se nomment évêques par la permission divine, *et par celle du saint-siége*. Beaucoup de prélats français, vers l'an 1682, rejetèrent cette formule si inconnue aux premiers siècles; et nous avons vu de nos jours, en 1754, un évêque (Stuart Fitz-James, évêque de Soissons) assez courageux pour l'omettre dans un mandement qui doit passer à la postérité; mandement, ou plutôt instruction unique, dans laquelle il est dit expressément ce que nul pontife n'avait encore osé dire, que tous les hommes, et les infidèles mêmes, sont nos frères [1].

Enfin le pape a conservé, dans tous les états catholiques, des prérogatives qu'assurément il n'obtiendrait pas si le temps ne les lui avait pas données. Il n'y a

---

[1] Voyez tome XXXII, page 379. B.

point de royaume dans lequel il n'y ait beaucoup de bénéfices à sa nomination ; il reçoit en tribut les revenus de la première année des bénéfices consistoriaux.

Les religieux, dont les chefs résident à Rome, sont encore autant de sujets immédiats du pape, répandus dans tous les états. La coutume, qui fait tout, et qui est cause que le monde est gouverné par des abus comme par des lois, n'a pas toujours permis aux princes de remédier entièrement à un danger qui tient d'ailleurs à des choses regardées comme sacrées. Prêter serment à un autre qu'à son souverain est un crime de lèse-majesté dans un laïque ; c'est, dans le cloître, un acte de religion. La difficulté de savoir à quel point on doit obéir à ce souverain étranger, la facilité de se laisser séduire, le plaisir de secouer un joug naturel pour en prendre un qu'on se donne soi-même, l'esprit de trouble, le malheur des temps, n'ont que trop souvent porté des ordres entiers de religieux à servir Rome contre leur patrie.

L'esprit éclairé qui règne en France depuis un siècle, et qui s'est étendu dans presque toutes les conditions, a été le meilleur remède à cet abus. Les bons livres écrits sur cette matière sont de vrais services rendus aux rois et aux peuples ; et un des grands changements qui se soient faits par ce moyen dans nos mœurs sous Louis XIV, c'est la persuasion dans laquelle les religieux commencent tous à être qu'ils sont sujets du roi avant que d'être serviteurs du pape. La juridiction, cette marque essentielle de la souveraineté, est encore demeurée au pontife romain. La

France même, malgré toutes ses libertés de l'Église gallicane, souffre que l'on appelle au pape en dernier ressort dans quelques causes ecclésiastiques.

Si l'on veut dissoudre un mariage, épouser sa cousine ou sa nièce, se faire relever de ses vœux, c'est encore à Rome, et non à son évêque, qu'on s'adresse; les graces y sont taxées [1], et les particuliers de tous les états y achètent des dispenses à tout prix.

Ces avantages, regardés par beaucoup de personnes comme la suite des plus grands abus, et par d'autres comme les restes des droits les plus sacrés, sont toujours soutenus avec art. Rome ménage son crédit avec autant de politique que la république romaine en mit à conquérir la moitié du monde connu.

Jamais cour ne sut mieux se conduire selon les hommes et selon les temps. Les papes sont presque toujours des Italiens blanchis dans les affaires, sans passions qui les aveuglent; leur conseil est composé de cardinaux qui leur ressemblent, et qui sont tous animés du même esprit. De ce conseil émanent des ordres qui vont jusqu'à la Chine et à l'Amérique : il embrasse en ce sens l'univers; et on a pu dire quelquefois ce qu'avait dit autrefois un étranger du sénat de Rome : « J'ai vu un consistoire de rois. » La plupart de nos écrivains se sont élevés avec raison contre l'ambition de cette cour; mais je n'en vois point qui ait rendu assez de justice à sa prudence. Je ne sais si une autre nation eût pu conserver si long-temps dans l'Europe tant de prérogatives toujours combattues :

---

[1] Voyez l'article TAXE, tome XXXII, page 314. B.

toute autre cour les eût peut-être perdues, ou par sa fierté, ou par sa mollesse, ou par sa lenteur, ou par sa vivacité; mais Rome, employant presque toujours à propos la fermeté et la souplesse, a conservé tout ce qu'elle a pu humainement garder. On la vit rampante sous Charles-Quint, terrible au roi de France, Henri III, ennemie et amie tour-à-tour de Henri IV, adroite avec Louis XIII, opposée ouvertement à Louis XIV dans le temps qu'il fut à craindre, et souvent ennemie secrète des empereurs, dont elle se défiait plus que du sultan des Turcs.

Quelques droits, beaucoup de prétentions, de la politique, et de la patience, voilà ce qui reste aujourd'hui à Rome de cette ancienne puissance qui, six siècles auparavant, avait voulu soumettre l'empire et l'Europe à la tiare.

Naples [1] est un témoignage subsistant encore de ce droit que les papes surent prendre autrefois avec tant d'art et de grandeur, de créer et de donner des royaumes : mais le roi d'Espagne, possesseur de cet état, ne laissait à la cour romaine que l'honneur et le danger d'avoir un vassal trop puissant.

Au reste, l'état du pape était dans une paix heureuse qui n'avait été altérée que par la petite guerre dont j'ai parlé entre les cardinaux Barberin, neveux du pape Urbain VIII, et le duc de Parme [2].

---

[1] Voyez tome XVI, pages 27 et 233; tome XXVIII, pages 449 et 453; et, tome XLVI, la remarque sur un des articles du *Journal de la cour de Louis XIV* (par Dangeau). B.

[2] *Essai sur les mœurs*, chap. CLXXXV.

DU RESTE DE L'ITALIE.

Les autres provinces d'Italie écoutaient des intérêts divers. Venise craignait les Turcs et l'empereur; elle défendait à peine ses états de terre-ferme des prétentions de l'Allemagne et de l'invasion du grand-seigneur. Ce n'était plus cette Venise autrefois la maîtresse du commerce du monde, qui, cent cinquante ans auparavant, avait excité la jalousie de tant de rois. La sagesse de son gouvernement subsistait; mais son grand commerce anéanti lui ôtait presque toute sa force, et la ville de Venise était, par sa situation, incapable d'être domptée, et, par sa faiblesse, incapable de faire des conquêtes.

L'état de Florence jouissait de la tranquillité et de l'abondance sous le gouvernement des Médicis; les lettres, les arts, et la politesse, que les Médicis avaient fait naître, florissaient encore. La Toscane alors était en Italie ce qu'Athènes avait été en Grèce.

La Savoie, déchirée par une guerre civile et par les troupes françaises et espagnoles, s'était enfin réunie tout entière en faveur de la France, et contribuait en Italie à l'affaiblissement de la puissance autrichienne.

Les Suisses conservaient, comme aujourd'hui, leur liberté, sans chercher à opprimer personne. Ils vendaient leurs troupes à leurs voisins plus riches qu'eux; ils étaient pauvres; ils ignoraient les sciences et tous les arts que le luxe a fait naître; mais ils étaient sages et heureux[1].

[1] Vers le milieu du règne de Louis XIV, les sciences ont été cultivées en

DES ÉTATS DU NORD.

Les nations du nord de l'Europe, la Pologne, la Suède, le Danemark, la Russie, étaient, comme les autres puissances, toujours en défiance ou en guerre entre elles. On voyait, comme aujourd'hui [1], dans la Pologne, les mœurs et le gouvernement des Goths et des Francs, un roi électif, des nobles partageant sa puissance, un peuple esclave, une faible infanterie, une cavalerie composée de nobles; point de villes fortifiées; presque point de commerce. Ces peuples étaient tantôt attaqués par les Suédois ou par les Moscovites, et tantôt par les Turcs. Les Suédois, nation plus libre encore par sa constitution, qui admet les paysans mêmes dans les états-généraux, mais alors plus soumise à ses rois que la Pologne, furent victorieux presque partout. Le Danemark, autrefois formidable à la Suède, ne l'était plus à personne; et sa véritable grandeur n'a commencé que sous ses deux rois Frédéric III et Frédéric IV [2]. La Moscovie n'était encore que barbare.

Suisse. Ce pays a produit depuis quatre grands géomètres du nom de Bernouilli, dont les deux premiers appartiennent au siècle passé, et le célèbre anatomiste Haller. C'est actuellement une des contrées de l'Europe où il y a le plus d'instruction, où les sciences physiques sont le plus répandues, et les arts utiles cultivés avec le plus de succès. La philosophie proprement dite, la science de la politique, y ont fait moins de progrès; mais leur marche doit nécessairement être plus lente dans de petites républiques que dans les grandes monarchies. K.

[1] Voltaire écrivait en 1751. Depuis lors le sort de la Pologne a subi bien des changements. Après deux partages, l'un en 1772, l'autre en 1795, ce qu'on appelle aujourd'hui le royaume de Pologne est réuni à la Russie, mai 1830. B.

[2] Voyez page 14. B.

DES TURCS.

Les Turcs n'étaient pas ce qu'ils avaient été sous les Sélim, les Mahomet, et les Soliman : la mollesse corrompait le sérail, sans en bannir la cruauté. Les sultans étaient en même temps et les plus despotiques des souverains dans leur sérail, et les moins assurés de leur trône et de leur vie. Osman et Ibrahim venaient de mourir par le cordeau. Mustapha avait été deux fois déposé. L'empire turc, ébranlé par ces secousses, était encore attaqué par les Persans; mais, quand les Persans le laissaient respirer, et que les révolutions du sérail étaient finies, cet empire redevenait formidable à la chrétienté; car depuis l'embouchure du Borysthène jusqu'aux états de Venise, on voyait la Moscovie, la Hongrie, la Grèce, les îles, tour-à-tour en proie aux armes des Turcs; et dès l'an 1644, ils fesaient constamment cette guerre de Candie si funeste aux chrétiens. Telles étaient la situation, les forces, et l'intérêt des principales nations européanes vers le temps de la mort du roi de France, Louis XIII.

SITUATION DE LA FRANCE.

La France, alliée à la Suède, à la Hollande, à la Savoie, au Portugal, et ayant pour elle les vœux des autres peuples demeurés dans l'inaction, soutenait contre l'empire et l'Espagne une guerre ruineuse aux deux partis, et funeste à la maison d'Autriche. Cette guerre était semblable à toutes celles qui se font depuis tant de siècles entre les princes chrétiens, dans lesquelles des millions d'hommes sont sacrifiés et des provinces ravagées pour obtenir enfin quelques petites villes frontières dont la possession vaut rarement ce qu'a coûté la conquête.

Les généraux de Louis XIII avaient pris le Roussillon ; les Catalans venaient de se donner à la France, protectrice de la liberté qu'ils défendaient contre leurs rois ; mais ces succès n'avaient pas empêché que les ennemis n'eussent pris Corbie en 1636, et ne fussent venus jusqu'à Pontoise. La peur avait chassé de Paris la moitié de ses habitants ; et le cardinal de Richelieu, au milieu de ses vastes projets d'abaisser la puissance autrichienne, avait été réduit à taxer les portes cochères de Paris à fournir chacune un laquais pour aller à la guerre, et pour repousser les ennemis des portes de la capitale.

Les Français avaient donc fait beaucoup de mal aux Espagnols et aux Allemands, et n'en avaient pas moins essuyé.

FORCES DE LA FRANCE APRÈS LA MORT DE LOUIS XIII, ET MOEURS DU TEMPS.

Les guerres avaient produit des généraux illustres, tels qu'un Gustave-Adolphe, un Valstein, un duc de Veimar, Piccolomini, Jean de Vert, le maréchal de Guébriant, les princes d'Orange, le comte d'Harcourt. Des ministres d'état ne s'étaient pas moins signalés. Le chancelier Oxenstiern, le comte duc d'Olivarès, mais surtout le cardinal de Richelieu, avaient attiré sur eux l'attention de l'Europe. Il n'y a aucun siècle qui n'ait eu des hommes d'état et de guerre célèbres :

la politique et les armes semblent malheureusement être les deux professions les plus naturelles à l'homme : il faut toujours ou négocier ou se battre. Le plus heureux passe pour le plus grand, et le public attribue souvent au mérite tous les succès de la fortune.

La guerre ne se fesait pas comme nous l'avons vu faire du temps de Louis XIV; les armées n'étaient pas si nombreuses : aucun général, depuis le siége de Metz par Charles-Quint, ne s'était vu à la tête de cinquante mille hommes : on assiégeait et on défendait les places avec moins de canons qu'aujourd'hui. L'art des fortifications était encore dans son enfance. Les piques et les arquebuses étaient en usage : on se servait beaucoup de l'épée, devenue inutile aujourd'hui. Il restait encore des anciennes lois des nations celle de déclarer la guerre par un héraut. Louis XIII fut le dernier qui observa cette coutume : il envoya un héraut d'armes à Bruxelles déclarer la guerre à l'Espagne en 1635.

Vous savez que rien n'était plus commun alors que de voir des prêtres commander des armées : le cardinal infant, le cardinal de Savoie, Richelieu, La Valette, Sourdis, archevêque de Bordeaux, le cardinal Théodore Trivulce, commandant de la cavalerie espagnole, avaient endossé la cuirasse et fait la guerre eux-mêmes. Un évêque de Mende avait été souvent intendant d'armées. Les papes menacèrent quelquefois d'excommunication ces prêtres guerriers. Le pape Urbain VIII, fâché contre la France, fit dire au cardinal de La Valette qu'il le dépouillerait du cardinalat s'il ne quittait les armes; mais, réuni avec la France, il le combla de bénédictions.

Les ambassadeurs, non moins ministres de paix que les ecclésiastiques, ne fesaient nulle difficulté de servir dans les armées des puissances alliées, auprès desquelles ils étaient employés. Charnacé, envoyé de France en Hollande, y commandait un régiment en 1637, et depuis même l'ambassadeur d'Estrades fut colonel à leur service.

La France n'avait en tout qu'environ quatre-vingt mille hommes effectifs sur pied. La marine, anéantie depuis des siècles, rétablie un peu par le cardinal de Richelieu, fut ruinée sous Mazarin. Louis XIII n'avait qu'environ quarante-cinq millions réels de revenu ordinaire; mais l'argent était à vingt-six livres le marc : ces quarante-cinq millions revenaient à environ quatre-vingt-cinq millions de notre temps, où la valeur arbitraire du marc d'argent monnayé est poussée jusqu'à quarante-neuf livres et demie; celle de l'argent fin à cinquante-quatre livres dix-sept sous; valeur que l'intérêt public et la justice demandent qui ne soit jamais changée [1].

---

[1] Comme dans la suite il sera souvent question de cette opération sur les monnaies, et que M. de Voltaire n'en a discuté les effets dans aucun de ses ouvrages, on nous pardonnera d'entrer ici dans quelques détails.

La livre numéraire n'est qu'une dénomination arbitraire qu'on emploie pour exprimer une certaine partie d'un marc d'argent. Cette proposition, le marc d'argent vaut cinquante livres, est l'équivalent de celle-ci : j'appelle livre la cinquantième partie du marc d'argent. Ainsi, un édit qui prononcerait que le marc d'argent vaudrait cent livres ne ferait autre chose que déclarer que, dans la suite, on donnera dans les actes le nom de livre à la centième partie du marc d'argent, au lieu de donner ce nom à la cinquantième.

Le commerce, généralement répandu aujourd'hui, était en très peu de mains; la police du royaume était entièrement négligée, preuve certaine d'une administration peu heureuse. Le cardinal de Richelieu, oc-

---

Cette opération est donc absolument indifférente en elle-même; mais elle ne l'est pas dans ses effets.

Il est d'un usage général d'exprimer en livres la valeur de tous les engagements pécuniaires; si donc on change cette dénomination de *livre*, et qu'au lieu d'exprimer la cinquantième partie d'un marc d'argent, par exemple, elle n'en exprime que la centième, tout débiteur, en payant le nombre de livres qu'il s'est engagé de payer, ne donnera réellement que la moitié de ce qu'il devait.

Ainsi, ce changement, purement grammatical, devient l'équivalent du retranchement de la moitié des dettes ou des obligations payables en argent.

D'où il résulte pour un état qui ferait une opération semblable :

1° Une réduction de la dette publique à la moitié de sa valeur, ce qui est faire une banqueroute à cinquante pour cent de perte.

2° Une diminution de moitié dans ce que l'état paie en gages, en appointements, en pensions, ce qui fait une économie de moitié sur les places inutiles ou jugées telles, et une diminution sur les places utiles et trop payées : car on sent que, pour les places utiles, une augmentation de gages devient une suite nécessaire de cette opération.

3° Une diminution aussi de moitié dans les impôts qui ont une évaluation fixe en argent : on les augmente proportionnellement dans la suite; mais cette augmentation se fait moins promptement que le changement des monnaies. Souvent un gouvernement faible a profité de cette circonstance pour faire, dans la forme des impôts, des changements qu'il n'aurait osé tenter directement.

4° Une perte de moitié pour les particuliers créanciers d'autres particuliers; injustice qu'on leur fait sans aucun avantage pour l'état.

5° Un mouvement dans les prix des denrées, qui dérange le commerce, parceque les denrées ne peuvent pas doubler de prix sur-le-champ, ni aussi promptement que l'argent.

Ainsi, cette opération est une manière de faire une banqueroute, et de manquer à ses engagements, qui entraîne de plus avec elle une injustice envers un très grand nombre de citoyens, même de ceux qui ne sont pas créanciers de l'état, une secousse dans le commerce, et du désordre dans la perception des impôts.

Mais si, dans quelque état de l'Europe, on établissait un système plus rai-

cupé de sa propre grandeur attachée à celle de l'état, avait commencé à rendre la France formidable au-dehors, sans avoir encore pu la rendre bien florissante au-dedans. Les grands chemins n'étaient ni réparés

sonnable sur les monnaies que celui qui est adopté chez presque toutes les nations, et qu'on fût obligé, pour donner à ce système plus de perfection et de simplicité, de changer la valeur de la livre numéraire, alors on éviterait les inconvénients dont nous venons de parler, et on se mettrait à l'abri de toute injustice, en déclarant que tout ce qui devait être payé en livres anciennes ne pourrait être acquitté qu'en payant, non le même nombre de livres nouvelles, mais un nombre de ces livres qui représenterait un égal poids d'argent.

Voici maintenant en quoi nous croyons que devraient consister les changements dans les monnaies :

1º A rapporter toutes les évaluations en monnaies à un certain poids d'un seul des deux métaux précieux, à l'argent, par exemple, et à ne fixer aucun rapport entre la valeur de ce métal et celle de l'autre, de l'or, par exemple. En effet, toute différence entre la proportion fixée et celle du commerce est une source de profit pour quelques particuliers, et de perte pour les autres.

2º. A changer les dénominations et les monnaies, de manière que chaque monnaie répondît à un nombre exact des divisions de la livre numéraire et du marc d'argent, et que les divisions de la livre numéraire et celles du marc d'argent eussent entre elles des rapports exprimés par des nombres entiers et ronds. L'usage contraire a concentré entre un petit nombre de personnes la connaissance de la valeur réelle des monnaies; et dans tout ce qui a rapport au commerce, toute obscurité, toute complication est un avantage accordé au petit nombre sur le plus grand. On pourrait joindre à l'empreinte, sur chaque monnaie, un nombre qui exprimerait son poids, et sur celles d'argent (*voyez* nº 1), sa valeur numéraire.

3º A faire les monnaies d'un métal pur : 1º parceque c'est un moyen de faciliter la connaissance du rapport de leur valeur avec celui des monnaies étrangères, et de procurer à sa monnaie la préférence dans le commerce sur toutes les autres ; 2º parceque c'est le seul moyen de parvenir à l'uniformité du titre des monnaies entre les différentes nations, uniformité qui serait d'un grand avantage. L'uniformité, dans un seul état, s'établit par la loi; elle ne peut s'établir entre plusieurs que lorsque la loi ne s'appuie que sur la nature, et ne fixe rien d'arbitraire.

4º A ne prendre de profit sur les monnaies que ce qui est nécessaire pour

ni gardés; les brigands les infestaient; les rues de Paris, étroites, mal pavées, et couvertes d'immondices dégoûtantes, étaient remplies de voleurs. On voit, par les registres du parlement, que le guet de cette ville était réduit alors à quarante-cinq hommes mal payés, et qui même ne servaient pas.

Depuis la mort de François II, la France avait été toujours ou déchirée par des guerres civiles, ou troublée par des factions. Jamais le joug n'avait été porté d'une manière paisible et volontaire. Les seigneurs avaient été élevés dans les conspirations; c'était l'art de la cour, comme celui de plaire au souverain l'a été depuis.

Cet esprit de discorde et de faction avait passé de la cour jusqu'aux moindres villes, et possédait toutes les communautés du royaume : on se disputait tout, parcequ'il n'y avait rien de réglé : il n'y avait pas jusqu'aux paroisses de Paris qui n'en vinssent aux mains; les processions se battaient les unes contre les autres pour l'honneur de leurs bannières. On avait vu souvent les chanoines de Notre-Dame aux prises avec

---

faire la dépense de leur fabrique. Cette fabrique a deux parties; les opérations nécessaires pour préparer le métal à un titre donné, et celles qui réduisent le métal en pièces de monnaie. Ainsi on rendrait, pour cent marcs d'argent en lingots, cent marcs d'argent monnayé, moins le prix de l'essai et celui de leur conversion en monnaie. On rendrait pour cent marcs d'argent allié à un centième quatre-vingt-dix-neuf marcs d'argent monnayé, moins les frais nécessaires pour l'affiner et le réduire ensuite en monnaie.

Ces moyens très simples auraient l'avantage de rendre si clair tout ce qui regarde le commerce des matières d'or et d'argent, et la monnaie, que les mauvaises lois sur ce commerce, et les opérations pernicieuses sur les monnaies, deviendraient absolument impossibles. K.

ceux de la Sainte-Chapelle : le parlement et la chambre des comptes s'étaient battus pour le pas dans l'église de Notre-Dame, le jour que Louis XIII mit son royaume sous la protection de la vierge Marie[1].

Presque toutes les communautés du royaume étaient armées; presque tous les particuliers respiraient la fureur du duel. Cette barbarie gothique autorisée autrefois par les rois mêmes, et devenue le caractère de la nation, contribuait encore, autant que les guerres civiles et étrangères, à dépeupler le pays. Ce n'est pas trop dire, que dans le cours de vingt années, dont dix avaient été troublées par la guerre, il était mort plus de gentilshommes français de la main des Français mêmes que de celle des ennemis.

On ne dira rien ici de la manière dont les arts et les sciences étaient cultivés; on trouvera cette partie de l'histoire de nos mœurs à sa place. On remarquera seulement que la nation française était plongée dans l'ignorance; sans excepter ceux qui croient n'être point peuple.

On consultait les astrologues, et on y croyait. Tous les mémoires de ce temps-là, à commencer par l'*Histoire du président de Thou*, sont remplis de prédictions. Le grave et sévère duc de Sulli rapporte sérieusement celles qui furent faites à Henri IV. Cette crédulité, la marque la plus infaillible de l'ignorance, était si accréditée qu'on eut soin de tenir un

---

[1] Les lettres-patentes sont du 10 février 1638 ; ce fut le 15 août, jour de la procession, qu'eut lieu la bataille entre le parlement et la cour des comptes : voyez tome XXII, page 252. B.

astrologue¹ caché près de la chambre de la reine Anne d'Autriche au moment de la naissance de Louis XIV.

Ce que l'on croira à peine, et ce qui est pourtant rapporté par l'abbé Vittorio Siri, auteur contemporain très instruit, c'est que Louis XIII eut dès son enfance le surnom de *Juste*, parcequ'il était né sous le signe de la balance.

La même faiblesse, qui mettait en vogue cette chimère absurde de l'astrologie judiciaire, fesait croire aux possessions et aux sortiléges : on en fesait un point de religion; l'on ne voyait que des prêtres qui conjuraient des démons. Les tribunaux, composés de magistrats qui devaient être plus éclairés que le vulgaire, étaient occupés à juger des sorciers. On reprochera toujours à la mémoire du cardinal de Richelieu la mort de ce fameux curé de Loudun, Urbain Grandier², condamné au feu comme magicien par une commission du conseil. On s'indigne que le ministre et les juges aient eu la faiblesse de croire aux diables de Loudun, ou la barbarie d'avoir fait périr un innocent dans les flammes. On se souviendra avec étonnement jusqu'à la dernière postérité que la maréchale d'Ancre fut brûlée en place de Grève comme sorcière³.

---

¹ Il s'appelait Morin : voyez, tome XX, le chapitre XXVI. B.

² Voyez, tome L, le paragraphe IX du *Prix de la justice et de l'humanité*. B.

³ « Et que le conseiller Courtin, interrogeant cette femme infortunée, lui
« demanda de quel sortilége elle s'était servie pour gouverner l'esprit de Ma-
« rie de Médicis, que la maréchale lui répondit : « Je me suis servie du

On voit encore, dans une copie de quelques registres du châtelet, un procès commencé en 1610, au sujet d'un cheval qu'un maître industrieux avait dressé à peu près de la manière dont nous avons vu des exemples à la Foire ; on voulait faire brûler et le maître et le cheval [1].

En voilà assez pour faire connaître en général les mœurs et l'esprit du siècle qui précéda celui de Louis XIV.

Ce défaut de lumières dans tous les ordres de l'état fomentait chez les plus honnêtes gens des pratiques superstitieuses qui déshonoraient la religion. Les calvinistes, confondant avec le culte raisonnable des catholiques les abus qu'on fesait de ce culte, n'en étaient que plus affermis dans leur haine contre notre Église. Ils opposaient à nos superstitions populaires, souvent remplies de débauches, une dureté farouche et des mœurs féroces, caractère de presque tous les réformateurs : ainsi l'esprit de parti déchirait et avilissait la France ; et l'esprit de société, qui rend aujourd'hui cette nation si célèbre et si aimable, était

« pouvoir qu'ont les ames fortes sur les esprits faibles ; » et qu'enfin cette « réponse ne servit qu'à précipiter l'arrêt de sa mort. »
« On voit encore, » etc. Variante de l'*Essai sur le Siècle de Louis XIV*, dont j'ai parlé dans ma *Préface*. B.

[1] « Accusés tous deux de sortiléges. Dans cette disette d'arts, de police, de « raison, de tout ce qui fait fleurir un empire, il s'élevait de temps en « temps des hommes de talent, et le gouvernement se signalait par des ef- « forts qui rendaient la France redoutable. Mais ces hommes rares et ces « efforts passagers, sous Charles VIII, sous François Ier, à la fin du règne « de Henri-le-Grand, servaient à faire remarquer davantage la faiblesse gé- « nérale. »

« Ce défaut de lumières, » etc. Variante de l'*Essai sur le Siècle de Louis XIV*. B.

absolument inconnu. Point de maisons où les gens de mérite s'assemblassent pour se communiquer leurs lumières; point d'académies, point de théâtres réguliers. Enfin, les mœurs, les lois, les arts, la société, la religion, la paix, et la guerre, n'avaient rien de ce qu'on vit depuis dans le siècle appelé le *siècle de Louis XIV*.

CHAPITRE III.

Minorité de Louis XIV. Victoires des Français sous le grand Condé, alors duc d'Enghien.

Le cardinal de Richelieu et Louis XIII venaient de mourir, l'un admiré et haï, l'autre déjà oublié. Ils avaient laissé aux Français, alors très inquiets, de l'aversion pour le nom seul du ministère, et peu de respect pour le trône. Louis XIII, par son testament, établissait un conseil de régence. Ce monarque, mal obéi pendant sa vie, se flatta de l'être mieux après sa mort; mais la première démarche de sa veuve Anne d'Autriche fut de faire annuler les volontés de son mari par un arrêt du parlement de Paris. Ce corps, long-temps opposé à la cour, et qui avait à peine conservé sous Louis XIII la liberté de faire des remontrances, cassa le testament de son roi avec la même facilité qu'il aurait jugé la cause d'un citoyen [a]. Anne

---

[a] Riencourt, dans son *Histoire de Louis XIV*, dit que le testament de Louis XIII fut vérifié au parlement. Ce qui trompa cet écrivain, c'est qu'en effet Louis XIII avait déclaré la reine régente, ce qui fut confirmé : mais il avait limité son autorité, ce qui fut cassé.

d'Autriche s'adressa à cette compagnie, pour avoir la régence illimitée, parceque Marie de Médicis s'était servie du même tribunal après la mort de Henri IV; et Marie de Médicis avait donné cet exemple, parceque toute autre voie eût été longue et incertaine; que le parlement, entouré de ses gardes, ne pouvait résister à ses volontés, et qu'un arrêt rendu au parlement et par les pairs semblait assurer un droit incontestable.

L'usage qui donne la régence aux mères des rois parut donc alors aux Français une loi presque aussi fondamentale que celle qui prive les femmes de la couronne. Le parlement de Paris ayant décidé deux fois cette question, c'est-à-dire ayant seul déclaré par des arrêts ce droit des mères, parut en effet avoir donné la régence : il se regarda, non sans quelque vraisemblance, comme le tuteur des rois, et chaque conseiller crut être une partie de la souveraineté. Par le même arrêt, Gaston, duc d'Orléans, jeune oncle du roi, eut le vain titre de lieutenant-général du royaume sous la régente absolue.

Anne d'Autriche fut obligée d'abord de continuer la guerre contre le roi d'Espagne, Philippe IV, son frère, qu'elle aimait. Il est difficile de dire précisément pourquoi l'on fesait cette guerre; on ne demandait rien à l'Espagne, pas même la Navarre, qui aurait dû être le patrimoine des rois de France. On se battait depuis 1635 parceque le cardinal de Richelieu l'avait voulu, et il est à croire qu'il l'avait voulu pour se rendre nécessaire [1]. Il s'était lié contre l'empereur

---

[1] Le cardinal pouvait avoir en secret le motif que lui prête M. de Voltaire;

avec la Suède, et avec le duc Bernard de Saxe-Veimar, l'un de ces généraux que les Italiens nommaient *Condottieri*, c'est-à-dire qui vendaient leurs troupes. Il attaquait aussi la branche autrichienne-espagnole dans ces dix provinces que nous appelons en général du nom de Flandre; et il avait partagé avec les Hollandais, alors nos alliés, cette Flandre qu'on ne conquit point.

Le fort de la guerre était du côté de la Flandre; les troupes espagnoles sortirent des frontières du Hainaut au nombre de vingt-six mille hommes, sous la conduite d'un vieux général expérimenté, nommé don Francisco de Mello. Ils vinrent ravager les frontières de la Champagne; ils attaquèrent Rocroi, et ils crurent pénétrer bientôt jusqu'aux portes de Paris, comme ils avaient fait huit ans auparavant. La mort de Louis XIII, la faiblesse d'une minorité, relevaient leurs espérances; et quand ils virent qu'on ne leur opposait qu'une armée inférieure en nombre, commandée par un jeune homme de vingt-un ans, leur espérance se changea en sécurité.

Ce jeune homme sans expérience, qu'ils méprisaient, était Louis de Bourbon, alors duc d'Enghien, connu depuis sous le nom de grand Condé. La plupart des grands capitaines sont devenus tels par degrés. Ce prince était né général; l'art de la guerre semblait en lui un instinct naturel : il n'y avait en Europe que lui et le Suédois Torstenson qui eussent

---

mais cette guerre avait un objet très important, celui d'empêcher la maison d'Autriche de s'emparer de l'Allemagne et de l'Italie. K.

eu à vingt ans ce génie qui peut se passer de l'expérience[a].

Le duc d'Enghien avait reçu, avec la nouvelle de la mort de Louis XIII, l'ordre de ne point hasarder de bataille. Le maréchal de L'Hospital, qui lui avait été donné pour le conseiller et pour le conduire, secondait par sa circouspection ces ordres timides. Le prince ne crut ni le maréchal ni la cour; il ne confia son dessein qu'à Gassion, maréchal de camp, digne d'être consulté par lui; ils forcèrent le maréchal à trouver la bataille nécessaire.

(19 mai 1643.) On remarque que le prince, ayant tout réglé le soir, veille de la bataille, s'endormit si profondément qu'il fallut le réveiller pour combattre. On conte la même chose d'Alexandre. Il est naturel qu'un jeune homme, épuisé des fatigues que demande l'arrangement d'un si grand jour, tombe ensuite dans un sommeil plein; il l'est aussi qu'un génie fait pour la guerre, agissant sans inquiétude, laisse au corps assez de calme pour dormir. Le prince gagna la bataille par lui-même, par un coup d'œil qui voyait à-la-

---

[a] Torstenson était page de Gustave-Adolphe, en 1624. Le roi, prêt d'attaquer un corps de Lithuaniens, en Livonie, et n'ayant point d'adjudant auprès de lui, envoya Torstenson porter ses ordres à un officier général, pour profiter d'un mouvement qu'il vit faire aux ennemis; Torstenson part et revient. Cependant les ennemis avaient changé leur marche; le roi était désespéré de l'ordre qu'il avait donné: « Sire, dit Torstenson, daignez me pardonner; voyant les ennemis faire un mouvement contraire, j'ai donné un « ordre contraire. » Le roi ne dit mot; mais le soir, ce page servant à table, il le fit souper à côté de lui, et lui donna une enseigne aux gardes, quinze jours après une compagnie, ensuite un régiment. Torstenson fut un des grands capitaines de l'Europe.

fois le danger et la ressource, par son activité exempte de trouble, qui le portait à propos à tous les endroits. Ce fut lui qui, avec de la cavalerie, attaqua cette infanterie espagnole jusque-là invincible, aussi forte, aussi serrée que la phalange ancienne si estimée, et qui s'ouvrait avec une agilité que la phalange n'avait pas, pour laisser partir la décharge de dix-huit canons qu'elle renfermait au milieu d'elle. Le prince l'entoura et l'attaqua trois fois. A peine victorieux, il arrêta le carnage. Les officiers espagnols se jetaient à ses genoux pour trouver auprès de lui un asile contre la fureur du soldat vainqueur. Le duc d'Enghien eut autant de soin de les épargner, qu'il en avait pris pour les vaincre.

Le vieux comte de Fuentes, qui commandait cette infanterie espagnole, mourut percé de coups. Condé, en l'apprenant, dit « qu'il voudrait être mort comme « lui, s'il n'avait pas vaincu. »

Le respect qu'on avait en Europe pour les armées espagnoles se tourna du côté des armées françaises, qui n'avaient point depuis cent ans gagné de bataille si célèbre; car la sanglante journée de Marignan, disputée plutôt que gagnée par François Ier contre les Suisses, avait été l'ouvrage des bandes noires allemandes autant que des troupes françaises. Les journées de Pavie et de Saint-Quentin étaient encore des époques fatales à la réputation de la France. Henri IV avait eu le malheur de ne remporter des avantages mémorables que sur sa propre nation. Sous Louis XIII, le maréchal de Guébriant avait eu de petits succès, mais toujours balancés par des pertes. Les grandes batailles qui ébranlent les états, et qui restent à jamais dans la mémoire des hommes, n'avaient été livrées en ce temps que par Gustave-Adolphe.

Cette journée de Rocroi devint l'époque de la gloire française et de celle de Condé. Il sut vaincre et profiter de la victoire. Ses lettres à la cour firent résoudre le *siége de Thionville*, que le cardinal de Richelieu n'avait pas osé hasarder ; et au retour de ses courriers, tout était déjà préparé pour cette expédition.

Le prince de Condé passa à travers le pays ennemi, trompa la vigilance du général Beck, et prit enfin Thionville (8 août 1643). De là il courut mettre le siége devant Syrck, et s'en rendit maître. Il fit repasser le Rhin aux Allemands ; il le passa après eux ; il courut réparer les pertes et les défaites que les Français avaient essuyées sur ces frontières après la mort du maréchal de Guébriant. Il trouva Fribourg pris, et le général Merci sous ses murs avec une armée supérieure encore à la sienne. Condé avait sous lui deux maréchaux de France, dont l'un était Grammont, et l'autre ce Turenne, fait maréchal depuis peu de mois, après avoir servi heureusement en Piémont contre les Espagnols. Il jetait alors les fondements de la grande réputation qu'il eut depuis. Le prince, avec ces deux généraux, attaqua le camp de Merci, retranché sur deux éminences. (31 août 1644) Le combat recommença trois fois, à trois jours différents [1]. On dit que le duc d'Enghien jeta son bâton de commandement dans les retranchements des en-

---

[1] Dans les *Annales de l'empire,* voyez tome XXIII, page 618, Voltaire dit que les combats eurent lieu du 5 au 9. B.

nemis, et marcha pour le reprendre, l'épée à la main, à la tête du régiment de Conti. Il fallait peut-être des actions aussi hardies pour mener les troupes à des attaques si difficiles. Cette bataille de Fribourg, plus meurtrière que décisive, fut la seconde victoire de ce prince. Merci décampa quatre jours après. Philipsbourg et Mayence rendus furent la preuve et le fruit de la victoire.

Le duc d'Enghien retourne à Paris, reçoit les acclamations du peuple, et demande des récompenses à la cour ; il laisse son armée au prince maréchal de Turenne. Mais ce général, tout habile qu'il est déjà, est battu à Mariendal. (avril 1645) Le prince revole à l'armée, reprend le commandement, et joint à la gloire de commander encore Turenne celle de réparer sa défaite. Il attaque Merci dans les plaines de Nordlingen. Il y gagne une bataille complète (3 août 1645), le maréchal de Grammont y est pris ; mais le général Glen, qui commandait sous Merci, est fait prisonnier, et Merci est au nombre des morts. Ce général, regardé comme un des plus grands capitaines, fut enterré près du champ de bataille ; et on grava sur sa tombe, STA, VIATOR; HEROEM CALCAS : *Arrête, voyageur ; tu foules un héros.* Cette bataille mit le comble à la gloire de Condé, et fit celle de Turenne, qui eut l'honneur d'aider puissamment le prince à remporter une victoire dont il pouvait être humilié. Peut-être ne fut-il jamais si grand qu'en servant ainsi celui dont il fut depuis l'émule et le vainqueur.

Le nom du duc d'Enghien éclipsait alors tous les

autres noms. (7 octobre 1646) Il assiégea ensuite Dunkerque, à la vue de l'armée espagnole, et il fut le premier qui donna cette place à la France.

Tant de succès et de services, moins récompensés que suspects à la cour, le fesaient craindre du ministère autant que des ennemis. On le tira du théâtre de ses conquêtes et de sa gloire, et on l'envoya en Catalogne avec de mauvaises troupes mal payées; il assiégea Lérida, et fut obligé de lever le siége (1647). On l'accuse, dans quelques livres, de fanfaronnade, pour avoir ouvert la tranchée avec des violons. On ne savait pas que c'était l'usage en Espagne.

Bientôt les affaires chancelantes forcèrent la cour de rappeler Condé[a] en Flandre. L'archiduc Léopold, frère de l'empereur Ferdinand III, assiégeait Lens en Artois. Condé, rendu à ses troupes qui avaient toujours vaincu sous lui, les mena droit à l'archiduc. C'était pour la troisième fois qu'il donnait bataille avec le désavantage du nombre. Il dit à ses soldats ces seules paroles: « Amis, souvenez-vous de Rocroi, « de Fribourg, et de Nordlingen. »

(10 août 1648) Il dégagea lui-même le maréchal de Grammont, qui pliait avec l'aile gauche; il prit le général Beck. L'archiduc se sauva à peine avec le comte de Fuensaldagne. Les Impériaux et les Espagnols, qui composaient cette armée, furent dissipés; ils perdirent plus de cent drapeaux, et trente-huit pièces de canon, ce qui était alors très considérable. On leur fit cinq mille prisonniers, on leur tua trois

---

[a] Son père était mort en 1646.

mille hommes, le reste déserta, et l'archiduc demeura sans armée.

Ceux qui veulent véritablement s'instruire peuvent remarquer que, depuis la fondation de la monarchie, jamais les Français n'avaient gagné de suite tant de batailles, et de si glorieuses par la conduite et par le courage.

Tandis que le prince de Condé comptait ainsi les années de sa jeunesse par des victoires, et que le duc d'Orléans, frère de Louis XIII, avait aussi soutenu la réputation d'un fils de Henri IV et celle de la France par la prise de Gravelines (juillet 1644), par celle de Courtrai et de Mardick (novembre 1644)[1], le vicomte de Turenne avait pris Landau; il avait chassé les Espagnols de Trèves, et rétabli l'électeur.

(Novembre 1647) Il gagna avec les Suédois la bataille de Lavingen, celle de Sommerhausen, et contraignit le duc de Bavière à sortir de ses états à l'âge de près de quatre-vingts ans. (1645) Le comte d'Harcourt prit Balaguer, et battit les Espagnols. Ils perdirent en Italie Porto-Longone (1646). Vingt vaisseaux et vingt galères de France, qui composaient presque toute la marine rétablie par Richelieu, battirent la flotte espagnole sur la côte d'Italie.

Ce n'était pas tout; les armes françaises avaient encore envahi la Lorraine sur le duc Charles IV, prince guerrier, mais inconstant, imprudent, et malheureux, qui se vit à-la-fois dépouillé de son état par la

---

[1] La prise de Courtrai est de juin 1646; la prise de Mardick est de août 1646. B.

France, et retenu prisonnier par les Espagnols. Les alliés de la France pressaient la puissance autrichienne au midi et au nord. Le duc d'Albuquerque, général des Portugais, gagna (mai 1644) contre l'Espagne la bataille de Badajoz. Torstenson défit les Impériaux près de Tabor (mars 1645), et remporta une victoire complète. Le prince d'Orange, à la tête des Hollandais, pénétra jusque dans le Brabant.

Le roi d'Espagne, battu de tous côtés, voyait le Roussillon et la Catalogne entre les mains des Français. Naples, révoltée contre lui, venait de se donner au duc de Guise, dernier prince de cette branche d'une maison si féconde en hommes illustres et dangereux. Celui-ci, qui ne passa que pour un aventurier audacieux, parcequ'il ne réussit pas, avait eu du moins la gloire d'aborder seul dans une barque au milieu de la flotte d'Espagne, et de défendre Naples, sans autre secours que son courage.

A voir tant de malheurs qui fondaient sur la maison d'Autriche, tant de victoires accumulées par les Français, et secondées des succès de leurs alliés, on croirait que Vienne et Madrid n'attendaient que le moment d'ouvrir leurs portes, et que l'empereur et le roi d'Espagne étaient presque sans états. Cependant cinq années de gloire, à peine traversées par quelques revers, ne produisirent que très peu d'avantages réels, beaucoup de sang répandu, et nulle révolution. S'il y en eut une à craindre, ce fut pour la France; elle touchait à sa ruine au milieu de ces prospérités apparentes.

CHAPITRE IV.

Guerre civile.

La reine Anne d'Autriche, régente absolue, avait fait du cardinal Mazarin le maître de la France, et le sien. Il avait sur elle cet empire qu'un homme adroit devait avoir sur une femme née avec assez de faiblesse pour être dominée, et avec assez de fermeté pour persister dans son choix.

On lit dans quelques mémoires de ces temps-là que la reine ne donna sa confiance à Mazarin qu'au défaut de Potier, évêque de Beauvais, qu'elle avait d'abord choisi pour son ministre. On peint cet évêque comme un homme incapable : il est à croire qu'il l'était, et que la reine ne s'en était servie quelque temps que comme d'un fantôme, pour ne pas effaroucher d'abord la nation par le choix d'un second cardinal et d'un étranger. Mais ce qu'on ne doit pas croire, c'est que Potier eût commencé son ministère passager par déclarer aux Hollandais « qu'il fallait qu'ils se fissent « catholiques s'ils voulaient demeurer dans l'alliance « de la France. » Il aurait donc dû faire la même proposition aux Suédois. Presque tous les historiens rapportent cette absurdité, parcequ'ils l'ont lue dans les mémoires des courtisans et des frondeurs. Il n'y a que trop de traits dans ces mémoires, ou falsifiés par la passion, ou rapportés sur des bruits populaires. Le puéril ne doit pas être cité, et l'absurde ne peut être cru. Il est très vraisemblable que le cardinal Mazarin était ministre désigné depuis long-temps dans l'esprit de la reine, et même du vivant de Louis XIII. On ne peut en douter quand on a lu les *Mémoires* de La Porte, premier valet de chambre d'Anne d'Autriche. Les subalternes, témoins de tout l'intérieur d'une cour, savent des choses que les parlements et les chefs de parti même ignorent, ou ne font que soupçonner[1].

Mazarin usa d'abord avec modération de sa puissance. Il faudrait avoir vécu long-temps avec un ministre pour peindre son caractère, pour dire quel degré de courage ou de faiblesse il avait dans l'esprit, à quel point il était ou prudent ou fourbe. Ainsi, sans vouloir deviner ce qu'était Mazarin, on dira seulement ce qu'il fit. Il affecta, dans les commencements de sa grandeur, autant de simplicité que Richelieu avait déployé de hauteur. Loin de prendre des gardes et de marcher avec un faste royal, il eut d'abord le train le plus modeste ; il mit de l'affabilité et même de la mollesse partout où son prédécesseur avait fait paraître une fierté inflexible. La reine voulait faire aimer sa régence et sa personne de la cour et des peuples, et elle y réussissait. Gaston, duc d'Orléans, frère de Louis XIII, et le prince de Condé, appuyaient son pouvoir, et n'avaient d'émulation que pour servir l'état.

---

[1] Les Mémoires manuscrits du duc de La Rochefoucauld confirment le même fait. Il était un des confidents de la reine dans les derniers temps de la vie de Louis XIII. K. — Voyez les *Mémoires du duc de La Rochefoucauld, première partie, jusqu'à ce jour inédite.* Paris, Renouard, 1817, in-18. B.

Il fallait des impôts pour soutenir la guerre contre l'Espagne et contre l'empereur. Les finances en France étaient, depuis la mort du grand Henri IV, aussi mal administrées qu'en Espagne et en Allemagne. La régie était un chaos ; l'ignorance extrême ; le brigandage au comble : mais ce brigandage ne s'étendait pas sur des objets aussi considérables qu'aujourd'hui. L'état était huit fois moins endetté [1] ; on n'avait point des armées de deux cent mille hommes à soudoyer, point de subsides immenses à payer, point de guerre maritime à soutenir. Les revenus de l'état montaient, dans les premières années de la régence, à près de soixante et quinze millions de livres de ce temps. C'était assez s'il y avait eu de l'économie dans le ministère : mais en 1646 et 47 on eut besoin de nouveaux secours. Le surintendant était alors un paysan siennois, nommé Particelli Émeri, dont l'ame était plus basse que la naissance, et dont le faste et les débauches indignaient la nation [2]. Cet homme inventait des ressources onéreuses et ridicules. Il créa des charges de contrôleurs de fagots, de jurés vendeurs de foin, de conseillers du roi crieurs de vin ; il vendait des lettres de noblesse. Les rentes sur l'hôtel de ville de Paris ne se montaient alors qu'à près d'onze millions. On retrancha quelques quartiers aux rentiers ; on augmenta les droits d'entrée ; on créa quelques charges de maîtres des requêtes ; on retint environ quatre-vingt mille écus de gages aux magistrats.

Il est aisé de juger combien les esprits furent sou-

[1] Cette évaluation a été faite avant la guerre de 1755. K.
[2] Voyez ci-dessus, page 36 ; et, tome XXII, pages 255 et 264. B.

levés contre deux Italiens, venus tous deux en France sans fortune, enrichis aux dépens de la nation, et qui donnaient tant de prise sur eux. Le parlement de Paris, les maîtres des requêtes, les autres cours, les rentiers s'ameutèrent. En vain Mazarin ôta la surintendance à son confident Émeri, et le relégua dans une de ses terres : on s'indignait encore que cet homme eût des terres en France, et on eut le cardinal Mazarin en horreur, quoique, dans ce temps-là même, il consommât le grand ouvrage de la paix de Munster : car il faut bien remarquer que ce fameux traité et les barricades sont de la même année 1648.

Les guerres civiles commencèrent à Paris comme elles avaient commencé à Londres, pour un peu d'argent.

(1647) Le parlement de Paris, en possession de vérifier les édits de ces taxes, s'opposa vivement aux nouveaux édits; il acquit la confiance des peuples par les contradictions dont il fatigua le ministère.

On ne commença pas d'abord par la révolte; les esprits ne s'aigrirent et ne s'enhardirent que par degrés. La populace peut d'abord courir aux armes, et se choisir un chef, comme on avait fait à Naples[1] : mais des magistrats, des hommes d'état procèdent avec plus de maturité, et commencent par observer les bienséances, autant que l'esprit de parti peut le permettre.

Le cardinal Mazarin avait cru qu'en divisant adroitement la magistrature, il préviendrait tous les trou-

---

[1] Ce fut le 7 juillet 1647 que Masaniello se mit à la tête des révoltés napolitains. B.

bles; mais on opposa l'inflexibilité à la souplesse. Il retranchait quatre années de gages à toutes les cours supérieures, en leur remettant la paulette, c'est-à-dire en les exemptant de payer la taxe inventée par Paulet [1] sous Henri IV, pour s'assurer la propriété de leurs charges. Ce retranchement n'était pas une lésion, mais il conservait les quatre années au parlement, pensant le désarmer par cette faveur. Le parlement méprisa cette grace qui l'exposait au reproche de préférer son intérêt à celui des autres compagnies. (1648) Il n'en donna pas moins son arrêt d'union [2] avec les autres cours de justice. Mazarin, qui n'avait jamais bien pu prononcer le français, ayant dit que cet arrêt d'*ognon* était attentatoire, et l'ayant fait casser par le conseil, ce seul mot d'*ognon* le rendit ridicule; et, comme on ne cède jamais à ceux qu'on méprise, le parlement en devint plus entreprenant.

Il demanda hautement qu'on révoquât tous les intendants, regardés par le peuple comme des exacteurs, et qu'on abolît cette magistrature de nouvelle espèce, instituée sous Louis XIII sans l'appareil des formes ordinaires; c'était plaire à la nation autant qu'irriter la cour. Il voulait que, selon les anciennes lois, aucun citoyen ne fût mis en prison, sans que ses juges naturels en connussent dans les vingt-quatre heures; et rien ne paraissait si juste.

Le parlement fit plus; il abolit (14 mai 1648) les intendants par un arrêt, avec ordre aux procureurs du roi de son ressort d'informer contre eux.

[1] Voyez tome XXII, page 225. B.
[2] Voyez id., page 262. B.

Ainsi la haine contre le ministre, appuyée de l'amour du bien public, menaçait la cour d'une révolution. La reine céda; elle offrit de casser les intendants, et demanda seulement qu'on lui en laissât trois : elle fut refusée.

(20 août 1648) Pendant que ces troubles commençaient, le prince de Condé remporta la célèbre victoire de Lens, qui mettait le comble à sa gloire. Le roi, qui n'avait alors que dix ans, s'écria : *Le parlement sera bien fâché*. Ces paroles fesaient voir assez que la cour ne regardait alors le parlement de Paris que comme une assemblée de rebelles.

Le cardinal et ses courtisans ne lui donnaient pas un autre nom. Plus les parlementaires se plaignaient d'être traités de rebelles, plus ils fesaient de résistance.

La reine et le cardinal résolurent de faire enlever trois des plus opiniâtres magistrats du parlement, Novion Blancménil, président qu'on appelle à mortier, Charton, président d'une chambre des enquêtes, et Broussel, ancien conseiller-clerc de la grand'-chambre.

Ils n'étaient pas chefs de parti, mais les instruments des chefs. Charton, homme très borné, était connu par le sobriquet du président *Je dis ça,* parcequ'il ouvrait et concluait toujours ses avis par ces mots. Broussel n'avait de recommandable que ses cheveux blancs, sa haine contre le ministère, et la réputation d'élever toujours la voix contre la cour sur quelque sujet que ce fût. Ses confrères en fesaient peu de cas, mais la populace l'idolâtrait.

Au lieu de les enlever sans éclat dans le silence de

la nuit, le cardinal crut en imposer au peuple en les fesant arrêter en plein midi, tandis qu'on chantait le *Te Deum* à Notre-Dame pour la victoire de Lens, et que les suisses de la chambre apportaient dans l'église soixante et treize drapeaux pris sur les ennemis. Ce fut précisément ce qui causa la subversion du royaume. Charton s'esquiva; on prit Blancménil sans peine; il n'en fut pas de même de Broussel. Une vieille servante seule, en voyant jeter son maître dans un carrosse par Comminges, lieutenant des gardes-du-corps, ameute le peuple; on entoure le carrosse; on le brise; les gardes-françaises prêtent main-forte. Le prisonnier est conduit sur le chemin de Sedan. Son enlèvement, loin d'intimider le peuple, l'irrite et l'enhardit. On ferme les boutiques, on tend les grosses chaînes de fer qui étaient alors à l'entrée des rues principales; on fait quelques barricades, quatre cent mille voix crient : *Liberté* et Broussel.

Il est difficile de concilier tous les détails rapportés par le cardinal de Retz, madame de Motteville, l'avocat général Talon, et tant d'autres; mais tous conviennent des principaux points. Pendant la nuit qui suivit l'émeute, la reine fesait venir environ deux mille hommes de troupes cantonnées à quelques lieues de Paris, pour soutenir la maison du roi. Le chancelier Séguier se transportait déjà au parlement, précédé d'un lieutenant et de plusieurs hoquetons, pour casser tous les arrêts, et même, disait-on, pour interdire ce corps. Mais, dans la nuit même, les factieux s'étaient assemblés chez le coadjuteur de Paris, si fameux sous le nom de cardinal de Retz, et tout était disposé pour mettre la ville en armes. Le peuple arrête le carrosse du chancelier et le renverse. Il put à peine s'enfuir avec sa fille, la duchesse de Sulli, qui, malgré lui, l'avait voulu accompagner; il se retire en désordre dans l'hôtel de Luines, pressé et insulté par la populace. Le lieutenant civil vient le prendre dans son carrosse, et le mène au Palais-Royal, escorté de deux compagnies suisses, et d'une escouade de gendarmes; le peuple tire sur eux, quelques uns sont tués : la duchesse de Sulli est blessée au bras (26 août 1648). Deux cents barricades sont formées en un instant; on les pousse jusqu'à cent pas du Palais-Royal. Tous les soldats, après avoir vu tomber quelques uns des leurs, reculent et regardent faire les bourgeois. Le parlement en corps marche à pied vers la reine, à travers les barricades qui s'abaissent devant lui, et redemande ses membres emprisonnés. La reine est obligée de les rendre, et, par cela même, elle invite les factieux à de nouveaux outrages.

Le cardinal de Retz se vante d'avoir seul armé tout Paris dans cette journée, qui fut nommée des *barricades*, et qui était la seconde de cette espèce. Cet homme singulier est le premier évêque en France qui ait fait une guerre civile sans avoir la religion pour prétexte. Il s'est peint lui-même dans ses Mémoires, écrits avec un air de grandeur, une impétuosité de génie, et une inégalité, qui sont l'image de sa conduite. C'était un homme qui, du sein de la débauche, et languissant encore des suites infames qu'elle entraîne, prêchait le peuple et s'en fesait idolâtrer. Il respirait la faction et les complots; il avait été, à l'âge de vingt-trois ans, l'ame d'une conspiration contre la vie de Richelieu : il fut l'auteur des barricades : il précipita le parlement dans les cabales, et le peuple dans les séditions. Son extrême vanité lui fesait entreprendre des crimes téméraires, afin qu'on en parlât. C'est cette même vanité qui lui a fait répéter tant de fois : Je suis d'une maison de Florence aussi ancienne que celle des plus grands princes; lui, dont les ancêtres avaient été des marchands, comme tant de ses compatriotes.

Ce qui paraît surprenant, c'est que le parlement, entraîné par lui, leva l'étendard contre la cour, avant même d'être appuyé par aucun prince.

Cette compagnie, depuis long-temps, était regardée bien différemment par la cour et par le peuple. Si l'on en croyait la voix de tous les ministres et de la cour, le parlement de Paris était une cour de justice faite pour juger les causes des citoyens : il tenait cette prérogative de la seule volonté des rois, il n'avait sur les autres parlements du royaume d'autre prééminence que celle de l'ancienneté et d'un ressort plus considérable; il n'était la cour des pairs que parceque la cour résidait à Paris; il n'avait pas plus de droit de faire des remontrances que les autres corps, et ce droit était encore une pure grace : il avait succédé à ces parlements qui représentaient autrefois la nation française; mais il n'avait de ces anciennes assemblées rien que le seul nom; et pour preuve incontestable, c'est qu'en effet les états généraux étaient substitués à la place des assemblées de la nation; et le parlement de Paris ne ressemblait pas plus aux parlements tenus par nos premiers rois, qu'un consul de Smyrne ou d'Alep ne ressemble à un consul romain.

Cette seule erreur de nom était le prétexte des prétentions ambitieuses d'une compagnie d'hommes de loi, qui tous, pour avoir acheté leurs offices de robe, pensaient tenir la place des conquérants des Gaules, et des seigneurs des fiefs de la couronne. Ce corps, en tous les temps, avait abusé du pouvoir que s'arroge nécessairement un premier tribunal, toujours subsistant dans une capitale. Il avait osé donner un arrêt contre Charles VII, et le bannir du royaume [1]; il avait commencé un procès criminel contre Henri III [a]: il avait en tous les temps résisté, autant qu'il l'avait pu, à ses souverains; et dans cette minorité de Louis XIV, sous le plus doux des gouvernements, et sous la plus indulgente des reines, il voulait faire la guerre civile à son prince, à l'exemple de ce parlement d'Angleterre qui tenait alors son roi prisonnier, et qui lui fit trancher la tête. Tels étaient les discours et les pensées du cabinet.

Mais les citoyens de Paris, et tout ce qui tenait à la robe, voyaient dans le parlement un corps auguste, qui avait rendu la justice avec une intégrité respectable, qui n'aimait que le bien de l'état, et qui l'aimait au péril de sa fortune, qui bornait son ambition à la gloire de réprimer l'ambition des favoris, et qui marchait d'un pas égal entre le roi et le peuple; et, sans examiner l'origine de ses droits et de son pouvoir, on lui supposait les droits les plus sacrés, et le pouvoir

---

[1] Voyez tome XVI, page 404; et tome XXII, page 38. B.
[a] Voyez *Histoire du parlement*, chap. xxx.

le plus incontestable : quand on le voyait soutenir la cause du peuple contre les ministres détestés, on l'appelait *le père de l'état;* et on fesait peu de différence entre le droit qui donne la couronne aux rois, et celui qui donnait au parlement le pouvoir de modérer les volontés des rois.

Entre ces deux extrémités, un milieu juste était impossible à trouver; car, enfin, il n'y avait de loi bien reconnue que celle de l'occasion et du temps. Sous un gouvernement vigoureux le parlement n'était rien : il était tout sous un roi faible; et l'on pouvait lui appliquer ce que dit M. de Guémené, quand cette compagnie se plaignit, sous Louis XIII, d'avoir été précédée par les députés de la noblesse : « Messieurs, vous prendrez bien votre revanche dans « la minorité. »

On ne veut point répéter ici tout ce qui a été écrit sur ces troubles, et copier des livres pour remettre sous les yeux tant de détails alors si chers et si importants, et aujourd'hui presque oubliés; mais on doit dire ce qui caractérise l'esprit de la nation, et moins ce qui appartient à toutes les guerres civiles, que ce qui distingue celle de la Fronde.

Deux pouvoirs établis chez les hommes, uniquement pour le maintien de la paix, un archevêque et un parlement de Paris ayant commencé les troubles, le peuple crut tous ses emportements justifiés. La reine ne pouvait paraître en public sans être outragée, on ne l'appelait que *Dame Anne;* et si l'on y ajoutait quelque titre, c'était un opprobre. Le peuple lui reprochait avec fureur de sacrifier l'état à son amitié pour Mazarin; et, ce qu'il y avait de plus insupportable, elle entendait de tous côtés ces chansons et ces vaudevilles, monuments de plaisanterie et de malignité qui semblaient devoir éterniser le doute où l'on affectait d'être de sa vertu. Madame de Motteville dit, avec sa noble et sincère naïveté, que « ces insolences fesaient horreur à la reine, et que « les Parisiens trompés lui fesaient pitié. »

(6 janvier 1649) Elle s'enfuit de Paris avec ses enfants, son ministre, le duc d'Orléans, frère de Louis XIII, le grand Condé lui-même, et alla à Saint-Germain, où presque toute la cour coucha sur la paille [1]. On fut obligé de mettre en gage chez les usuriers les pierreries de la couronne.

Le roi manqua souvent du nécessaire. Les pages de sa chambre furent congédiés, parcequ'on n'avait pas de quoi les nourrir. En ce temps-là même la tante de Louis XIV, fille de Henri-le-Grand, femme du roi d'Angleterre, réfugiée à Paris, y était réduite aux extrémités de la pauvreté; et sa fille, depuis mariée au frère de Louis XIV, restait au lit, n'ayant pas de quoi se chauffer, sans que le peuple de Paris, enivré de ses fureurs, fît seulement attention aux afflictions de tant de personnes royales.

Anne d'Autriche, dont on vantait l'esprit, les graces, la bonté, n'avait presque jamais été en France que malheureuse. Long-temps traitée comme une criminelle par son époux, persécutée par le cardinal de Richelieu, elle avait vu ses papiers saisis au Val-de-Grace; elle avait été obligée de signer en plein conseil

[1] Voyez tome XXII, page 268. B.

qu'elle était coupable envers le roi son mari. Quand elle accoucha de Louis XIV, ce même mari ne voulut jamais l'embrasser selon l'usage, et cet affront altéra sa santé au point de mettre en danger sa vie. Enfin, dans sa régence, après avoir comblé de graces tous ceux qui l'avaient implorée, elle se voyait chassée de la capitale par un peuple volage et furieux. Elle et la reine d'Angleterre, sa belle-sœur, étaient toutes deux un mémorable exemple des révolutions que peuvent éprouver les têtes couronnées; et sa belle-mère, Marie de Médicis, avait été encore plus malheureuse [1].

La reine, les larmes aux yeux, pressa le prince de Condé de servir de protecteur au roi. Le vainqueur de Rocroi, de Fribourg, de Lens, et de Nordlingen, ne put démentir tant de services passés : il fut flatté de l'honneur de défendre une cour qu'il croyait ingrate, contre la fronde qui recherchait son appui. Le parlement eut donc le grand Condé à combattre, et il osa soutenir la guerre.

Le prince de Conti, frère du grand Condé, aussi jaloux de son aîné qu'incapable de l'égaler; le duc de Longueville, le duc de Beaufort, le duc de Bouillon, animés par l'esprit remuant du coadjuteur, et avides de nouveautés, se flattant d'élever leur grandeur sur les ruines de l'état, et de faire servir à leurs desseins particuliers les mouvements aveugles du parlement, vinrent lui offrir leurs services. On nomma, dans la grand'chambre, les généraux d'une armée qu'on n'avait pas. Chacun se taxa pour lever des troupes : il y avait vingt conseillers pourvus de charges nouvelles,

---

[1] Voyez tome XVIII, pages 221, 245. B.

créées par le cardinal de Richelieu. Leurs confrères, par une petitesse d'esprit dont toute société est susceptible, semblaient poursuivre sur eux la mémoire de Richelieu; ils les accablaient de dégoûts, et ne les regardaient pas comme membres du parlement : il fallut qu'ils donnassent chacun quinze mille livres pour les frais de la guerre, et pour acheter la tolérance de leurs confrères.

La grand'chambre, les enquêtes, les requêtes, la chambre des comptes, la cour des aides, qui avaient tant crié contre des impôts faibles et nécessaires, et surtout contre l'augmentation du tarif, laquelle n'allait qu'à deux cent mille livres, fournirent une somme de près de dix millions de notre monnaie d'aujourd'hui, pour la subversion de la patrie. On rendit un arrêt par lequel il fut ordonné de se saisir de tout l'argent des partisans de la cour. On en prit pour douze cent mille de nos livres. On leva douze mille hommes par arrêt du parlement (15 février 1649) : chaque porte cochère fournit un homme et un cheval. Cette cavalerie fut appelée *la cavalerie des portes cochères*. Le coadjuteur avait un régiment à lui, qu'on nommait le *régiment de Corinthe*, parceque le coadjuteur était archevêque titulaire de Corinthe.

Sans les noms de roi de France, de grand Condé, de capitale du royaume, cette guerre de la fronde eût été aussi ridicule que celle des Barberins; on ne savait pourquoi on était en armes. Le prince de Condé assiégea cent mille bourgeois avec huit mille soldats. Les Parisiens sortaient en campagne, ornés de plumes et de rubans; leurs évolutions étaient le sujet de plaisanterie des gens du métier. Ils fuyaient dès qu'ils rencontraient deux cents hommes de l'armée royale. Tout se tournait en raillerie ; le régiment de Corinthe ayant été battu par un petit parti, on appela cet échec *la première aux Corinthiens*.

Ces vingt conseillers, qui avaient fourni chacun quinze mille livres, n'eurent d'autre honneur que d'être appelés les *quinze-vingts*[1].

Le duc de Beaufort-Vendôme, petit-fils de Henri IV, l'idole du peuple, et l'instrument dont on se servit pour le soulever, prince populaire, mais d'un esprit borné, était publiquement l'objet des railleries de la cour et de la fronde même. On ne parlait jamais de lui que sous le nom de *roi des halles*. Une balle lui ayant fait une contusion au bras, il disait que ce n'était qu'une confusion.

La duchesse de Nemours rapporte, dans ses Mémoires, que le prince de Condé présenta à la reine un petit nain bossu, armé de pied en cap. « Voilà, dit-il, « le généralissime de l'armée parisienne. » Il voulait par là désigner son frère, le prince de Conti, qui était en effet bossu, et que les Parisiens avaient choisi pour leur général. Cependant ce même Condé fut ensuite général des mêmes troupes ; et madame de Nemours ajoute qu'il disait que toute cette guerre ne méritait d'être écrite qu'en vers burlesques. Il l'appelait aussi la guerre des pots de chambre.

Les troupes parisiennes, qui sortaient de Paris et revenaient toujours battues, étaient reçues avec des huées et des éclats de rire. On ne réparait tous ces

[1] Voyez tome XXII, page 269. B.

petits échecs que par des couplets et des épigrammes. Les cabarets et les autres maisons de débauche étaient les tentes où l'on tenait les conseils de guerre, au milieu des plaisanteries, des chansons, et de la gaîté la plus dissolue. La licence était si effrénée, qu'une nuit les principaux officiers de la fronde, ayant rencontré le saint-sacrement qu'on portait dans les rues à un homme qu'on soupçonnait d'être Mazarin, reconduisirent les prêtres à coups de plat d'épée.

Enfin on vit le coadjuteur, archevêque de Paris, venir prendre séance au parlement avec un poignard dans sa poche, dont on apercevait la poignée, et on criait : *Voilà le bréviaire de notre archevêque.*

Il vint un héraut d'armes à la porte Saint-Antoine, accompagné d'un gentilhomme ordinaire de la chambre du roi, pour signifier des propositions (1649). Le parlement ne voulut point le recevoir; mais il admit dans la grand'chambre un envoyé de l'archiduc Léopold, qui fesait alors la guerre à la France[1].

Au milieu de tous ces troubles, la noblesse s'assembla en corps aux Augustins, nomma des syndics, tint publiquement des séances réglées. On eût cru que c'était pour réformer la France, et pour assembler les états généraux; c'était pour un tabouret que la reine avait accordé à madame de Pons; peut-être n'y a-t-il jamais eu une preuve plus sensible de la légèreté d'esprit qu'on reprochait aux Français.

Les discordes civiles qui désolaient l'Angleterre, précisément en même temps, servent bien à faire voir les caractères des deux nations. Les Anglais

---

[1] Voyez tome XXII, page 271. B.

avaient mis dans leurs troubles civils un acharnement mélancolique, et une fureur raisonnée : ils donnaient de sanglantes batailles ; le fer décidait tout ; les échafauds étaient dressés pour les vaincus ; leur roi, pris en combattant, fut amené devant une cour de justice, interrogé sur l'abus qu'on lui reprochait d'avoir fait de son pouvoir, condamné à perdre la tête, et exécuté devant tout son peuple (9 février 1649)[1], avec autant d'ordre, et avec le même appareil de justice, que si on avait condamné un citoyen criminel, sans que, dans le cours de ces troubles horribles, Londres se fût ressentie un moment des calamités attachées aux guerres civiles.

Les Français, au contraire, se précipitaient dans les séditions par caprice, et en riant : les femmes étaient à la tête des factions ; l'amour fesait et rompait les cabales. La duchesse de Longueville engagea Turenne, à peine maréchal de France, à faire révolter l'armée qu'il commandait pour le roi.

C'était la même armée que le célèbre duc de Saxe-Veimar avait rassemblée. Elle était commandée, après la mort du duc de Veimar, par le comte d'Erlach, d'une ancienne maison du canton de Berne. Ce fut ce comte d'Erlach qui donna cette armée à la France, et qui lui valut la possession de l'Alsace. Le vicomte de Turenne voulut le séduire ; l'Alsace eût été perdue pour Louis XIV, mais il fut inébranlable ; il contint les troupes veimariennes dans la fidélité qu'elles devaient à leur serment. Il fut même chargé par le car-

[1] Sur cette date, voyez ma note, tome XVIII, page 315. B.

dinal Mazarin d'arrêter le vicomte. Ce grand homme, infidèle alors par faiblesse, fut obligé de quitter en fugitif l'armée dont il était général, pour plaire à une femme qui se moquait de sa passion : il devint, de général du roi de France, lieutenant de don Estevan de Gamare, avec lequel il fut battu à Rethel par le maréchal du Plessis-Praslin.

On connaît ce billet du maréchal d'Hocquincourt à la duchesse de Montbazon : *Péronne est à la belle des belles.* On sait ces vers du duc de La Rochefoucauld, pour la duchesse de Longueville, lorsqu'il reçut, au combat de Saint-Antoine, un coup de mousquet qui lui fit perdre quelque temps la vue :

> Pour mériter son cœur, pour plaire à ses beaux yeux,
> J'ai fait la guerre aux rois; je l'aurais faite aux dieux [1].

On voit, dans les Mémoires de Mademoiselle, une lettre de Gaston, duc d'Orléans, son père, dont l'adresse est : *A mesdames les comtesses, maréchales de camp dans l'armée de ma fille contre le Mazarin.*

La guerre finit, et recommença à plusieurs reprises; il n'y eut personne qui ne changeât souvent de parti. Le prince de Condé, ayant ramené dans Paris la cour triomphante, se livra au plaisir de la mépriser après

---

[1] Ces vers sont tirés d'une tragédie de Du Ryer; le duc de La Rochefoucauld les écrivit au-dessous d'un portrait de madame de Longueville : s'étant aperçu qu'elle le trompait, il en parodia les deux derniers hémistiches :

> Pour mériter son cœur, qu'enfin je connais mieux,
> J'ai fait la guerre aux rois; j'en ai perdu les yeux. K.

—Voltaire, dans son *Supplément au Siècle de Louis XIV*, première partie (voyez tome XX), dit lui-même que les vers qu'il a mis dans la bouche de La Rochefoucauld sont tirés de l'*Alcyonée* de Du Ryer. B.

l'avoir défendue; et ne trouvant pas qu'on lui donnât des récompenses proportionnées à sa gloire et à ses services, il fut le premier à tourner Mazarin en ridicule, à braver la reine, et à insulter le gouvernement qu'il dédaignait. Il écrivit, à ce qu'on prétend, au cardinal, *all' illustrissimo signor Faquino*. Il lui dit un jour : *Adieu, Mars*. Il encouragea un marquis de Jarsai à faire une déclaration d'amour à la reine, et trouva mauvais qu'elle osât s'en offenser. Il se ligua avec le prince de Conti, son frère, et le duc de Longueville, qui abandonnèrent le parti de la fronde. On avait appelé la cabale du duc de Beaufort, au commencement de la régence, celle des *importants*; on appelait celle de Condé le *parti des petits-maîtres*, parcequ'ils voulaient être les maîtres de l'état. Il n'est resté de tous ces troubles d'autres traces que ce nom de *petit-maître*, qu'on applique aujourd'hui à la jeunesse avantageuse et mal élevée, et le nom de *frondeurs* qu'on donne aux censeurs du gouvernement.

On employa de tous côtés des moyens aussi bas qu'odieux. Joli, conseiller au châtelet, depuis secrétaire du cardinal de Retz, imagina de se faire une incision au bras, et de se faire tirer un coup de pistolet dans son carrosse, pour faire accroire que la cour avait voulu l'assassiner.

Quelques jours après, pour diviser le parti du prince de Condé et les frondeurs, et pour les rendre irréconciliables, on tire des coups de fusil dans les carrosses du grand Condé, et on tue un de ses valets de pied, ce qui s'appelait une *joliade renforcée*. Qui fit cette étrange entreprise? est-ce le parti du cardinal Mazarin? Il en fut très soupçonné. On en accusa le cardinal de Retz, le duc de Beaufort, et le vieux Broussel, en plein parlement, et ils furent justifiés.

Tous les partis se choquaient, négociaient, se trahissaient tour-à-tour. Chaque homme important, ou qui voulait l'être, prétendait établir sa fortune sur la ruine publique; et le bien public était dans la bouche de tout le monde. Gaston était jaloux de la gloire du grand Condé et du crédit de Mazarin. Condé ne les aimait ni ne les estimait. Le coadjuteur de l'archevêché de Paris voulait être cardinal par la nomination de la reine, et il se dévouait alors à elle pour obtenir cette dignité étrangère qui ne donnait aucune autorité, mais un grand relief. Telle était alors la force du préjugé, que le prince de Conti, frère du grand Condé, voulait aussi couvrir sa couronne de prince d'un chapeau rouge. Et tel était en même temps le pouvoir des intrigues, qu'un abbé sans naissance et sans mérite, nommé La Rivière, disputait ce chapeau romain au prince. Ils ne l'eurent ni l'un ni l'autre: le prince, parcequ'enfin il sut le mépriser; La Rivière, parcequ'on se moqua de son ambition; mais le coadjuteur l'obtint pour avoir abandonné le prince de Condé aux ressentiments de la reine.

Ces ressentiments n'avaient d'autre fondement que de petites querelles d'intérêt entre le grand Condé et Mazarin. Nul crime d'état ne pouvait être imputé à Condé; cependant on l'arrêta dans le Louvre, lui, son frère de Conti, et son beau-frère de Longueville, sans aucune formalité, et uniquement parceque Mazarin le craignait (18 janvier 1650). Cette démarche était, à la vérité, contre toutes les lois; mais on ne connaissait les lois dans aucun des partis [1].

Le cardinal, pour se rendre maître de ces princes, usa d'une fourberie qu'on appela politique. Les frondeurs étaient accusés d'avoir tenté d'assassiner le prince de Condé; Mazarin lui fait accroire qu'il s'agit d'arrêter un des conjurés, et de tromper les frondeurs; que c'est à son altesse à signer l'ordre aux gendarmes de la garde de se tenir prêts au Louvre. Le grand Condé signe lui-même l'ordre de sa détention. On ne vit jamais mieux que la politique consiste souvent dans le mensonge, et que l'habileté est de pénétrer le menteur.

On lit dans la *Vie de la duchesse de Longueville* que la reine-mère se retira dans son petit oratoire pendant qu'on se saisissait des princes, qu'elle fit

---

[1] Le prince de Condé fut d'abord conduit à Vincennes, avec une escorte commandée par le comte de Miossens. L'abbé de Choisi rapporte dans ses Mémoires que, la voiture du prince ayant cassé, Condé dit à Miossens : « Voilà une belle occasion pour un cadet de Gascogne; » mais que Miossens fut fidèle à la reine. Cette anecdote ne peut être vraie : Miossens était d'Albret, du même nom que la mère de Henri IV, et ce n'était pas du prince de Condé qu'il pouvait attendre sa fortune. C'est le même que le maréchal d'Albret, qui fut depuis un des premiers protecteurs de madame de Maintenon.

Le comte d'Harcourt, de la maison de Lorraine, conduisit ensuite Condé au Havre; le prince, étant avec lui dans la même voiture, lui fit cette chanson :

    Cet homme gros et court
    Si fameux dans l'histoire,
    Ce grand comte d'Harcourt
    Tout rayonnant de gloire,
    Qui secourut Casal, et qui reprit Turin,
    Est devenu recors de Jules Mazarin. K.

mettre à genoux le roi son fils, âgé de onze ans, et qu'ils prièrent Dieu dévotement ensemble pour l'heureux succès de cette expédition. Si Mazarin en avait usé ainsi, c'eût été une momerie atroce. Ce n'était dans Anne d'Autriche qu'une faiblesse ordinaire aux femmes. La dévotion, chez elles, s'allie avec l'amour, avec la politique, avec la cruauté même. Les femmes fortes sont au-dessus de ces petitesses.

Le prince de Condé eût pu gouverner l'état s'il avait seulement voulu plaire ; mais il se contentait d'être admiré. Le peuple de Paris, qui avait fait des barricades pour un conseiller-clerc presque imbécile, fit des feux de joie lorsqu'on mena au donjon de Vincennes le défenseur et le héros de la France.

Ce qui montre encore combien les événements trompent les hommes, c'est que cette prison de trois princes, qui semblait devoir assoupir les factions, fut ce qui les releva. La mère du prince de Condé, exilée, resta dans Paris malgré la cour, et porta sa requête au parlement (1650). Sa femme, après mille périls, se réfugia dans la ville de Bordeaux ; aidée des ducs de Bouillon et de La Rochefoucauld, elle souleva cette ville, et arma l'Espagne.

Toute la France redemandait le grand Condé. S'il avait paru alors, la cour était perdue. Gourville, qui, de simple valet de chambre du duc de La Rochefoucauld, était devenu un homme considérable par son caractère hardi et prudent, imagina un moyen sûr de délivrer les princes enfermés alors à Vincennes. Un des conjurés eut la bêtise de se confesser à un prêtre de la fronde. Ce malheureux prêtre avertit le coadjuteur, persécuteur en ce temps-là du grand Condé. L'entreprise échoua par la révélation de la confession, si ordinaire dans les guerres civiles.

On voit par les Mémoires du conseiller d'état Lenet, plus curieux que connus, combien, dans ces temps de licence effrénée, de troubles, d'iniquités, et même d'impiétés, les prêtres avaient encore de pouvoir sur les esprits. Il rapporte qu'en Bourgogne le doyen de la Sainte-Chapelle, attaché au prince de Condé, offrit pour tout secours de faire parler en sa faveur tous les prédicateurs en chaire, et de faire manœuvrer tous les prêtres dans la confession.

Pour mieux faire connaître encore les mœurs du temps, il dit que lorsque la femme du grand Condé alla se réfugier dans Bordeaux, les ducs de Bouillon et de La Rochefoucauld allèrent au-devant d'elle à la tête d'une foule de jeunes gentilshommes qui crièrent à ses oreilles, *vive Condé*, ajoutant un mot obscène pour Mazarin, et la priant de joindre sa voix aux leurs.

(13 février 1651) Un an après, les mêmes frondeurs qui avaient vendu le grand Condé et les princes à la vengeance timide de Mazarin, forcèrent la reine à ouvrir leurs prisons, et à chasser du royaume son premier ministre. Mazarin alla lui-même au Havre, où ils étaient détenus; il leur rendit leur liberté, et ne fut reçu d'eux qu'avec le mépris qu'il en devait attendre; après quoi il se retira à Liége. Condé revint dans Paris aux acclamations de ce même peuple qui l'avait tant haï. Sa présence renouvela les cabales, les dissensions, et les meurtres.

Le royaume resta dans cette combustion encore quelques années. Le gouvernement ne prit presque jamais que des partis faibles et incertains : il semblait devoir succomber ; mais les révoltés furent toujours désunis, et c'est ce qui sauva la cour. Le coadjuteur, tantôt ami, tantôt ennemi du prince de Condé, suscita contre lui une partie du parlement et du peuple : il osa en même temps servir la reine, en tenant tête à ce prince, et l'outrager, en la forçant d'éloigner le cardinal Mazarin, qui se retira à Cologne. La reine, par une contradiction trop ordinaire aux gouvernements faibles, fut obligée de recevoir à-la-fois ses services et ses offenses, et de nommer au cardinalat ce même coadjuteur, l'auteur des barricades, qui avait contraint la famille royale à sortir de la capitale, et à l'assiéger.

CHAPITRE V.

Suite de la guerre civile jusqu'à la fin de la rébellion, en 1653.

Enfin le prince de Condé se résolut à une guerre qu'il eût dû commencer du temps de la fronde, s'il avait voulu être le maître de l'état, ou qu'il n'aurait dû jamais faire s'il avait été citoyen. Il part de Paris ; il va soulever la Guienne, le Poitou, et l'Anjou, et mendier contre la France le secours des Espagnols, dont il avait été le fléau le plus terrible.

Rien ne marque mieux la manie de ce temps, et le déréglement qui déterminait toutes les démarches, que ce qui arriva alors à ce prince. La reine lui envoya un courrier de Paris avec des propositions qui devaient l'engager au retour et à la paix. Le courrier se trompa; et au lieu d'aller à Angerville, où était le prince, il alla à Augerville. La lettre vint trop tard. Condé dit que s'il l'avait reçue plus tôt, il aurait accepté les propositions de paix; mais que, puisqu'il était déjà assez loin de Paris, ce n'était pas la peine d'y retourner. Ainsi la méprise d'un courrier et le pur caprice de ce prince replongèrent la France dans la guerre civile.

(Décembre 1651). Alors le cardinal Mazarin, qui, du fond de son exil à Cologne, avait gouverné la cour, rentra dans le royaume, moins en ministre qui venait reprendre son poste, qu'en souverain qui se remettait en possession de ses états; il était conduit par une petite armée de sept mille hommes levés à ses dépens, c'est-à-dire avec l'argent du royaume qu'il s'était approprié.

On fait dire au roi, dans une déclaration de ce temps-là, que le cardinal avait en effet levé ces troupes de son argent; ce qui doit confondre l'opinion de ceux qui ont écrit qu'à sa première sortie du royaume Mazarin s'était trouvé dans l'indigence. Il donna le commandement de sa petite armée au maréchal d'Hocquincourt. Tous les officiers portaient des écharpes vertes; c'était la couleur des livrées du cardinal. Chaque parti avait alors son écharpe : la blanche était celle du roi; l'isabelle, celle du prince de Condé. Il était étonnant que le cardinal Mazarin, qui avait jusqu'alors affecté tant de modestie, eût la hardiesse de faire porter ses livrées à une armée, comme s'il avait un parti différent de celui de son maître; mais il ne put résister à cette vanité: c'était précisément ce qu'avait fait le maréchal d'Ancre, et ce qui contribua beaucoup à sa perte. La même témérité réussit au cardinal Mazarin : la reine l'approuva. Le roi, déjà majeur, et son frère, allèrent au-devant de lui.

(Décembre 1651) Aux premières nouvelles de son retour, Gaston d'Orléans, frère de Louis XIII, qui avait demandé l'éloignement du cardinal, leva des troupes dans Paris sans savoir à quoi elles seraient employées. Le parlement renouvela ses arrêts; il proscrivit Mazarin, et mit sa tête à prix. Il fallut chercher dans les registres quel était le prix d'une tête ennemie du royaume. On trouva que sous Charles IX on avait promis, par arrêt, cinquante mille écus à celui qui représenterait l'amiral Coligni mort ou vif. On crut très sérieusement procéder en règle, en mettant ce même prix à l'assassinat d'un cardinal premier ministre.

Cette proscription ne donna à personne la tentation de mériter les cinquante mille écus, qui après tout n'eussent point été payés. Chez une autre nation, et dans un autre temps, un tel arrêt eût trouvé des exécuteurs; mais il ne servit qu'à faire de nouvelles plaisanteries. Les Blot et les Marigni, beaux esprits, qui portaient la gaîté dans les tumultes de ces troubles, firent afficher dans Paris une répartition des cent cinquante mille livres; tant pour qui couperait le nez au cardinal, tant pour une oreille, tant pour un œil, tant pour le faire eunuque. Ce ridicule fut tout l'effet de la proscription contre la personne du ministre; mais ses meubles et sa bibliothèque furent vendus par un second arrêt ; cet argent était destiné à payer un assassin; il fut dissipé par les dépositaires, comme tout l'argent qu'on levait alors. Le cardinal, de son côté, n'employait contre ses ennemis ni le poison ni l'assassinat; et, malgré l'aigreur et la manie de tant de partis et de tant de haines, on ne commit pas autant de grands crimes, les chefs de parti furent moins cruels, et les peuples moins furieux que du temps de la ligue; car ce n'était pas une guerre de religion.

(Décembre 1651) L'esprit de vertige qui régnait en ce temps posséda si bien tout le corps du parlement de Paris, qu'après avoir solennellement ordonné un assassinat dont on se moquait, il rendit un arrêt par lequel plusieurs conseillers devaient se transporter sur la frontière pour informer contre l'armée du cardinal Mazarin, c'est-à-dire contre l'armée royale.

Deux conseillers furent assez imprudents pour aller avec quelques paysans faire rompre les ponts par où le cardinal devait passer : l'un d'eux, nommé Bitaut, fut fait prisonnier par les troupes du roi, relâché avec indulgence, et moqué de tous les partis.

(6 août 1652) Cependant le roi majeur interdit le parlement de Paris, et le transfère à Pontoise. Quatorze membres attachés à la cour obéissent, les autres résistent. Voilà deux parlements qui, pour mettre le comble à la confusion, se foudroient par des arrêts réciproques, comme du temps de Henri IV et de Charles VI.

Précisément dans le temps que cette compagnie s'abandonnait à ces extrémités contre le ministre du roi, elle déclarait criminel de lèse-majesté le prince de Condé, qui n'était armé que contre ce ministre; et, par un renversement d'esprit que toutes les démarches précédentes rendent croyable, elle ordonna que les nouvelles troupes de Gaston, duc d'Orléans, marcheraient contre Mazarin; et elle défendit en même temps qu'on prît aucuns deniers dans les recettes publiques pour les soudoyer.

On ne pouvait attendre autre chose d'une compagnie de magistrats qui, jetée hors de sa sphère, et ne connaissant ni ses droits, ni son pouvoir réel, ni les affaires politiques, ni la guerre, s'assemblant et décidant en tumulte, prenait des partis auxquels elle n'avait pas pensé le jour d'auparavant, et dont elle-même s'étonnait ensuite.

Le parlement de Bordeaux servait alors le prince de Condé; mais il tint une conduite un peu plus uniforme, parcequ'étant plus éloigné de la cour, il était moins agité par des factions opposées. Des objets plus considérables intéressaient toute la France.

Condé, ligué avec les Espagnols, était en campagne contre le roi; et Turenne, ayant quitté ces mêmes Espagnols, avec lesquels il avait été battu à Réthel, venait de faire sa paix avec la cour, et commandait l'armée royale. L'épuisement des finances ne permettait ni à l'un ni à l'autre des deux partis d'avoir de grandes armées; mais de petites ne décidaient pas moins du sort de l'état. Il y a des temps où cent mille hommes en campagne peuvent à peine prendre deux villes : il y en a d'autres où une bataille entre sept ou huit mille hommes peut renverser un trône ou l'affermir.

Louis XIV, élevé dans l'adversité, allait avec sa mère, son frère, et le cardinal Mazarin, de province en province, n'ayant pas autant de troupes autour de sa personne, à beaucoup près, qu'il en eut depuis en temps de paix pour sa seule garde. Cinq à six mille hommes, les uns envoyés d'Espagne, les autres levés par les partisans du prince de Condé, le poursuivaient au cœur de son royaume.

Le prince de Condé courait cependant de Bordeaux à Montauban, prenait des villes, et grossissait partout son parti.

Toute l'espérance de la cour était dans le maréchal de Turenne. L'armée royale se trouvait auprès de Gien sur la Loire. Celle du prince de Condé était à quelques lieues sous les ordres du duc de Nemours et du duc de Beaufort. Les divisions de ces deux généraux allaient être funestes au parti du prince. Le duc de Beaufort était incapable du moindre commandement. Le duc de Nemours passait pour être plus brave et plus aimable qu'habile. Tous deux ensemble ruinaient leur armée. Les soldats savaient que le grand Condé était à cent lieues de là, et se croyaient perdus, lorsqu'au milieu de la nuit un courrier se présenta dans la forêt d'Orléans devant les grandes gardes. Les sentinelles reconnurent dans ce courrier le prince de Condé lui-même, qui venait d'Agen, à travers mille aventures, et toujours déguisé, se mettre à la tête de son armée.

Sa présence fesait beaucoup, et cette arrivée imprévue encore davantage. Il savait que tout ce qui est soudain et inespéré transporte les hommes. Il profita à l'instant de la confiance et de l'audace qu'il venait d'inspirer. Le grand talent de ce prince dans la guerre était de prendre en un instant les résolutions les plus hardies, et de les exécuter avec non moins de conduite que de promptitude.

(7 avril 1652) L'armée royale était séparée en deux corps. Condé fondit sur celui qui était à Blenau, commandé par le maréchal d'Hocquincourt; et ce corps fut dissipé en même temps qu'attaqué. Turenne n'en put être averti. Le cardinal Mazarin effrayé courut à Gien, au milieu de la nuit, réveiller le roi qui dormait, pour lui apprendre cette nouvelle. Sa petite cour fut consternée; on proposa de sauver le roi par la fuite, et de le conduire secrètement à Bourges. Le prince de Condé victorieux approchait de Gien; la désolation et la crainte augmentaient. Turenne par sa fermeté rassura les esprits, et sauva la cour par son habileté; il fit, avec le peu qui lui restait de troupes, des mouvements si heureux, profita si bien du terrain et du temps, qu'il empêcha Condé de poursuivre son avantage. Il fut difficile alors de décider lequel avait acquis le plus d'honneur, ou de Condé victorieux, ou de Turenne qui lui avait arraché le fruit de sa victoire. Il est vrai que dans ce combat de Blenau, si long-temps célèbre en France, il n'y avait pas eu quatre cents hommes de tués; mais le prince de Condé n'en fut pas moins sur le point de se rendre maître de toute la famille

royale, et d'avoir entre ses mains son ennemi, le cardinal Mazarin. On ne pouvait guère voir un plus petit combat, de plus grands intérêts, et un danger plus pressant.

Condé, qui ne se flattait pas de surprendre Turenne, comme il avait surpris d'Hocquincourt, fit marcher son armée vers Paris : il se hâta d'aller dans cette ville jouir de sa gloire et des dispositions favorables d'un peuple aveugle. L'admiration qu'on avait pour ce dernier combat dont on exagérait encore toutes les circonstances, la haine qu'on portait à Mazarin, le nom et la présence du grand Condé, semblaient d'abord le rendre maître absolu de la capitale : mais dans le fond tous les esprits étaient divisés ; chaque parti était subdivisé en factions, comme il arrive dans tous les troubles. Le coadjuteur, devenu cardinal de Retz, raccommodé en apparence avec la cour, qui le craignait et dont il se défiait, n'était plus le maître du peuple, et ne jouait plus le principal rôle. Il gouvernait le duc d'Orléans, et était opposé à Condé. Le parlement flottait entre la cour, le duc d'Orléans, et le prince : quoique tout le monde s'accordât à crier contre Mazarin, chacun ménageait en secret des intérêts particuliers ; le peuple était une mer orageuse, dont les vagues étaient poussées au hasard par tant de vents contraires. On fit promener dans Paris la châsse de sainte Geneviève, pour obtenir l'expulsion du cardinal ministre; et la populace ne douta pas que cette sainte n'opérât ce miracle, comme elle donne de la pluie.

On ne voyait que négociations entre les chefs de

parti, députations du parlement, assemblées de chambres, séditions dans la populace, gens de guerre dans la campagne. On montait la garde à la porte des monastères. Le prince avait appelé les Espagnols à son secours. Charles IV, ce duc de Lorraine chassé de ses états, et à qui il restait pour tout bien une armée de huit mille hommes, qu'il vendait tous les ans au roi d'Espagne, vint auprès de Paris avec cette armée. Le cardinal Mazarin lui offrit plus d'argent pour s'en retourner que le prince de Condé ne lui en avait donné pour venir. Le duc de Lorraine quitta bientôt la France, après l'avoir désolée sur son passage, emportant l'argent des deux partis.

Condé resta donc dans Paris, avec un pouvoir qui diminua tous les jours, et une armée plus faible encore. Turenne mena le roi et sa cour vers Paris. Le roi, à l'âge de quinze ans, vit (juillet 1652) de la hauteur de Charonne la bataille de Saint-Antoine, où ces deux généraux firent avec si peu de troupes de si grandes choses, que la réputation de l'un et de l'autre, qui semblait ne pouvoir plus croître, en fut augmentée.

Le prince de Condé, avec un petit nombre de seigneurs de son parti, suivi de peu de soldats, soutint et repoussa l'effort de l'armée royale. Le duc d'Orléans, incertain du parti qu'il devait prendre, restait dans son palais du Luxembourg. Le cardinal de Retz était cantonné dans son archevêché. Le parlement attendait l'issue de la bataille pour donner quelque arrêt. La reine en larmes était prosternée dans une chapelle aux Carmélites. Le peuple, qui craignait

CHAP. V. SUITE DE LA GUERRE CIVILE. 311

alors également et les troupes du roi et celles de monsieur le Prince, avait fermé les portes de la ville, et ne laissait plus entrer ni sortir personne, pendant que ce qu'il y avait de plus grand en France s'acharnait au combat, et versait son sang dans le faubourg. Ce fut là que le duc de La Rochefoucauld, si illustre par son courage et par son esprit, reçut un coup au-dessus des yeux, qui lui fit perdre la vue pour quelque temps[1]. Un neveu du cardinal Mazarin y fut tué, et le peuple se crut vengé. On ne voyait que jeunes seigneurs tués ou blessés qu'on rapportait à la porte Saint-Antoine, qui ne s'ouvrait point.

Enfin Mademoiselle, fille de Gaston, prenant le parti de Condé, que son père n'osa secourir, fit ouvrir les portes aux blessés, et eut la hardiesse de faire tirer sur les troupes du roi le canon de la Bastille. L'armée royale se retira : Condé n'acquit que de la gloire; mais Mademoiselle se perdit pour jamais dans l'esprit du roi, son cousin, par cette action violente; et le cardinal Mazarin, qui savait l'extrême envie qu'avait Mademoiselle d'épouser une tête couronnée, dit alors : *Ce canon-là vient de tuer son mari.*

La plupart de nos historiens n'étalent à leurs lecteurs que ces combats et ces prodiges de courage et de politique : mais qui saurait quels ressorts honteux il fallait faire jouer, dans quelles misères on était obligé de plonger les peuples, et à quelles bassesses on était réduit, verrait la gloire des héros de ce temps-là avec plus de pitié que d'admiration. On en peut

[1] Voyez page 296. B.

juger par les seuls traits que rapporte Gourville, homme attaché à monsieur le Prince. Il avoue que lui-même, pour lui procurer de l'argent, vola celui d'une recette, et qu'il alla prendre dans son logis un directeur des postes, à qui il fit payer une rançon : et il rapporte ces violences comme des choses ordinaires.

La livre de pain valait alors à Paris vingt-quatre de nos sous. Le peuple souffrait, les aumônes ne suffisaient pas; plusieurs provinces étaient dans la disette.

Y a-t-il rien de plus funeste que ce qui se passa dans cette guerre devant Bordeaux? Un gentilhomme est pris par les troupes royales, on lui tranche la tête. Le duc de La Rochefoucauld fait pendre par représailles un gentilhomme du parti du roi; et ce duc de La Rochefoucauld passe pourtant pour un philosophe. Toutes ces horreurs étaient bientôt oubliées pour les grands intérêts des chefs de parti.

Mais en même temps y a-t-il rien de plus ridicule que de voir le grand Condé baiser la châsse de sainte Geneviève dans une procession, y frotter son chapelet, le montrer au peuple, et prouver, par cette facétie, que les héros sacrifient souvent à la canaille?

Nulle décence, nulle bienséance, ni dans les procédés, ni dans les paroles. Omer Talon rapporte qu'il entendit des conseillers appeler, en opinant, le cardinal premier ministre, *faquin* [1]. Un conseiller, nommé Quatre-sous, apostropha rudement le grand

---

[1] Voyez page 297; et tome XXII, page 270. B.

Condé en plein parlement; on se donna des gourmades dans le sanctuaire de la justice.

Il y avait eu des coups donnés à Notre-Dame[1] pour une place que les présidents des enquêtes disputaient au doyen de la grand'chambre en 1644. On laissa entrer dans le parquet des gens du roi, en 1645, des femmes du peuple qui demandèrent à genoux que le parlement fît révoquer les impôts.

Ce désordre en tout genre continua depuis 1644 jusqu'en 1653, d'abord sans trouble, enfin dans des séditions continuelles d'un bout du royaume à l'autre.

(1652) Le grand Condé s'oublia jusqu'à donner un soufflet au comte de Rieux, fils du prince d'Elbeuf, chez le duc d'Orléans : ce n'était pas le moyen de regagner le cœur des Parisiens. Le comte de Rieux rendit le soufflet au vainqueur de Rocroi, de Fribourg, de Nordlingen, et de Lens. Cette étrange aventure ne produisit rien; Monsieur fit mettre pour quelques jours le fils du duc d'Elbeuf à la Bastille, et il n'en fut plus parlé[2].

La querelle du duc de Beaufort et du duc de Nemours, son beau-frère, fut sérieuse. Ils s'appelèrent en duel, ayant chacun quatre seconds. Le duc de Nemours fut tué par le duc de Beaufort; et le mar-

---

[1] Voyez tome XXII, pages 255-256. B.

[2] Des hommes très instruits des anecdotes de ce temps prétendent que le prince de Condé n'avait insulté Rieux que de paroles ou de gestes : celui-ci donna le premier coup, que les amis du prince lui rendirent avec usure. Les deux avocats-généraux du parlement, Omer Talon et Jérôme Bignon, furent consultés : Talon voulait poursuivre le comte de Rieux ; Bignon, plus sage, s'y opposa, et fit revenir son collègue à son avis. K.

quis de Villars [1], surnommé *Orondate*, qui secondait Nemours, tua son adversaire, Héricourt, qu'il n'avait jamais vu auparavant. De justice, il n'y en avait pas l'ombre. Les duels étaient fréquents, les déprédations continuelles, les débauches poussées jusqu'à l'impudence publique; mais au milieu de ces désordres il régna toujours une gaîté qui les rendit moins funestes.

Après le sanglant et inutile combat de Saint-Antoine, le roi ne put rentrer dans Paris, et le prince n'y put demeurer long-temps. Une émotion populaire, et le meurtre de plusieurs citoyens dont on le crut l'auteur, le rendirent odieux au peuple. Cependant il avait encore sa brigue au parlement. (20 juillet 1652) Ce corps, peu intimidé alors par une cour errante et chassée en quelque façon de la capitale, pressé par les cabales du duc d'Orléans et du prince, déclara par un arrêt le duc d'Orléans lieutenant-général du royaume, quoique le roi fût majeur : c'était le même titre qu'on avait donné au duc de Mayenne du temps de la ligue. Le prince de Condé fut nommé généralissime des armées. Les deux parlements de Paris et de Pontoise, se contestant l'un à l'autre leur autorité, donnant des arrêts contraires, et qui par là se seraient rendus le mépris du peuple, s'accordaient à demander l'expulsion de Mazarin : tant la haine contre ce ministre semblait alors le devoir essentiel d'un Français.

---

[1] C'est le père du maréchal de Villars, à qui Louis XIV, dans ses malheurs, a dû la victoire et la paix. K.

Il ne se trouva dans ce temps aucun parti qui ne fût faible : celui de la cour l'était autant que les autres ; l'argent et les forces manquaient à tous ; les factions se multipliaient ; les combats n'avaient produit de chaque côté que des pertes et des regrets. La cour se vit obligée de sacrifier encore Mazarin, que tout le monde appelait la cause des troubles, et qui n'en était que le prétexte. Il sortit une seconde fois du royaume (12 août 1652) : pour surcroît de honte, il fallut que le roi donnât une déclaration publique, par laquelle il renvoyait son ministre, en vantant ses services et en se plaignant de son exil [1].

Charles Ier, roi d'Angleterre, venait de perdre la tête sur un échafaud [2], pour avoir, dans le commencement des troubles, abandonné le sang de Strafford, son ami, à son parlement : Louis XIV, au contraire, devint le maître paisible de son royaume en souffrant l'exil de Mazarin. Ainsi les mêmes faiblesses eurent des succès bien différents. Le roi d'Angleterre, en abandonnant son favori, enhardit un peuple qui respirait la guerre, et qui haïssait les rois ; et Loüis XIV, ou plutôt la reine-mère, en renvoyant le cardinal, ôta tout prétexte de révolte à un peuple las de la guerre, et qui aimait la royauté.

(20 octobre 1652) Le cardinal à peine parti pour aller à Bouillon, lieu de sa nouvelle retraite, les citoyens de Paris, de leur seul mouvement, députèrent au roi pour le supplier de revenir dans sa capitale. Il

---

[1] Ce fut pendant cet exil que le cardinal écrivait au roi : « Il ne me reste pas un asile dans un royaume dont j'ai reculé toutes les frontières. » K.
[2] Voyez page 295. B.

y rentra; et tout y fut si paisible qu'il eût été difficile d'imaginer que quelques jours auparavant tout avait été dans la confusion. Gaston d'Orléans, malheureux dans ses entreprises, qu'il ne sut jamais soutenir, fut relégué à Blois, où il passa le reste de sa vie dans le repentir; et il fut le deuxième fils de Henri-le-Grand qui mourut sans beaucoup de gloire. Le cardinal de Retz, aussi imprudent qu'audacieux, fut arrêté dans le Louvre, et, après avoir été conduit de prison en prison, il mena long-temps une vie errante, qu'il finit enfin dans la retraite, où il acquit des vertus que son grand courage n'avait pu connaître dans les agitations de sa fortune.

Quelques conseillers [1] qui avaient le plus abusé de leur ministère payèrent leurs démarches par l'exil; les autres se renfermèrent dans les bornes de la magistrature, et quelques uns s'attachèrent à leur devoir par une gratification annuelle de cinq cents écus, que Fouquet, procureur-général et surintendant des finances, leur fit donner sous main [2].

Le prince de Condé cependant, abandonné en France de presque tous ses partisans, et mal secouru des Espagnols, continuait sur les frontières de la Champagne une guerre malheureuse. Il restait encore des factions dans Bordeaux, mais elles furent bientôt apaisées.

Ce calme du royaume était l'effet du bannissement du cardinal Mazarin; cependant, à peine fut-il chassé par le cri général des Français et par une déclaration

---

[1] Voyez tome XXII, page 274. B.
[2] *Mémoires de Gourville.*

du roi, que le roi le fit revenir (3 février 1653). Il fut étonné de rentrer dans Paris tout puissant et tranquille. Louis XIV le reçut comme un père, et le peuple comme un maître. On lui fit un festin à l'hôtel-de-ville, au milieu des acclamations des citoyens : il jeta de l'argent à la populace ; mais on dit que, dans la joie d'un si heureux changement, il marqua du mépris pour l'inconstance, ou plutôt pour la folie des Parisiens. Les officiers du parlement, après avoir mis sa tête à prix comme celle d'un voleur public, briguèrent presque tous l'honneur de venir lui demander sa protection ; et ce même parlement, peu de temps après, condamna par contumace le prince de Condé à perdre la vie (27 mars 1653); changement ordinaire dans de pareils temps, et d'autant plus humiliant que l'on condamnait par des arrêts celui dont on avait si long-temps partagé les fautes.

On vit le cardinal, qui pressait cette condamnation de Condé, marier au prince de Conti, son frère, l'une de ses nièces (22 février 1654) : preuve que le pouvoir de ce ministre allait être sans bornes.

Le roi réunit les parlements de Paris et de Pontoise: il défendit les assemblées des chambres. Le parlement voulut remontrer ; on mit en prison un conseiller, on en exila quelques autres ; le parlement se tut : tout était déjà changé.

CHAPITRE VI.

État de la France jusqu'à la mort du cardinal Mazarin, en 1661.

Pendant que l'état avait été ainsi déchiré au-dedans, il avait été attaqué et affaibli au-dehors. Tout le fruit des batailles de Rocroi, de Lens, et de Nordlingen, fut perdu. (1651) La place importante de Dunkerque fut reprise par les Espagnols; ils chassèrent les Français de Barcelone; ils reprirent Casal en Italie [1].

Cependant, malgré les tumultes d'une guerre civile et le poids d'une guerre étrangère, le cardinal Mazarin avait été assez habile et assez heureux pour conclure cette célèbre paix de Vestphalie par laquelle l'empereur et l'empire vendirent au roi et à la couronne de France la souveraineté de l'Alsace pour trois millions de livres payables à l'archiduc, c'est-à-dire pour environ six millions d'aujourd'hui. (1648) Par ce traité, devenu pour l'avenir la base de tous les traités, un nouvel électorat fut créé pour la maison de Bavière [2]. Les droits de tous les princes et des villes impériales, les priviléges des moindres gentilshommes allemands, furent confirmés. Le pouvoir de l'empereur fut restreint dans des bornes étroites, et les Français, joints aux Suédois, devinrent les légis-

---

[1] Dunkerque fut perdue en septembre 1652; Barcelone et Casal en octobre. B.
[2] Voyez page 245. B.

lateurs de l'empire. Cette gloire de la France était due au moins en partie aux armes de la Suède. Gustave-Adolphe avait commencé d'ébranler l'empire. Ses généraux avaient encore poussé assez loin leurs conquêtes sous le gouvernement de sa fille Christine. Son général Vrangel était prêt d'entrer en Autriche. Le comte de Kœnigsmarck était maître de la moitié de la ville de Prague, et assiégeait l'autre, lorsque cette paix fut conclue. Pour accabler ainsi l'empereur, il n'en coûta guère à la France qu'environ un million par an donné aux Suédois [1].

Aussi la Suède obtint par ces traités de plus grands avantages que la France; elle eut la Poméranie, beaucoup de places, et de l'argent. Elle força l'empereur de faire passer entre les mains des luthériens des bénéfices qui appartenaient aux catholiques romains. Rome cria à l'impiété, et dit que la cause de Dieu était trahie. Les protestants se vantèrent qu'ils avaient sanctifié l'ouvrage de la paix, en dépouillant des papistes. L'intérêt seul fit parler tout le monde.

L'Espagne n'entra point dans cette paix, et avec assez de raison; car, voyant la France plongée dans les guerres civiles, le ministère espagnol espéra profiter des divisions de la France. Les troupes allemandes licenciées devinrent aux Espagnols un nouveau secours. L'empereur, depuis la paix de Munster, fit passer en Flandre, en quatre ans de temps, près de trente mille hommes. C'était une violation manifeste des traités; mais ils ne sont presque jamais exécutés autrement.

[1] Voyez tome XXIII, pages 592 et 599. B.

Les ministres de Madrid eurent, dans le commencement de ces négociations de Vestphalie, l'adresse de faire une paix particulière avec la Hollande. La monarchie espagnole fut enfin trop heureuse de n'avoir plus pour ennemis, et de reconnaître pour souverains, ceux qu'elle avait traités si long-temps de rebelles indignes de pardon. Ces républicains augmentèrent leurs richesses, et affermirent leur grandeur et leur tranquillité, en traitant avec l'Espagne, sans rompre avec la France.

(1653) Ils étaient si puissants, que dans une guerre qu'ils eurent quelque temps après avec l'Angleterre, ils mirent en mer cent vaisseaux de ligne; et la victoire demeura souvent indécise entre Blake, l'amiral anglais, et Tromp, l'amiral de Hollande, qui étaient tous deux sur mer ce que les Condé et les Turenne étaient sur terre. La France n'avait pas en ce temps dix vaisseaux de cinquante pièces de canon qu'elle pût mettre en mer; sa marine s'anéantissait de jour en jour.

Louis XIV se trouva donc, en 1653, maître absolu d'un royaume encore ébranlé des secousses qu'il avait reçues, rempli de désordres en tout genre d'administration, mais plein de ressources, n'ayant aucun allié, excepté la Savoie, pour faire une guerre offensive, et n'ayant plus d'ennemis étrangers que l'Espagne, qui était alors en plus mauvais état que la France. Tous les Français, qui avaient fait la guerre civile, étaient soumis, hors le prince de Condé et quelques uns de ses partisans, dont un ou deux lui étaient demeurés fidèles par amitié et par grandeur d'ame, comme le comte de Coligni et Bouteville ; et les autres, parceque la cour ne voulut pas les acheter assez chèrement.

Condé, devenu général des armées espagnoles, ne put relever un parti qu'il avait affaibli lui-même par la destruction de leur infanterie aux journées de Rocroi et de Lens. Il combattait avec des troupes nouvelles, dont il n'était pas le maître, contre les vieux régiments français qui avaient appris à vaincre sous lui, et qui étaient commandés par Turenne.

Le sort de Turenne et de Condé fut d'être toujours vainqueurs quand ils combattirent ensemble à la tête des Français, et d'être battus quand ils commandèrent les Espagnols.

Turenne avait à peine sauvé les débris de l'armée d'Espagne à la bataille de Réthel, lorsque de général du roi de France il s'était fait le lieutenant d'un général espagnol : le prince de Condé eut le même sort devant Arras. (25 août 1654) L'archiduc et lui assiégeaient cette ville. Turenne les assiégea dans leur camp, et força leurs lignes ; les troupes de l'archiduc furent mises en fuite. Condé, avec deux régiments de Français et de Lorrains, soutint seul les efforts de l'armée de Turenne ; et, tandis que l'archiduc fuyait, il battit le maréchal d'Hocquincourt, il repoussa le maréchal de La Ferté, et se retira victorieux, en couvrant la retraite des Espagnols vaincus. Aussi le roi d'Espagne lui écrivit ces propres paroles : « J'ai « su que tout était perdu, et que vous avez tout con- « servé. »

Il est difficile de dire ce qui fait perdre ou gagner

les batailles; mais il est certain que Condé était un des grands hommes de guerre qui eussent jamais paru, et que l'archiduc et son conseil ne voulurent rien faire dans cette journée de ce que Condé avait proposé.

Arras sauvé, les lignes forcées, et l'archiduc mis en fuite, comblèrent Turenne de gloire; et on observa que dans la lettre écrite au nom du roi au parlement[a] sur cette victoire, on y attribua le succès de toute la campagne au cardinal Mazarin, et qu'on ne fit pas même mention du nom de Turenne. Le cardinal s'était trouvé en effet à quelques lieues d'Arras avec le roi. Il était même entré dans le camp au siége de Stenaï, que Turenne avait pris avant de secourir Arras. On avait tenu devant le cardinal des conseils de guerre. Sur ce fondement il s'attribua l'honneur des événements, et cette vanité lui donna un ridicule que toute l'autorité du ministère ne put effacer.

Le roi ne se trouva point à la bataille d'Arras, et aurait pu y être : il était allé à la tranchée au siége de Stenaï; mais le cardinal Mazarin ne voulut pas qu'il exposât davantage sa personne, à laquelle le repos de l'état et la puissance du ministre semblaient attachés.

D'un côté Mazarin, maître absolu de la France et du jeune roi; de l'autre, don Louis de Haro, qui gouvernait l'Espagne et Philippe IV, continuaient sous le nom de leurs maîtres cette guerre peu vivement soutenue. Il n'était pas encore question dans le monde du nom de Louis XIV, et jamais on n'avait parlé du

---
[a] Datée de Vincennes, du 11 septembre 1654.

roi d'Espagne. Il n'y avait alors qu'une tête couronnée en Europe qui eût une gloire personnelle : la seule Christine, reine de Suède, gouvernait par elle-même, et soutenait l'honneur du trône, abandonné, ou flétri, ou inconnu dans les autres états.

Charles II, roi d'Angleterre, fugitif en France avec sa mère et son frère, y traînait ses malheurs et ses espérances. Un simple citoyen avait subjugué l'Angleterre, l'Écosse, et l'Irlande. Cromwell, cet usurpateur digne de régner, avait pris le nom de *protecteur*, et non celui de roi, parceque les Anglais savaient jusqu'où les droits de leurs rois devaient s'étendre, et ne connaissaient pas quelles étaient les bornes de l'autorité d'un protecteur.

Il affermit son pouvoir en sachant le réprimer à propos : il n'entreprit point sur les priviléges dont le peuple était jaloux ; il ne logea jamais de gens de guerre dans la cité de Londres ; il ne mit aucun impôt dont on pût murmurer ; il n'offensa point les yeux par trop de faste ; il ne se permit aucun plaisir ; il n'accumula point de trésors ; il eut soin que la justice fût observée avec cette impartialité impitoyable, qui ne distingue point les grands des petits.

Le frère de Pantaléon Sâ, ambassadeur de Portugal en Angleterre, ayant cru que sa licence serait impunie parceque la personne de son frère était sacrée, insulta des citoyens de Londres, et en fit assassiner un pour se venger de la résistance des autres ; il fut condamné à être pendu. Cromwell, qui pouvait lui faire grace, le laissa exécuter, et signa ensuite un traité avec l'ambassadeur.

Jamais le commerce ne fut si libre ni si florissant ; jamais l'Angleterre n'avait été si riche. Ses flottes victorieuses fesaient respecter son nom sur toutes les mers ; tandis que Mazarin, uniquement occupé de dominer et de s'enrichir, laissait languir dans la France la justice, le commerce, la marine, et même les finances. Maître de la France, comme Cromwell l'était de l'Angleterre, après une guerre civile, il eût pu faire pour le pays qu'il gouvernait ce que Cromwell avait fait pour le sien ; mais il était étranger, et l'ame de Mazarin, qui n'avait pas la barbarie de celle de Cromwell, n'en avait pas aussi la grandeur.

Toutes les nations de l'Europe qui avaient négligé l'alliance de l'Angleterre sous Jacques I*er*, et sous Charles I*er*, la briguèrent sous le protecteur. La reine Christine elle-même, quoiqu'elle eût détesté le meurtre de Charles I*er*, entra dans l'alliance d'un tyran qu'elle estimait.

Mazarin et don Louis de Haro prodiguèrent à l'envi leur politique pour s'unir avec le protecteur. Il goûta quelque temps la satisfaction de se voir courtisé par les deux plus puissants royaumes de la chrétienté.

Le ministre espagnol lui offrait de l'aider à prendre Calais ; Mazarin lui proposait d'assiéger Dunkerque, et de lui remettre cette ville[1]. Cromwell avait à choisir entre les clefs de la France et celles de la Flandre. Il fut beaucoup sollicité aussi par Condé ; mais il ne voulut point négocier avec un prince qui n'avait plus pour lui que son nom, et qui était sans parti en France, et sans pouvoir chez les Espagnols.

[1] Voyez tome XXVIII, page 266. B.

Le protecteur se détermina pour la France, mais sans faire de traité particulier, et sans partager des conquêtes par avance : il voulait illustrer son usurpation par de plus grandes entreprises. Son dessein était d'enlever le Mexique aux Espagnols; mais ils furent avertis à temps. Les amiraux de Cromwell leur prirent du moins la Jamaïque (mai 1655), île que les Anglais possèdent encore, et qui assure leur commerce dans le Nouveau-Monde. Ce ne fut qu'après l'expédition de la Jamaïque que Cromwell signa son traité avec le roi de France, mais sans faire encore mention de Dunkerque. Le protecteur traita d'égal à égal; il força le roi à lui donner le titre de frère dans ses lettres. (8 novembre 1655) Son secrétaire signa avant le plénipotentiaire de France, dans la minute du traité qui resta en Angleterre ; mais il traita véritablement en supérieur, en obligeant le roi de France de faire sortir de ses états Charles II et le duc d'York, petit-fils de Henri IV, à qui la France devait un asile. On ne pouvait faire un plus grand sacrifice de l'honneur à la fortune.

Tandis que Mazarin fesait ce traité, Charles II lui demandait une de ses nièces en mariage. Le mauvais état de ses affaires, qui obligeait ce prince à cette démarche, fut ce qui lui attira un refus. On a même soupçonné le cardinal d'avoir voulu marier au fils de Cromwell celle qu'il refusait au roi d'Angleterre. Ce qui est sûr, c'est que, lorsqu'il vit ensuite le chemin du trône moins fermé à Charles II, il voulut renouer ce mariage; mais il fut refusé à son tour.

La mère de ces deux princes, Henriette de France,

fille de Henri-le-Grand, demeurée en France sans secours, fut réduite à conjurer le cardinal d'obtenir au moins de Cromwell qu'on lui payât son douaire. C'était le comble des humiliations les plus douloureuses, de demander une subsistance à celui qui avait versé le sang de son mari sur un échafaud. Mazarin fit de faibles instances en Angleterre au nom de cette reine, et lui annonça qu'il n'avait rien obtenu. Elle resta à Paris dans la pauvreté, et dans la honte d'avoir imploré la pitié de Cromwell, tandis que ses enfants allaient dans l'armée de Condé et de don Juan d'Autriche apprendre le métier de la guerre contre la France qui les abandonnait.

Les enfants de Charles 1er, chassés de France, se réfugièrent en Espagne. Les ministres espagnols éclatèrent dans toutes les cours, et surtout à Rome, de vive voix et par écrit, contre un cardinal qui sacrifiait, disaient-ils, les lois divines et humaines, l'honneur et la religion, au meurtrier d'un roi, et qui chassait de France Charles II et le duc d'York, cousins de Louis XIV, pour plaire au bourreau de leur père. Pour toute réponse aux cris des Espagnols, on produisit les offres qu'ils avaient faites eux-mêmes au protecteur.

La guerre continuait toujours en Flandre avec des succès divers. Turenne, ayant assiégé Valenciennes avec le maréchal de La Ferté, éprouva le même revers que Condé avait essuyé devant Arras. Le prince, secondé alors de don Juan d'Autriche, plus digne de combattre à ses côtés que n'était l'archiduc, força les lignes du maréchal de La Ferté, le prit prisonnier, et délivra Valenciennes. Turenne fit ce que Condé avait fait dans une déroute pareille. (17 juillet 1656) Il sauva l'armée battue, et fit tête partout à l'ennemi; il alla même, un mois après, assiéger et prendre la petite ville de La Capelle : c'était peut-être la première fois qu'une armée battue avait osé faire un siége.

Cette marche de Turenne, si estimée, après laquelle il prit La Capelle, fut éclipsée par une marche plus belle encore du prince de Condé (avril 1657). Turenne assiégeait à peine Cambrai, que Condé, suivi de deux mille chevaux, perça à travers l'armée des assiégeants; et ayant renversé tout ce qui voulait l'arrêter, il se jeta dans la ville[1]. Les citoyens reçurent à genoux leur libérateur. Ainsi ces deux hommes opposés l'un à l'autre déployaient les ressources de leur génie. On les admirait dans leurs retraites comme dans leurs victoires, dans leur bonne conduite et dans leurs fautes mêmes, qu'ils savaient toujours réparer. Leurs talents arrêtaient tour-à-tour les progrès de l'une et de l'autre monarchie; mais le désordre des finances en Espagne et en France était encore un plus grand obstacle à leurs succès.

La ligue faite avec Cromwell donna enfin à la France une supériorité plus marquée; d'un côté, l'amiral Blake alla brûler les galions d'Espagne auprès des îles Canaries, et leur fit perdre les seuls trésors avec lesquels la guerre pouvait se soutenir : de l'autre, vingt vaisseaux anglais vinrent bloquer le port de Dunkerque, et six mille vieux soldats, qui avaient

---

[1] Mai 1657. B.

fait la révolution d'Angleterre, renforcèrent l'armée de Turenne.

Alors Dunkerque, la plus importante place de la Flandre, fut assiégée par mer et par terre. Condé et don Juan d'Autriche, ayant ramassé toutes leurs forces, se présentèrent pour la secourir. L'Europe avait les yeux sur cet événement. Le cardinal Mazarin mena Louis XIV auprès du théâtre de la guerre, sans lui permettre d'y monter, quoiqu'il eût près de vingt ans. Ce prince se tint dans Calais. Ce fut là que Cromwell lui envoya une ambassade fastueuse, à la tête de laquelle était son gendre, le lord Falcoubridge. Le roi lui envoya le duc de Créqui, et Mancini, duc de Nevers, neveu du cardinal, suivis de deux cents gentilshommes. Mancini présenta au protecteur une lettre du cardinal. Cette lettre est remarquable; Mazarin lui dit « qu'il est affligé de ne pouvoir lui rendre en « personne les respects dus au plus grand homme « du monde. » C'est ainsi qu'il parlait à l'assassin du gendre de Henri IV, et de l'oncle de Louis XIV, son maître.

Cependant le prince maréchal de Turenne attaqua l'armée d'Espagne, ou plutôt l'armée de Flandre, près des Dunes. Elle était commandée par don Juan d'Autriche, fils de Philippe IV et d'une comédienne [1], et qui devint deux ans après beau-frère de Louis XIV. Le prince de Condé était dans cette armée, mais il ne commandait pas : ainsi, il ne fut pas difficile à Turenne de vaincre. Les six mille Anglais contribuèrent à la victoire, elle fut complète (14 juin 1658). Les

[1] Nommée Calderona. B.

deux princes d'Angleterre, qui furent depuis rois [1], virent leurs malheurs augmentés dans cette journée par l'ascendant de Cromwell.

Le génie du grand Condé ne put rien contre les meilleures troupes de France et d'Angleterre. L'armée espagnole fut détruite. Dunkerque se rendit bientôt après. Le roi accourut avec son ministre pour voir passer la garnison. Le cardinal ne laissa paraître Louis XIV ni comme guerrier ni comme roi; il n'avait point d'argent à distribuer aux soldats; à peine était-il servi : il allait manger chez Mazarin ou chez le maréchal de Turenne, quand il était à l'armée. Cet oubli de la dignité royale n'était pas dans Louis XIV l'effet du mépris pour le faste, mais celui du dérangement de ses affaires, et du soin que le cardinal avait de réunir pour soi-même la splendeur et l'autorité.

Louis n'entra dans Dunkerque que pour la rendre au lord Lockhart, ambassadeur de Cromwell. Mazarin essaya si par quelque finesse il pourrait éluder le traité, et ne pas remettre la place : mais Lockhart menaça, et la fermeté anglaise l'emporta sur l'habileté italienne.

Plusieurs personnes ont assuré que le cardinal, qui s'était attribué l'événement d'Arras, voulut engager Turenne à lui céder encore l'honneur de la bataille des Dunes. Du Bec-Crépin, comte de Moret, vint, dit-on, de la part du ministre, proposer au général d'écrire une lettre par laquelle il parût que le cardinal avait arrangé lui-même tout le plan des opérations. Turenne reçut avec mépris ces insinuations, et ne

---

[1] Sous les noms de Charles II et Jacques II. B.

voulut point donner un aveu qui eût produit la honte d'un général d'armée et le ridicule d'un homme d'église. Mazarin, qui avait eu cette faiblesse, eut celle de rester brouillé jusqu'à sa mort avec Turenne.

Au milieu de ce premier triomphe, le roi tomba malade à Calais, et fut plusieurs jours à la mort. Aussitôt tous les courtisans se tournèrent vers son frère Monsieur. Mazarin prodigua les ménagements, les flatteries, et les promesses, au maréchal Du Plessis-Praslin, ancien gouverneur de ce jeune prince, et au comte de Guiche, son favori. Il se forma dans Paris une cabale assez hardie pour écrire à Calais contre le cardinal. Il prit ses mesures pour sortir du royaume, et pour mettre à couvert ses richesses immenses. Un empirique d'Abbeville guérit le roi avec du vin émétique que les médecins de la cour regardaient comme un poison. Ce bon-homme s'asseyait sur le lit du roi, et disait : Voilà un garçon bien malade, mais il n'en mourra pas. Dès qu'il fut convalescent, le cardinal exila tous ceux qui avaient cabalé contre lui.

(13 septembre 1658) Peu de mois après mourut Cromwell, à l'âge de cinquante-cinq ans [1], au milieu des projets qu'il fesait pour l'affermissement de sa puissance et pour la gloire de sa nation. Il avait humilié la Hollande, imposé les conditions d'un traité au Portugal, vaincu l'Espagne, et forcé la France à briguer son alliance. Il avait dit depuis peu, en apprenant avec quelle hauteur ses amiraux s'étaient con-

---

[1] On a long-temps cru que Cromwell était né en 1603 ; mais il naquit à Huntingdon, le 25 avril 1599, et avait cinquante-neuf ans révolus quand il mourut. B.

duits à Lisbonne : « Je veux qu'on respecte la répu-
« blique anglaise autant qu'on a respecté autrefois la
« république romaine. » Les médecins lui annoncèrent
la mort. Je ne sais s'il est vrai qu'il fit dans ce moment l'enthousiaste et le prophète, et s'il leur répondit que Dieu ferait un miracle en sa faveur. Thurloe,
son secrétaire, prétend qu'il leur dit : *La nature peut
plus que les médecins.* Ces mots ne sont point d'un
prophète, mais d'un homme très sensé. Il se peut
qu'étant convaincu que les médecins pouvaient se
tromper, il voulût, en cas qu'il en réchappât, se
donner auprès du peuple la gloire d'avoir prédit sa
guérison, et rendre par là sa personne plus respectable, et même plus sacrée.

Il fut enterré en monarque légitime, et laissa dans
l'Europe la réputation d'un homme intrépide, tantôt
fanatique, tantôt fourbe, et d'un usurpateur qui avait
su régner.

Le chevalier Temple prétend que Cromwell avait
voulu, avant sa mort, s'unir avec l'Espagne contre la
France, et se faire donner Calais avec le secours des
Espagnols, comme il avait eu Dunkerque par les
mains des Français. Rien n'était plus dans son caractère et dans sa politique. Il eût été l'idole du peuple
anglais, en dépouillant ainsi l'une après l'autre deux
nations que la sienne haïssait également. La mort
renversa ses grands desseins, sa tyrannie, et la grandeur de l'Angleterre.

Il est à remarquer qu'on porta le deuil de Cromwell
à la cour de France, et que Mademoiselle fut la seule

qui ne rendit point cet hommage à la mémoire du meurtrier d'un roi son parent.

Nous avons vu déjà [a] que Richard Cromwell succéda paisiblement et sans contradiction au protectorat de son père, comme un prince de Galles aurait succédé à un roi d'Angleterre. Richard fit voir que du caractère d'un seul homme dépend souvent la destinée de l'état. Il avait un génie bien contraire à celui d'Olivier Cromwell, toute la douceur des vertus civiles, et rien de cette intrépidité féroce qui sacrifie tout à ses intérêts. Il eût conservé l'héritage acquis par les travaux de son père, s'il eût voulu faire tuer trois ou quatre principaux officiers de l'armée, qui s'opposaient à son élévation. Il aima mieux se démettre du gouvernement que de régner par des assassinats; il vécut particulier, et même ignoré, jusqu'à l'âge de quatre-vingt-dix ans, dans le pays dont il avait été quelques jours le souverain. Après sa démission du protectorat, il voyagea en France: on sait qu'à Montpellier le prince de Conti, frère du grand Condé, en lui parlant sans le connaître, lui dit un jour: « Olivier Cromwell était un grand homme; mais « son fils Richard est un misérable de n'avoir pas su « jouir du fruit des crimes de son père. » Cependant ce Richard vécut heureux, et son père n'avait jamais connu le bonheur [1].

Quelque temps auparavant la France vit un autre exemple bien plus mémorable du mépris d'une cou-

---

[a] Dans l'*Essai sur les mœurs* (tome XVIII, page 327), chap. CLXXXI.
[1] Voyez tome XXVIII, page 269. B.

ronne. Christine, reine de Suède, vint à Paris. On admira en elle une jeune reine, qui à vingt-sept ans avait renoncé à la souveraineté dont elle était digne, pour vivre libre et tranquille. Il est honteux aux écrivains protestants d'avoir osé dire, sans la moindre preuve, qu'elle ne quitta sa couronne que parcequ'elle ne pouvait plus la garder. Elle avait formé ce dessein dès l'âge de vingt ans, et l'avait laissé mûrir sept années. Cette résolution, si supérieure aux idées vulgaires, et si long-temps méditée, devait fermer la bouche à ceux qui lui reprochaient de la légèreté et une abdication involontaire. L'un de ces deux reproches détruisait l'autre ; mais il faut toujours que ce qui est grand soit attaqué par les petits esprits.

Pour connaître le génie unique de cette reine, on n'a qu'à lire ses lettres. Elle dit dans celle qu'elle écrivit à Chanut, autrefois ambassadeur de France auprès d'elle : « J'ai possédé sans faste, je quitte avec « facilité. Après cela ne craignez pas pour moi ; mon « bien n'est pas au pouvoir de la fortune. » Elle écrivit au prince de Condé : « Je me tiens autant honorée « par votre estime que par la couronne que j'ai portée. « Si, après l'avoir quittée, vous m'en jugez moins « digne, j'avouerai que le repos que j'ai tant souhaité « me coûte cher ; mais je ne me repentirai pourtant « point de l'avoir acheté au prix d'une couronne, et « je ne noircirai jamais une action qui m'a semblé si « belle par un lâche repentir ; et s'il arrive que vous « condamniez cette action, je vous dirai pour toute « excuse que je n'aurais pas quitté les biens que la « fortune m'a donnés, si je les eusse crus nécessaires

« à ma félicité, et que j'aurais prétendu à l'empire du
« monde, si j'eusse été aussi assurée d'y réussir, ou
« de mourir, que le serait le grand Condé. »

Telle était l'ame de cette personne si singulière;
tel était son style dans notre langue, qu'elle avait
parlée rarement. Elle savait huit langues; elle avait
été disciple et amie de Descartes, qui mourut à Stockholm, dans son palais, après n'avoir pu obtenir seulement une pension en France, où ses ouvrages furent
même proscrits pour les seules bonnes choses qui y
fussent. Elle avait attiré en Suède tous ceux qui pouvaient l'éclairer. Le chagrin de n'en trouver aucun
parmi ses sujets l'avait dégoûtée de régner sur un
peuple qui n'était que soldat. Elle crut qu'il valait
mieux vivre avec des hommes qui pensent que de
commander à des hommes sans lettres ou sans génie.
Elle avait cultivé tous les arts dans un climat où ils
étaient alors inconnus. Son dessein était d'aller se retirer au milieu d'eux en Italie. Elle ne vint en France
que pour y passer, parceque ces arts ne commençaient qu'à y naître. Son goût la fixait à Rome. Dans
cette vue elle avait quitté la religion luthérienne pour
la catholique; indifférente pour l'une et pour l'autre,
elle ne fit point scrupule de se conformer en apparence aux sentiments du peuple chez lequel elle voulut
passer sa vie. Elle avait quitté son royaume en 1654,
et fait publiquement à Inspruck la cérémonie de son
abjuration. Elle plut à la cour de France, quoiqu'il ne
s'y trouvât pas une femme dont le génie pût atteindre
au sien. Le roi la vit, et lui rendit de grands honneurs; mais il lui parla à peine. Élevé dans l'igno-

rance, le bon sens avec lequel il était né le rendait timide.

La plupart des femmes et des courtisans n'observèrent autre chose dans cette reine philosophe, sinon qu'elle n'était pas coiffée à la française, et qu'elle dansait mal. Les sages ne condamnèrent dans elle que le meurtre de Monaldeschi, son écuyer, qu'elle fit assassiner à Fontainebleau dans un second voyage. De quelque faute qu'il fût coupable envers elle, ayant renoncé à la royauté, elle devait demander justice, et non se la faire. Ce n'était pas une reine qui punissait un sujet; c'était une femme qui terminait une galanterie par un meurtre; c'était un Italien qui en fesait assassiner un autre par l'ordre d'une Suédoise dans un palais d'un roi de France. Nul ne doit être mis à mort que par les lois. Christine, en Suède, n'aurait eu le droit de faire assassiner personne; et certes ce qui eût été un crime à Stockholm n'était pas permis à Fontainebleau[1]. Ceux qui ont justifié cette action méritent de servir de pareils maîtres. Cette honte et cette cruauté ternirent la philosophie de Christine, qui lui avait fait quitter un trône. Elle eût été punie en Angleterre, et dans tous les pays où les lois règnent : mais la France ferma les yeux à cet attentat contre l'autorité du roi, contre le droit des nations, et contre l'humanité[a].

[1] Voyez tome XXXIX, page 424; et ma note, tome XXIII, page 598. B.
[a] Un nommé La Beaumelle, qui falsifia le *Siècle de Louis XIV*, et qui le fit imprimer à Francfort avec des notes aussi scandaleuses que fausses, dit à ce sujet que Christine était en droit de faire assassiner Monaldeschi, parcequ'elle ne voyageait pas incognito; et il ajoute que Pierre-le-Grand, entrant

Après la mort de Cromwell, et la déposition de son fils, l'Angleterre resta un an dans la confusion de l'anarchie. Charles Gustave, à qui la reine Christine avait donné le royaume de Suède, se fesait redouter dans le Nord et dans l'Allemagne. L'empereur Ferdinand III était mort en 1657 ; son fils Léopold, âgé de dix-sept ans, déjà roi de Hongrie et de Bohême, n'avait point été élu roi des Romains du vivant de son père. Mazarin voulut essayer de faire Louis XIV empereur. Ce dessein était chimérique ; il eût fallu ou forcer les électeurs ou les séduire. La France n'était ni assez forte pour ravir l'empire, ni assez riche pour l'acheter ; aussi les premières ouvertures, faites à Francfort par le maréchal de Grammont et par Lyonne, furent-elles abandonnées aussitôt que proposées. Léopold fut élu. Tout ce que put la politique de Mazarin, ce fut de faire une ligue avec des princes allemands pour l'observation des traités de Munster,

---

dans un café à Londres, tout écumant de colère, parceque, disait-il, un de ses généraux lui avait menti, s'écria qu'il avait été tenté de le fendre en deux d'un coup de sabre; qu'alors un marchand anglais avait dit au czar qu'on aurait condamné sa majesté à être pendue.

On est obligé de relever ici l'insolence absurde d'un pareil conte. Peut-on imaginer que le czar Pierre aille dire, dans un café, qu'un de ses généraux lui a menti ? fend-on aujourd'hui un homme en deux d'un coup de sabre ? un empereur va-t-il se plaindre à un marchand anglais de ce qu'un général lui a menti ? en quelle langue parlait-il à ce marchand, lui qui ne savait pas l'anglais ? comment ce feseur de notes peut-il dire que Christine, après son abdication, était en droit de faire assassiner un Italien à Fontainebleau, et ajouter, pour le prouver, qu'on aurait pendu Pierre-le-Grand à Londres ? On sera forcé de remarquer quelquefois les absurdités de ce même éditeur. En fait d'histoire, il ne faut pas dédaigner de répondre ; il n'y a que trop de lecteurs qui se laissent séduire par les mensonges d'un écrivain sans pudeur, sans retenue, sans science, et sans raison. K.

et pour donner un frein à l'autorité de l'empereur sur l'empire (auguste 1658).

La France, après la bataille des Dunes, était puissante au-dehors par la gloire de ses armes, et par l'état où étaient réduites les autres nations : mais le dedans souffrait; il était épuisé d'argent; on avait besoin de la paix.

Les nations, dans les monarchies chrétiennes, n'ont presque jamais d'intérêt aux guerres de leurs souverains. Des armées mercenaires, levées par ordre d'un ministre, et conduites par un général qui obéit en aveugle à ce ministre, font plusieurs campagnes ruineuses, sans que les rois au nom desquels elles combattent aient l'espérance ou même le dessein de ravir tout le patrimoine l'un de l'autre. Le peuple vainqueur ne profite jamais des dépouilles du peuple vaincu : il paie tout; il souffre dans la prospérité des armes, comme dans l'adversité; et la paix lui est presque aussi nécessaire, après la plus grande victoire, que quand les ennemis ont pris ses places frontières.

Il fallait deux choses au cardinal pour consommer heureusement son ministère; faire la paix, et assurer le repos de l'état par le mariage du roi. Les cabales pendant sa maladie lui fesaient sentir combien un héritier du trône était nécessaire à la grandeur du ministre. Toutes ces considérations le déterminèrent à marier Louis XIV promptement. Deux partis se présentaient, la fille du roi d'Espagne et la princesse de Savoie. Le cœur du roi avait pris un autre engagement; il aimait éperdument mademoiselle Mancini, l'une des nièces du cardinal; né avec un cœur tendre et de la fermeté dans ses volontés, plein de passion et sans expérience, il aurait pu se résoudre à épouser sa maîtresse.

Madame de Motteville, favorite de la reine-mère, dont les Mémoires ont un grand air de vérité, prétend que Mazarin fut tenté de laisser agir l'amour du roi, et de mettre sa nièce sur le trône. Il avait déjà marié une autre nièce au prince de Conti, une au duc de Mercœur : celle que Louis XIV aimait avait été demandée en mariage par le roi d'Angleterre. C'étaient autant de titres qui pouvaient justifier son ambition. Il pressentit adroitement la reine-mère : « Je « crains bien, lui dit-il, que le roi ne veuille trop fortement épouser ma nièce. » La reine, qui connaissait le ministre, comprit qu'il souhaitait ce qu'il feignait de craindre. Elle lui répondit avec la hauteur d'une princesse du sang d'Autriche, fille, femme, et mère de rois, et avec l'aigreur que lui inspirait depuis quelque temps un ministre qui affectait de ne plus dépendre d'elle. Elle lui dit : « Si le roi était capable « de cette indignité, je me mettrais avec mon second « fils à la tête de toute la nation contre le roi et contre « vous. »

Mazarin ne pardonna jamais, dit-on, cette réponse à la reine : mais il prit le parti sage de penser comme elle : il se fit lui-même un honneur et un mérite de s'opposer à la passion de Louis XIV. Son pouvoir n'avait pas besoin d'une reine de son sang pour appui. Il craignait même le caractère de sa nièce; et il crut affermir encore la puissance de son ministère, en fuyant la gloire dangereuse d'élever trop sa maison.

Dès l'année 1656 il avait envoyé Lyonne en Espagne solliciter la paix, et demander l'infante; mais don Louis de Haro, persuadé que quelque faible que fût l'Espagne, la France ne l'était pas moins, avait rejeté les offres du cardinal. L'infante, fille du premier lit, était destinée au jeune Léopold. Le roi d'Espagne, Philippe IV, n'avait alors de son second mariage qu'un fils, dont l'enfance malsaine fesait craindre pour sa vie. On voulait que l'infante, qui pouvait être héritière de tant d'états, portât ses droits dans la maison d'Autriche, et non dans une maison ennemie : mais enfin Philippe IV ayant eu un autre fils, don Philippe Prosper, et sa femme étant encore enceinte, le danger de donner l'infante au roi de France lui parut moins grand, et la bataille des Dunes lui rendit la paix nécessaire.

Les Espagnols promirent l'infante, et demandèrent une suspension d'armes. Mazarin et don Louis se rendirent sur les frontières d'Espagne et de France, dans l'île des Faisans (1659). Quoique le mariage d'un roi de France et la paix générale fussent l'objet de leurs conférences, cependant plus d'un mois se passa à arranger les difficultés sur la préséance, et à régler des cérémonies. Les cardinaux se disaient égaux aux rois, et supérieurs aux autres souverains. La France prétendait avec plus de justice la prééminence sur les autres puissances. Cependant don Louis de Haro mit une égalité parfaite entre Mazarin et lui, entre la France et l'Espagne.

Les conférences durèrent quatre mois. Mazarin et

don Louis y déployèrent toute leur politique : celle du cardinal était la finesse; celle de don Louis, la lenteur. Celui-ci ne donnait presque jamais de paroles, et celui-là en donnait toujours d'équivoques. Le génie du ministre italien était de vouloir surprendre; celui de l'espagnol était de s'empêcher d'être surpris. On prétend qu'il disait du cardinal : « Il a un grand défaut en « politique, c'est qu'il veut toujours tromper. »

Telle est la vicissitude des choses humaines, que de ce fameux traité des Pyrénées il n'y a pas deux articles qui subsistent aujourd'hui. Le roi de France garda le Roussillon, qu'il aurait toujours conservé sans cette paix : mais à l'égard de la Flandre, la monarchie espagnole n'y a plus rien. La France était alors l'amie nécessaire du Portugal; elle ne l'est plus : tout est changé. Mais si don Louis de Haro avait dit que le cardinal Mazarin savait tromper, on a dit depuis qu'il savait prévoir. Il méditait dès long-temps l'alliance des maisons de France et d'Espagne. On cite cette fameuse lettre de lui, écrite pendant les négociations de Munster : « Si le roi très chrétien pou- « vait avoir les Pays-Bas et la Franche-Comté en dot, « en épousant l'infante, alors nous pourrions aspirer « à la succession d'Espagne, quelque renonciation « qu'on fît faire à l'infante : et ce ne serait pas une at- « tente fort éloignée, puisqu'il n'y a que la vie du « prince son frère qui l'en pût exclure. » Ce prince était alors Balthasar, qui mourut en 1649[1].

Le cardinal se trompait évidemment en pensant

---

[1] Balthasar Charles, fils de Philippe IV et d'Isabelle, fille de Henri IV, né le 17 octobre 1629, est mort le 9 octobre 1646. B.

qu'on pourrait donner les Pays-Bas et la Franche-Comté en mariage à l'infante. On ne stipula pas une seule ville pour sa dot. Au contraire, on rendit à la monarchie espagnole des villes considérables qu'on avait conquises, comme Saint-Omer, Ypres, Menin, Oudenarde, et d'autres places. On en garda quelques unes. Le cardinal ne se trompa point en croyant que la renonciation serait un jour inutile; mais ceux qui lui font l'honneur de cette prédiction, lui font donc prévoir que le prince don Balthasar mourrait en 1649; qu'ensuite les trois enfants du second mariage seraient enlevés au berceau; que Charles, le cinquième de tous ces enfants mâles, mourrait sans postérité; et que ce roi autrichien ferait un jour un testament en faveur d'un petit-fils de Louis XIV. Mais enfin le cardinal Mazarin prévit ce que vaudraient des renonciations, en cas que la postérité mâle de Philippe IV s'éteignît; et des événements étrangers l'ont justifié après plus de cinquante années [1].

Marie-Thérèse, pouvant avoir pour dot les villes que la France rendait, n'apporta, par son contrat de mariage, que cinq cent mille écus d'or au soleil; il en coûta davantage au roi pour l'aller recevoir sur la frontière. Ces cinq cent mille écus, valant alors deux millions cinq cent mille livres, furent pourtant le sujet de beaucoup de contestations entre les deux mi-

[1] La renonciation d'Anne d'Autriche avait été présentée aux états de Castille et d'Aragon, et acceptée par eux. Celle de Marie-Thérèse ne leur fut pas présentée; et c'est une des principales raisons sur lesquelles les casuistes et les jurisconsultes, auxquels Charles II s'adressa, se fondèrent pour décider que les descendants de Marie-Thérèse étaient les héritiers légitimes de la couronne d'Espagne. K.

nistres. Enfin la France n'en reçut jamais que cent mille francs.

Loin que ce mariage apportât aucun autre avantage, présent et réel, que celui de la paix, l'infante renonça à tous les droits qu'elle pourrait jamais avoir sur aucune des terres de son père; et Louis XIV ratifia cette renonciation de la manière la plus solennelle, et la fit ensuite enregistrer au parlement.

Ces renonciations et ces cinq cent mille écus de dot semblaient être les clauses ordinaires des mariages des infantes d'Espagne avec les rois de France. La reine Anne d'Autriche, fille de Philippe III, avait été mariée à Louis XIII à ces mêmes conditions; et quand on avait donné Isabelle, fille de Henri-le-Grand, à Philippe IV, roi d'Espagne, on n'avait pas stipulé plus de cinq cent mille écus d'or pour sa dot, dont même on ne lui paya jamais rien; de sorte qu'il ne paraissait pas qu'il y eût alors aucun avantage dans ces grands mariages : on n'y voyait que des filles de rois mariées à des rois, ayant à peine un présent de noces.

Le duc de Lorraine, Charles IV, de qui la France et l'Espagne avaient beaucoup à se plaindre, ou plutôt, qui avait beaucoup à se plaindre d'elles, fut compris dans le traité, mais en prince malheureux qu'on punissait, parcequ'il ne pouvait se faire craindre. La France lui rendit ses états, en démolissant Nanci, et en lui défendant d'avoir des troupes. Don Louis de Haro obligea le cardinal Mazarin à faire recevoir en grace le prince de Condé, en menaçant de lui laisser en souveraineté Rocroi, Le Catelet, et d'autres places dont il était en possession. Ainsi la France gagna à-la-fois ces villes et le grand Condé. Il perdit sa charge de grand-maître de la maison du roi, qu'on donna ensuite à son fils, et ne revint presque qu'avec sa gloire.

Charles II, roi titulaire d'Angleterre, plus malheureux alors que le duc de Lorraine, vint près des Pyrénées, où l'on traitait cette paix. Il implora le secours de don Louis et de Mazarin. Il se flattait que leurs rois, ses cousins germains, réunis, oseraient enfin venger une cause commune à tous les souverains, puisque enfin Cromwell n'était plus; il ne put seulement obtenir une entrevue, ni avec Mazarin, ni avec don Louis. Lockhart, cet ambassadeur de la république d'Angleterre, était à Saint-Jean-de-Luz; il se fesait respecter encore, même après la mort du protecteur; et les deux ministres, dans la crainte de choquer cet Anglais, refusèrent de voir Charles II. Ils pensaient que son rétablissement était impossible, et que toutes les factions anglaises, quoique divisées entre elles, conspiraient également à ne jamais reconnaître de rois. Ils se trompèrent tous deux : la fortune fit, peu de mois après, ce que ces deux ministres auraient pu avoir la gloire d'entreprendre. Charles fut rappelé dans ses états par les Anglais, sans qu'un seul potentat de l'Europe se fût jamais mis en devoir, ni d'empêcher le meurtre du père, ni de servir au rétablissement du fils. Il fut reçu dans les plaines de Douvres par vingt mille citoyens, qui se jetèrent à genoux devant lui. Des vieillards qui étaient de ce nombre m'ont dit que presque tout le monde fondait en larmes. Il n'y eut peut-être jamais de spectacle plus touchant, ni de révolution plus subite (juin 1660). Ce changement se fit en bien moins de temps que le traité des Pyrénées ne fut conclu : et Charles II était déjà paisible possesseur de l'Angleterre, que Louis XIV n'était pas même encore marié par procureur.

(Août 1660) Enfin le cardinal Mazarin ramena le roi et la nouvelle reine à Paris. Un père qui aurait marié son fils sans lui donner l'administration de son bien, n'en eût pas usé autrement que Mazarin ; il revint plus puissant et plus jaloux de sa puissance, et même des honneurs, que jamais. Il exigea et il obtint que le parlement vînt le haranguer par députés. C'était une chose sans exemple dans la monarchie ; mais ce n'était pas une trop grande réparation du mal que le parlement lui avait fait. Il ne donna plus la main aux princes du sang, en lieu tiers, comme autrefois. Celui qui avait traité don Louis de Haro en égal, voulut traiter le grand Condé en inférieur. Il marchait alors avec un faste royal, ayant, outre ses gardes, une compagnie de mousquetaires, qui est aujourd'hui la seconde compagnie des mousquetaires du roi [1]. On n'eut plus auprès de lui un accès libre : si quelqu'un était assez mauvais courtisan pour demander une grace au roi, il était perdu. La reine-mère, si longtemps protectrice obstinée de Mazarin contre la France, resta sans crédit dès qu'il n'eut plus besoin

---

[1] Les compagnies de mousquetaires de la maison du roi ont été supprimées par Saint-Germain, ministre de la guerre, de 1775 à 1777. Elles ont eu quelques mois d'existence en 1814 et 1815. B.

d'elle. Le roi, son fils, élevé dans une soumission aveugle pour ce ministre, ne pouvait secouer le joug qu'elle lui avait imposé, aussi bien qu'à elle-même ; elle respectait son ouvrage, et Louis XIV n'osait pas encore régner du vivant de Mazarin.

Un ministre est excusable du mal qu'il fait, lorsque le gouvernail de l'état est forcé dans sa main par les tempêtes; mais dans le calme il est coupable de tout le bien qu'il ne fait pas. Mazarin ne fit de bien qu'à lui, et à sa famille par rapport à lui. Huit années de puissance absolue et tranquille, depuis son dernier retour jusqu'à sa mort, ne furent marquées par aucun établissement glorieux ou utile; car le collége des Quatre-Nations ne fut que l'effet de son testament.

Il gouvernait les finances comme l'intendant d'un seigneur obéré. Le roi demandait quelquefois de l'argent à Fouquet, qui lui répondait : « Sire, il n'y a rien « dans les coffres de votre majesté; mais monsieur le « cardinal vous en prêtera. » Mazarin était riche d'environ deux cents millions, à compter comme on fait aujourd'hui. Plusieurs mémoires disent qu'il en amassa une partie par des moyens trop au-dessous de la grandeur de sa place. Ils rapportent qu'il partageait avec les armateurs les profits de leurs courses : c'est ce qui ne fut jamais prouvé; mais les Hollandais l'en soupçonnèrent, et ils n'auraient pas soupçonné le cardinal de Richelieu.

On dit qu'en mourant il eut des scrupules, quoique au-dehors il montrât du courage. Du moins il craignit pour ses biens, et il en fit au roi une donation entière, croyant que le roi les lui rendrait. Il ne se trompa point; le roi lui remit la donation au bout de trois jours. Enfin il mourut (9 mars 1661); et il n'y eut que le roi qui semblât le regretter, car ce prince savait déjà dissimuler. Le joug commençait à lui peser; il était impatient de régner. Cependant il voulut paraître sensible à une mort qui le mettait en possession de son trône.

Louis XIV et la cour portèrent le deuil du cardinal Mazarin, honneur peu ordinaire, et que Henri IV avait fait à la mémoire de Gabrielle d'Estrées.

On n'entreprendra pas ici d'examiner si le cardinal Mazarin a été un grand ministre ou non : c'est à ses actions de parler, et à la postérité de juger. Le vulgaire suppose quelquefois une étendue d'esprit prodigieuse, et un génie presque divin, dans ceux qui ont gouverné des empires avec quelque succès. Ce n'est point une pénétration supérieure qui fait les hommes d'état, c'est leur caractère. Les hommes, pour peu qu'ils aient de bon sens, voient tous à peu près leurs intérêts. Un bourgeois d'Amsterdam ou de Berne en sait sur ce point autant que Séjan, Ximénès, Buckingham, Richelieu, ou Mazarin : mais notre conduite et nos entreprises dépendent uniquement de la trempe de notre ame, et nos succès dépendent de la fortune.

Par exemple, si un génie tel que le pape Alexandre VI, ou Borgia son fils, avait eu la Rochelle à prendre, il aurait invité dans son camp les principaux chefs, sous un serment sacré, et se serait défait d'eux; Mazarin serait entré dans la ville deux ou trois ans plus tard, en gagnant et en divisant les bourgeois; don Louis de Haro n'eût pas hasardé l'entreprise. Richelieu fit une digue sur la mer, à l'exemple d'Alexandre, et entra dans la Rochelle en conquérant; mais une marée un peu forte, ou un peu plus de diligence de la part des Anglais, délivraient la Rochelle, et fesaient passer Richelieu pour un téméraire.

On peut juger du caractère des hommes par leurs entreprises. On peut bien assurer que l'ame de Richelieu respirait la hauteur et la vengeance; que Mazarin était sage, souple, et avide de biens. Mais pour connaître à quel point un ministre a de l'esprit, il faut ou l'entendre souvent parler, ou lire ce qu'il a écrit. Il arrive souvent parmi les hommes d'état ce qu'on voit tous les jours parmi les courtisans; celui qui a le plus d'esprit échoue, et celui qui a dans le caractère plus de patience, de force, de souplesse, et de suite, réussit.

En lisant les Lettres du cardinal Mazarin, et les Mémoires du cardinal de Retz, on voit aisément que Retz était le génie supérieur. Cependant Mazarin fut tout puissant, et Retz fut accablé. Enfin il est très vrai que, pour faire un puissant ministre, il ne faut souvent qu'un esprit médiocre, du bon sens, et de la fortune; mais pour être un bon ministre, il faut avoir pour passion dominante l'amour du bien public. Le grand homme d'état est celui dont il reste de grands monuments utiles à la patrie.

[1] Le monument qui immortalise le cardinal Mazarin est l'acquisition de l'Alsace. Il donna cette pro-

---

[1] Cet alinéa fut ajouté dans l'édition de 1752. B.

vince à la France dans le temps que la France était déchaînée contre lui; et, par une fatalité singulière, il fit plus de bien au royaume lorsqu'il y était persécuté que dans la tranquillité d'une puissance absolue [1].

CHAPITRE VII.

Louis XIV gouverne par lui-même. Il force la branche d'Autriche espagnole à lui céder partout la préséance, et la cour de Rome à lui faire satisfaction. Il achète Dunkerque. Il donne des secours à l'empereur, au Portugal, aux états-généraux, et rend son royaume florissant et redoutable.

Jamais il n'y eut dans une cour plus d'intrigues et d'espérances que durant l'agonie du cardinal Mazarin. Les femmes qui prétendaient à la beauté se flattaient de gouverner un prince de vingt-deux ans, que l'amour avait déjà séduit jusqu'à lui faire offrir sa couronne à sa maîtresse. Les jeunes courtisans croyaient renouveler le règne des favoris. Chaque ministre espérait la première place. Aucun d'eux ne pensait qu'un roi élevé dans l'éloignement des affaires osât prendre sur lui le fardeau du gouvernement. Mazarin

---

[1] C'est que Mazarin avait des talents pour la politique extérieure, et qu'il n'avait ni talents ni lumières pour l'administration; c'est qu'un ministre ne peut guère avoir, dans les négociations, d'autres intérêts que ceux du peuple qu'il gouverne; au lieu que, dans le gouvernement intérieur, il peut en avoir de tout opposés; c'est enfin que l'art de négocier ne suppose que certaines qualités de l'esprit et du caractère, communes à tous les pays et à tous les siècles; au lieu que la science de l'administration suppose des principes qui n'existaient pas encore dans le siècle de Mazarin. K.

avait prolongé l'enfance de ce monarque autant qu'il l'avait pu. Il ne l'instruisait que depuis fort peu de temps, et parceque le roi avait voulu être instruit.

On était si loin d'espérer d'être gouverné par son souverain, que de tous ceux qui avaient travaillé jusqu'alors avec le premier ministre, il n'y en eut aucun qui demandât au roi quand il voudrait les entendre. Ils lui demandèrent tous : « A qui nous adresserons-« nous ? » et Louis XIV leur répondit : *A moi.* On fut encore plus surpris de le voir persévérer. Il y avait, quelque temps qu'il consultait ses forces, et qu'il essayait en secret son génie pour régner. Sa résolution prise une fois, il la maintint jusqu'au dernier moment de sa vie. Il fixa à chacun de ses ministres les bornes de son pouvoir, se fesant rendre compte de tout par eux à des heures réglées, leur donnant la confiance qu'il fallait pour accréditer leur ministère, et veillant sur eux pour les empêcher d'en trop abuser.

Madame de Motteville nous apprend que la réputation de Charles II, roi d'Angleterre, qui passait alors pour gouverner par lui-même, inspira de l'émulation à Louis XIV. Si cela est, il surpassa beaucoup son rival, et il mérita toute sa vie ce qu'on avait dit d'abord de Charles.

Il commença par mettre de l'ordre dans les finances dérangées par un long brigandage. La discipline fut rétablie dans les troupes, comme l'ordre dans les finances. La magnificence et la décence embellirent sa cour. Les plaisirs même eurent de l'éclat et de la grandeur. Tous les arts furent encouragés, et tous employés à la gloire du roi et de la France.

Ce n'est pas ici le lieu de le représenter dans sa vie privée, ni dans l'intérieur de son gouvernement; c'est ce que nous ferons à part [1]. Il suffit de dire que ses peuples, qui depuis la mort de Henri-le-Grand n'avaient point vu de véritable roi, et qui détestaient l'empire d'un premier ministre, furent remplis d'admiration et d'espérance quand ils virent Louis XIV faire à vingt-deux ans ce que Henri avait fait à cinquante. Si Henri IV avait eu un premier ministre, il eût été perdu, parceque la haine contre un particulier eût ranimé vingt factions trop puissantes. Si Louis XIII n'en avait pas eu, ce prince, dont un corps faible et malade énervait l'ame, eût succombé sous le poids. Louis XIV pouvait sans péril avoir ou n'avoir pas de premier ministre. Il ne restait pas la moindre trace des anciennes factions; il n'y avait plus en France qu'un maître et des sujets. Il montra d'abord qu'il ambitionnait toute sorte de gloire, et qu'il voulait être aussi considéré au-dehors qu'absolu au-dedans.

Les anciens rois de l'Europe prétendent entre eux une entière égalité, ce qui est très naturel : mais les rois de France ont toujours réclamé la préséance que mérite l'antiquité de leur race et de leur royaume; et s'ils ont cédé aux empereurs, c'est parceque les hommes ne sont presque jamais assez hardis pour renverser un long usage. Le chef de la république d'Allemagne, prince électif et peu puissant par lui-même, a le pas, sans contredit, sur tous les souverains, à cause de ce titre de César et d'héritier de Charle-

---

[1] Chapitres XXV à XXX. B.

magne. Sa chancellerie allemande ne traitait pas même alors les autres rois de majesté. Les rois de France pouvaient disputer la préséance aux empereurs, puisque la France avait fondé le véritable empire d'Occident, dont le nom seul subsiste en Allemagne. Ils avaient pour eux non seulement la supériorité d'une couronne héréditaire sur une dignité élective, mais l'avantage d'être issus, par une suite non interrompue, de souverains qui régnaient sur une grande monarchie plusieurs siècles avant que, dans le monde entier, aucune des maisons qui possèdent aujourd'hui des couronnes fût parvenue à quelque élévation. Ils voulaient au moins précéder les autres puissances de l'Europe. On alléguait en leur faveur le nom de *très chrétien*. Les rois d'Espagne opposaient le titre de *catholique;* et depuis que Charles-Quint avait eu un roi de France prisonnier à Madrid, la fierté espagnole était bien loin de céder ce rang. Les Anglais et les Suédois, qui n'allèguent aujourd'hui aucun de ces surnoms, reconnaissent le moins qu'ils peuvent cette supériorité.

C'était à Rome que ces prétentions étaient autrefois débattues. Les papes, qui donnaient les états avec une bulle, se croyaient, à plus forte raison, en droit de décider du rang entre les couronnes. Cette cour, où tout se passe en cérémonies, était le tribunal où se jugeaient ces vanités de la grandeur. La France y avait eu toujours la supériorité quand elle était plus puissante que l'Espagne; mais depuis le règne de Charles-Quint, l'Espagne n'avait négligé aucune occasion de se donner l'égalité. La dispute restait indécise;

un pas de plus ou de moins dans une procession ; un fauteuil placé près d'un autel, ou vis-à-vis la chaire d'un prédicateur, étaient des triomphes, et établissaient des titres pour cette prééminence. La chimère du point d'honneur était extrême alors sur cet article entre les couronnes, comme la fureur des duels entre les particuliers.

(1661) Il arriva qu'à l'entrée d'un ambassadeur de Suède à Londres, le comte d'Estrades, ambassadeur de France, et le baron de Vatteville, ambassadeur d'Espagne, se disputèrent le pas. L'Espagnol, avec plus d'argent et une plus nombreuse suite, avait gagné la populace anglaise : il fait d'abord tuer les chevaux des carrosses français ; et bientôt les gens du comte d'Estrades, blessés et dispersés, laissèrent les Espagnols marcher l'épée nue comme en triomphe.

Louis XIV, informé de cette insulte, rappela l'ambassadeur qu'il avait à Madrid, fit sortir de France celui d'Espagne, rompit les conférences qui se tenaient encore en Flandre au sujet des limites, et fit dire au roi Philippe IV, son beau-père, que s'il ne reconnaissait la supériorité de la couronne de France et ne réparait cet affront par une satisfaction solennelle, la guerre allait recommencer. Philippe IV ne voulut pas replonger son royaume dans une guerre nouvelle pour la préséance d'un ambassadeur : il envoya le comte de Fuentes déclarer au roi, à Fontainebleau, en présence de tous les ministres étrangers qui étaient en France (24 mars 1662), « que les mi-« nistres espagnols ne concourraient plus dorénavant « avec ceux de France. » Ce n'en était pas assez pour reconnaître nettement la prééminence du roi; mais c'en était assez pour un aveu authentique de la faiblesse espagnole. Cette cour, encore fière, murmura long-temps de son humiliation. Depuis, plusieurs ministres espagnols ont renouvelé leurs anciennes prétentions : ils ont obtenu l'égalité à Nimègue; mais Louis XIV acquit alors, par sa fermeté, une supériorité réelle dans l'Europe, en fesant voir combien il était à craindre.

A peine sorti de cette petite affaire avec tant de grandeur, il en marqua encore davantage dans une occasion où sa gloire semblait moins intéressée. Les jeunes Français, dans les guerres faites depuis longtemps en Italie contre l'Espagne, avaient donné aux Italiens, circonspects et jaloux, l'idée d'une nation impétueuse. L'Italie regardait toutes les nations dont elle était inondée comme des barbares, et les Français comme des barbares plus gais que les autres, mais plus dangereux, qui portaient dans toutes les maisons les plaisirs avec le mépris, et la débauche avec l'insulte. Ils étaient craints partout, et surtout à Rome.

Le duc de Créqui, ambassadeur auprès du pape, avait révolté les Romains par sa hauteur : ses domestiques, gens qui poussent toujours à l'extrême les défauts de leur maître, commettaient dans Rome les mêmes désordres que la jeunesse indisciplinable de Paris, qui se fesait alors un honneur d'attaquer toutes les nuits le guet qui veille à la garde de la ville.

Quelques laquais du duc de Créqui s'avisèrent de charger, l'épée à la main, une escouade des Corses (ce sont des gardes du pape qui appuient les exécutions de la justice). Tout le corps des Corses offensé, et secrètement animé par don Mario Chigi, frère du pape Alexandre VII, qui haïssait le duc de Créqui, vint en armes assiéger la maison de l'ambassadeur (20 août 1662). Ils tirèrent sur le carrosse de l'ambassadrice, qui rentrait alors dans son palais; ils lui tuèrent un page [1], et blessèrent plusieurs domestiques. Le duc de Créqui sortit de Rome, accusant les parents du pape, et le pape lui-même, d'avoir favorisé cet assassinat. Le pape différa tant qu'il put la réparation, persuadé qu'avec les Français il n'y a qu'à temporiser, et que tout s'oublie. Il fit pendre un Corse et un sbire au bout de quatre mois; et il fit sortir de Rome le gouverneur, soupçonné d'avoir autorisé l'attentat: mais il fut consterné d'apprendre que le roi menaçait de faire assiéger Rome, qu'il fesait déjà passer des troupes en Italie, et que le maréchal du Plessis-Praslin était nommé pour les commander. L'affaire était devenue une querelle de nation à nation, et le roi voulait faire respecter la sienne. Le pape, avant de faire la satisfaction qu'on demandait, implora la médiation de tous les princes catholiques; il fit ce qu'il put pour les animer contre Louis XIV : mais les circonstances n'étaient pas favorables au pape. L'empire était attaqué par les Turcs : l'Espagne était embarrassée dans une guerre peu heureuse contre le Portugal.

La cour romaine ne fit qu'irriter le roi sans pouvoir lui nuire. Le parlement de Provence cita le pape, et

---

[1] Voltaire reparle de cet événement dans son opuscule intitulé: *Les Droits des hommes:* voyez tome XLIV. B.

fit saisir le comtat d'Avignon. Dans d'autres temps les excommunications de Rome auraient suivi ces outrages : mais c'étaient des armes usées et devenues ridicules : il fallut que le pape pliât; il fut forcé d'exiler de Rome son propre frère, d'envoyer son neveu, le cardinal Chigi, en qualité de légat *a latere*[1], faire satisfaction au roi; de casser la garde corse, et d'élever dans Rome une pyramide, avec une inscription qui contenait l'injure et la réparation. Le cardinal Chigi fut le premier légat de la cour romaine qui fut jamais envoyé pour demander pardon. Les légats, auparavant, venaient donner des lois, et imposer des décimes. Le roi ne s'en tint pas à faire réparer un outrage par des cérémonies passagères et par des monuments qui le sont aussi (car il permit, quelques années après, la destruction de la pyramide); mais il força la cour de Rome à promettre de rendre Castro et Ronciglione au duc de Parme, à dédommager le duc de Modène de ses droits sur Comacchio; et il tira ainsi d'une insulte l'honneur solide d'être le protecteur des princes d'Italie.

En soutenant sa dignité, il n'oubliait pas d'augmenter son pouvoir. (27 octobre 1662) Ses finances, bien administrées par Colbert, le mirent en état d'acheter Dunkerque et Mardick du roi d'Angleterre, pour cinq millions de livres, à vingt-six livres dix sous le marc. Charles II, prodigue et pauvre, eut la honte de vendre le prix du sang des Anglais. Son chancelier Hyde, accusé d'avoir ou conseillé ou souffert cette faiblesse, fut banni depuis par le parlement d'An-

---

[1] Voyez ma note, tome XVI, page 35. B.

gleterre, qui punit souvent les fautes des favoris, et qui quelquefois même juge ses rois.

(1663) Louis fit travailler trente mille hommes à fortifier Dunkerque du côté de la terre et de la mer. On creusa entre la ville et la citadelle un bassin capable de contenir trente vaisseaux de guerre, de sorte qu'à peine les Anglais eurent vendu cette ville, qu'elle devint l'objet de leur terreur.

(30 août 1663) Quelque temps après le roi força le duc de Lorraine à lui donner la forte ville de Marsal. Ce malheureux Charles IV, guerrier assez illustre, mais prince faible, inconstant, et imprudent, venait de faire un traité par lequel il donnait la Lorraine à la France après sa mort, à condition que le roi lui permettrait de lever un million sur l'état qu'il abandonnait, et que les princes du sang de Lorraine seraient réputés princes du sang de France. Ce traité, vainement vérifié au parlement de Paris, ne servit qu'à produire de nouvelles inconstances dans le duc de Lorraine; trop heureux ensuite de donner Marsal, et de se remettre à la clémence du roi.

Louis augmentait ses états même pendant la paix, et se tenait toujours prêt pour la guerre, fesant fortifier ses frontières, tenant ses troupes dans la discipline, augmentant leur nombre, fesant des revues fréquentes.

Les Turcs étaient alors très redoutables en Europe; ils attaquaient à-la-fois l'empereur d'Allemagne et les Vénitiens. La politique des rois de France a toujours été, depuis François I*er*, d'être alliés des empereurs turcs; non seulement pour les avantages du commerce, mais pour empêcher la maison d'Autriche de trop prévaloir. Cependant, un roi chrétien ne pouvait refuser du secours à l'empereur, trop en danger; et l'intérêt de la France était bien que les Turcs inquiétassent la Hongrie, mais non pas qu'ils l'envahissent : enfin ses traités avec l'empire lui fesaient un devoir de cette démarche honorable. Il envoya donc six mille hommes en Hongrie, sous les ordres du comte de Coligni[1], seul reste de la maison de ce Coligni, autrefois si célèbre dans nos guerres civiles, et qui mérite peut-être une aussi grande renommée que cet amiral, par son courage et par sa vertu. L'amitié l'avait attaché au grand Condé, et toutes les offres du cardinal Mazarin n'avaient jamais pu l'engager à manquer à son ami. Il mena avec lui l'élite de la noblesse de France, et entre autres le jeune La Feuillade, homme entreprenant et avide de gloire et de fortune. (1664) Ces Français allèrent servir en Hongrie sous le général Montecuculli, qui tenait tête alors au grand-vizir Kiuperli ou Kouprogli, et qui depuis, en servant contre la France, balança la réputation de Turenne. Il y eut un grand combat à Saint-Gothard, au bord du Raab, entre les Turcs et l'armée de l'empereur. Les Français y firent des prodiges de valeur; les Allemands mêmes, qui ne les aimaient point, furent obligés de leur rendre justice; mais ce n'est pas la rendre aux Allemands,

[1] Jean de Coligni, né à Saligny, le 17 décembre 1617, mort le 16 avril 1686, laissant un fils, Alexandre-Gaspard, qui mourut en 1694, sans postérité. Jean avait écrit sur les marges d'un missel ses *Mémoires* ou notes, qui ont été imprimées dans le chapitre VIII des *Contes historiques*, par *V. D. Musset-Pathay*, Paris, 1826, in-8°. Le prince de Condé, dont il avait été aide-de-camp, y est bien maltraité. B.

de dire, comme on a fait dans tant de livres, que les Français eurent seuls l'honneur de la victoire.

Le roi, en mettant sa grandeur à secourir ouvertement l'empereur, et à donner de l'éclat aux armes françaises, mettait sa politique à soutenir secrètement le Portugal contre l'Espagne. Le cardinal Mazarin avait abandonné formellement les Portugais, par le traité des Pyrénées; mais l'Espagnol avait fait plusieurs petites infractions tacites à la paix. Le Français en fit une hardie et décisive : le maréchal de Schomberg, étranger et huguenot, passa en Portugal avec quatre mille soldats français, qu'il payait de l'argent de Louis XIV, et qu'il feignait de soudoyer au nom du roi de Portugal. Ces quatre mille soldats français, joints aux troupes portugaises, remportèrent à Villa-Viciosa (17 juin 1665) une victoire complète, qui affermit le trône dans la maison de Bragance. Ainsi Louis XIV passait déjà pour un prince guerrier et politique, et l'Europe le redoutait même avant qu'il eût encore fait la guerre.

Ce fut par cette politique qu'il évita, malgré ses promesses, de joindre le peu de vaisseaux qu'il avait alors aux flottes hollandaises. Il s'était allié avec la Hollande en 1662. Cette république, environ vers ce temps-là, recommença la guerre contre l'Angleterre, au sujet du vain et bizarre honneur du pavillon, et des intérêts réels de son commerce dans les Indes. Louis voyait avec plaisir ces deux puissances maritimes mettre en mer tous les ans, l'une contre l'autre, des flottes de plus de cent vaisseaux, et se détruire mutuellement par les batailles les plus opiniâtres qui se soient jamais données, dont tout le fruit était l'affaiblissement des deux partis. Il s'en donna une qui dura trois jours entiers (11, 12, et 13 juin 1666). Ce fut dans ces combats que le Hollandais Ruyter acquit la réputation du plus grand homme de mer qu'on eût vu encore. Ce fut lui qui alla brûler les plus beaux vaisseaux d'Angleterre jusque dans ses ports, à quatre lieues de Londres. Il fit triompher la Hollande sur les mers, dont les Anglais avaient toujours eu l'empire, et où Louis XIV n'était rien encore.

La domination de l'Océan était partagée, depuis quelque temps, entre ces deux nations. L'art de construire les vaisseaux, et de s'en servir pour le commerce et pour la guerre, n'était bien connu que d'elles. La France, sous le ministère de Richelieu, se croyait puissante sur mer, parceque d'environ soixante vaisseaux ronds que l'on comptait dans ses ports, elle pouvait en mettre en mer environ trente, dont un seul portait soixante et dix canons. Sous Mazarin, on acheta des Hollandais le peu de vaisseaux que l'on avait. On manquait de matelots, d'officiers, de manufactures pour la construction et pour l'équipement. Le roi entreprit de réparer les ruines de la marine, et de donner à la France tout ce qui lui manquait, avec une diligence incroyable: mais, en 1664 et 1665, tandis que les Anglais et les Hollandais couvraient l'Océan de près de trois cents gros vaisseaux de guerre, il n'en avait encore que quinze ou seize du dernier rang, que le duc de Beaufort occupait contre les pirates de Barbarie; et lorsque les états généraux pressèrent Louis XIV de joindre sa flotte à la leur, il ne se trouva dans le port de Brest qu'un seul brûlot, qu'on eut honte de faire partir, et qu'il fallut pourtant leur envoyer sur leurs instances réitérées. Ce fut une honte que Louis XIV s'empressa bien vite d'effacer.

(1665) Il donna aux états un secours de ses forces de terre plus essentiel et plus honorable. Il leur envoya six mille Français pour les défendre contre l'évêque de Munster, Christophe-Bernard Van-Galen, prélat guerrier et ennemi implacable, soudoyé par l'Angleterre pour désoler la Hollande; mais il leur fit payer chèrement ce secours, et les traita comme un homme puissant qui vend sa protection à des marchands opulents. Colbert mit sur leur compte non seulement la solde de ses troupes, mais jusqu'aux frais d'une ambassade envoyée en Angleterre pour conclure leur paix avec Charles II. Jamais secours ne fut donné de si mauvaise grace, ni reçu avec moins de reconnaissance.

Le roi ayant ainsi aguerri ses troupes, et formé de nouveaux officiers en Hongrie, en Hollande, en Portugal, respecté et vengé dans Rome, ne voyait pas un seul potentat qu'il dût craindre. L'Angleterre ravagée par la peste; Londres réduite en cendres par un incendie [1] attribué injustement aux catholiques; la prodigalité et l'indigence continuelle de Charles II, aussi dangereuse pour ses affaires que la contagion et l'incendie, mettaient la France en sûreté du côté des Anglais. L'empereur réparait à peine l'épuise-

---

[1] En 1666, le 13 septembre. L'incendie dura quatre jours, et consuma treize mille maisons; Voltaire en a parlé tome XVIII, page 334. B.

ment d'une guerre contre les Turcs. Le roi d'Espagne, Philippe IV, mourant, et sa monarchie aussi faible que lui, laissaient Louis XIV le seul puissant et le seul redoutable. Il était jeune, riche, bien servi, obéi aveuglément, et marquait l'impatience de se signaler, et d'être conquérant.

CHAPITRE VIII.

Conquête de la Flandre.

L'occasion se présenta bientôt à un roi qui la cherchait. Philippe IV, son beau-père, mourut (1665) : il avait eu de sa première femme, sœur de Louis XIII, cette princesse Marie-Thérèse, mariée à son cousin Louis XIV ; mariage par lequel la monarchie espagnole est enfin tombée dans la maison de Bourbon, si long-temps son ennemie. De son second mariage avec Marie-Anne d'Autriche était né Charles II, enfant faible et malsain, héritier de sa couronne, et seul reste de trois enfants mâles, dont deux étaient morts en bas âge. Louis XIV prétendit que la Flandre, le Brabant, et la Franche-Comté, provinces du royaume d'Espagne, devaient, selon la jurisprudence de ces provinces, revenir à sa femme, malgré sa renonciation. Si les causes des rois pouvaient se juger par les lois des nations à un tribunal désintéressé, l'affaire eût été un peu douteuse.

Louis fit examiner ses droits par son conseil, et par des théologiens, qui les jugèrent incontestables ; mais le conseil et le confesseur de la veuve de Philippe IV les trouvaient bien mauvais. Elle avait pour elle une puissante raison, la loi expresse de Charles-Quint ; mais les lois de Charles-Quint n'étaient guère suivies par la cour de France.

Un des prétextes que prenait le conseil du roi était que les cinq cent mille écus donnés en dot à sa femme n'avaient point été payés ; mais on oubliait que la dot de la fille de Henri IV ne l'avait pas été davantage. La France et l'Espagne combattirent d'abord par des écrits, où l'on étala des calculs de banquier et des raisons d'avocat ; mais la seule raison d'état était écoutée. Cette raison d'état fut bien extraordinaire. Louis XIV allait attaquer un enfant dont il devait être naturellement le protecteur, puisqu'il avait épousé la sœur de cet enfant. Comment pouvait-il croire que l'empereur Léopold, regardé comme le chef de la maison d'Autriche, le laisserait opprimer cette maison, et s'agrandir dans la Flandre ? Qui croirait que l'empereur et le roi de France eussent déjà partagé en idée les dépouilles du jeune Charles d'Autriche, roi d'Espagne ? On trouve quelques traces de cette triste vérité dans les Mémoires du marquis de Torci[a] ; mais elles sont peu démêlées. Le temps a enfin dévoilé ce mystère, qui prouve qu'entre les rois la convenance et le droit du plus fort tiennent lieu de justice, surtout quand cette justice semble douteuse.

Tous les frères de Charles II, roi d'Espagne, étaient morts. Charles était d'une complexion faible et mal-

---

[a] Tome Ier, page 16, édition supposée de La Haye.

saine. Louis XIV et Léopold firent, dans son enfance, à peu près le même traité de partage qu'ils entamèrent depuis à sa mort. Par ce traité, qui est actuellement dans le dépôt du Louvre, Léopold devait laisser Louis XIV se mettre déjà en possession de la Flandre, à condition qu'à la mort de Charles l'Espagne passerait sous la domination de l'empereur. Il n'est pas dit s'il en coûta de l'argent pour cette étrange négociation. D'ordinaire ce principal article de tant de traités demeure secret.

Léopold n'eut pas sitôt signé l'acte qu'il s'en repentit : il exigea au moins qu'aucune cour n'en eût connaissance ; qu'on n'en fît point une double copie selon l'usage ; et que le seul instrument qui devait subsister fût enfermé dans une cassette de métal, dont l'empereur aurait une clef et le roi de France l'autre. Cette cassette dut être déposée entre les mains du grand-duc de Florence. L'empereur la remit pour cet effet entre les mains de l'ambassadeur de France à Vienne, et le roi envoya seize de ses gardes-du-corps aux portes de Vienne pour accompagner le courrier, de peur que l'empereur ne changeât d'avis et ne fît enlever la cassette sur la route. Elle fut portée à Versailles, et non à Florence ; ce qui laisse soupçonner que Léopold avait reçu de l'argent, puisqu'il n'osa se plaindre.

Voilà comment l'empereur laissa dépouiller le roi d'Espagne.

Le roi, comptant encore plus sur ses forces que sur ses raisons, marcha en Flandre à des conquêtes assurées. (1667) Il était à la tête de trente-cinq mille hommes; un autre corps de huit mille fut envoyé vers Dunkerque; un de quatre mille vers Luxembourg. Turenne était sous lui le général de cette armée. Colbert avait multiplié les ressources de l'état pour fournir à ces dépenses. Louvois, nouveau ministre de la guerre, avait fait des préparatifs immenses pour la campagne. Des magasins de toute espèce étaient distribués sur la frontière. Il introduisit le premier cette méthode avantageuse, que la faiblesse du gouvernement avait jusqu'alors rendue impraticable, de faire subsister les armées par magasins; quelque siége que le roi voulût faire, de quelque côté qu'il tournât ses armes, les secours en tout genre étaient prêts, les logements des troupes marqués, leurs marches réglées. La discipline, rendue plus sévère de jour en jour par l'austérité inflexible du ministre, enchaînait tous les officiers à leur devoir. La présence d'un jeune roi, l'idole de son armée, leur rendait la dureté de ce devoir aisée et chère. Le grade militaire commença dès-lors à être un droit beaucoup au-dessus de celui de la naissance. Les services et non les aïeux furent comptés, ce qui ne s'était guère vu encore : par là l'officier de la plus médiocre naissance fut encouragé; sans que ceux de la plus haute eussent à se plaindre. L'infanterie, sur qui tombait tout le poids de la guerre, depuis l'inutilité reconnue des lances, partagea les récompenses dont la cavalerie était en possession. Les maximes nouvelles dans le gouvernement inspiraient un nouveau courage.

Le roi, entre un chef et un ministre également habiles, tous deux jaloux l'un de l'autre, et cependant ne l'en servant que mieux, suivi des meilleures troupes de l'Europe, enfin, ligué de nouveau avec le Portugal, attaquait avec tous ses avantages une province mal défendue d'un royaume ruiné et déchiré. Il n'avait à faire qu'à sa belle-mère, femme faible, gouvernée par un jésuite, dont l'administration méprisée et malheureuse laissait la monarchie espagnole sans défense. Le roi de France avait tout ce qui manquait à l'Espagne.

L'art d'attaquer les places n'était pas encore perfectionné comme aujourd'hui, parceque celui de les bien fortifier et de les bien défendre était plus ignoré. Les frontières de la Flandre espagnole étaient presque sans fortifications et sans garnisons.

Louis n'eut qu'à se présenter devant elles. (Juin 1667) Il entra dans Charleroi comme dans Paris; Ath, Tournai, furent prises en deux jours; Furnes, Armentières, Courtrai, ne tinrent pas davantage. Il descendit dans la tranchée devant Douai, qui se rendit le lendemain (6 juillet). Lille, la plus florissante ville de ces pays, la seule bien fortifiée, et qui avait une garnison de six mille hommes, capitula (27 août) après neuf jours de siége. Les Espagnols n'avaient que huit mille hommes à opposer à l'armée victorieuse; encore l'arrière-garde de cette petite armée fut-elle taillée en pièces (31 août) par le marquis depuis maréchal de Créqui. Le reste se cacha sous Bruxelles et sous Mons, laissant le roi vaincre sans combattre.

Cette campagne, faite au milieu de la plus grande abondance, parmi des succès si faciles, parut le voyage d'une cour. La bonne chère, le luxe, et les plaisirs, s'introduisirent alors dans les armées, dans le temps même que la discipline s'affermissait. Les officiers fesaient le devoir militaire beaucoup plus exactement, mais avec des commodités plus recherchées. Le maréchal de Turenne n'avait eu long-temps que des assiettes de fer en campagne. Le marquis d'Humières fut le premier, au siége d'Arras[1], en 1658, qui se fit servir en vaisselle d'argent à la tranchée, et qui y fit manger des ragoûts et des entremets. Mais dans cette campagne de 1667, où un jeune roi, aimant la magnificence, étalait celle de sa cour dans les fatigues de la guerre, tout le monde se piqua de somptuosité et de goût dans la bonne chère, dans les habits, dans les équipages. Ce luxe, la marque certaine de la richesse d'un grand état, et souvent la cause de la décadence d'un petit, était cependant encore très peu de chose auprès de celui qu'on a vu depuis. Le roi, ses généraux, et ses ministres, allaient au rendez-vous de l'armée à cheval; au lieu qu'aujourd'hui il n'y a point de capitaine de cavalerie, ni de secrétaire d'un officier général qui ne fasse ce voyage en chaise de poste avec des glaces et des ressorts, plus commodément et plus tranquillement qu'on ne fesait alors une visite dans Paris d'un quartier à un autre.

La délicatesse des officiers ne les empêchait point alors d'aller à la tranchée avec le pot en tête et la cuirasse sur le dos. Le roi en donnait l'exemple : il alla

---

[1] Louis de Crévant, marquis puis duc d'Humières, nommé maréchal en 1668, n'assiégea jamais Arras, qui appartenait aux Français depuis 1640; mais, en 1676, il assiégea Aire, dont il se rendit maître le 31 juillet. B.

ainsi à la tranchée devant Douai et devant Lille. Cette conduite sage conserva plus d'un grand homme. Elle a été trop négligée depuis par des jeunes gens peu robustes, pleins de valeur, mais de mollesse, et qui semblent plus craindre la fatigue que le danger.

La rapidité de ces conquêtes remplit d'alarmes Bruxelles; les citoyens transportaient déjà leurs effets dans Anvers. La conquête de la Flandre entière pouvait être l'ouvrage d'une campagne. Il ne manquait au roi que des troupes assez nombreuses pour garder les places, prêtes à s'ouvrir à ses armes. Louvois lui conseilla de mettre de grosses garnisons dans les villes prises, et de les fortifier. Vauban, l'un de ces grands hommes et de ces génies qui parurent dans ce siècle pour le service de Louis XIV, fut chargé de ces fortifications. Il les fit suivant sa nouvelle méthode, devenue aujourd'hui la règle de tous les bons ingénieurs. On fut étonné de ne plus voir les places revêtues que d'ouvrages presque au niveau de la campagne. Les fortifications hautes et menaçantes n'en étaient que plus exposées à être foudroyées par l'artillerie : plus il les rendit rasantes, moins elles étaient en prise. Il construisit la citadelle de Lille sur ces principes (1668). On n'avait point encore en France détaché le gouvernement d'une ville de celui de la forteresse. L'exemple commença en faveur de Vauban; il fut le premier gouverneur d'une citadelle. On peut encore observer que le premier de ces plans en relief qu'on voit dans la galerie du Louvre [1] fut celui des fortifications de Lille.

[1] Ces plans ont été depuis transportés aux Invalides. K.

Le roi se hâta de venir jouir des acclamations des peuples, des adorations de ses courtisans et de ses maîtresses, et des fêtes qu'il donna à sa cour.

CHAPITRE IX.

Conquête de la Franche-Comté. Paix d'Aix-la-Chapelle.

(1668) On était plongé dans les divertissements à Saint-Germain, lorsqu'au cœur de l'hiver, au mois de janvier, on fut étonné de voir des troupes marcher de tous côtés, aller et revenir sur les chemins de la Champagne, dans les Trois-Évêchés : des trains d'artillerie, des chariots de munitions, s'arrêtaient, sous divers prétextes, dans la route qui mène de Champagne en Bourgogne. Cette partie de la France était remplie de mouvements dont on ignorait la cause. Les étrangers par intérêt, et les courtisans par curiosité, s'épuisaient en conjectures : l'Allemagne était alarmée : l'objet de ces préparatifs et de ces marches irrégulières était inconnu à tout le monde. Le secret dans les conspirations n'a jamais été mieux gardé qu'il le fut dans cette entreprise de Louis XIV. Enfin le 2 de février il part de Saint-Germain avec le jeune duc d'Enghien, fils du grand Condé, et quelques courtisans : les autres officiers étaient au rendez-vous des troupes. Il va à cheval à grandes journées, et arrive à Dijon. Vingt mille hommes assemblés de vingt routes différentes se trouvent le même jour en Franche-Comté, à quelques lieues de Besançon, et le grand Condé paraît à leur tête, ayant pour son principal lieutenant-général Montmorenci-Boutteville, son ami, devenu duc de Luxembourg, toujours attaché à lui dans la bonne et dans la mauvaise fortune. Luxembourg était l'élève de Condé dans l'art de la guerre; et il obligea, à force de mérite, le roi, qui ne l'aimait pas, à l'employer.

Des intrigues eurent part à cette entreprise imprévue : le prince de Condé était jaloux de la gloire de Turenne, et Louvois de sa faveur auprès du roi; Condé était jaloux en héros, et Louvois en ministre. Le prince, gouverneur de la Bourgogne, qui touche à la Franche-Comté, avait formé le dessein de s'en rendre maître en hiver, en moins de temps que Turenne n'en avait mis l'été précédent à conquérir la Flandre française. Il communiqua d'abord son projet à Louvois, qui l'embrassa avidement, pour éloigner et rendre inutile Turenne, et pour servir en même temps son maître.

Cette province, assez pauvre alors en argent, mais très fertile, bien peuplée, étendue en long de quarante lieues et large de vingt, avait le nom de Franche[1], et l'était en effet. Les rois d'Espagne en étaient plutôt les protecteurs que les maîtres. Quoique ce pays fût du gouvernement de la Flandre, il n'en dépendait que peu. Toute l'administration était partagée et disputée entre le parlement et le gouverneur de la Franche-Comté. Le peuple jouissait de grands priviléges, toujours respectés par la cour de Madrid, qui ménageait

[1] Sur l'origine du nom de Franche-Comté, voyez tome XXIII, page 191. B.

une province jalouse de ses droits, et voisine de la France. Besançon même se gouvernait comme une ville impériale. Jamais peuple ne vécut sous une administration plus douce, et ne fut si attaché à ses souverains. Leur amour pour la maison d'Autriche s'est conservé pendant deux générations; mais cet amour était, au fond, celui de leur liberté. Enfin la Franche-Comté était heureuse, mais pauvre, et puisqu'elle était une espèce de république, il y avait des factions. Quoi qu'en dise Pellisson, on ne se borna pas à employer la force.

On gagna d'abord quelques citoyens par des présents et des espérances. On s'assura l'abbé Jean de Vatteville, frère de celui qui, ayant insulté à Londres l'ambassadeur de France, avait procuré, par cet outrage, l'humiliation de la branche d'Autriche espagnole. Cet abbé, autrefois officier, puis chartreux, puis long-temps musulman chez les Turcs, et enfin ecclésiastique, eut parole d'être grand doyen, et d'avoir d'autres bénéfices. On acheta peu cher quelques magistrats, quelques officiers; et à la fin même, le marquis d'Yenne, gouverneur général, devint si traitable, qu'il accepta publiquement, après la guerre, une grosse pension et le grade de lieutenant-général en France. Ces intrigues secrètes, à peine commencées, furent soutenues par vingt mille hommes. Besançon, la capitale de la province, est investie par le prince de Condé; Luxembourg court à Salins : le lendemain Besançon et Salins se rendirent. Besançon ne demanda pour capitulation que la conservation d'un saint-suaire fort révéré dans cette ville; ce qu'on lui accorda très aisément. Le roi arrivait à Dijon. Louvois, qui avait volé sur la frontière pour diriger toutes ces marches, vient lui apprendre que ces deux villes sont assiégées et prises. Le roi courut aussitôt se montrer à la fortune qui fesait tout pour lui.

Il alla assiéger Dôle en personne. Cette place était réputée forte; elle avait pour commandant le comte de Montrevel, homme d'un grand courage, fidèle par grandeur d'ame aux Espagnols qu'il haïssait, et au parlement qu'il méprisait. Il n'avait pour garnison que quatre cents soldats et les citoyens, et il osa se défendre. La tranchée ne fut point poussée dans les formes. A peine l'eut-on ouverte, qu'une foule de jeunes volontaires, qui suivaient le roi, courut attaquer la contrescarpe, et s'y logea : le prince de Condé, à qui l'âge et l'expérience avaient donné un courage tranquille, les fit soutenir à propos, et partagea leur péril pour les en tirer. Ce prince était partout avec son fils, et venait ensuite rendre compte de tout au roi, comme un officier qui aurait eu sa fortune à faire. Le roi, dans son quartier, montrait plutôt la dignité d'un monarque dans sa cour, qu'une ardeur impétueuse qui n'était pas nécessaire. Tout le cérémonial de Saint-Germain était observé. Il avait son petit coucher, ses grandes, ses petites entrées, une salle des audiences dans sa tente. Il ne tempérait le faste du trône qu'en fesant manger à sa table ses officiers généraux et ses aides de camp. On ne lui voyait point, dans les travaux de la guerre, ce courage emporté de François Ier et de Henri IV, qui cherchaient toutes les espèces de danger. Il se contentait de ne les pas craindre, et d'engager tout le monde à s'y précipiter pour lui avec ardeur. Il entra dans Dôle (14 février 1668) au bout de quatre jours de siége, douze jours après son départ de Saint-Germain; et enfin, en moins de trois semaines toute la Franche-Comté lui fut soumise. Le conseil d'Espagne, étonné et indigné du peu de résistance, écrivit au gouverneur « que le roi de « France aurait dû envoyer ses laquais prendre pos- « session de ce pays, au lieu d'y aller en personne. »

Tant de fortune et tant d'ambition réveillèrent l'Europe assoupie; l'empire commença à se remuer, et l'empereur à lever des troupes. Les Suisses, voisins des Francs-Comtois, et qui n'avaient guère alors d'autre bien que leur liberté, tremblèrent pour elle. Le reste de la Flandre pouvait être envahi au printemps prochain. Les Hollandais, à qui il avait toujours importé d'avoir les Français pour amis, frémissaient de les avoir pour voisins. L'Espagne alors eut recours à ces mêmes Hollandais, et fut en effet protégée par cette petite nation, qui ne lui paraissait auparavant que méprisable et rebelle.

La Hollande était gouvernée par Jean de Witt, qui dès l'âge de vingt-huit ans avait été élu grand pensionnaire, homme amoureux de la liberté de son pays, autant que de sa grandeur personnelle : assujetti à la frugalité et à la modestie de sa république, il n'avait qu'un laquais et une servante, et allait à pied dans La Haye, tandis que dans les négociations de l'Europe son nom était compté avec les noms des plus puissants rois : homme infatigable dans le travail, plein d'ordre, de sagesse, d'industrie dans les affaires, excellent citoyen, grand politique, et qui, cependant, fut depuis très malheureux[1].

Il avait contracté avec le chevalier Temple, ambassadeur d'Angleterre à La Haye, une amitié bien rare entre des ministres. Temple était un philosophe qui joignait les lettres aux affaires; homme de bien, malgré les reproches que l'évêque Burnet lui a faits d'athéisme; né avec le génie d'un sage républicain, aimant la Hollande comme son propre pays, parcequ'elle était libre, et aussi jaloux de cette liberté que le grand pensionnaire lui-même. Ces deux citoyens s'unirent avec le comte de Dhona, ambassadeur de Suède, pour arrêter les progrès du roi de France.

Ce temps était marqué pour les événements rapides. La Flandre, qu'on nomme Flandre française, avait été prise en trois mois; la Franche-Comté en trois semaines. Le traité entre la Hollande, l'Angleterre, et la Suède, pour tenir la balance de l'Europe et réprimer l'ambition de Louis XIV, fut proposé et conclu en cinq jours. Le conseil de l'empereur Léopold n'osa entrer dans cette intrigue. Il était lié par le traité secret qu'il avait signé avec le roi de France pour dépouiller le jeune roi d'Espagne. Il encourageait secrètement l'union de l'Angleterre, de la Suède, et de

---

[1] Jean de Witt avait été, en Hollande, un des premiers et un des meilleurs disciples de Descartes. On a de lui un *Traité des courbes*, ouvrage de sa première jeunesse, rempli de choses ingénieuses et nouvelles, qui annonçaient un véritable géomètre. Il paraît être le premier qui ait imaginé de calculer la probabilité de la vie humaine, et d'employer ce calcul pour déterminer quel denier des rentes viagères répond à un intérêt donné en rentes perpétuelles. K.

la Hollande ; mais il ne prenait aucunes mesures ouvertes.

Louis XIV fut indigné qu'un petit état tel que la Hollande conçût l'idée de borner ses conquêtes, et d'être l'arbitre des rois, et plus encore qu'elle en fût capable. Cette entreprise des Provinces-Unies lui fut un outrage sensible qu'il fallut dévorer, et dont il médita dès-lors la vengeance.

Tout ambitieux, tout puissant, et tout irrité qu'il était, il détourna l'orage qui allait s'élever de tous les côtés de l'Europe. Il proposa lui-même la paix. La France et l'Espagne choisirent Aix-la-Chapelle pour le lieu des conférences, et le nouveau pape Rospigliosi, Clément IX, pour médiateur.

La cour de Rome, pour décorer sa faiblesse d'un crédit apparent, rechercha par toutes sortes de moyens l'honneur d'être l'arbitre entre les couronnes. Elle n'avait pu l'obtenir au traité des Pyrénées : elle parut l'avoir au moins à la paix d'Aix-la-Chapelle. Un nonce fut envoyé à ce congrès pour être un fantôme d'arbitre entre des fantômes de plénipotentiaires. Les Hollandais, déjà jaloux de la gloire, ne voulurent point partager celle de conclure ce qu'ils avaient commencé. Tout se traitait en effet à Saint-Germain, par le ministère de leur ambassadeur Van-Beuning. Ce qui avait été accordé en secret par lui était envoyé à Aix-la-Chapelle, pour être signé avec appareil par les ministres assemblés au congrès. Qui eût dit trente ans auparavant qu'un bourgeois de Hollande obligerait la France et l'Espagne à recevoir sa médiation?

Ce Van-Beuning, échevin d'Amsterdam, avait la vivacité d'un Français et la fierté d'un Espagnol. Il se plaisait à choquer, dans toutes les occasions, la hauteur impérieuse du roi, et opposait une inflexibilité républicaine au ton de supériorité que les ministres de France commençaient à prendre. « Ne vous fiez-« vous pas à la parole du roi? » lui disait M. de Lyonne dans une conférence. « J'ignore ce que veut le roi, « dit Van-Beuning, je considère ce qu'il peut. » Enfin, à la cour du plus superbe monarque du monde, un bourgmestre conclut avec autorité (2 mai 1668) une paix par laquelle le roi fut obligé de rendre la Franche-Comté. Les Hollandais eussent bien mieux aimé qu'il eût rendu la Flandre, et être délivrés d'un voisin si redoutable : mais toutes les nations trouvèrent que le roi marquait assez de modération en se privant de la Franche-Comté. Cependant il gagnait davantage en retenant les villes de Flandre, et il s'ouvrait les portes de la Hollande, qu'il songeait à détruire dans le temps qu'il lui cédait.

CHAPITRE X.

Travaux et magnificence de Louis XIV. Aventure singulière en Portugal. Casimir en France. Secours en Candie. Conquête de la Hollande.

Louis XIV, forcé de rester quelque temps en paix, continua, comme il avait commencé, à régler, à fortifier, et embellir son royaume. Il fit voir qu'un roi absolu, qui veut le bien, vient à bout de tout sans peine.

Il n'avait qu'à commander, et les succès dans l'administration étaient aussi rapides que l'avaient été ses conquêtes. C'était une chose véritablement admirable de voir les ports de mer, auparavant déserts, ruinés, maintenant entourés d'ouvrages qui fesaient leur ornement et leur défense, couverts de navires et de matelots, et contenant déjà près de soixante grands vaisseaux qu'il pouvait armer en guerre. De nouvelles colonies, protégées par son pavillon, partaient de tous côtés pour l'Amérique, pour les Indes orientales, pour les côtes de l'Afrique. Cependant en France, et sous ses yeux, des édifices immenses occupaient des milliers d'hommes, avec tous les arts que l'architecture entraîne après elle; et dans l'intérieur de sa cour et de sa capitale, des arts plus nobles et plus ingénieux donnaient à la France des plaisirs et une gloire dont les siècles précédents n'avaient pas eu même l'idée. Les lettres florissaient; le bon goût et la raison pénétraient dans les écoles de la barbarie. Tous ces détails de la gloire et de la félicité de la nation trouveront leur véritable place dans cette histoire [1]; il ne s'agit ici que des affaires générales et militaires.

Le Portugal donnait en ce temps un spectacle étrange à l'Europe. Dom Alfonse, fils indigne de l'heureux dom Jean de Bragance, y régnait : il était furieux et imbécile. Sa femme, fille du duc de Nemours, amoureuse de dom Pèdre, frère d'Alfonse, osa concevoir le projet de détrôner son mari, et d'épouser son amant. L'abrutissement du mari justifia l'audace de la reine. Il était d'une force de corps au-

---

[1] Chapitres xxxii et xxxiii. B.

dessus de l'ordinaire; il avait eu publiquement d'une courtisane un enfant qu'il avait reconnu : enfin, il avait couché très long-temps avec la reine. Malgré tout cela, elle l'accusa d'impuissance; et ayant acquis dans le royaume, par son habileté, l'autorité que son mari avait perdue par ses fureurs, elle le fit enfermer (novembre 1667). Elle obtint bientôt de Rome une bulle pour épouser son beau-frère. Il n'est pas étonnant que Rome ait accordé cette bulle; mais il l'est que des personnes toutes puissantes en aient besoin. Ce que Jules II avait accordé sans difficulté au roi d'Angleterre Henri VIII [1], Clément IX l'accorda à l'épouse d'un roi de Portugal. La plus petite intrigue fait dans un temps ce que les plus grands ressorts ne peuvent opérer dans un autre. Il y a toujours deux poids et deux mesures pour tous les droits des rois et des peuples; et ces deux mesures étaient au Vatican depuis que les papes influèrent sur les affaires de l'Europe. Il serait impossible de comprendre comment tant de nations avaient laissé une si étrange autorité au pontife de Rome, si l'on ne savait combien l'usage a de force.

Cet événement, qui ne fût une révolution que dans la famille royale, et non dans le royaume de Portu-

[1] Arthur ou Artus, prince de Galles, fils de Henri VII, roi d'Angleterre, épousa, en 1501, Catherine d'Aragon, et mourut six mois après son mariage, sans l'avoir, dit-on, consommé. Henri VII, pour ne pas rendre la dot, obtint du pape Jules II, le 26 décembre 1503, dispense pour faire épouser à Catherine le nouveau prince de Galles, son beau-frère, Henri, depuis roi sous le nom de Henri VIII. Ce fut sous Clément VII que Henri VIII prétendit que les dispenses de Jules II étaient nulles, etc., et, par suite, se sépara de l'Église romaine : voyez tome XVII, page 286. B.

gal, n'ayant rien changé aux affaires de l'Europe, ne mérite d'attention que par sa singularité.

La France reçut bientôt après un roi qui descendait du trône d'une autre manière. (1668) Jean-Casimir, roi de Pologne, renouvela l'exemple de la reine Christine. Fatigué des embarras du gouvernement, et voulant vivre heureux, il choisit sa retraite à Paris dans l'abbaye de Saint-Germain dont il fut abbé. Paris, devenu depuis quelques années le séjour de tous les arts, était une demeure délicieuse pour un roi qui cherchait les douceurs de la société, et qui aimait les lettres. Il avait été jésuite et cardinal avant d'être roi; et dégoûté également de la royauté et de l'église, il ne cherchait qu'à vivre en particulier et en sage, et ne voulut jamais souffrir qu'on lui donnât à Paris le titre de majesté [1].

Mais une affaire plus intéressante tenait tous les princes chrétiens attentifs.

Les Turcs, moins formidables à la vérité que du temps des Mahomet, des Sélim, et des Soliman, mais dangereux encore et forts de nos divisions, après avoir bloqué Candie pendant huit années, l'assiégeaient régulièrement avec toutes les forces de leur empire. On ne sait s'il était plus étonnant que les Vénitiens se fussent défendus si long-temps, ou que les rois de l'Europe les eussent abandonnés.

---

[1] Il avait épousé Marie de Gonzague, veuve de son frère, avec toutes les dispenses dont pouvait avoir besoin un jésuite cardinal, pour se marier avec sa belle-sœur; et on a prétendu qu'en France il épousa secrètement Marie Mignot, fille d'une blanchisseuse, mais déjà veuve d'un conseiller au parlement de Grenoble, et du second maréchal de L'Hospital. Cette anecdote n'est rien moins que certaine. K.

Les temps sont bien changés. Autrefois, lorsque l'Europe chrétienne était barbare, un pape, ou même un moine, envoyait des millions de chrétiens combattre les mahométans dans leur empire : nos états s'épuisaient d'hommes et d'argent pour aller conquérir la misérable et stérile province de Judée; et maintenant que l'île de Candie, réputée le boulevard de la chrétienté, était inondée de soixante mille Turcs, les rois chrétiens regardaient cette perte avec indifférence. Quelques galères de Malte et du pape étaient le seul secours qui défendait cette république contre l'empire ottoman. Le sénat de Venise, aussi impuissant que sage, ne pouvait, avec ses soldats mercenaires et des secours si faibles, résister au grand-vizir Kiuperli, bon ministre, meilleur général, maître de l'empire de la Turquie, suivi de troupes formidables, et qui même avait de bons ingénieurs.

Le roi donna inutilement aux autres princes l'exemple de secourir Candie. Ses galères, et les vaisseaux nouvellement construits dans le port de Toulon, y portèrent sept mille hommes commandés par le duc de Beaufort : secours devenu trop faible dans un si grand danger, parceque la générosité française ne fut imitée de personne.

La Feuillade, simple gentilhomme français, fit une action qui n'avait d'exemple que dans les anciens temps de la chevalerie. Il mena près de trois cents gentilshommes à Candie à ses dépens, quoiqu'il ne fût pas riche. Si quelque autre nation avait fait pour les Vénitiens à proportion de La Feuillade, il est à croire que Candie eût été délivrée. Ce secours ne servit qu'à retarder la prise de quelques jours, et à verser du sang inutilement. Le duc de Beaufort périt dans une sortie [1], et Kiuperli entra enfin par capitulation dans cette ville, qui n'était plus qu'un mouceau de ruines (16 septembre 1669).

Les Turcs, dans ce siége, s'étaient montrés supérieurs aux chrétiens, même dans la connaissance de l'art militaire. Les plus gros canons qu'on eût vus encore en Europe furent fondus dans leur camp. Ils firent, pour la première fois, des lignes parallèles dans les tranchées. C'est d'eux que nous avons pris cet usage; mais ils ne le tinrent que d'un ingénieur italien. Il est certain que des vainqueurs tels que les Turcs, avec de l'expérience, du courage, des richesses, et cette constance dans le travail qui fesait alors leur caractère, devaient conquérir l'Italie et prendre Rome en bien peu de temps : mais les lâches empereurs qu'ils ont eus depuis, leurs mauvais généraux, et le vice de leur gouvernement, ont été le salut de la chrétienté.

Le roi, peu touché de ces événements éloignés, laissait mûrir son grand dessein de conquérir tous les Pays-Bas, et de commencer par la Hollande. L'occasion devenait tous les jours plus favorable. Cette petite république dominait sur les mers : mais sur la terre rien n'était plus faible. Liée avec l'Espagne et avec l'Angleterre, en paix avec la France, elle se reposait avec trop de sécurité sur les traités et sur les avantages d'un commerce immense. Autant que ses armées navales étaient disciplinées et invincibles, au-

---

[1] 25 juin 1669. B.

tant ses troupes de terre étaient mal tenues et méprisables. Leur cavalerie n'était composée que de bourgeois, qui ne sortaient jamais de leurs maisons, et qui payaient des gens de la lie du peuple pour faire le service en leur place. L'infanterie était à peu près sur le même pied; les officiers, les commandants même des places de guerre, étaient les enfants ou les parents des bourgmestres, nourris dans l'inexpérience et dans l'oisiveté, regardant leurs emplois comme des prêtres regardent leurs bénéfices. Le pensionnaire Jean de Witt avait voulu corriger cet abus, mais il ne l'avait pas assez voulu, et ce fut une des grandes fautes de ce républicain.

(1670). Il fallait d'abord détacher l'Angleterre de la Hollande. Cet appui venant à manquer aux Provinces-Unies, leur ruine paraissait inévitable. Il ne fut pas difficile à Louis XIV d'engager Charles dans ses desseins. Le monarque anglais n'était pas, à la vérité, fort sensible à la honte que son règne et sa nation avaient reçue, lorsque ses vaisseaux furent brûlés jusque dans la rivière de la Tamise par la flotte hollandaise. Il ne respirait ni la vengeance ni les conquêtes. Il voulait vivre dans les plaisirs, et régner avec un pouvoir moins gêné; c'est par là qu'on le pouvait séduire. Louis, qui n'avait qu'à parler alors pour avoir de l'argent, en promit beaucoup au roi Charles, qui n'en pouvait avoir sans son parlement. Cette liaison secrète entre les deux rois ne fut confiée en France qu'à Madame, sœur de Charles II et épouse de Monsieur, frère unique du roi, à Turenne, et à Louvois.

(Mai 1670) Une princesse de vingt-six ans fut le

plénipotentiaire qui devait consommer ce traité avec le roi Charles. On prit pour prétexte du passage de Madame en Angleterre, un voyage que le roi voulut faire dans ses conquêtes nouvelles vers Dunkerque et vers Lille. La pompe et la grandeur des anciens rois de l'Asie n'approchaient pas de l'éclat de ce voyage. Trente mille hommes précédèrent ou suivirent la marche du roi ; les uns destinés à renforcer les garnisons des pays conquis, les autres à travailler aux fortifications, quelques uns à aplanir les chemins. Le roi menait avec lui la reine sa femme, toutes les princesses, et les plus belles femmes de sa cour. Madame brillait au milieu d'elles, et goûtait dans le fond de son cœur le plaisir et la gloire de tout cet appareil, qui couvrait son voyage. Ce fut une fête continuelle depuis Saint-Germain jusqu'à Lille.

Le roi, qui voulait gagner les cœurs de ses nouveaux sujets, et éblouir ses voisins, répandait partout ses libéralités avec profusion ; l'or et les pierreries étaient prodigués à quiconque avait le moindre prétexte pour lui parler. La princesse Henriette s'embarqua à Calais, pour voir son frère qui s'était avancé jusqu'à Cantorbéry. Charles, séduit par son amitié pour sa sœur et par l'argent de la France, signa tout ce que Louis XIV voulait, et prépara la ruine de la Hollande au milieu des plaisirs et des fêtes.

La perte de Madame, morte à son retour d'une manière soudaine et affreuse, jeta des soupçons injustes sur Monsieur [1], et ne changea rien aux résolutions

---

[1] Voyez les *Anecdotes du Siècle de Louis XIV*, chap. xxvi. K.

des deux rois[1]. Les dépouilles de la république, qu'on devait détruire, étaient déjà partagées par le traité secret entre les cours de France et d'Angleterre, comme en 1635 on avait partagé la Flandre avec les Hollandais. Ainsi on change de vues, d'alliés et d'ennemis, et on est souvent trompé dans tous ses projets. Les bruits de cette entreprise prochaine commençaient à se répandre; mais l'Europe les écoutait en silence. L'empereur, occupé des séditions de la Hongrie; la Suède, endormie par des négociations; l'Espagne, toujours faible, toujours irrésolue, et toujours lente, laissaient une libre carrière à l'ambition de Louis XIV.

La Hollande, pour comble de malheur, était divisée en deux factions : l'une, des républicains rigides à qui toute ombre d'autorité despotique semblait un

---

[1] On trouve des anecdotes curieuses sur toutes ces négociations, dans les pièces justificatives des *Mémoires de la Grande-Bretagne et de l'Irlande,* par le chevalier Dalrymple. On y voit comment l'argent de Louis XIV gouverna l'Angleterre depuis 1669 jusqu'en 1677; comment il servait à déterminer Charles II à se convertir, et puis à l'engager à différer sa conversion, et qu'il était le contre-poids des autres intérêts qui conduisaient ce roi et ses ministres. Ces détails de corruption sont honteux, mais il est utile que les peuples les connaissent, et que les princes apprennent que ces mystères de la politique sont toujours révélés. Au reste, ces *Mémoires* prouvent qu'à cette époque Louis XIV avait beaucoup plus de politique que de zèle pour la religion. Après avoir acheté la nation anglaise de Charles II, Louis XIV, peu satisfait de lui, se lia avec les mécontents, et leur fournit également de l'argent contre Charles et contre ce même Jacques, qu'il protégea depuis avec tant d'opiniâtreté. Dalrymple a imprimé la liste de ces pensionnaires du roi de France, avec les sommes données à chacun. On y trouve le nom d'Algernon Sydney, avec une somme qui n'aurait pas suffi pour séduire son secrétaire. Il est vraisemblable, ou que Barillon trompait Louis XIV avec ces listes, comme d'autres gens le trompèrent depuis avec des listes de conversions; ou (ce qui est plus probable encore) que quelque intrigant subalterne trompa Barillon, et garda pour lui-même l'argent qu'il prétendait avoir fait accepter à Sydney. K.

monstre contraire aux lois de l'humanité; l'autre, des républicains mitigés, qui voulaient établir dans les charges de ses ancêtres le jeune prince d'Orange, si célèbre depuis sous le nom de Guillaume III. Le grand pensionnaire Jean de Witt, et Corneille son frère, étaient à la tête des partisans austères de la liberté : mais le parti du jeune prince commençait à prévaloir. La république, plus occupée de ses dissensions domestiques que de son danger, contribuait elle-même à sa ruine.

Des mœurs étonnantes, introduites depuis plus de sept cents ans chez les chrétiens, permettaient que des prêtres fussent seigneurs temporels et guerriers. Louis soudoya l'archevêque de Cologne, Maximilien de Bavière, et ce même Van-Galen, évêque de Munster, abbé de Corbie[1] en Vestphalie, comme il soudoyait le roi d'Angleterre, Charles II. Il avait précédemment secouru les Hollandais contre cet évêque[2], et maintenant il le paie pour les écraser. C'était un homme singulier que l'histoire ne doit point négliger de faire connaître. Fils d'un meurtrier, et né dans la prison où son père fut enfermé quatorze ans, il était parvenu à l'évêché de Munster par des intrigues secondées de la fortune. A peine élu évêque il avait voulu dépouiller la ville de ses priviléges. Elle résista; il l'assiégea; il mit à feu et à sang le pays qui l'avait choisi pour son pasteur. Il traita de même son abbaye de Corbie. On le regardait comme un bri-

---

[1] Corwei, en latin *Corbeia nova*, pour la distinguer de *Corbeia vetus*, Corbie, en Picardie. CL.

[2] Voyez chapitre VII, page 360. B.

gand à gages, qui tantôt recevait de l'argent des Hollandais pour faire la guerre à ses voisins, tantôt en recevait de la France contre la république.

La Suède n'attaqua pas les Provinces-Unies ; mais elle les abandonna dès qu'elle les vit menacées, et rentra dans ses anciennes liaisons avec la France moyennant quelques subides. Tout conspirait à la destruction de la Hollande.

Il est singulier et digne de remarque que de tous les ennemis qui allaient fondre sur ce petit état il n'y en eût pas un qui pût alléguer un prétexte de guerre. C'était une entreprise à peu près semblable à cette ligue de Louis XII, de l'empereur Maximilien, et du roi d'Espagne, qui avaient autrefois conjuré la perte de la république de Venise, parcequ'elle était riche et fière.

Les États-Généraux consternés écrivirent au roi, lui demandant humblement si les grands préparatifs qu'il fesait étaient en effet destinés contre eux, ses anciens et fidèles alliés? en quoi ils l'avaient offensé? quelle réparation il exigeait? Il répondit « qu'il ferait de « ses troupes l'usage que demanderait sa dignité, dont « il ne devait compte à personne.» Ses ministres alléguaient pour toute raison que le gazetier de Hollande avait été trop insolent, et qu'on disait que Van-Beuning avait fait frapper une médaille injurieuse à Louis XIV. Le goût des devises régnait alors en France. On avait donné à Louis XIV la devise du soleil avec cette légende: *Nec pluribus impar*. On prétendait que Van-Beuning s'était fait représenter avec un soleil, et ces mots pour ame : IN CONSPECTU MEO

STETIT SOL; *A mon aspect le soleil s'est arrêté*[a]. Cette médaille n'exista jamais. Il est vrai que les états avaient fait frapper une médaille, dans laquelle ils avaient exprimé tout ce que la république avait fait de glorieux : « Assertis legibus; emendatis sacris; « adjutis, defensis, conciliatis regibus; vindicata ma- « rium libertate; stabilita orbis Europæ quiete. » « Les « lois affermies ; la religion épurée ; les rois se- « courus, défendus, et réunis; la liberté des mers « vengée; l'Europe pacifiée. »

Ils ne se vantaient en effet de rien qu'ils n'eussent fait : cependant ils firent briser le coin de cette médaille pour apaiser Louis XIV.

Le roi d'Angleterre, de son côté, leur reprochait que leur flotte n'avait pas baissé son pavillon devant un bateau anglais, et alléguait encore un certain tableau, où Corneille de Witt, frère du pensionnaire, était peint avec les attributs d'un vainqueur. On voyait des vaisseaux pris et brûlés dans le fond du tableau. Ce Corneille de Witt, qui en effet avait eu beaucoup de part aux exploits maritimes contre l'Angleterre, avait souffert ce faible monument de sa gloire; mais ce tableau presque ignoré était dans une chambre où l'on n'entrait presque jamais. Les mi-

[a] Il est vrai que depuis on a frappé en Hollande une médaille qu'on a crue être celle de Van-Beuning; mais elle ne porte point de date. Elle représente un combat avec un soleil qui culmine sur la tête des combattants. La légende est : *stetit sol in medio cœli.* Cette médaille, que des particuliers ont fabriquée, n'a été faite que pour la bataille d'Hochstedt, en 1709, à l'occasion de ces deux vers qui coururent alors :

« Alter in egregio nuper certamine Josue
« Clamavit : Sta, sol gallice! solque stetit. »

Or, Van-Beuning ne s'appelait point Josué, mais Conrad.

nistres anglais qui mirent par écrit les griefs de leur roi contre la Hollande, y spécifièrent des tableaux injurieux, *abusive pictures*. Les états, qui traduisaient toujours les mémoires des ministres en français, ayant traduit *abusive* par le mot *fautifs, trompeurs*, répondirent qu'ils ne savaient ce que c'était que ces *tableaux trompeurs*. En effet, ils ne devinèrent jamais qu'il était question de ce portrait d'un de leurs concitoyens, et ils ne purent imaginer ce prétexte de la guerre.

Tout ce que les efforts de l'ambition et de la prudence humaine peuvent préparer pour détruire une nation, Louis XIV l'avait fait. Il n'y a pas chez les hommes d'exemple d'une petite entreprise formée avec des préparatifs plus formidables. De tous les conquérants qui ont envahi une partie du monde, il n'y en a pas un qui ait commencé ses conquêtes avec autant de troupes réglées et autant d'argent que Louis en employa pour subjuguer le petit état des Provinces-Unies. Cinquante millions, qui en feraient aujourd'hui quatre-vingt-dix-sept, furent consommés à cet appareil. Trente vaisseaux de cinquante pièces de canon joignirent la flotte anglaise, forte de cent voiles. Le roi, avec son frère, alla sur les frontières de la Flandre espagnole et de la Hollande, vers Mastricht et Charleroi, avec plus de cent douze mille hommes. L'évêque de Munster et l'électeur de Cologne en avaient environ vingt mille. Les généraux de l'armée du roi étaient Condé et Turenne. Luxembourg commandait sous eux. Vauban devait conduire les siéges. Louvois était partout avec sa vigilance ordinaire. Jamais on n'avait vu une armée si magnifique, et en même temps mieux disciplinée. C'était surtout un spectacle imposant, que la maison du roi nouvellement réformée. On y voyait quatre compagnies des gardes-du-corps, chacune composée de trois cents gentilshommes, entre lesquels il y avait beaucoup de jeunes *cadets* sans paie, assujettis comme les autres à la régularité du service ; deux cents gendarmes de la garde, deux cents chevau-légers, cinq cents mousquetaires, tous gentilshommes choisis, parés de leur jeunesse et de leur bonne mine ; douze compagnies de la gendarmerie, depuis augmentées jusqu'au nombre de seize ; les cent-suisses même accompagnaient le roi, et ses régiments des gardes-françaises et suisses montaient la garde devant sa maison, ou devant sa tente. Ces troupes, pour la plupart couvertes d'or et d'argent, étaient en même temps un objet de terreur et d'admiration pour des peuples chez qui toute espèce de magnificence était inconnue. Une discipline devenue encore plus exacte avait mis dans l'armée un nouvel ordre. Il n'y avait point encore d'inspecteurs de cavalerie et d'infanterie, comme nous en avons vu depuis ; mais deux hommes uniques chacun dans leur genre en fesaient les fonctions. Martinet mettait alors l'infanterie sur le pied de discipline où elle est aujourd'hui. Le chevalier de Fourilles fesait la même charge[1] dans la cavalerie. Il y avait un an que Martinet avait mis la baïonnette en usage dans quelques régiments. Avant lui on ne s'en servait pas

---

[1] L'éditeur des *OEuvres de Voltaire*, en douze volumes in-8°, propose de mettre *fesait la même chose*. Je crois la correction très bonne ; mais je ne la trouve dans aucune édition. B.

d'une manière constante et uniforme. Ce dernier effort peut-être de ce que l'art militaire a inventé de plus terrible était connu, mais peu pratiqué, parceque les piques prévalaient. Il avait imaginé des pontons de cuivre, qu'on portait aisément sur des charrettes. Le roi, avec tant d'avantages, sûr de sa fortune et de sa gloire, menait avec lui un historien qui devait écrire ses victoires; c'était Pellisson, homme dont il a été parlé dans l'article des beaux-arts [1], plus capable de bien écrire que de ne pas flatter.

Ce qui avançait encore la chute des Hollandais, c'est que le marquis de Louvois avait fait acheter chez eux par le comte de Bentheim, secrètement gagné, une grande partie des munitions qui allaient servir à les détruire, et avait ainsi dégarni beaucoup leurs magasins. Il n'est point du tout étonnant que des marchands eussent vendu ces provisions avant la déclaration de la guerre, eux qui en vendent tous les jours à leurs ennemis pendant les plus vives campagnes. On sait qu'un négociant de ce pays avait autrefois répondu au prince Maurice, qui le réprimandait sur un tel négoce : « Monseigneur, si on « pouvait par mer faire quelque commerce avanta- « geux avec l'enfer, je hasarderais d'y aller brûler « mes voiles. » Mais ce qui est surprenant, c'est qu'on a imprimé que le marquis de Louvois alla lui-même, déguisé, conclure ses marchés en Hollande. Comment peut-on avoir imaginé une aventure si déplacée, si dangereuse, et si inutile?

Contre Turenne, Condé, Luxembourg, Vauban,

[1] Voyez page 175. B.

cent trente mille combattants, une artillerie prodigieuse, et de l'argent avec lequel on attaquait encore la fidélité des commandants des places ennemies, la Hollande n'avait à opposer qu'un jeune prince d'une constitution faible, qui n'avait vu ni siéges ni combats, et environ vingt-cinq mille mauvais soldats en quoi consistait alors toute la garde du pays. Le prince Guillaume d'Orange, âgé de vingt-deux ans, venait d'être élu capitaine-général des forces de terre par les vœux de la nation : Jean de Witt, le grand-pensionnaire, y avait consenti par nécessité. Ce prince nourrissait, sous le flegme hollandais, une ardeur d'ambition et de gloire qui éclata toujours depuis dans sa conduite, sans s'échapper jamais dans ses discours. Son humeur était froide et sévère, son génie actif et perçant ; son courage, qui ne se rebutait jamais, fit supporter à son corps faible et languissant des fatigues au-dessus de ses forces. Il était valeureux sans ostentation, ambitieux, mais ennemi du faste ; né avec une opiniâtreté flegmatique faite pour combattre l'adversité, aimant les affaires et la guerre, ne connaissant ni les plaisirs attachés à la grandeur, ni ceux de l'humanité, enfin presque en tout l'opposé de Louis XIV.

Il ne put d'abord arrêter le torrent qui se débordait sur sa patrie. Ses forces étaient trop peu de chose, son pouvoir même était limité par les états. Les armes françaises venaient fondre tout-à-coup sur la Hollande, que rien ne secourait. L'imprudent duc de Lorraine, qui avait voulu lever des troupes pour joindre sa fortune à celle de cette république, venait de voir toute la Lorraine saisie par les troupes françaises, avec la même facilité qu'on s'empare d'Avignon quand on est mécontent du pape.

Cependant le roi fesait avancer ses armées vers le Rhin, dans ces pays qui confinent à la Hollande, à Cologne, et à la Flandre. Il fesait distribuer de l'argent dans tous les villages, pour payer le dommage que ses troupes y pouvaient faire. Si quelque gentilhomme des environs venait se plaindre, il était sûr d'avoir un présent. Un envoyé du gouverneur des Pays-Bas, étant venu faire une représentation au roi sur quelques dégâts commis par les troupes, reçut de la main du roi son portrait enrichi de diamants, estimé plus de douze mille francs. Cette conduite attirait l'admiration des peuples, et augmentait la crainte de sa puissance.

Le roi était à la tête de sa maison et de ses plus belles troupes, qui composaient trente mille hommes: Turenne les commandait sous lui. Le prince de Condé avait une armée aussi forte. Les autres corps, conduits tantôt par Luxembourg, tantôt par Chamilli, fesaient dans l'occasion des armées séparées, ou se rejoignaient selon le besoin. On commença par assiéger à-la-fois quatre villes, dont le nom ne mérite de place dans l'histoire que par cet événement : Rhinberg, Orsoy, Vésel, Burick. Elles furent prises presque aussitôt qu'elles furent investies. Celle de Rhinberg, que le roi voulut assiéger en personne, n'essuya pas un coup de canon; et, pour assurer encore mieux sa prise, on eut soin de corrompre le lieutenant de la place, Irlandais de nation, nommé

Dosseri, qui eut la lâcheté de se vendre, et l'imprudence de se retirer ensuite à Mastricht, où le prince d'Orange le fit punir de mort.

Toutes les places qui bordent le Rhin et l'Issel se rendirent. Quelques gouverneurs envoyèrent leurs clefs, dès qu'ils virent seulement passer de loin un ou deux escadrons français : plusieurs officiers s'enfuirent des villes où ils étaient en garnison, avant que l'ennemi fût dans leur territoire; la consternation était générale. Le prince d'Orange n'avait point encore assez de troupes pour paraître en campagne. Toute la Hollande s'attendait à passer sous le joug, dès que le roi serait au-delà du Rhin. Le prince d'Orange fit faire à la hâte des lignes au-delà de ce fleuve, et après les avoir faites, il connut l'impuissance de les garder. Il ne s'agissait plus que de savoir en quel endroit les Français voudraient faire un pont de bateaux, et de s'opposer, si on pouvait, à ce passage. En effet l'intention du roi était de passer le fleuve sur un pont de ces petits bateaux inventés par Martinet. Des gens du pays informèrent alors le prince de Condé que la sécheresse de la saison avait formé un gué sur un bras du Rhin, auprès d'une vieille tourelle qui sert de bureau de péage, qu'on nomme *Tollhuys, la maison du péage,* dans laquelle il y avait dix-sept soldats. Le roi fit sonder ce gué par le comte de Guiche. Il n'y avait qu'environ vingt pas à nager au milieu de ce bras du fleuve, selon ce que dit dans ses lettres Pellisson, témoin oculaire, et ce que m'ont confirmé les habitants. Cet espace n'était rien, parceque plusieurs chevaux de front rompaient le fil de l'eau très peu rapide. L'abord était aisé : il n'y avait de l'autre côté de l'eau que quatre à cinq cents cavaliers, et deux faibles régiments d'infanterie sans canon. L'artillerie française les foudroyait en flanc. Tandis que la maison du roi et les meilleures troupes de cavalerie passèrent, sans risque, au nombre d'environ quinze mille hommes (12 juin 1672), le prince de Condé les côtoyait dans un bateau de cuivre. A peine quelques cavaliers hollandais entrèrent dans la rivière pour faire semblant de combattre, ils s'enfuirent l'instant d'après devant la multitude qui venait à eux. Leur infanterie mit aussitôt bas les armes, et demanda la vie. On ne perdit dans le passage que le comte de Nogent et quelques cavaliers qui, s'étant écartés du gué, se noyèrent; et il n'y aurait eu personne de tué dans cette journée, sans l'imprudence du jeune duc de Longueville. On dit qu'ayant la tête pleine des fumées du vin, il tira un coup de pistolet sur les ennemis qui demandaient la vie à genoux, en leur criant, *point de quartier pour cette canaille.* Il tua du coup un de leurs officiers. L'infanterie hollandaise désespérée reprit à l'instant ses armes, et fit une décharge dont le duc de Longueville fut tué. Un capitaine de cavalerie nommé Ossembrœk [a], qui ne s'était point enfui avec les autres, court au prince de Condé qui montait alors à cheval en sortant de la rivière, et lui appuie son pistolet à la tête. Le prince, par un mouvement, détourna le coup, qui lui fracassa le poignet. Condé ne reçut jamais que cette blessure dans toutes ses campagnes. Les Français irrités firent

---

[a] On prononce Ossembrouck ; l'œ fait *ou* chez les Hollandais.

main-basse sur cette infanterie, qui se mit à fuir de tous côtés. Louis XIV passa sur un pont de bateaux avec l'infanterie, après avoir dirigé lui-même toute la marche.

Tel fut ce passage du Rhin, action éclatante et unique, célébrée alors comme un des grands événements qui dussent occuper la mémoire des hommes. Cet air de grandeur dont le roi relevait toutes ses actions, le bonheur rapide de ses conquêtes, la splendeur de son règne, l'idolâtrie de ses courtisans; enfin, le goût que le peuple, et surtout les Parisiens, ont pour l'exagération, joint à l'ignorance de la guerre où l'on est dans l'oisiveté des grandes villes; tout cela fit regarder, à Paris, le passage du Rhin comme un prodige qu'on exagérait encore. L'opinion commune était que toute l'armée avait passé ce fleuve à la nage, en présence d'une armée retranchée, et malgré l'artillerie d'une forteresse imprenable, appelée le *Tholus*. Il était très vrai que rien n'était plus imposant pour les ennemis que ce passage, et que s'ils avaient eu un corps de bonnes troupes à l'autre bord, l'entreprise était très périlleuse.

Dès qu'on eut passé le Rhin on prit Doesbourg, Zutphen, Arnheim, Nosembourg, Nimègue, Schenck, Bommel, Crèvecœur, etc. Il n'y avait guère d'heures dans la journée où le roi ne reçût la nouvelle de quelque conquête. Un officier nommé Mazel mandait à M. de Turenne : « Si vous voulez m'envoyer cin-
« quante chevaux, je pourrai prendre avec cela deux
« ou trois places. »

(20 juin 1672) Utrecht envoya ses clefs, et capitula avec toute la province qui porte son nom. Louis

fit son entrée triomphale dans cette ville (30 juin), menant avec lui son grand aumônier, son confesseur et l'archevêque titulaire d'Utrecht. On rendit avec solennité la grande église aux catholiques. L'archevêque, qui n'en portait que le vain nom, fut pour quelque temps établi dans une dignité réelle [1]. La religion de Louis XIV fesait des conquêtes comme ses armes. C'était un droit qu'il acquérait sur la Hollande dans l'esprit des catholiques.

Les provinces d'Utrecht, d'Over-Issel, de Gueldre, étaient soumises : Amsterdam n'attendait plus que le moment de son esclavage ou de sa ruine. Les Juifs qui y sont établis s'empressèrent d'offrir à Gourville, intendant et ami du prince de Condé, deux millions de florins pour se racheter du pillage.

Déjà Naerden, voisine d'Amsterdam, était prise. Quatre cavaliers allant en maraude s'avancèrent jusqu'aux portes de Muiden, où sont les écluses qui peuvent inonder le pays, et qui n'est qu'à une lieue d'Amsterdam. Les magistrats de Muiden, éperdus de frayeur, vinrent présenter leurs clefs à ces quatre soldats; mais enfin, voyant que les troupes ne s'avançaient point, ils reprirent leurs clefs et fermèrent les portes. Un instant de diligence eût mis Amsterdam dans les mains du roi. Cette capitale une fois prise, non seu-

---

[1] Peu de temps après un de ces archevêques titulaires d'Utrecht, se trouvant par hasard ce qu'on appelait janséniste, se retira dans son diocèse où les jansénistes sont tolérés comme toutes les autres communions chrétiennes. Il se fit élire un successeur par le clergé et le peuple de son Église, suivant l'usage des premiers siècles; ensuite il le sacra. Au moyen de cette précaution, il s'est établi en Hollande une succession d'évêques jansénistes, qui ne sont, à la vérité, reconnus que dans leur Église. K.

lement la république périssait, mais il n'y avait plus de nation hollandaise, et bientôt la terre même de ce pays allait disparaître. Les plus riches familles, les plus ardentes pour la liberté, se préparaient à fuir aux extrémités du monde, et à s'embarquer pour Batavia. On fit le dénombrement de tous les vaisseaux qui pouvaient faire ce voyage, et le calcul de ce qu'on pouvait embarquer. On trouva que cinquante mille familles pouvaient se réfugier dans leur nouvelle patrie. La Hollande n'eût plus existé qu'au bout des Indes orientales : ses provinces d'Europe, qui n'achètent leur blé qu'avec leurs richesses d'Asie, qui ne vivent que de leur commerce, et, si on l'ose dire, de leur liberté, auraient été presque tout-à-coup ruinées et dépeuplées. Amsterdam, l'entrepôt et le magasin de l'Europe, où deux cent mille hommes cultivent le commerce et les arts, serait devenue bientôt un vaste marais. Toutes les terres voisines demandent des frais immenses, et des milliers d'hommes pour élever leurs digues : elles eussent probablement à-la-fois manqué d'habitants comme de richesses, et auraient été enfin submergées, ne laissant à Louis XIV que la gloire déplorable d'avoir détruit le plus singulier et le plus beau monument de l'industrie humaine.

La désolation de l'état était augmentée par les divisions ordinaires aux malheureux, qui s'imputent les uns aux autres les calamités publiques. Le grand pensionnaire de Witt ne croyait pouvoir sauver ce qui restait de sa patrie qu'en demandant la paix au vainqueur. Son esprit, à-la-fois tout républicain et jaloux de son autorité particulière, craignait toujours l'élévation du prince d'Orange, encore plus que les conquêtes du roi de France; il avait fait jurer à ce prince même l'observation d'un édit perpétuel, par lequel le prince était exclu de la charge de stathouder. L'honneur, l'autorité, l'esprit de parti, l'intérêt, lièrent de Witt à ce serment. Il aimait mieux voir sa république subjuguée par un roi vainqueur que soumise à un stathouder.

Le prince d'Orange, de son côté, plus ambitieux que de Witt, aussi attaché à sa patrie, plus patient dans les malheurs publics, attendant tout du temps et de l'opiniâtreté de sa constance, briguait le stathoudérat, et s'opposait à la paix avec la même ardeur. Les États résolurent qu'on demanderait la paix malgré le prince; mais le prince fut élevé au stathoudérat [a] malgré les de Witt.

Quatre députés vinrent au camp du roi implorer sa clémence au nom d'une république qui, six mois auparavant, se croyait l'arbitre des rois. Les députés ne furent point reçus des ministres de Louis XIV avec cette politesse [b] française qui mêle la douceur de la civilité aux rigueurs mêmes du gouvernement. Louvois, dur et altier, né pour bien servir plutôt que pour faire aimer son maître, reçut les suppliants avec hauteur, et même avec l'insulte de la raillerie. On les obligea de revenir plusieurs fois. Enfin le roi leur fit déclarer ses volontés. Il voulait que les États lui cé-

---

[a] Il fut stathouder le premier juillet. Comment La Beaumelle, dans son édition subreptice du *Siècle de Louis XIV*, a-t-il pu dire dans ses notes qu'il ne fut déclaré que capitaine et amiral?

[b] La Beaumelle, dans ses notes, dit : « C'est un être de raison que cette « politesse. » Comment cet écrivain ose-t-il démentir ainsi l'Europe?

dassent tout ce qu'ils avaient au-delà du Rhin, Nimègue, des villes et des forts dans le sein de leur pays; qu'on lui payât vingt millions; que les Français fussent les maîtres de tous les grands chemins de la Hollande, par terre et par eau, sans qu'ils payassent jamais aucun droit; que la religion catholique fût partout rétablie; que la république lui envoyât tous les ans une ambassade extraordinaire avec une médaille d'or, sur laquelle il fût gravé qu'ils tenaient leur liberté de Louis XIV; enfin, qu'à ces satisfactions ils joignissent celle qu'ils devaient au roi d'Angleterre et aux princes de l'empire, tels que ceux de Cologne et de Munster, par qui la Hollande était encore désolée.

Ces conditions d'une paix qui tenait tant de la servitude parurent intolérables, et la fierté du vainqueur inspira un courage de désespoir aux vaincus. On résolut de périr les armes à la main. Tous les cœurs et toutes les espérances se tournèrent vers le prince d'Orange. Le peuple en fureur éclata contre le grand pensionnaire, qui avait demandé la paix. A ces séditions se joignirent la politique du prince et l'animosité de son parti. On attente d'abord à la vie du grand pensionnaire Jean de Witt; ensuite on accuse Corneille son frère d'avoir attenté à celle du prince. Corneille est appliqué à la question. Il récita dans les tourments le commencement de cette ode d'Horace, *Justum et tenacem, etc.*, convenable à son état et à son courage, et qu'on peut traduire ainsi pour ceux qui ignorent le latin:

>Les torrents impétueux,
>La mer qui gronde et s'élance,
>La fureur et l'insolence

D'un peuple tumultueux,
Des fiers tyrans la vengeance,
N'ébranlent pas la constance
D'un cœur ferme et vertueux.

(20 août 1672) Enfin la populace effrénée massacra dans La Haye les deux frères de Witt; l'un qui avait gouverné l'état pendant dix-neuf ans avec vertu, et l'autre qui l'avait servi de son épée[1]. On exerça sur leurs corps sanglants toutes les fureurs dont le peuple est capable : horreurs communes à toutes les nations, et que les Français avaient fait éprouver au maréchal d'Ancre, à l'amiral Coligni, etc.; car la populace est presque partout la même. On poursuivit les amis du pensionnaire. Ruyter même, l'amiral de la république, qui seul combattait alors pour elle avec succès, se vit environné d'assassins dans Amsterdam.

Au milieu de ces désordres et de ces désolations, les magistrats montrèrent des vertus qu'on ne voit guère que dans les républiques. Les particuliers qui avaient des billets de banque coururent en foule à la banque d'Amsterdam; on craignait que l'on n'eût touché au trésor public. Chacun s'empressait de se faire payer du peu d'argent qu'on croyait pouvoir y être encore. Les magistrats firent ouvrir les caves où le trésor se conserve. On le trouva tout entier tel qu'il

---

[1] On avait d'abord tenté d'assassiner le grand pensionnaire dans La Haye; mais il échappa et eut le crédit de faire punir l'assassin. On n'osa condamner son frère à la mort, parceque les tourments n'avaient pu lui arracher l'aveu d'aucun des crimes qu'on lui avait imputés; on se contenta de le bannir. Ce fut dans le moment où le grand pensionnaire allait délivrer son frère de la prison après ce jugement, que tous deux furent massacrés. Cette mort a répandu sur le nom de Guillaume III un opprobre ineffaçable. K.

avait été déposé depuis soixante ans; l'argent même était encore noirci de l'impression du feu qui avait, quelques années auparavant, consumé l'hôtel de ville. Les billets de banque s'étaient toujours négociés jusqu'à ce temps, sans que jamais on eût touché au trésor. On paya alors avec cet argent tous ceux qui voulurent l'être. Tant de bonne foi et tant de ressources étaient d'autant plus admirables, que Charles II, roi d'Angleterre, pour avoir de quoi faire la guerre aux Hollandais et fournir à ses plaisirs, non content de l'argent de la France, venait de faire banqueroute à ses sujets. Autant il était honteux à ce roi de violer ainsi la foi publique, autant il était glorieux aux magistrats d'Amsterdam de la garder dans un temps où il semblait permis d'y manquer.

A cette vertu républicaine ils joignirent ce courage d'esprit qui prend les partis extrêmes dans les maux sans remède. Ils firent percer les digues qui retiennent les eaux de la mer. Les maisons de campagne, qui sont innombrables autour d'Amsterdam, les villages, les villes voisines, Leyde, Delft, furent inondés. Le paysan ne murmura pas de voir ses troupeaux noyés dans les campagnes. Amsterdam fut comme une vaste forteresse au milieu des eaux, entourée de vaisseaux de guerre qui eurent assez d'eau pour se ranger autour de la ville. La disette fut grande chez ces peuples, ils manquèrent surtout d'eau douce; elle se vendait six sous la pinte; mais ces extrémités parurent moindres que l'esclavage. C'est une chose digne de l'observation de la postérité, que la Hollande ainsi accablée sur terre, et n'étant plus un état, demeurât encore redoutable sur la mer : c'était l'élément véritable de ces peuples.

Tandis que Louis XIV passait le Rhin, et prenait trois provinces, l'amiral Ruyter, avec environ cent vaisseaux de guerre et plus de cinquante brûlots, alla chercher, près des côtes d'Angleterre, les flottes des deux rois. Leurs puissances réunies n'avaient pu mettre en mer une armée navale plus forte que celle de la république. Les Anglais et les Hollandais combattirent comme des nations accoutumées à se disputer l'empire de l'Océan. (7 juin 1672) Cette bataille, qu'on nomme de Solbaie, dura un jour entier. Ruyter, qui en donna le signal, attaqua le vaisseau amiral d'Angleterre, où était le duc d'York, frère du roi. La gloire de ce combat particulier demeura à Ruyter. Le duc d'York, obligé de changer de vaisseau, ne reparut plus devant l'amiral hollandais. Les trente vaisseaux français eurent peu de part à l'action; et tel fut le sort de cette journée, que les côtes de la Hollande furent en sûreté.

Après cette bataille, Ruyter, malgré les craintes et les contradictions de ses compatriotes, fit entrer la flotte marchande des Indes dans le Texel; défendant ainsi, et enrichissant sa patrie d'un côté, lorsqu'elle périssait de l'autre. Le commerce même des Hollandais se soutenait; on ne voyait que leurs pavillons dans les mers des Indes. Un jour qu'un consul de France disait au roi de Perse que Louis XIV avait conquis presque toute la Hollande : « Comment cela peut-il « être, répondit ce monarque persan, puisqu'il y a

« toujours au port d'Ormus vingt vaisseaux hollan-
« dais pour un français? »

Le prince d'Orange, cependant, avait l'ambition d'être bon citoyen. Il offrit à l'état le revenu de ses charges, et tout son bien pour soutenir la liberté. Il couvrit d'inondations les passages par où les Français pouvaient pénétrer dans le reste du pays. Ses négociations promptes et secrètes réveillèrent de leur assoupissement l'empereur, l'empire, le conseil d'Espagne, le gouverneur de Flandre. Il disposa même l'Angleterre à la paix. Enfin, le roi était entré au mois de mai en Hollande, et dès le mois de juillet l'Europe commençait à être conjurée contre lui.

Monterey, gouverneur de la Flandre, fit passer secrètement quelques régiments au secours des Provinces-Unies. Le conseil de l'empereur Léopold envoya Montecuculli à la tête de près de vingt mille hommes. L'électeur de Brandebourg, qui avait à sa solde vingt-cinq mille soldats, se mit en marche.

(Juillet 1672) Alors le roi quitta son armée. Il n'y avait plus de conquêtes à faire dans un pays inondé. La garde des provinces conquises devenait difficile. Louis voulait une gloire sûre; mais, en ne voulant pas l'acheter par un travail infatigable, il la perdit. Satisfait d'avoir pris tant de villes en deux mois, il revint à Saint-Germain au milieu de l'été; et laissant Turenne et Luxembourg achever la guerre, il jouit du triomphe. On éleva des monuments de sa conquête, tandis que les puissances de l'Europe travaillaient à la lui ravir.

CHAPITRE XI.

Évacuation de la Hollande. Seconde conquête de la Franche-Comté.

On croit nécessaire de dire à ceux qui pourront lire cet ouvrage, qu'ils doivent se souvenir que ce n'est point ici une simple relation de campagnes, mais plutôt une histoire des mœurs des hommes. Assez de livres sont pleins de toutes les minuties des actions de guerre, et de ces détails de la fureur et de la misère humaine. Le dessein de cet essai est de peindre les principaux caractères de ces révolutions, et d'écarter la multitude des petits faits, pour laisser voir les seuls considérables, et, s'il se peut, l'esprit qui les a conduits.

La France fut alors au comble de sa gloire. Le nom de ses généraux imprimait la vénération. Ses ministres étaient regardés comme des génies supérieurs aux conseillers des autres princes; et Louis était en Europe comme le seul roi. En effet, l'empereur Léopold ne paraissait pas dans ses armées; Charles II, roi d'Espagne, fils de Philippe IV, sortait à peine de l'enfance; celui d'Angleterre ne mettait d'activité dans sa vie que celle des plaisirs.

Tous ces princes et leurs ministres firent de grandes fautes. L'Angleterre agit contre les principes de la raison d'état en s'unissant avec la France pour élever une puissance que son intérêt était d'affaiblir. L'empereur, l'empire, le conseil espagnol, firent encore plus mal de ne pas s'opposer d'abord à ce torrent. Enfin Louis lui-même commit une si grande faute qu'eux tous en ne poursuivant pas avec assez de rapidité des conquêtes si faciles. Condé et Turenne voulaient qu'on démolît la plupart des places hollandaises. Ils disaient que ce n'était point avec des garnisons que l'on prend des états, mais avec des armées; et qu'en conservant une ou deux places de guerre pour la retraite, on devait marcher rapidement à la conquête entière. Louvois, au contraire, voulait que tout fût place et garnison; c'était là son génie, c'était aussi le goût du roi. Louvois avait par là plus d'emplois à sa disposition; il étendait le pouvoir de son ministère; il s'applaudissait de contredire les deux plus grands capitaines du siècle. Louis le crut, et se trompa, comme il l'avoua depuis; il manqua le moment d'entrer dans la capitale de la Hollande; il affaiblit son armée en la divisant dans trop de places; il laissa à son ennemi le temps de respirer. L'histoire des plus grands princes est souvent le récit des fautes des hommes.

Après le départ du roi, les affaires changèrent de face. Turenne fut obligé de marcher vers la Vestphalie, pour s'opposer aux Impériaux. Le gouverneur de Flandre, Monterey, sans être avoué du conseil timide d'Espagne, renforça la petite armée du prince d'Orange d'environ dix mille hommes. Alors ce prince fit tête aux Français jusqu'à l'hiver. C'était déjà beaucoup de balancer la fortune. Enfin l'hiver vint; les glaces couvrirent les inondations de la Hollande. Luxembourg, qui commandait dans Utrecht, fit un nouveau genre de guerre inconnu aux Français, et mit la Hollande dans un nouveau danger, aussi terrible que les précédents.

Il assemble, une nuit, près de douze mille fantassins tirés des garnisons voisines. On arme leurs souliers de crampons. Il se met à leur tête, et marche sur la glace vers Leyde et vers La Haye. Un dégel survint : La Haye fut sauvée. Son armée entourée d'eau, n'ayant plus de chemin ni de vivres, était prête à périr. Il fallait, pour s'en retourner à Utrecht, marcher sur une digue étroite et fangeuse, où l'on pouvait à peine se traîner quatre de front. On ne pouvait arriver à cette digue qu'en attaquant un fort qui semblait imprenable sans artillerie. Quand ce fort n'eût arrêté l'armée qu'un seul jour, elle serait morte de faim et de fatigue. Luxembourg était sans ressource ; mais la fortune, qui avait sauvé La Haye, sauva son armée par la lâcheté du commandant du fort, qui abandonna son poste sans aucune raison. Il y a mille événements dans la guerre comme dans la vie civile, qui sont incompréhensibles : celui-là est de ce nombre. Tout le fruit de cette entreprise fut une cruauté qui acheva de rendre le nom français odieux dans ce pays. Bodegrave et Svammerdam, deux bourgs considérables, riches et bien peuplés, semblables à nos villes de la grandeur médiocre, furent abandonnés au pillage des soldats, pour le prix de leur fatigue. Ils mirent le feu à ces deux villes ; et, à la lueur des flammes, ils se livrèrent à la débauche et à la cruauté. Il est étonnant que le soldat français soit si barbare, étant commandé par ce prodigieux nombre d'officiers, qui ont avec justice la réputation d'être aussi humains que courageux. Ce pillage laissa une impression si profonde, que, plus de quarante ans après, j'ai vu les livres hollandais, dans lesquels on apprenait à lire aux enfants, retracer cette aventure, et inspirer la haine contre les Français à des générations nouvelles.

(1673) Cependant le roi agitait les cabinets de tous les princes par ses négociations. Il gagna le duc de Hanovre. L'électeur de Brandebourg, en commençant la guerre, fit un traité, mais qui fut bientôt rompu. Il n'y avait pas une cour en Allemagne où Louis n'eût des pensionnaires. Ses émissaires fomentaient en Hongrie les troubles de cette province, sévèrement traitée par le conseil de Vienne. L'argent fut prodigué au roi d'Angleterre, pour faire encore la guerre à la Hollande, malgré les cris de toute la nation anglaise indignée de servir la grandeur de Louis XIV, qu'elle eût voulu abaisser. L'Europe était troublée par les armes et par les négociations de Louis. Enfin il ne put empêcher que l'empereur, l'empire, et l'Espagne, ne s'alliassent avec la Hollande, et ne lui déclarassent solennellement la guerre. Il avait tellement changé le cours des choses, que les Hollandais, ses alliés naturels, étaient devenus les amis de la maison d'Autriche. L'empereur Léopold envoyait des secours lents; mais il montrait une grande animosité. Il est rapporté qu'allant à Égra voir les troupes qu'il y rassemblait, il communia en chemin, et qu'après la communion il prit en main un crucifix, et appela Dieu à témoin de la justice de sa cause. Cette action eût été à sa place du temps des croisades : et la prière de Léopold n'empêcha point le progrès des armes du roi de France.

Il parut d'abord combien sa marine était déjà perfectionnée. Au lieu de trente vaisseaux qu'on avait joints, l'année d'auparavant, à la flotte anglaise, on en joignit quarante, sans compter les brûlots. Les officiers avaient appris les manœuvres savantes des Anglais, avec lesquels ils avaient combattu celles des Hollandais, leurs ennemis. C'était le duc d'York, depuis Jacques II, qui avait inventé l'art de faire entendre les ordres sur mer par les mouvements divers des pavillons. Avant ce temps les Français ne savaient pas ranger une armée navale en bataille. Leur expérience consistait à faire battre un vaisseau contre un vaisseau, non à en faire mouvoir plusieurs de concert, et à imiter sur la mer les évolutions des armées de terre, dont les corps séparés se soutiennent et se secourent mutuellement. Ils firent à peu près comme les Romains, qui en une année apprirent des Carthaginois l'art de combattre sur mer, et égalèrent leurs maîtres.

Le vice-amiral d'Estrées et son lieutenant Martel firent honneur à l'industrie militaire de la nation française, dans trois batailles navales consécutives, au mois de juin (les 7, 14 et 21 juin 1673), entre la flotte hollandaise et celle de France et d'Angleterre. L'amiral Ruyter fut plus admiré que jamais dans ces trois actions. D'Estrées écrivit à Colbert : « Je vou-« drais avoir payé de ma vie la gloire que Ruyter « vient d'acquérir. » D'Estrées méritait que Ruyter eût ainsi parlé de lui. La valeur et la conduite furent si égales de tous côtés que la victoire resta toujours indécise.

Louis, ayant fait des hommes de mer de ses Français par les soins de Colbert, perfectionna encore l'art de la guerre sur terre par l'industrie de Vauban. Il vint en personne assiéger Mastricht dans le même temps que ces trois batailles navales se donnaient. Mastricht était pour lui une clef des Pays-Bas et des Provinces-Unies; c'était une place forte défendue par un gouverneur intrépide, nommé Fariaux, né Français, qui avait passé au service d'Espagne, et depuis à celui de Hollande. La garnison était de cinq mille hommes. Vauban, qui conduisit ce siége, se servit, pour la première fois, des parallèles inventées par des ingénieurs italiens au service des Turcs devant Candie[1]. Il y ajouta les places d'armes que l'on fait dans les tranchées pour y mettre les troupes en bataille, et pour les mieux rallier en cas de sorties. Louis se montra, dans ce siége, plus exact et plus laborieux qu'il ne l'avait été encore. Il accoutumait, par son exemple, à la patience dans le travail, sa nation accusée jusqu'alors de n'avoir qu'un courage bouillant que la fatigue épuise bientôt. Mastricht se rendit au bout de huit jours (29 juin 1673).

Pour mieux affermir encore la discipline militaire, il usa d'une sévérité qui parut même trop grande. Le prince d'Orange, qui n'avait eu pour opposer à ces conquêtes rapides que des officiers sans émulation et des soldats sans courage, les avait formés à force de rigueurs, en fesant passer par la main du bourreau

[1] Voyez page 380. B.

ceux qui avaient abandonné leur poste. Le roi employa aussi les châtiments la première fois qu'il perdit une place. Un très brave officier, nommé Du-Pas, rendit Naerden au prince d'Orange (14 septembre 1673). Il ne tint à la vérité que quatre jours; mais il ne remit sa ville qu'après un combat de cinq heures, donné sur de mauvais ouvrages, et pour éviter un assaut général, qu'une garnison faible et rebutée n'aurait point soutenu. Le roi, irrité du premier affront que recevaient ses armes, fit condamner Du-Pas[a] à être traîné dans Utrecht, une pelle à la main; et son épée fut rompue : ignominie inutile pour les officiers français, qui sont assez sensibles à la gloire pour qu'on ne les gouverne point par la crainte de la honte. Il faut savoir qu'à la vérité les provisions des commandants des places les obligent à soutenir trois assauts; mais ce sont de ces lois qui ne sont jamais exécutées[1]. Du-Pas se fit tuer, un an après, au siège de la petite ville de Grave, où il servit volontaire. Son courage et sa mort dûrent laisser des regrets au marquis de Louvois, qui l'avait fait punir si durement.

[a] La Beaumelle dit qu'il fut condamné à une prison perpétuelle. Comment cela pourrait-il être, puisque, l'année suivante, il fut tué au siége de Grave?

[1] Cet usage, qui n'a point été réformé, est ancien, et n'a pu avoir pour origine qu'un enthousiasme exagéré de valeur, et une grande indifférence pour le sort des malheureux bourgeois qu'il dévouait à toutes les horreurs du pillage. Mais depuis que l'art des siéges s'est perfectionné, et qu'on a la précaution de détruire toutes les défenses d'une place avant d'y donner l'assaut, cette condition imposée aux gouverneurs n'est plus regardée que comme une chose de forme; et, de nos jours, un officier qui, prenant une ville d'assaut, la livrerait au pillage, serait aussi déshonoré qu'il l'aurait été dans le siècle dernier pour avoir refusé de servir de second dans un duel. K.

La puissance souveraine peut maltraiter un brave homme, mais non pas le déshonorer.

Les soins du roi, le génie de Vauban, la vigilance sévère de Louvois, l'expérience et le grand art de Turenne, l'active intrépidité du prince de Condé; tout cela ne put réparer la faute qu'on avait faite de garder trop de places, d'affaiblir l'armée, et de manquer Amsterdam.

Le prince de Condé voulut en vain percer dans le cœur de la Hollande inondée. Turenne ne pût, ni mettre obstacle à la jonction de Montecuculli et du prince d'Orange, ni empêcher le prince d'Orange de prendre Bonn. L'évêque de Munster, qui avait juré la ruine des états-généraux, fut attaqué lui-même par les Hollandais.

Le parlement d'Angleterre força son roi d'entrer sérieusement dans des négociations de paix, et de cesser d'être l'instrument mercenaire de la grandeur de la France. Alors il fallut abandonner les trois provinces hollandaises avec autant de promptitude qu'on les avait conquises. Ce ne fut pas sans les avoir rançonnées : l'intendant Robert tira de la seule province d'Utrecht, en un an, seize cent soixante et huit mille florins. On était si pressé d'évacuer un pays conquis avec tant de rapidité, que vingt-huit mille prisonniers hollandais furent rendus pour un écu par soldat. L'arc de triomphe de la porte Saint-Denys, et les autres monuments de la conquête, étaient à peine achevés, que la conquête était déjà abandonnée. Les Hollandais, dans le cours de cette invasion, eurent la gloire de disputer l'empire de la mer, et l'adresse de transporter sur terre le théâtre de la guerre hors de leur pays. Louis XIV passa dans l'Europe pour avoir joui avec trop de précipitation et trop de fierté de l'éclat d'un triomphe passager. Le fruit de cette entreprise fut d'avoir une guerre sanglante à soutenir contre l'Espagne, l'empire, et la Hollande réunis, d'être abandonné de l'Angleterre, et enfin de Munster, de Cologne même, et de laisser dans les pays qu'il avait envahis et quittés plus de haine que d'admiration pour lui.

Le roi tint seul contre tous les ennemis qu'il s'était faits. La prévoyance de son gouvernement et la force de son état parurent bien davantage encore lorsqu'il fallut se défendre contre tant de puissances liguées et contre de grands généraux, que quand il avait pris, en voyageant, la Flandre française, la Franche-Comté, et la moitié de la Hollande, sur des ennemis sans défense.

On vit surtout quel avantage un roi absolu, dont les finances sont bien administrées, a sur les autres rois. Il fournit à-la-fois une armée d'environ vingt-trois mille hommes à Turenne contre les Impériaux, une de quarante mille à Condé contre le prince d'Orange : un corps de troupes était sur la frontière du Roussillon; une flotte chargée de soldats alla porter la guerre aux Espagnols jusque dans Messine : lui-même marcha pour se rendre maître une seconde fois de la Franche-Comté. Il se défendait, et il attaquait partout en même temps.

D'abord, dans sa nouvelle entreprise sur la Franche-Comté, la supériorité de son gouvernement parut tout entière. Il s'agissait de mettre dans son parti, ou du moins d'endormir les Suisses, nation aussi redoutable que pauvre, toujours armée, toujours jalouse à l'excès de sa liberté, invincible sur ses frontières, murmurant déjà, et s'effarouchant de voir Louis XIV une seconde fois dans leur voisinage. L'empereur et l'Espagne sollicitaient les treize cantons de permettre au moins *un passage libre à leurs troupes*, pour secourir la Franche-Comté, demeurée sans défense par la négligence du ministère espagnol. Le roi, de son côté, pressait les Suisses de refuser ce passage; mais l'empire et l'Espagne ne prodiguaient que des raisons et des prières; le roi, avec de l'argent comptant, détermina les Suisses à ce qu'il voulut : le passage fut refusé. Louis, accompagné de son frère et du fils du grand Condé, assiégea Besançon. Il aimait la guerre de siéges, et pouvait croire l'entendre aussi bien que les Condé et les Turenne; mais, tout jaloux qu'il était de sa gloire, il avouait que ces deux grands hommes entendaient mieux que lui la guerre de campagne. D'ailleurs, il n'assiégea jamais une ville sans être moralement sûr de la prendre. Louvois fesait si bien les préparatifs, les troupes étaient si bien fournies, Vauban, qui conduisit presque tous les siéges, était un si grand maître dans l'art de prendre les villes, que la gloire du roi était en sûreté. Vauban dirigea les attaques de Besançon : elle fut prise en neuf jours (15 mai 1674); et au bout de six semaines toute la Franche-Comté fut soumise au roi. Elle est restée à la

France, et semble y être pour jamais annexée : monument de la faiblesse du ministère autrichien-espagnol, et de la force de celui de Louis XIV.

CHAPITRE XII.

Belle campagne et mort du maréchal de Turenne. Dernière bataille du grand Condé à Senef.

Tandis que le roi prenait rapidement la Franche-Comté, avec cette facilité et cet éclat attaché encore à sa destinée, Turenne, qui ne fesait que défendre les frontières du côté du Rhin, déployait ce que l'art de la guerre peut avoir de plus grand et de plus habile. L'estime des hommes se mesure par les difficultés surmontées, et c'est ce qui a donné une si grande réputation à cette campagne de Turenne.

(Juin 1674) D'abord il fait une marche longue et vive, passe le Rhin à Philipsbourg, marche toute la nuit à Sintzheim, force cette ville; et en même temps il attaque et met en fuite Caprara, général de l'empereur, et le vieux duc de Lorraine, Charles IV, ce prince qui passa toute sa vie à perdre ses états et à lever des troupes, et qui venait de réunir sa petite armée avec une partie de celle de l'empereur. Turenne, après l'avoir battu, le poursuit, et bat encore sa cavalerie à Ladenbourg (juillet 1674); de là il court à un autre général des Impériaux, le prince de Bournonville, qui n'attendait que de nouvelles troupes pour s'ouvrir le chemin de l'Alsace; il prévient la jonction de ces troupes, l'attaque, et lui fait quitter le champ de bataille (octobre 1674).

L'empire rassemble contre lui toutes ses forces; soixante et dix mille Allemands sont dans l'Alsace; Brisach et Philipsbourg étaient bloqués par eux. Turenne n'avait plus que vingt mille hommes effectifs tout au plus. (Décembre) Le prince de Condé lui envoya de Flandre quelque secours de cavalerie; alors il traverse, par Tanne et par Béfort, des montagnes couvertes de neige; il se trouve tout d'un coup dans la Haute-Alsace, au milieu des quartiers des ennemis, qui le croyaient en repos en Lorraine, et qui pensaient que la campagne était finie. Il bat à Mulhausen les quartiers qui résistent; il en fait deux prisonniers. Il marche à Colmar, où l'électeur de Brandebourg, qu'on appelle le grand électeur, alors général des armées de l'empire, avait son quartier. Il arrive dans le temps que ce prince et les autres généraux se mettaient à table; ils n'eurent que le temps de s'échapper; la campagne était couverte de fuyards.

Turenne, croyant n'avoir rien fait tant qu'il restait quelque chose à faire, attend encore auprès de Turkheim une partie de l'infanterie ennemie. L'avantage du poste qu'il avait choisi rendait sa victoire sûre: il défait cette infanterie (5 janvier 1675). Enfin une armée de soixante et dix mille hommes se trouve vaincue et dispersée presque sans grand combat. L'Alsace reste au roi, et les généraux de l'empire sont obligés de repasser le Rhin.

Toutes ces actions consécutives, conduites avec

tant d'art, si patiemment digérées, exécutées avec tant de promptitude, furent également admirées des Français et des ennemis. La gloire de Turenne reçut un nouvel accroissement, quand on sut que tout ce qu'il avait fait dans cette campagne, il l'avait fait malgré la cour, et malgré les ordres réitérés de Louvois, donnés au nom du roi. Résister à Louvois tout puissant, et se charger de l'événement, malgré les cris de la cour, les ordres de Louis XIV, et la haine du ministre, ne fut pas la moindre marque du courage de Turenne, ni le moindre exploit de la campagne.

Il faut avouer que ceux qui ont plus d'humanité que d'estime pour les exploits de guerre gémirent de cette campagne si glorieuse. Elle fut célèbre par les malheurs des peuples, autant que par les expéditions de Turenne. Après la bataille de Sintzheim, il mit à feu et à sang le Palatinat, pays uni et fertile, couvert de villes et de bourgs opulents. L'électeur palatin vit, du haut de son château de Manheim, deux villes et vingt-cinq villages embrasés. Ce prince, désespéré, défia Turenne à un combat singulier, par une lettre pleine de reproches[a]. Turenne ayant envoyé la lettre

---

[a] Pendant le cours de cette édition, M. Colini, secrétaire intime et historiographe de l'électeur palatin aujourd'hui régnant, a révoqué en doute l'histoire du cartel par des raisons très spécieuses, énoncées avec beaucoup d'esprit et de sagacité. Il montre très judicieusement que l'électeur Charles-Louis ne put écrire les lettres que Courtilz de Sandras et Ramsay ont imputées à ce prince. Plus d'un historien, en effet, attribue souvent à ses héros des écrits et des harangues de son imagination.

On n'a jamais vu la véritable lettre de l'électeur Charles-Louis, ni la réponse du maréchal de Turenne. Il a seulement toujours passé pour constant

au roi, qui lui défendit d'accepter le cartel, ne répondit aux plaintes et au défi de l'électeur que par un compliment vague, et qui ne signifiait rien. C'était assez le style et l'usage de Turenne, de s'exprimer toujours avec modération et ambiguité.

Il brûla avec le même sang froid les fours et une partie des campagnes de l'Alsace, pour empêcher les ennemis de subsister. Il permit ensuite à sa cavalerie de ravager la Lorraine. On y fit tant de désordre, que l'intendant, qui, de son côté, désolait la Lorraine avec sa plume, lui écrivit et lui parla souvent pour arrêter ces excès. Il répondait froidement : « Je le ferai dire « à l'ordre. » Il aimait mieux être appelé le père des

---

que l'électeur, justement outré des ravages et des incendies que Turenne commettait dans son pays, lui proposa un duel par un trompette, nommé Petit-Jean. J'ai vu la maison de Bouillon persuadée de cette anecdote. Le grand-prieur de Vendôme et le maréchal de Villars n'en doutaient pas. Les *Mémoires* du marquis de Beauvau, contemporain, l'affirment. Cependant il se peut que le duel n'ait pas été expressément proposé dans la lettre amère que l'électeur dit lui-même avoir écrite au prince maréchal de Turenne. Plût à Dieu qu'il fût douteux que le Palatinat ait été embrasé deux fois? Voilà ce qui n'est que trop constant, ce qui est essentiel, et ce qu'on reproche à la mémoire de Louis XIV.

M. Colini reproche à M. le président Hénault d'avoir dit, dans son *Abrégé chronologique*, que le prince de Turenne répondit à ce cartel *avec une modération qui fit honte à l'électeur de cette bravade*. La honte était dans l'incendie, lorsqu'on n'était pas encore en guerre ouverte avec le Palatinat, et ce n'était point une bravade dans un prince justement irrité, de vouloir se battre contre l'auteur de ces cruels excès. L'électeur était très vif; l'esprit de chevalerie n'était pas encore éteint. On voit dans les *Lettres* de Pellisson que Louis XIV lui-même demanda s'il pouvait en conscience se battre contre l'empereur Léopold. — Cette note fut ajoutée par Voltaire dans l'édition de 1763. Cosme-Alexandre Colini, secrétaire de Voltaire, de 1752 à 1756, mort en 1806, avait publié, en 1767, une *Dissertation historique et critique sur le prétendu cartel envoyé par Charles-Louis, électeur palatin, au vicomte de Turenne.* B.

soldats qui lui étaient confiés, que des peuples qui, selon les lois de la guerre, sont toujours sacrifiés. Tout le mal qu'il fesait paraissait nécessaire; sa gloire couvrait tout : d'ailleurs les soixante et dix mille Allemands qu'il empêcha de pénétrer en France y auraient fait beaucoup plus de mal qu'il n'en fit à l'Alsace, à la Lorraine, et au Palatinat.

Telle a été depuis le commencement du seizième siècle la situation de la France, que, toutes les fois qu'elle a été en guerre, il a fallu combattre à-la-fois vers l'Allemagne, la Flandre, l'Espagne, et l'Italie. Le prince de Condé fesait tête en Flandre au jeune prince d'Orange, tandis que Turenne chassait les Allemands de l'Alsace. La campagne du maréchal de Turenne fut heureuse, et celle du prince de Condé sanglante. Les petits combats de Sintzheim et de Turkheim furent décisifs : la grande et célèbre bataille de Senef ne fut qu'un carnage. Le grand Condé, qui la donna pendant les marches sourdes de Turenne en Alsace, n'en tira aucun succès, soit que les circonstances des lieux lui fussent moins favorables, soit qu'il eût pris des mesures moins justes, soit plutôt qu'il eût des généraux plus habiles et de meilleures troupes à combattre. Le marquis de Feuquières veut qu'on ne donne à la bataille de Senef que le nom de combat, parceque l'action ne se passa pas entre deux armées rangées, et que tous les corps n'agirent point; mais il paraît qu'on s'accorde à nommer *bataille* cette journée si vive et si meurtrière. Le choc de trois mille hommes rangés, dont tous les petits corps agiraient, ne serait qu'un combat. C'est toujours l'*importance* qui décide du nom.

Le prince de Condé avait à tenir la campagne, avec environ quarante-cinq mille hommes, contre le prince d'Orange, qui en avait, dit-on, soixante mille. Il attendit que l'armée ennemie passât un défilé à Senef, près de Mons. Il attaqua (11 août 1674) une partie de l'arrière-garde, composée d'Espagnols, et y eut un grand avantage. On blâma le prince d'Orange de n'avoir pas pris assez de précaution dans le passage du défilé; mais on admira la manière dont il rétablit le désordre, et on n'approuva pas que Condé voulût ensuite recommencer le combat contre des ennemis trop bien retranchés. On se battit à trois reprises. Les deux généraux, dans ce mélange de fautes et de grandes actions, signalèrent également leur présence d'esprit et leur courage. De tous les combats que donna le grand Condé, ce fut celui où il prodigua le plus sa vie et celle de ses soldats. Il eut trois chevaux tués sous lui. Il voulait, après trois attaques meurtrières, en hasarder encore une quatrième. Il parut, dit un officier qui y était, qu'il n'y avait plus que le prince de Condé *qui eût envie de se battre.* Ce que cette action eut de plus singulier, c'est que les troupes de part et d'autre, après les mêlées les plus sanglantes et les plus acharnées, prirent la fuite le soir par une terreur panique. Le lendemain, les deux armées se retirèrent chacune de son côté, aucune n'ayant ni le champ de bataille, ni la victoire, toutes deux plutôt également affaiblies et vaincues. Il y eut près de sept mille morts et cinq mille prisonniers du côté des Français; les ennemis firent une perte égale. Tant de sang inutilement répandu empêcha l'une et l'autre armée de rien entreprendre de considérable. Il importe tant de donner de la réputation à ses armes, que le prince d'Orange, pour faire croire qu'il avait eu la victoire, assiégea Oudenarde; mais le prince de Condé prouva qu'il n'avait pas perdu la bataille, en fesant aussitôt lever le siége et en poursuivant le prince d'Orange.

On observa également en France et chez les alliés la vaine cérémonie de rendre graces à Dieu d'une victoire qu'on n'avait point remportée : usage établi pour encourager les peuples, qu'il faut toujours tromper.

Turenne en Allemagne, avec une petite armée, continua des progrès qui étaient le fruit de son génie. Le conseil de Vienne, n'osant plus confier la fortune de l'empire à des princes qui l'avaient mal défendu, remit à la tête de ses armées le général Montecuculli, celui qui avait vaincu les Turcs à la journée de Saint-Gothard, et qui, malgré Turenne et Condé, avait joint le prince d'Orange, et avait arrêté la fortune de Louis XIV, après la conquête de trois provinces de Hollande.

On a remarqué que les plus grands généraux de l'empire ont souvent été tirés d'Italie. Ce pays, dans sa décadence et dans son esclavage, porte encore des hommes qui font souvenir de ce qu'il était autrefois. Montecuculli était seul digne d'être opposé à Turenne: Tous deux avaient réduit la guerre en art. Ils passèrent quatre mois à se suivre, à s'observer dans des marches et dans des campements plus estimés que des victoires par les officiers allemands et français. L'un et l'autre jugeait de ce que son adversaire allait tenter, par les démarches que lui-même eût voulu faire à sa place ; et ils ne se trompèrent jamais. Ils opposaient l'un à l'autre la patience, la ruse, et l'activité ; enfin, ils étaient prêts d'en venir aux mains, et de commettre leur réputation au sort d'une bataille, auprès du village de Saltzbach, lorsque Turenne, en allant choisir une place pour dresser une batterie, fut tué d'un coup de canon (27 juillet 1675). Il n'y a personne qui ne sache les circonstances de cette mort ; mais on ne peut se défendre d'en retracer les principales, par le même esprit qui fait qu'on en parle encore tous les jours.

Il semble qu'on ne puisse trop redire que le même boulet qui le tua ayant emporté le bras de Saint-Hilaire, lieutenant-général de l'artillerie, son fils, se jetant en larmes auprès de lui, *Ce n'est pas moi*, lui dit Saint-Hilaire, *c'est ce grand homme qu'il faut pleurer;* paroles comparables à tout ce que l'histoire a consacré de plus héroïque, et le plus digne éloge de Turenne. Il est très rare que sous un gouvernement monarchique, où les hommes ne sont occupés que de leur intérêt particulier, ceux qui ont servi la patrie meurent regrettés du public. Cependant Turenne fut pleuré des soldats et des peuples. Louvois fut le seul qui ne le regretta pas : la voix publique l'accusa même lui et son frère, l'archevêque de Reims, de s'être réjouis indécemment de la perte de ce grand homme. On sait les honneurs que le roi fit rendre à sa mémoire, et qu'il fut enterré à Saint-Denys comme le connétable Du Guesclin [1], au-dessus duquel l'opinion générale l'élève autant que le siècle de Turenne est supérieur au siècle du connétable.

Turenne n'avait pas eu toujours des succès heureux à la guerre; il avait été battu à Mariendal, à Rethel, à Cambrai; aussi disait-il qu'il avait fait des fautes, et il était assez grand pour l'avouer. Il ne fit jamais de conquêtes éclatantes, et ne donna point de ces grandes batailles rangées dont la décision rend quelquefois une nation maîtresse de l'autre; mais ayant toujours réparé ses défaites et fait beaucoup avec peu, il passa pour le plus habile capitaine de l'Europe, dans un temps où l'art de la guerre était plus approfondi que jamais. De même, quoiqu'on lui eût reproché sa défection dans les guerres de la fronde; quoiqu'à l'âge de près de soixante ans l'amour lui eût fait révéler le secret de l'état [2]; quoiqu'il eût exercé dans le Palatinat des cruautés qui ne semblaient pas nécessaires, il conserva la réputation d'un homme de bien, sage, et modéré, parceque ses vertus et ses grands talents, qui n'étaient qu'à lui, devaient faire oublier des faiblesses et des fautes qui lui étaient communes avec tant d'autres hommes. Si on pouvait le comparer à quelqu'un, on oserait dire que de tous les généraux des siècles passés, Gonsalve de Cordoue, surnommé *le grand capitaine*, est celui auquel il ressemblait davantage.

Né calviniste, il s'était fait catholique l'an 1668.

---

[1] Voyez tome XVI, page 385.
[2] Voyez, chapitre XXVI (tome XX); et tome XXVIII, page 417. B.

Aucun protestant, et même aucun philosophe ne pensa que la persuasion seule eût fait ce changement dans un homme de guerre, dans un politique âgé de cinquante années [1], qui avait encore des maîtresses. On sait que Louis XIV, en le créant maréchal général de ses armées, lui avait dit ces propres paroles rapportées dans les lettres de Pellisson et ailleurs : « Je voudrais que vous m'obligeassiez à faire quelque « chose de plus pour vous. » Ces paroles (selon eux) pouvaient, avec le temps, opérer une conversion. La place de connétable pouvait tenter un cœur ambitieux. Il était possible aussi que cette conversion fût sincère. Le cœur humain rassemble souvent la politique, l'ambition, les faiblesses de l'amour, les sentiments de la religion. Enfin il était très vraisemblable que Turenne ne quitta la religion de ses pères que par politique; mais les catholiques, qui triomphèrent de ce changement, ne voulurent pas croire l'ame de Turenne capable de feindre [2].

Ce qui arriva en Alsace, immédiatement après la mort de Turenne, rendit sa perte encore plus sensible. Montecuculli, retenu par l'habileté du général français trois mois entiers au-delà du Rhin, passa ce fleuve dès qu'il sut qu'il n'avait plus Turenne à craindre. Il tomba sur une partie de l'armée qui demeurait éperdue entre les mains de Lorges et de Vaubrun, deux lieutenants-généraux désunis et incertains. Cette

---

[1] Né en 1611 (voyez page 30), il avait cinquante-sept ans lors de sa conversion. B.
[2] Voyez, dans la *Correspondance*, la lettre au président Hénault, du 8 janvier 1752. B.

armée, se défendant avec courage, ne put empêcher les Impériaux de pénétrer dans l'Alsace, dont Turenne les avait tenus écartés. Elle avait besoin d'un chef non seulement pour la conduire, mais pour réparer la défaite récente du maréchal de Créqui, homme d'un courage entreprenant, capable des actions les plus belles et les plus téméraires, dangereux à sa patrie autant qu'aux ennemis.

Créqui venait d'être vaincu, par sa faute, à Consarbruck. (11 août 1675) Un corps de vingt mille Allemands, qui assiégeait Trèves, tailla en pièces et mit en fuite sa petite armée. Il échappe à peine lui quatrième. Il court, à travers de nouveaux périls, se jeter dans Trèves, qu'il aurait dû secourir avec prudence, et qu'il défendit avec courage. Il voulait s'ensevelir sous les ruines de la place; la brèche était praticable : il s'obstine à tenir encore. La garnison murmure. Le capitaine Bois-Jourdain, à la tête des séditieux, va capituler sur la brèche. On n'a point vu commettre une lâcheté avec tant d'audace. Il menace le maréchal de le tuer s'il ne signe. Créqui se retire, avec quelques officiers fidèles, dans une église : il aima mieux être pris à discrétion que de capituler[a].

Pour remplacer les hommes que la France avait perdus dans tant de siéges et de combats, Louis XIV fut conseillé de ne se point tenir aux recrues de mi-

---

[a] Reboulet dit que le marquis de Créqui eut la faiblesse de signer la capitulation : rien n'est plus faux ; il aima mieux se laisser prendre à discrétion, et il eut ensuite le bonheur d'échapper. Qu'on lise tous les mémoires du temps; que l'on consulte l'*Abrégé chronologique* du P. Hénault : « Bois-Jourdain, dit-il, fit la capitulation à l'insu du maréchal, etc. »

lice comme à l'ordinaire, mais de faire marcher le ban et l'arrière-ban. Par une ancienne coutume, aujourd'hui hors d'usage, les possesseurs des fiefs étaient dans l'obligation d'aller à leurs dépens à la guerre pour le service de leur seigneur suzerain, et de rester armés un certain nombre de jours. Ce service composait la plus grande partie des lois de nos nations barbares. Tout est changé aujourd'hui en Europe; il n'y a aucun état qui ne lève des soldats, qu'on retient toujours sous le drapeau, et qui forment des corps disciplinés.

Louis XIII convoqua une fois la noblesse de son royaume. Louis XIV suivit alors cet exemple. Le corps de la noblesse marcha sous les ordres du marquis depuis maréchal de Rochefort, sur les frontières de Flandre; et après sur celles d'Allemagne; mais ce corps ne fut ni considérable ni utile, et ne pouvait l'être. Les gentilshommes, aimant la guerre et capables de bien servir, étaient officiers dans les troupes; ceux que l'âge ou le mécontentement tenait renfermés chez eux n'en sortirent point; les autres, qui s'occupaient à cultiver leurs héritages, vinrent avec répugnance au nombre d'environ quatre mille. Rien ne ressemblait moins à une troupe guerrière. Tous montés et armés inégalement, sans expérience et sans exercice, ne pouvant ni ne voulant faire un service régulier, ils ne causèrent que de l'embarras, et on fut dégoûté d'eux pour jamais. Ce fut la dernière trace, dans nos armées réglées, qu'on ait vue de l'ancienne chevalerie, qui composait autrefois ces armées, et qui, avec le courage naturel à la nation, ne fit jamais bien la guerre.

(Août et septembre 1675) Turenne mort, Créqui battu et prisonnier, Trèves prise, Montecuculli fesant contribuer l'Alsace, le roi crut que le prince de Condé pouvait seul ranimer la confiance des troupes, que décourageait la mort de Turenne. Condé laissa le maréchal de Luxembourg soutenir en Flandre la fortune de la France, et alla arrêter les progrès de Montecuculli. Autant il venait de montrer d'impétuosité à Senef, autant il eut alors de patience. Son génie, qui se pliait à tout, déploya le même art que Turenne. Deux seuls campements arrêtèrent les progrès de l'armée allemande, et firent lever à Montecuculli les siéges d'Haguenau et de Saverne. Après cette campagne, moins éclatante que celle de Senef, et plus estimée, ce prince cessa de paraître à la guerre. Il eût voulu que son fils commandât; il offrait de lui servir de conseil; mais le roi ne voulait pour généraux ni de jeunes gens ni de princes; c'était avec quelque peine qu'il s'était servi même du prince de Condé. La jalousie de Louvois contre Turenne avait contribué, autant que le nom de Condé, à le mettre à la tête des armées.

Ce prince se retira à Chantilli, d'où il vint très rarement à Versailles voir sa gloire éclipsée dans un lieu où le courtisan ne considère que la faveur. Il passa le reste de sa vie tourmenté de la goutte, se consolant de ses douleurs et de sa retraite dans la conversation des hommes de génie en tout genre, dont la France était alors remplie. Il était digne de les entendre, et n'était étranger dans aucune des sciences ni des arts où ils brillaient. Il fut admiré encore dans sa retraite : mais enfin ce feu dévorant qui en avait fait dans sa jeunesse un héros impétueux et plein de passions, ayant consumé les forces de son corps, né plus agile que robuste, il éprouva la caducité avant le temps, et son esprit s'affaiblissant avec son corps, il ne resta rien du grand Condé, les deux dernières années de sa vie : il mourut en 1686 [1]. Montecuculli se retira du service de l'empereur, en même temps que le prince de Condé cessa de commander les armées de France.

C'est un conte bien répandu et bien méprisable que Montecuculli renonça au commandement des armées après la mort de Turenne, parcequ'il n'avait, disait-il, plus d'émule digne de lui. Il aurait dit une sottise, quand même il ne fût pas resté un Condé. Loin de dire cette sottise dont on lui fait honneur, il combattit contre les Français, et leur fit repasser le Rhin cette année. D'ailleurs, quel général d'armée aurait jamais dit à son maître : « Je ne veux plus vous servir, « parceque vos ennemis sont trop faibles, et que j'ai « un mérite trop supérieur ? »

CHAPITRE XIII.

Depuis la mort de Turenne jusqu'à la paix de Nimègue, en 1678.

Après la mort de Turenne et la retraite du prince de Condé, le roi n'en continua pas la guerre avec moins d'avantage contre l'empire, l'Espagne, et la Hol-

[1] Voyez page 8. B.

lande. Il avait des officiers formés par ces deux grands hommes. Il avait Louvois, qui lui valait plus qu'un général, parceque sa prévoyance mettait les généraux en état d'entreprendre tout ce qu'ils voulaient. Les troupes, long-temps victorieuses, étaient animées du même esprit qu'excitait encore la présence d'un roi toujours heureux.

Il prit en personne, dans le cours de cette guerre, (26 avril 1676) Condé, (11 mai 1676) Bouchain, (17 mars 1677) Valenciennes, (5 avril 1677) Cambrai. On l'accusa, au siége de Bouchain, d'avoir craint de combattre le prince d'Orange, qui vint se présenter devant lui avec cinquante mille hommes pour tenter de jeter du secours dans la place. On reprocha aussi au prince d'Orange d'avoir pu livrer bataille à Louis XIV, et de ne l'avoir pas fait. Car tel est le sort des rois et des généraux, qu'on les blâme toujours de ce qu'ils font et de ce qu'ils ne font pas; mais ni lui ni le prince d'Orange n'étaient blâmables. Le prince ne donna point la bataille quoiqu'il le voulût, parceque Monterey, gouverneur des Pays-Bas, qui était dans son armée, ne voulut point exposer son gouvernement au hasard d'un événement décisif; la gloire de la campagne demeura au roi, puisqu'il fit ce qu'il voulut, et qu'il prit une ville en présence de son ennemi.

A l'égard de Valenciennes, elle fut prise d'assaut, par un de ces événements singuliers qui caractérisent le courage impétueux de la nation.

Le roi fesait ce siége, ayant avec lui son frère et cinq maréchaux de France, d'Humières, Schomberg, La Feuillade, Luxembourg, et de Lorge. Les maréchaux commandaient chacun leur jour l'un après l'autre. Vauban dirigeait toutes les opérations.

On n'avait pris encore aucun des dehors de la place. Il fallait d'abord attaquer deux demi-lunes. Derrière ces demi-lunes était un grand ouvrage à couronne, palissadé et fraisé, entouré d'un fossé coupé de plusieurs traverses. Dans cet ouvrage à couronne était encore un autre ouvrage, entouré d'un autre fossé. Il fallait, après s'être rendu maître de tous ces retranchements, franchir un bras de l'Escaut. Ce bras franchi, on trouvait encore un autre ouvrage, qu'on nomme pâté. Derrière ce pâté coulait le grand cours de l'Escaut, profond et rapide, qui sert de fossé à la muraille. Enfin la muraille était soutenue par de larges remparts. Tous ces ouvrages étaient couverts de canons. Une garnison de trois mille hommes préparait une longue résistance.

Le roi tint conseil de guerre pour attaquer les ouvrages du dehors. C'était l'usage que ces attaques se fissent toujours pendant la nuit, afin de marcher aux ennemis sans être aperçu, et d'épargner le sang du soldat. Vauban proposa de faire l'attaque en plein jour. Tous les maréchaux de France se récrièrent contre cette proposition. Louvois la condamna. Vauban tint ferme, avec la confiance d'un homme certain de ce qu'il avance. « Vous voulez, dit-il, ménager le sang
« du soldat : vous l'épargnerez bien davantage quand
« il combattra de jour, sans confusion et sans tu-
« multe, sans craindre qu'une partie de nos gens tire
« sur l'autre, comme il n'arrive que trop souvent. Il
« s'agit de surprendre l'ennemi, il s'attend toujours

« aux attaques de nuit : nous le surprendrons en effet,
« lorsqu'il faudra qu'épuisé des fatigues d'une veille
« il soutienne les efforts de nos troupes fraîches. Ajou-
« tez à cette raison que s'il y a dans cette armée des
« soldats de peu de courage, la nuit favorise leur ti-
« midité ; mais que pendant le jour l'œil du général
« inspire la valeur, et élève les hommes au-dessus
« d'eux-mêmes. »

Le roi se rendit aux raisons de Vauban, malgré Louvois et cinq maréchaux de France.

(17 mars 1677) A neuf heures du matin les deux compagnies de mousquetaires, une centaine de grenadiers, un bataillon des gardes, un du régiment de Picardie, montent de tous côtés sur ce grand ouvrage à couronne. L'ordre était simplement de s'y loger, et c'était beaucoup : mais quelques mousquetaires noirs, ayant pénétré par un petit sentier jusqu'au retranchement intérieur qui était dans cette fortification, ils s'en rendent d'abord les maîtres. Dans le même temps, les mousquetaires gris y abordent par un autre endroit. Les bataillons des gardes les suivent : on tue et on poursuit les assiégés : les mousquetaires baissent le pont-levis qui joint cet ouvrage aux autres : ils suivent l'ennemi de retranchement en retranchement, sur le petit bras de l'Escaut et sur le grand. Les gardes s'avancent en foule. Les mousquetaires sont déjà dans la ville, avant que le roi sache que le premier ouvrage attaqué est emporté.

Ce n'était pas encore ce qu'il y eut de plus étrange dans cette action. Il était vraisemblable que de jeunes mousquetaires, emportés par l'ardeur du succès, se jetteraient aveuglément sur les troupes et sur les bourgeois qui venaient à eux dans la rue; qu'ils y périraient, ou que la ville allait être pillée: mais ces jeunes gens, conduits par un cornette, nommé Moissac, se mirent en bataille derrière des charrettes; et, tandis que les troupes qui venaient se formaient sans précipitation, d'autres mousquetaires s'emparaient des maisons voisines, pour protéger par le feu ceux qui étaient dans la rue: on donnait des otages de part et d'autre: le conseil de ville s'assemblait: on députait vers le roi: tout cela se fesait sans qu'il y eût rien de pillé, sans confusion, sans faire de fautes d'aucune espèce. Le roi fit la garnison prisonnière de guerre, et entra dans Valenciennes, étonné d'en être le maître. La singularité de l'action a engagé à entrer dans ce détail.

(9 mars 1678) Il eut encore la gloire de prendre Gand[1] en quatre jours, et Ypres en sept (25 mars). Voilà ce qu'il fit par lui-même. Ses succès furent encore plus grands par ses généraux.

(Septembre 1676) Du côté de l'Allemagne, le maréchal duc de Luxembourg laissa d'abord, à la vérité, prendre Philipsbourg à sa vue, essayant en vain de la secourir avec une armée de cinquante mille hommes. Le général qui prit Philipsbourg était Charles V, nouveau duc de Lorraine, héritier de son oncle Charles IV, et dépouillé comme lui de ses états. Il avait toutes les qualités de son malheureux oncle, sans en avoir les défauts. Il commanda long-temps les armées de l'em-

---

[1] L'*Art de vérifier les dates* dit que la ville de Gand fut prise le 9 mars, et que la citadelle capitula le 12. B.

pire avec gloire : mais, malgré la prise de Philipsbourg, et quoiqu'il fût à la tête de soixante mille combattants, il ne put jamais rentrer dans ses états. En vain il mit sur ses étendards, *aut nunc*, *aut nunquam*, ou maintenant, ou jamais.

Le maréchal de Créqui racheté de sa prison, et devenu plus prudent par sa défaite de Consarbruck, lui ferma toujours l'entrée de la Lorraine. (7 octobre 1677) Il le battit dans le petit combat de Kochersberg en Alsace. Il le harcela et le fatigua sans relâche. (14 novembre 1677) Il prit Fribourg à sa vue ; et quelque temps après il battit encore un détachement de son armée à Rhinfeld. (Juillet 1678) Il passa la rivière de Kins[1] en sa présence, le poursuivit vers Offenbourg, le chargea dans sa retraite ; et ayant immédiatement après emporté le fort de Kehl, l'épée à la main, il alla brûler le pont de Strasbourg, par lequel cette ville, qui était libre encore, avait donné tant de fois passage aux armées impériales. Ainsi le maréchal de Créqui répara un jour de témérité par une suite de succès dus à sa prudence ; et il eût peut-être acquis une réputation égale à celle de Turenne, s'il eût vécu.

Le prince d'Orange ne fut pas plus heureux en Flandre que le duc de Lorraine en Allemagne : non seulement il fut obligé de lever le siége de Mastricht et de Charleroi ; mais, après avoir laissé tomber Condé, Bouchain, et Valenciennes, sous la puissance de Louis XIV, il perdit la bataille de Mont-Cassel contre

[1] Kintzing, rivière de Souabe, qui se jette dans le Rhin vis-à-vis de Strasbourg. B.

Monsieur (11 avril 1677), en voulant secourir Saint-Omer. Les maréchaux de Luxembourg et d'Humières commandaient l'armée sous Monsieur. On prétend qu'une faute du prince d'Orange et un mouvement habile de Luxembourg décidèrent du gain de la bataille. Monsieur chargea avec une valeur et une présence d'esprit qu'on n'attendait pas d'un prince efféminé. Jamais on ne vit un plus grand exemple que le courage n'est point incompatible avec la mollesse. Ce prince, qui s'habillait souvent en femme, qui en avait les inclinations, agit en capitaine et en soldat. Le roi, son frère, parut jaloux de sa gloire. Il parla peu à Monsieur de sa victoire. Il n'alla pas même voir le champ de bataille, quoiqu'il se trouvât tout auprès. Quelques serviteurs de Monsieur, plus pénétrants que les autres, lui prédirent alors qu'il ne commanderait plus d'armée; et ils ne se trompèrent pas.

Tant de villes prises, tant de combats gagnés en Flandre et en Allemagne, n'étaient pas les seuls succès de Louis XIV dans cette guerre. Le comte de Schomberg et le maréchal de Navailles battaient les Espagnols dans le Lampourdan, au pied des Pyrénées. On les attaquait jusque dans la Sicile.

La Sicile, depuis le temps des tyrans de Syracuse, sous lesquels au moins elle avait été comptée pour quelque chose dans le monde, a toujours été subjuguée par des étrangers; asservie successivement aux Romains, aux Vandales, aux Arabes, aux Normands, sous le vasselage des papes, aux Français, aux Allemands, aux Espagnols; haïssant presque toujours ses maîtres, se révoltant contre eux, sans faire de véritables efforts dignes de la liberté, et excitant continuellement des séditions pour changer de chaînes.

Les magistrats de Messine venaient d'allumer une guerre civile contre leurs gouverneurs, et d'appeler la France à leur secours. Une flotte espagnole bloquait leur port. Ils étaient réduits aux extrémités de la famine.

D'abord le chevalier de Valbelle vint avec quelques frégates à travers la flotte espagnole. Il apporte à Messine des vivres, des armes, et des soldats. Ensuite le duc de Vivonne arrive avec sept vaisseaux de guerre de soixante pièces de canon, deux de quatre-vingts, et plusieurs brûlots; il bat la flotte ennemie (9 février 1675), et entre victorieux dans Messine.

L'Espagne est obligée d'implorer, pour la défense de la Sicile, les Hollandais ses anciens ennemis, qu'on regardait toujours comme les maîtres de la mer. Ruyter vient à son secours du fond du Zuiderzée, passe le détroit, et joint à vingt vaisseaux espagnols vingt-trois grands vaisseaux de guerre.

Alors les Français qui, joints avec les Anglais, n'avaient pu battre les flottes de Hollande, l'emportèrent seuls sur les Hollandais et les Espagnols réunis. (8 janvier 1676) Le duc de Vivonne, obligé de rester dans Messine pour contenir le peuple déjà mécontent de ses défenseurs, laissa donner cette bataille par Duquesne, lieutenant général des armées navales, homme aussi singulier que Ruyter, parvenu comme lui au commandement par son seul mérite, mais n'ayant encore jamais commandé d'armée navale, et plus signalé jusqu'à ce moment dans l'art d'un armateur que dans celui d'un général. Mais quiconque a le génie de son art et du commandement, passe bien vite et sans effort du petit au grand. Duquesne se montra grand général de mer contre Ruyter. C'était l'être que de remporter sur ce Hollandais un faible avantage. Il livra encore une seconde bataille navale aux deux flottes ennemies près d'Agouste [1] (12 mars 1676). Ruyter blessé dans cette bataille y termina sa glorieuse vie. C'est un des hommes dont la mémoire est encore dans la plus grande vénération en Hollande. Il avait commencé par être valet et mousse de vaisseau; il n'en fut que plus respectable. Le nom des princes de Nassau n'est pas au-dessus du sien. Le conseil d'Espagne lui donna le titre et les patentes de duc, dignité étrangère et frivole pour un républicain. Ces patentes ne vinrent qu'après sa mort. Les enfants de Ruyter, dignes de leur père, refusèrent ce titre si brigué dans nos monarchies, mais qui n'est pas préférable au nom de bon citoyen.

Louis XIV eut assez de grandeur d'ame pour être affligé de sa mort. On lui représenta qu'il était défait d'un ennemi dangereux. Il répondit « qu'on ne pou-
« vait s'empêcher d'être sensible à la mort d'un grand
« homme. »

Duquesne, le Ruyter de la France, attaqua une troisième fois les deux flottes après la mort du général hollandais. Il leur coula à fond, brûla, et prit plusieurs vaisseaux. Le maréchal duc de Vivonne avait le commandement en chef dans cette bataille; mais

---

[1] Près d'Augusta, le 22 avril. Ruyter mourut de ses blessures le 29 du même mois. CL.

ce n'en fut pas moins Duquesne qui remporta la victoire [1]. L'Europe était étonnée que la France fût devenue en si peu de temps aussi redoutable sur mer que sur terre. Il est vrai que ces armements et ces batailles gagnées ne servirent qu'à répandre l'alarme dans tous les états. Le roi d'Angleterre, ayant commencé la guerre pour l'intérêt de la France, était prêt enfin de se liguer avec le prince d'Orange, qui venait d'épouser sa nièce. De plus, la gloire acquise en Sicile coûtait trop de trésors. Enfin les Français évacuèrent Messine (8 avril 1678), dans le temps qu'on croyait qu'ils se rendraient maîtres de toute l'île. On blâma beaucoup Louis XIV d'avoir fait dans cette guerre des entreprises qu'il ne soutint pas, et d'avoir abandonné Messine, ainsi que la Hollande, après des victoires inutiles.

Cependant c'était être bien redoutable de n'avoir d'autre malheur que de ne pas conserver toutes ses conquêtes. Il pressait ses ennemis d'un bout de l'Europe à l'autre. La guerre de Sicile lui avait coûté beaucoup moins qu'à l'Espagne épuisée et battue en tous lieux. Il suscitait encore de nouveaux ennemis à la maison d'Autriche. Il fomentait les troubles de Hon-

---

[1] Duquesne fut mal récompensé parcequ'il était protestant. Louis XIV le lui fit sentir un jour: «Sire, lui répondit Duquesne, quand j'ai combattu « pour votre majesté, je n'ai pas songé si elle était d'une autre religion que « moi. » Son fils, forcé de s'expatrier après la révocation de l'édit de Nantes, se retira en Suisse, où il acheta la terre d'Eaubonne. Il y porta le corps de son père, qu'il avait été obligé de faire enterrer en secret.

On lit sur son tombeau :

« La Hollande a fait ériger un mausolée à Ruyter, et la France a refusé un « peu de cendre à son vainqueur. » K.

grie; et ses ambassadeurs à la Porte ottomane la pressaient de porter la guerre dans l'Allemagne, dût-il envoyer encore, par bienséance, quelque secours contre les Turcs, appelés par sa politique. Il accablait seul tous ses ennemis. Car alors la Suède, son unique alliée, ne fesait qu'une guerre malheureuse contre l'électeur de Brandebourg. Cet électeur, père du premier roi de Prusse, commençait à donner à son pays une considération qui s'est bien augmentée depuis : il enlevait alors la Poméranie aux Suédois.

Il est remarquable que dans le cours de cette guerre il y eut presque toujours des conférences ouvertes pour la paix; d'abord à Cologne, par la médiation inutile de la Suède; ensuite à Nimègue, par celle de l'Angleterre. La médiation anglaise fut une cérémonie presque aussi vaine que l'avait été l'arbitrage du pape au traité d'Aix-la-Chapelle. Louis XIV fut en effet le seul arbitre. Il fit ses propositions, le 9 d'avril 1678, au milieu de ses conquêtes, et donna à ses ennemis jusqu'au 10 de mai pour les accepter. Il accorda ensuite un délai de six semaines aux états-généraux, qui le demandèrent avec soumission.

Son ambition ne se tournait plus alors du côté de la Hollande. Cette république avait été assez heureuse ou assez adroite pour ne paraître plus qu'auxiliaire dans une guerre entreprise pour sa ruine. L'empire et l'Espagne, d'abord auxiliaires, étaient devenus les principales parties.

Le roi, dans les conditions qu'il imposa, favorisait le commerce des Hollandais; il leur rendait Mastricht, et remettait aux Espagnols quelques villes qui devaient servir de barrières aux Provinces-Unies, comme Charleroi, Courtrai, Oudenarde, Ath, Gand, Limbourg; mais il se réservait Bouchain, Condé, Ypres, Valenciennes, Cambrai, Maubeuge, Aire, Saint-Omer, Cassel, Charlemont, Popering, Bailleul, etc.; ce qui fesait une bonne partie de la Flandre. Il y ajoutait la Franche-Comté, qu'il avait deux fois conquise; et ces deux provinces étaient un assez digne fruit de la guerre.

Il ne voulait dans l'Allemagne que Fribourg ou Philipsbourg, et laissait le choix à l'empereur. Il rétablissait dans l'évêché de Strasbourg et dans leurs terres les deux frères Furstenberg, que l'empereur avait dépouillés, et dont l'un était en prison.

Il fut hautement le protecteur de la Suède, son alliée, et alliée malheureuse, contre le roi de Danemark et l'électeur de Brandebourg. Il exigea que le Danemark rendît tout ce qu'il avait pris sur la Suède; qu'il modérât les droits de passage dans la mer Baltique; que le duc de Holstein fût rétabli dans ses états; que le Brandebourg cédât la Poméranie qu'il avait conquise; que les traités de Vestphalie fussent rétablis de point en point. Sa volonté était une loi d'un bout de l'Europe à l'autre. En vain l'électeur de Brandebourg lui écrivit la lettre la plus soumise, l'appelant monseigneur, selon l'usage, le conjurant de lui laisser ce qu'il avait acquis, l'assurant de son zèle et de son service : ses soumissions furent aussi inutiles que sa résistance, et il fallut que le vainqueur des Suédois rendît toutes ses conquêtes.

Alors les ambassadeurs de France prétendaient la

main sur les électeurs. Celui de Brandebourg offrit tous les tempéraments pour traiter à Clèves avec le comte depuis maréchal d'Estrades, ambassadeur auprès des États-Généraux. Le roi ne voulut jamais permettre qu'un homme qui le représentait cédât à un électeur, et le comte d'Estrades ne put traiter.

Charles-Quint avait mis l'égalité entre les grands d'Espagne et les électeurs. Les pairs de France par conséquent la prétendaient. On voit aujourd'hui à quel point les choses sont changées, puisque aux diètes de l'empire les ambassadeurs des électeurs sont traités comme ceux des rois.

Quant à la Lorraine, il offrait de rétablir le nouveau duc Charles V ; mais il voulait rester maître de Nanci et de tous les grands chemins.

Ces conditions furent fixées avec la hauteur d'un conquérant ; cependant elles n'étaient pas si outrées qu'elles dussent désespérer ses ennemis, et les obliger à se réunir contre lui par un dernier effort : il parlait à l'Europe en maître, et agissait en même temps en politique.

Il sut aux conférences de Nimègue semer la jalousie parmi les alliés. Les Hollandais s'empressèrent de signer, malgré le prince d'Orange, qui, à quelque prix que ce fût, voulait faire la guerre ; ils disaient que les Espagnols étaient trop faibles pour les secourir s'ils ne signaient pas.

Les Espagnols, voyant que les Hollandais avaient accepté la paix, la reçurent aussi, disant que l'empire ne fesait pas assez d'efforts pour la cause commune.

Enfin les Allemands, abandonnés de la Hollande et

de l'Espagne, signèrent les derniers, en laissant Fribourg au roi, et confirmant les traités de Vestphalie.

Rien ne fut changé aux conditions prescrites par Louis XIV. Ses ennemis eurent beau faire des propositions outrées pour colorer leur faiblesse, l'Europe reçut de lui des lois et la paix. Il n'y eut que le duc de Lorraine qui osa refuser l'acceptation d'un traité qui lui semblait trop odieux. Il aima mieux être un prince errant dans l'empire qu'un souverain sans pouvoir et sans considération dans ses états : il attendit sa fortune du temps et de son courage.

(10 août 1678) Dans le temps des conférences de Nimègue, et quatre jours après que les plénipotentiaires de France et de Hollande avaient signé la paix, le prince d'Orange fit voir combien Louis XIV avait en lui un ennemi dangereux. Le maréchal de Luxembourg, qui bloquait Mons, venait de recevoir la nouvelle de la paix. Il était tranquille dans le village de Saint-Denys, et dînait chez l'intendant de l'armée. (14 août) Le prince d'Orange, avec toutes ses troupes, fond sur le quartier du maréchal, le force, et engage un combat sanglant, long, et opiniâtre, dont il espérait avec raison une victoire signalée, car non seulement il attaquait, ce qui est un avantage, mais il attaquait des troupes qui se reposaient sur la foi du traité. Le maréchal de Luxembourg eut beaucoup de peine à résister; et s'il y eut quelque avantage dans ce combat, il fut du côté du prince d'Orange, puisque son infanterie demeura maîtresse du terrain où elle avait combattu.

Si les hommes ambitieux comptaient pour quelque

chose le sang des autres hommes, le prince d'Orange n'eût point donné ce combat. Il savait certainement que la paix était signée; il savait que cette paix était avantageuse à son pays; cependant il prodiguait sa vie et celle de plusieurs milliers d'hommes pour prémices d'une paix générale qu'il n'aurait pu empêcher, même en battant les Français. Cette action, pleine d'inhumanité non moins que de grandeur, et plus admirée alors que blâmée, ne produisit pas un nouvel article de paix, et coûta, sans aucun fruit, la vie à deux mille Français et à autant d'ennemis. On vit dans cette paix combien les événements contredisent les projets. La Hollande, contre qui seule la guerre avait été entreprise, et qui aurait dû être détruite, n'y perdit rien; au contraire, elle y gagna une barrière: et toutes les autres puissances qui l'avaient garantie de la destruction y perdirent.

Le roi fut en ce temps au comble de la grandeur. Victorieux depuis qu'il régnait, n'ayant assiégé aucune place qu'il n'eût prise, supérieur en tout genre à ses ennemis réunis, la terreur de l'Europe pendant six années de suite, enfin son arbitre et son pacificateur, ajoutant à ses états la Franche-Comté, Dunkerque, et la moitié de la Flandre; et, ce qu'il devait compter pour le plus grand de ses avantages, roi d'une nation alors heureuse, et alors le modèle des autres nations. L'hôtel-de-ville de Paris lui déféra quelque temps après le nom de *grand* avec solennité (1680), et ordonna que dorénavant ce titre seul serait employé dans tous les monuments publics. On avait, dès 1673, frappé quelques médailles chargées de ce surnom. L'Europe, quoique jalouse, ne réclama pas contre ces honneurs. Cependant le nom de Louis XIV a prévalu dans le public sur celui de *grand*. L'usage est le maître de tout. Henri, qui fut surnommé *le grand* à si juste titre après sa mort, est appelé communément Henri IV; et ce nom seul en dit assez. M. le Prince est toujours appelé *le grand* Condé, non seulement à cause de ses actions héroïques, mais par la facilité qui se trouve à le distinguer, par ce surnom, des autres princes de Condé. Si on l'avait nommé Condé *le grand*, ce titre ne lui fût pas demeuré. On dit *le grand* Corneille, pour le distinguer de son frère[1]. On ne dit pas *le grand* Virgile, ni *le grand* Homère, ni *le grand* Tasse. Alexandre-le-Grand n'est plus connu que sous le nom d'Alexandre. On ne dit point César *le grand*. Charles-Quint, dont la fortune fut plus éclatante que celle de Louis XIV, n'a jamais eu le nom de *grand* : il n'est resté à Charlemagne que comme un nom propre. Les titres ne servent de rien pour la postérité, le nom d'un homme qui a fait de grandes choses impose plus de respect que toutes les épithètes.

---

[1] Dans ses remarques sur *Horace*, tome XXXV, page 158, Voltaire dit qu'on donna à Corneille le nom de *grand*, « non seulement pour le distinguer « de son frère, mais du reste des hommes. » B.

CHAPITRE XIV.

Prise de Strasbourg. Bombardement d'Alger. Soumission de Gênes. Ambassade de Siam. Le pape bravé dans Rome. Électorat de Cologne disputé.

L'ambition de Louis XIV ne fut point retenue par cette paix générale. L'empire, l'Espagne, la Hollande, licencièrent leurs troupes extraordinaires. Il garda toutes les siennes; il fit de la paix un temps de conquêtes (1680) : il était même si sûr alors de son pouvoir, qu'il établit dans Metz et dans Brisach[a] des juridictions pour réunir à sa couronne toutes les terres qui pouvaient avoir été autrefois de la dépendance de l'Alsace ou des Trois-Évêchés, mais qui depuis un temps immémorial avaient passé sous d'autres maîtres. Beaucoup de souverains de l'empire, l'électeur palatin, le roi d'Espagne même, qui avait quelques bailliages dans ces pays, le roi de Suède, comme duc des Deux-Ponts, furent cités devant ces chambres pour rendre hommage au roi de France, ou pour subir la

---

[a] Dans la compilation intitulée : *Mémoires de madame de Maintenon*, on trouve, tome III, page 23, ces mots : « Les réunions des chambres de Metz « et de Besançon. » Nous avons cru d'abord qu'il y avait eu une chambre de Besançon réunie à celle de Metz. Nous avons consulté tous les auteurs, nous avons trouvé que jamais il n'y eut à Besançon de chambre instituée pour juger quelles terres voisines pouvaient appartenir à la France. Il n'y eut, en 1680, que le conseil de Brisach et celui de Metz chargés de réunir à la France les terres qu'on croyait démembrées de l'Alsace et des Trois-Évêchés. Ce fut le parlement de Besançon qui réunit pour quelque temps Montbeillard à la France.

confiscation de leurs biens. Depuis Charlemagne on n'avait vu aucun prince agir ainsi en maître et en juge des souverains, et conquérir des pays par des arrêts.

L'électeur palatin et celui de Trèves furent dépouillés des seigneuries de Falkenbourg, de Germersheim, de Veldentz, etc. Ils portèrent en vain leurs plaintes à l'empire assemblé à Ratisbonne, qui se contenta de faire des protestations.

Ce n'était pas assez au roi d'avoir la préfecture des dix villes libres de l'Alsace au même titre que l'avaient eue les empereurs; déjà dans aucune de ces villes on n'osait plus parler de liberté. Restait Strasbourg, ville grande et riche, maîtresse du Rhin par le pont qu'elle avait sur ce fleuve; elle formait seule une puissante république, fameuse par son arsenal qui renfermait neuf cents pièces d'artillerie.

Louvois avait formé dès long-temps le dessein de la donner à son maître. L'or, l'intrigue, et la terreur, qui lui avaient ouvert les portes de tant de villes, préparèrent l'entrée de Louvois dans Strasbourg. (30 septembre 1681) Les magistrats furent gagnés. Le peuple fut consterné de voir à-la-fois vingt mille Français autour de ses remparts; les forts qui les défendaient près du Rhin, insultés et pris dans un moment; Louvois aux portes, et les bourgmestres parlant de se rendre: les pleurs et le désespoir des citoyens, amoureux de la liberté, n'empêchèrent point qu'en un même jour le traité de reddition ne fût proposé par les magistrats, et que Louvois ne prît possession de la ville. Vauban en a fait depuis, par les fortifications qui l'entourent, la barrière la plus forte de la France.

Le roi ne ménageait pas plus l'Espagne; il demandait dans les Pays-Bas la ville d'Alost et tout son bailliage, que les ministres avaient oublié, disait-il, d'insérer dans les conditions de la paix; et, sur les délais de l'Espagne, il fit bloquer la ville de Luxembourg (1682).

En même temps il achetait la forte ville de Casal d'un petit prince duc de Mantoue (1681), qui aurait vendu tout son état pour fournir à ses plaisirs.

En voyant cette puissance qui s'étendait ainsi de tous côtés, et qui acquérait pendant la paix plus que dix rois prédécesseurs de Louis XIV n'avaient acquis par leurs guerres, les alarmes de l'Europe recommencèrent. L'empire, la Hollande, la Suède même, mécontente du roi, firent un traité d'association. Les Anglais menacèrent; les Espagnols voulurent la guerre : le prince d'Orange remua tout pour la faire commencer; mais aucune puissance n'osait alors porter les premiers coups[a].

[a] On a prétendu que ce fut alors que le prince d'Orange, depuis roi d'Angleterre, dit publiquement: « Je n'ai pu avoir son amitié, je mériterai son « estime. » Ce mot a été recueilli par plusieurs personnes, et l'abbé de Choisi le place vers l'année 1672. Il peut mériter quelque attention, parcequ'il annonçait de loin les ligues que forma Guillaume contre Louis XIV; mais il n'est pas vrai que ce fût à la paix de Nimègue que le prince d'Orange ait parlé ainsi; il est encore moins vrai que Louis XIV eût écrit à ce prince: « Vous me demandez mon amitié, je vous l'accorderai quand vous en serez « digne. » On ne s'exprime ainsi qu'avec son vassal : on ne se sert point d'expressions si insultantes envers un prince avec qui on fait un traité. Cette lettre ne se trouve que dans la compilation des *Mémoires de Maintenon*; et nous apprenons que ces *Mémoires* sont décriés par le grand nombre d'infidélités qu'ils renferment.

CHAP. XIV. BOMBARDEMENT D'ALGER.

Le roi, craint partout, ne songea qu'à se faire craindre davantage. (1680) Il portait enfin sa marine au-delà des espérances des Français et des craintes de l'Europe : il eut soixante mille matelots (1681, 1682). Des lois aussi sévères que celles de la discipline des armées de terre retenaient tous ces hommes grossiers dans le devoir. L'Angleterre et la Hollande, ces puissances maritimes, n'avaient ni tant d'hommes de mer, ni de si bonnes lois. Des compagnies de cadets dans les places frontières, et des gardes-marines dans les ports, furent instituées et composées de jeunes gens qui apprenaient tous les arts convenables à leur profession, sous des maîtres payés du trésor public.

Le port de Toulon, sur la Méditerranée, fut construit à frais immenses pour contenir cent vaisseaux de guerre, avec un arsenal et des magasins magnifiques. Sur l'Océan, le port de Brest se formait avec la même grandeur. Dunkerque, le Havre-de-Grace, se remplissaient de vaisseaux : la nature était forcée à Rochefort.

Enfin le roi avait plus de cent vaisseaux de ligne, dont plusieurs portaient cent canons, et quelques uns davantage. Ils ne restaient pas oisifs dans les ports. Ses escadres, sous le commandement de Duquesne, nettoyaient les mers infestées par les corsaires de Tripoli et d'Alger. Il se vengea d'Alger avec le secours d'un art nouveau, dont la découverte fut due à cette attention qu'il avait d'exciter tous les génies de son siècle. Cet art funeste, mais admirable, est celui des galiotes à bombes, avec lesquelles on peut réduire des villes maritimes en cendres. Il y avait un jeune homme, nommé Bernard Renaud, connu sous le nom de *petit Renaud*, qui, sans avoir jamais servi sur les vaisseaux, était un excellent marin à force de génie. Colbert, qui déterrait le mérite dans l'obscurité, l'avait souvent appelé au conseil de marine, même en présence du roi. C'était par les soins et sur les lumières de Renaud, que l'on suivait depuis peu une méthode plus régulière et plus facile pour la construction des vaisseaux. Il osa proposer dans le conseil de bombarder Alger avec une flotte. On n'avait pas d'idée que les mortiers à bombes pussent n'être pas posés sur un terrain solide. La proposition révolta. Il essuya les contradictions et les railleries que tout inventeur doit attendre; mais sa fermeté, et cette éloquence qu'ont d'ordinaire les hommes vivement frappés de leurs inventions, déterminèrent le roi à permettre l'essai de cette nouveauté.

Renaud fit construire cinq vaisseaux plus petits que les vaisseaux ordinaires, mais plus forts de bois, sans ponts, avec un faux tillac à fond de cale, sur lequel on maçonna des creux où l'on mit les mortiers. Il partit avec cet équipage sous les ordres du vieux Duquesne, qui était chargé de l'entreprise, et n'en attendait aucun succès. Duquesne et les Algériens furent étonnés de l'effet des bombes. (28 octobre 1681) Une partie de la ville fut écrasée et consumée : mais cet art, porté bientôt chez les autres nations, ne servit qu'à multiplier les calamités humaines, et fut plus d'une fois redoutable à la France, où il fut inventé [1].

---

[1] Cet appareil est plus effrayant que l'effet n'en est terrible. Les bombes sont mal ajustées; les bâtiments qui les portent manœuvrent mal, sont aisé-

La marine, ainsi perfectionnée en peu d'années, était le fruit des soins de Colbert. Louvois fesait à l'envi fortifier plus de cent citadelles. De plus, on bâtissait Huningue, Sar-Louis, les forteresses de Strasbourg, Mont-Royal, etc.; et pendant que le royaume acquérait tant de force au-dehors, on ne voyait au-dedans que les arts en honneur, l'abondance, les plaisirs. Les étrangers venaient en foule admirer la cour de Louis XIV. Son nom pénétrait chez tous les peuples du monde.

Son bonheur et sa gloire étaient encore relevés par la faiblesse de la plupart des autres rois, et par le malheur de leurs peuples. L'empereur Léopold avait alors à craindre les Hongrois révoltés, et surtout les Turcs qui, appelés par les Hongrois, venaient inonder l'Allemagne. La politique de Louis persécutait les protestants en France, parcequ'il croyait devoir les mettre hors d'état de lui nuire; mais protégeait sous main les protestants et les révoltés de Hongrie, qui pouvaient le servir. Son ambassadeur à la Porte avait pressé l'armement des Turcs avant la paix de Nimègue. Le divan, par une singularité bizarre, a presque toujours attendu que l'empereur fût en paix pour se déclarer contre lui. Il ne lui fit la guerre en Hongrie qu'en 1682; et, l'année d'après, l'armée ottomane, forte, dit-on, de plus de deux cent mille combattants,

---

ment désemparés, le feu y prend fréquemment, et les frais de ces armements excèdent de beaucoup le dommage qu'ils peuvent causer. On prétend que le dey d'Alger ayant su ce que l'expédition de Duquesne avait coûté à Louis XIV: « Il n'avait qu'à m'en donner la moitié, dit-il, j'aurais brûlé la « ville tout entière. » K.

augmentée encore des troupes hongroises, ne trouvant sur son passage ni villes fortifiées, telles que la France en avait, ni corps d'armée capables de l'arrêter, pénétra jusqu'aux portes de Vienne, après avoir tout renversé sur son passage.

L'empereur Léopold quitta d'abord Vienne avec précipitation, et se retira jusqu'à Lintz, à l'approche des Turcs; et quand il sut qu'ils avaient investi Vienne, il ne prit d'autre parti que d'aller encore plus loin jusqu'à Passau, laissant le duc de Lorraine à la tête d'une petite armée, déjà entamée en chemin par les Turcs, soutenir comme il pourrait la fortune de l'empire[a].

Personne ne doutait que le grand-vizir Kara Mustapha, qui commandait l'armée ottomane, ne se rendît bientôt maître de Vienne, ville mal fortifiée, abandonnée de son maître, défendue à la vérité par une garnison dont le fonds devait être de seize mille hommes, mais dont l'effectif n'était pas de plus de huit mille. On touchait au moment de la plus terrible révolution.

Louis XIV espéra, avec beaucoup de vraisemblance, que l'Allemagne, désolée par les Turcs, et n'ayant contre eux qu'un chef dont la fuite augmentait la terreur commune, serait obligée de recourir à la protection de la France. Il avait une armée sur les frontières de l'empire, prête à le défendre contre ces mêmes Turcs que ses précédentes négociations y

[a] Voyez les étranges particularités du siége de Vienne, dans l'*Essai sur les mœurs* (tome XVIII, p. 432); et dans les *Annales de l'empire* (tome XXIII, page 640).

avaient amenés. Il pouvait ainsi devenir le protecteur de l'empire, et faire son fils roi des Romains.

Il avait joint d'abord les démarches généreuses à ses desseins politiques, dès que les Turcs avaient menacé l'Autriche; non qu'il eût envoyé une seconde fois des secours à l'empereur, mais il avait déclaré qu'il n'attaquerait point les Pays-Bas, et qu'il laisserait ainsi à la branche d'Autriche espagnole le pouvoir d'aider la branche allemande, prête à succomber: il voulait pour prix de son inaction qu'on le satisfît sur plusieurs points équivoques du traité de Nimègue, et principalement sur ce bailliage d'Alost, qu'on avait oublié d'insérer dans le traité. Il fit lever le blocus de Luxembourg, en 1682, sans attendre qu'on le satisfît, et il s'abstint de toute hostilité une année entière. Cette générosité se démentit enfin pendant le siége de Vienne. Le conseil d'Espagne, au lieu de l'apaiser, l'aigrit; et Louis XIV reprit les armes dans les Pays-Bas, précisément lorsque Vienne était prête de succomber : c'était au commencement de septembre; mais, contre toute attente, Vienne fut délivrée. La présomption du grand-vizir, sa mollesse, son mépris brutal pour les chrétiens, son ignorance, sa lenteur, le perdirent : il fallait l'excès de toutes ces fautes pour que Vienne ne fût pas prise. Le roi de Pologne, Jean Sobieski, eut le temps d'arriver; et avec le secours du duc de Lorraine, il n'eut qu'à se présenter devant la multitude ottomane pour la mettre en déroute (12 septembre 1683). L'empereur revint dans sa capitale avec la douleur de l'avoir quittée. Il y rentra lorsque son libérateur sortait de l'église[1], où l'on avait chanté le *Te Deum*, et où le prédicateur avait pris pour son texte : « Il fut un homme envoyé de Dieu, nommé « Jean. » Vous avez déjà vu[a] que le pape Pie V avait appliqué ces paroles à don Juan d'Autriche, après la victoire de Lépante. Vous savez que ce qui paraît neuf n'est souvent qu'une redite. L'empereur Léopold fut à-la-fois triomphant et humilié. Le roi de France, n'ayant plus rien à ménager, fit bombarder Luxembourg. Il se saisit de Courtrai (novembre 1683), de Dixmude en Flandre. Il s'empara de Trèves, et en démolit les fortifications ; tout cela pour remplir, disait-on, l'esprit des traités de Nimègue. Les Impériaux et les Espagnols négociaient avec lui à Ratisbonne, pendant qu'il prenait leurs villes ; et la paix de Nimègue enfreinte fut changée en une trêve (août 1684) de vingt ans, par laquelle le roi garda la ville de Luxembourg et sa principauté, qu'il venait de prendre.

(Avril 1684) Il était encore plus redouté sur les côtes de l'Afrique, où les Français n'étaient connus, avant lui, que par les esclaves que fesaient les barbares.

Alger, deux fois bombardée, envoya des députés lui demander pardon, et recevoir la paix ; ils rendi-

---

[1] Léopold ne vit Sobieski qu'à cheval et en pleine campagne. Il avait délibéré sur l'étiquette qu'il devait observer avec son libérateur; et ayant assemblé son conseil, il demanda comment un empereur devait recevoir un roi électif: « A bras ouverts, s'il a sauvé l'empire, » répondit le duc de Lorraine. Il fut le seul de son avis. K.

[a] Dans l'*Essai sur les mœurs* (tome XVII, page 508).

rent tous les esclaves chrétiens, et payèrent encore de l'argent, ce qui est la plus grande punition des corsaires.

Tunis, Tripoli, firent les mêmes soumissions. Il n'est pas inutile de dire que lorsque Damfreville, capitaine de vaisseau, vint délivrer dans Alger tous les esclaves chrétiens au nom du roi de France, il se trouva parmi eux beaucoup d'Anglais qui, étant déjà à bord, soutinrent à Damfreville que c'était en considération du roi d'Angleterre qu'ils étaient mis en liberté. Alors le capitaine français fit appeler les Algériens, et remettant les Anglais à terre : « Ces gens-« ci, dit-il, prétendent n'être délivrés qu'au nom de « leur roi, le mien ne prend pas la liberté de leur « offrir sa protection ; je vous les remets ; c'est à vous « à montrer ce que vous devez au roi d'Angleterre. » Tous les Anglais furent remis aux fers. La fierté anglaise, la faiblesse du gouvernement de Charles II, et le respect des nations pour Louis XIV, se font connaître par ce trait.

Tel était ce respect universel, qu'on accordait de nouveaux honneurs à son ambassadeur à la Porte ottomane, tel que celui du sopha ; tandis qu'il humiliait les peuples d'Afrique qui sont sous la protection du grand-seigneur.

La république de Gênes s'abaissa encore plus devant lui que celle d'Alger. Gênes avait vendu de la poudre et des bombes aux Algériens. Elle construisait quatre galères pour le service de l'Espagne. Le roi lui défendit par son envoyé Saint-Olon, l'un de ses gentilshommes ordinaires, de lancer à l'eau les galères, et la menaça d'un châtiment prompt si elle ne se soumettait à ses volontés. Les Génois, irrités de cette entreprise sur leur liberté, et comptant trop sur le secours de l'Espagne, ne firent aucune satisfaction. Aussitôt quatorze gros vaisseaux, vingt galères, dix galiotes à bombes, plusieurs frégates, sortent du port de Toulon. Seignelai, nouveau secrétaire de la marine, et à qui le fameux Colbert, son père, avait déjà fait exercer cet emploi avant sa mort, était lui-même sur la flotte. Ce jeune homme, plein d'ambition, de courage, d'esprit, d'activité, voulait être à-la-fois guerrier et ministre, avide de toute espèce de gloire, ardent à tout ce qu'il entreprenait, et mêlant les plaisirs aux affaires sans qu'elles en souffrissent. Le vieux Duquesne commandait les vaisseaux, le duc de Mortemar les galères; mais tous deux étaient les courtisans du secrétaire d'état. On arrive devant Gênes; les dix galiotes y jettent quatorze mille bombes (17 mars 1684)[1], et réduisent en cendres une partie de ces édifices de marbre, qui ont fait donner à la ville le nom de *Gênes la superbe*. Quatorze[2] mille soldats débarqués s'avancent jusqu'aux portes, et brûlent le faubourg de Saint-Pierre d'Arène. Alors, il fallut s'humilier pour prévenir une ruine totale. (22 février 1685) Le roi exigea que le doge de Gênes et quatre principaux sénateurs vinssent implorer sa clémence dans son palais de Versailles; et, de peur que les

---

[1] Le bombardement de Gênes est du mois de mai. B.

[2] L'édition encadrée de 1775, et, d'après elle, les éditions de Kehl, disent *quatorze mille*. Dans les éditions antérieures à 1775, on lit *quatre mille*. B.

Génois n'éludassent la satisfaction, et ne dérobassent quelque chose à sa gloire, il voulut que le doge qui viendrait lui demander pardon fût continué dans sa principauté, malgré la loi perpétuelle de Gênes, qui ôte cette dignité à tout doge absent un moment de la ville.

Impériale Lescaro, doge de Gênes, avec les sénateurs Lomellino, Garibaldi, Durazzo, et Salvago, vinrent à Versailles[1] faire tout ce que le roi exigeait d'eux. Le doge, en habit de cérémonie, parla, couvert d'un bonnet de velours rouge qu'il ôtait souvent : son discours et ses marques de soumission étaient dictés par Seignelai. Le roi l'écouta, assis et couvert; mais, comme dans toutes les actions de sa vie il joignait la politesse à la dignité, il traita Lescaro et les sénateurs avec autant de bonté que de faste. Les ministres Louvois, Croissi, et Seignelai, lui firent sentir plus de fierté. Aussi le doge disait : « Le roi ôte à nos « cœurs la liberté, par la manière dont il nous reçoit; « mais ses ministres nous la rendent. » Ce doge était un homme de beaucoup d'esprit. Tout le monde sait que le marquis de Seignelai lui ayant demandé ce qu'il trouvait de plus singulier à Versailles, il répondit : *C'est de m'y voir.*

(1684) L'extrême goût que Louis XIV avait pour les choses d'éclat fut encore bien plus flatté par l'ambassade qu'il reçut de Siam[2], pays où l'on avait ignoré jusqu'alors que la France existât. Il était arrivé, par

---

[1] 15 mai 1685. B.

[2] 28 septembre 1684. De nouveaux ambassadeurs de Siam arrivèrent à Paris en juillet 1686. B.

une de ces singularités qui prouvent la supériorité des Européans sur les autres nations, qu'un Grec, fils d'un cabaretier de Céphalonie, nommé Phalk Constance [1], était devenu *Barcalon*, c'est-à-dire premier ministre ou grand-vizir du royaume de Siam. Cet homme, dans le dessein de s'affermir et de s'élever encore, et dans le besoin qu'il avait de secours étrangers, n'avait osé se confier ni aux Anglais ni aux Hollandais; ce sont des voisins trop dangereux dans les Indes. Les Français venaient d'établir des comptoirs sur les côtes de Coromandel, et avaient porté dans ces extrémités de l'Asie la réputation de leur roi. Constance crut Louis XIV propre à être flatté par un hommage qui viendrait de si loin sans être attendu. La religion, dont les ressorts font jouer la politique du monde depuis Siam jusqu'à Paris, servit encore à ses desseins. Il envoya, au nom du roi de Siam, son maître, une solennelle ambassade avec de grands présents à Louis XIV, pour lui faire entendre que ce roi indien, charmé de sa gloire, ne voulait faire de traité de commerce qu'avec la nation française, et qu'il n'était pas même éloigné de se faire chrétien. La grandeur du roi flattée, et sa religion trompée, l'engagèrent à envoyer au roi de Siam deux ambassadeurs et six jésuites; et depuis il y joignit des officiers avec huit cents soldats : mais l'éclat de cette ambassade siamoise fut le seul fruit qu'on en retira. Constance périt quatre ans après, victime de son ambi-

---

[1] Le P. Dorléans a publié une *Histoire de M. Constance*, 1692, in-12. Une autre *Histoire de M. Constance, par Deslandes*, a été imprimée en 1756, petit in-8°. B.

tion : quelque peu des Français qui restèrent auprès de lui furent massacrés, d'autres obligés de fuir ; et sa veuve, après avoir été sur le point d'être reine, fut condamnée, par le successeur du roi de Siam, à servir dans la cuisine, emploi pour lequel elle était née.

Cette soif de gloire, qui portait Louis XIV à se distinguer en tout des autres rois, paraissait encore dans la hauteur qu'il affectait avec la cour de Rome. Odescalchi, Innocent XI, fils d'un banquier du Milanais, était sur le trône de l'Église. C'était un homme vertueux, un pontife sage, peu théologien, prince courageux, ferme, et magnifique. Il secourut contre les Turcs l'empire et la Pologne de son argent, et les Vénitiens de ses galères. Il condamnait avec hauteur la conduite de Louis XIV, uni contre des chrétiens avec les Turcs. On s'étonnait qu'un pape prît si vivement le parti des empereurs qui se disent rois des Romains, et qui, s'ils le pouvaient, règneraient dans Rome ; mais Odescalchi était né sous la domination autrichienne. Il avait fait deux campagnes dans les troupes du Milanais. L'habitude et l'humeur gouvernent les hommes. Sa fierté s'irritait contre celle du roi qui, de son côté, lui donnait toutes les mortifications qu'un roi de France peut donner à un pape, sans rompre de communion avec lui. Il y avait depuis long-temps dans Rome un abus difficile à déraciner, parcequ'il était fondé sur un point d'honneur dont se piquaient tous les rois catholiques. Leurs ambassadeurs à Rome étendaient le droit de franchise et d'asile, affecté à leur maison, jusqu'à une très grande distance, qu'on nomme *quartier*. Ces prétentions, toujours soutenues, rendaient la moitié de Rome un asile sûr à tous les crimes. Par un autre abus, ce qui entrait dans Rome sous le nom des ambassadeurs ne payait jamais d'entrée. Le commerce en souffrait, et le fisc en était appauvri.

Le pape Innocent XI obtint enfin de l'empereur, du roi d'Espagne, de celui de Pologne, et du nouveau roi d'Angleterre, Jacques II, prince catholique, qu'ils renonçassent à ces droits odieux. Le nonce Ranucci proposa à Louis XIV de concourir, comme les autres rois, à la tranquillité et au bon ordre de Rome. Louis, très mécontent du pape, répondit « Qu'il ne s'était « jamais réglé sur l'exemple d'autrui, et que c'était à « lui de servir d'exemple[1]. » Il envoya à Rome le marquis de Lavardin en ambassade pour braver le pape. (16 novembre 1687) Lavardin entra dans Rome, malgré les défenses du pontife, escorté de quatre cents gardes de la marine, de quatre cents officiers volontaires, et de deux cents hommes de livrée, tous armés. Il prit possession de son palais, de ses quartiers, et de l'église de Saint-Louis, autour desquels il fit poster des sentinelles, et faire la ronde comme dans une place de guerre. Le pape est le seul souverain à qui on pût envoyer une telle ambassade : car la supériorité qu'il affecte sur les têtes couronnées leur donne toujours envie de l'humilier ; et la faiblesse de son

---

[1] Il est singulier que des ministres osent porter leur mépris pour leur maître jusqu'à lui faire dire que *c'est à lui de servir d'exemple ;* et cet exemple était celui de favoriser chez un de ses voisins la contrebande, qu'il réprimait dans ses états par un code barbare, et de protéger contre les lois les voleurs et les assassins. K.

état fait qu'on l'outrage toujours impunément. Tout ce qu'Innocent XI put faire, fut de se servir, contre le marquis de Lavardin, des armes usées de l'excommunication ; armes dont on ne fait pas même plus de cas à Rome qu'ailleurs, mais qu'on ne laisse pas d'employer comme une ancienne formule, ainsi que les soldats du pape sont armés seulement pour la forme.

Le cardinal d'Estrées, homme d'esprit, mais négociateur souvent malheureux, était alors chargé des affaires de France à Rome. D'Estrées, ayant été obligé de voir souvent le marquis de Lavardin, ne put être ensuite admis à l'audience du pape sans recevoir l'absolution : en vain il s'en défendit, Innocent XI s'obstina à la lui donner, pour conserver toujours cette autorité imaginaire par les usages sur lesquels elle est fondée.

Louis, avec la même hauteur, mais toujours soutenu par les souterrains de la politique, voulut donner un électeur à Cologne. Occupé du soin de diviser ou de combattre l'empire, il prétendait élever à cet électorat le cardinal de Furstenberg, évêque de Strasbourg, sa créature et la victime de ses intérêts, ennemi irréconciliable de l'empereur, qui l'avait fait emprisonner dans la dernière guerre, comme un Allemand vendu à la France.

Le chapitre de Cologne, comme tous les autres chapitres d'Allemagne, a le droit de nommer son évêque, qui par là devient électeur. Celui qui remplissait ce siége était Ferdinand de Bavière, autrefois l'allié, et depuis l'ennemi du roi, comme tant d'autres princes. Il était malade à l'extrémité. L'argent du roi, répandu à propos parmi les chanoines, les intrigues et les promesses, firent élire le cardinal de Furstenberg comme coadjuteur; et après la mort du prince, il fut élu une seconde fois par la pluralité des suffrages. Le pape, par le concordat germanique, a le droit de conférer l'évêché à l'élu, et l'empereur a celui de confirmer à l'électorat. L'empereur et le pape Innocent XI, persuadés que c'était presque la même chose, de laisser Furstenberg sur ce trône électoral et d'y mettre Louis XIV, s'unirent pour donner cette principauté au jeune Bavière[1], frère du dernier mort. (Octobre 1688) Le roi se vengea du pape en lui ôtant Avignon, et prépara la guerre à l'empereur. Il inquiétait en même temps l'électeur palatin, au sujet des droits de la princesse palatine, Madame, seconde femme de Monsieur; droits auxquels elle avait renoncé par son contrat de mariage. La guerre faite à l'Espagne, en 1667, pour les droits de Marie-Thérèse, malgré une pareille renonciation, prouve bien que les contrats sont faits pour les particuliers. Voilà comme le roi, au comble de sa grandeur, indisposa, ou dépouilla, ou humilia, presque tous les princes; aussi presque tous se réunissaient contre lui.

[1] Joseph Clément: voyez, tome XXIII, page 24. B.

CHAPITRE XV.

Le roi Jacques détrôné par son gendre Guillaume III, et protégé par Louis XIV.

Le prince d'Orange, plus ambitieux que Louis XIV, avait conçu des projets vastes qui pouvaient paraître chimériques dans un stathouder de Hollande, mais qu'il justifia par son habileté et par son courage. Il voulait abaisser le roi de France, et détrôner le roi d'Angleterre. Il n'eut pas de peine à liguer petit à petit l'Europe contre la France. L'empereur, une partie de l'empire, la Hollande, le duc de Lorraine, s'étaient d'abord secrètement ligués à Augsbourg (1687); ensuite l'Espagne et la Savoie s'unirent à ces puissances. Le pape, sans être expressément un des confédérés, les animait tous par ses intrigues. Venise les favorisait, sans se déclarer ouvertement. Tous les princes d'Italie étaient pour eux. Dans le nord, la Suède était alors du parti des Impériaux, et le Danemark était un allié inutile de la France. Plus de cinq cent mille protestants, fuyant la persécution de Louis, et emportant avec eux hors de France leur industrie et leur haine contre le roi, étaient de nouveaux ennemis qui allaient dans toute l'Europe exciter les puissances déjà animées à la guerre. (On parlera de cette fuite dans le chapitre de la religion [1].) Le roi était de tous

---

[1] Tome XX, chap. XXXVI, du calvinisme. B.

côtés entouré d'ennemis, et n'avait d'ami que le roi Jacques.

Jacques, roi d'Angleterre, successeur de Charles II, son frère, était catholique comme lui ; mais Charles n'avait bien voulu souffrir qu'on le fît catholique, sur la fin de sa vie, que par complaisance pour ses maîtresses et pour son frère : il n'avait en effet d'autre religion qu'un pur déisme. Son extrême indifférence sur toutes les disputes qui partagent les hommes n'avait pas peu contribué à le faire régner paisiblement en Angleterre. Jacques, au contraire, attaché depuis sa jeunesse à la communion romaine par persuasion, joignit à sa créance l'esprit de parti et de zèle. S'il eût été mahométan, ou de la religion de Confucius, les Anglais n'eussent jamais troublé son règne ; mais il avait formé le dessein de rétablir dans son royaume [a]

---

[a] On trouve, dans la compilation des *Mémoires de Maintenon*, au tome III, chapitre IV, intitulé : *Du roi et de la reine d'Angleterre*, un tissu étrange de faussetés. Il y est dit que les jurisconsultes proposèrent cette question : « Un peuple a-t-il le droit de se révolter contre l'autorité qui veut « le forcer à croire ? » Ce fut précisément le contraire. On s'opposa en Angleterre à la tolérance du roi pour la communion romaine. On agita cette question : « Si le roi pouvait dispenser du serment du test ceux qu'il admettait « aux emplois ? »

Le même auteur dit que le pape Innocent XI donna au prince d'Orange deux cent mille ducats pour aller détruire la religion catholique en Angleterre.

Le même auteur, avec la même témérité, prétend qu'Innocent XI fit dire des milliers de messes pour l'heureux succès du prince d'Orange. Il est reconnu que ce pape favorisa la ligue d'Augsbourg ; mais il ne fit jamais de démarches si ridicules et si contraires aux bienséances de sa dignité. L'envoyé d'Espagne à La Haye fit des prières publiques pour l'heureux succès de la flotte hollandaise. M. d'Avaux le manda au roi.

Le même auteur fait entendre que le comte d'Avaux corrompait des membres de l'état : il se trompe, c'est le comte d'Estrades. Il se trompe encore

le catholicisme, regardé avec horreur par ces royalistes républicains comme la religion de l'esclavage. C'est une entreprise quelquefois très aisée de rendre une religion dominante dans un pays. Constantin, Clovis, Gustave-Vasa, la reine Élisabeth, firent recevoir sans danger, chacun par des moyens différents, une religion nouvelle; mais pour de pareils changements, deux choses sont absolument nécessaires, une profonde politique et des circonstances heureuses : l'une et l'autre manquaient à Jacques.

Il était indigné de voir que tant de rois dans l'Europe étaient despotiques; que ceux de Suède et de Danemark le devenaient alors; qu'enfin il ne restait plus dans le monde que la Pologne et l'Angleterre où la liberté des peuples subsistât avec la royauté. Louis XIV l'encourageait à devenir absolu chez lui, et les jésuites le pressaient de rétablir leur religion avec leur crédit. Il s'y prit si malheureusement, qu'il ne fit que révolter tous les esprits. Il agit d'abord comme s'il fût venu à bout de ce qu'il avait envie de faire; ayant publiquement à sa cour un nonce du pape, des jésuites, des capucins; mettant en prison sept évêques anglicans, qu'il eût pu gagner; ôtant les priviléges à la ville de Londres, à laquelle il devait

---

sur le temps; c'était vingt-quatre ans auparavant. Voyez la lettre de M. d'Estrades à M. de Lyonne, du 17 septembre 1665.

Le même auteur ose citer l'évêque Burnet, et lui fait dire, pour exprimer un vice du prince d'Orange, que ce prince n'aimait que *les portes de derrière*. Il n'y a pas un mot dans toute l'histoire de Burnet qui ait le moindre rapport à cette expression si basse et si indigne de l'histoire. Et si quelque feseur d'anecdotes avait jamais prétendu que l'évêque Burnet eût laissé échapper dans la conversation un mot aussi indécent, ce témoignage obscur ne pourrait prévaloir contre une histoire authentique.

plutôt en accorder de nouveaux; renversant avec hauteur des lois qu'il fallait saper en silence ; enfin, se conduisant avec si peu de ménagement, que les cardinaux de Rome disaient en plaisantant, « qu'il fallait « l'excommunier, comme un homme qui allait perdre « le peu de catholicisme qui restait en Angleterre. » Le pape Innocent XI n'espérait rien des entreprises de Jacques, et refusait constamment un chapeau de cardinal, que ce roi demandait pour son confesseur le jésuite Peters. Ce jésuite était un intrigant impétueux qui, dévoré de l'ambition d'être cardinal et primat d'Angleterre, poussait son maître au précipice. Les principales têtes de l'état se réunirent en secret contre les desseins du roi. Ils députèrent vers le prince d'Orange. Leur conspiration fut tramée avec une prudence et un secret qui endormirent la confiance de la cour.

[a] Le prince d'Orange équipa une flotte qui devait porter quatorze à quinze mille hommes. Ce prince n'était rien autre chose qu'un particulier illustre, qui jouissait à peine de cinq cent mille florins de rente; mais telle était sa politique heureuse, que l'argent, la flotte, les cœurs des États-Généraux, étaient à lui. Il était roi véritablement en Hollande par sa conduite

---

[a] L'auteur des *Mémoires de Maintenon* avance que le prince d'Orange, voyant que les États-Généraux refusaient des fonds, entra dans l'assemblée, et dit ces mots : « Messieurs, il y aura guerre au printemps prochain, et je « demande qu'on enregistre cette prédiction. » Il cite le comte d'Avaux.

Il dit que ce ministre pénétrait toutes les mesures du prince d'Orange. Il est difficile d'entasser plus mal plus de faussetés. Les neuf mille matelots étaient prêts dès l'an 1687. Le comte d'Avaux ne dit pas un mot du prétendu discours du prince d'Orange. Il ne soupçonna le dessein de ce prince que le 20 mai 1688. Voyez sa lettre au roi, du 20 mai.

habile, et Jacques cessait de l'être en Angleterre par sa précipitation. On publia d'abord que cet armement était destiné contre la France. Le secret fut gardé par plus de deux cents personnes. Barillon, ambassadeur de France à Londres, homme de plaisir, plus instruit des intrigues des maîtresses de Jacques que de celles de l'Europe, fut trompé le premier. Louis XIV ne le fut pas ; il offrit des secours à son allié, qui les refusa d'abord avec sécurité, et qui les demanda ensuite, lorsqu'il n'était plus temps, et que la flotte du prince, son gendre, était à la voile. Tout lui manqua à-la-fois comme il se manqua à lui-même. (Octobre 1688) Il écrivit en vain à l'empereur Léopold, qui lui répondit : « Il ne vous est arrivé que ce que nous vous avions « prédit. » Il comptait sur sa flotte ; mais ses vaisseaux laissèrent passer ceux de son ennemi. Il pouvait au moins se défendre sur terre : il avait une armée de vingt mille hommes ; et s'il les avait menés au combat sans leur donner le temps de la réflexion, il est à croire qu'ils eussent combattu ; mais il leur laissa le loisir de se déterminer. Plusieurs officiers généraux l'abandonnèrent ; entre autres, ce fameux Churchill, aussi fatal depuis à Louis qu'à Jacques, et si illustre sous le nom de duc de Marlborough. Il était favori de Jacques, sa créature, le frère de sa maîtresse, son lieutenant-général dans l'armée ; cependant il le quitta, et passa dans le camp du prince d'Orange. Le prince de Danemark, gendre de Jacques, enfin sa propre fille, la princesse Anne, l'abandonnèrent.

Alors, se voyant attaqué et poursuivi par un de ses gendres, quitté par l'autre ; ayant contre lui ses deux filles, ses propres amis; haï des sujets mêmes qui étaient encore dans son parti, il désespéra de sa fortune : la fuite, dernière ressource d'un prince vaincu, fut le parti qu'il prit sans combattre. Enfin, après avoir été arrêté dans sa fuite par la populace, maltraité par elle, reconduit à Londres; après avoir reçu paisiblement les ordres du prince d'Orange dans son propre palais; après avoir vu sa garde relevée, sans coup férir, par celle du prince, chassé de sa maison, prisonnier à Rochester, il profita de la liberté qu'on lui donnait d'abandonner son royaume; il alla chercher un asile en France [1].

Ce fut là l'époque de la vraie liberté de l'Angleterre. La nation, représentée par son parlement, fixa les bornes, si long-temps contestées, des droits du roi et de ceux du peuple; et ayant prescrit au prince d'Orange les conditions auxquelles il devait régner, elle le choisit pour son roi, conjointement avec sa femme Marie, fille du roi Jacques. Dès lors ce prince ne fut plus connu, dans la plus grande partie de l'Europe, que sous le nom de Guillaume III, roi légitime d'Angleterre et libérateur de la nation. Mais en France il ne fut regardé que comme le prince d'Orange, usurpateur des états de son beau-père.

(Janvier 1689) Le roi fugitif vint avec sa femme, fille d'un duc de Modène, et le prince de Galles en-

---

[1] On peut consulter sur ces détails les *Mémoires du chevalier Dalrymple* déjà cités. Nous n'en rapporterons ici qu'une anecdote. Jacques, qui, sous le règne de son frère, l'avait empêché de faire grace au lord Russel, appela auprès de lui le vieux comte de Bedford, père de Russel, et le conjura d'employer en sa faveur son crédit sur les pairs. « Sire, j'avais un fils, répondit « le comte, il aurait pu vous servir. » K.

core enfant, implorer la protection de Louis XIV. La reine d'Angleterre, arrivée avant son mari, fut étonnée de la splendeur qui environnait le roi de France, de cette profusion de magnificence qu'on voyait à Versailles, et surtout de la manière dont elle fut reçue. Le roi alla au-devant d'elle jusqu'à Chatou. «ᵃ Je vous rends, madame, lui dit-il, un triste ser-
« vice : mais j'espère vous en rendre bientôt de plus
« grands et de plus heureux. » Ce furent ses propres paroles. Il la conduisit au château de Saint-Germain, où elle trouva le même service qu'aurait eu la reine de France : tout ce qui sert à la commodité et au luxe, des présents de toute espèce, en argent, en or, en vaisselle, en bijoux, en étoffes.

Il y avait parmi tous ces présents une bourse de dix mille louis d'or sur sa toilette. Les mêmes attentions furent observées pour son mari, qui arriva un jour après elle. On lui régla six cent mille francs par an pour l'entretien de sa maison, outre les présents sans nombre qu'on lui fit. Il eut les officiers du roi et ses gardes. Toute cette réception était bien peu de chose, auprès des préparatifs qu'on fesait pour le rétablir sur son trône. Jamais le roi ne parut si grand ; mais Jacques parut petit. Ceux qui, à la cour et à la ville, décident de la réputation des hommes, conçurent pour lui peu d'estime. Il ne voyait guère que des jésuites. Il alla descendre chez eux à Paris, dans la rue Saint-Antoine. Il leur dit qu'il était jésuite lui-même ; et ce qui est de plus singulier, c'est que la chose était

---

ᵃ Voyez les *Lettres de madame de Sévigné*, et les *Mémoires de madame de La Fayette*, etc.

vraie. Il s'était fait associer à cet ordre, avec de certaines cérémonies, par quatre jésuites anglais, étant encore duc d'York. Cette pusillanimité dans un prince, jointe à la manière dont il avait perdu sa couronne, l'avilit au point que les courtisans s'égayaient tous les jours à faire des chansons sur lui. Chassé d'Angleterre, on s'en moquait en France. On ne lui savait nul gré d'être catholique. L'archevêque de Reims, frère de Louvois, dit tout haut à Saint-Germain dans son antichambre : « Voilà un bon-homme qui a quitté « trois royaumes pour une messe [1]. » Il ne recevait de Rome que des indulgences et des pasquinades. Enfin, dans toute cette révolution, sa religion lui rendit si peu de services, que, lorsque le prince d'Orange, le chef du calvinisme, avait mis à la voile pour aller détrôner le roi son beau-père, le ministre du roi catholique à La Haye avait fait dire des messes pour l'heureux succès de ce voyage.

Au milieu des humiliations de ce roi fugitif, et des libéralités de Louis XIV envers lui, c'était un spectacle digne de quelque attention de voir Jacques toucher les écrouelles [2] au petit couvent des Anglaises;

---

[1] On attribue le même propos à Charles II. « Mon frère, disait-il, perdra « trois royaumes pour une messe, et le paradis pour une fille. » On fit cette chanson, attribuée à Fontenelle :

> Quand je veux rimer à Guillaume,
> Je trouve aisément un royaume
> Qu'il a su mettre sous ses lois ;
> Mais quand je veux rimer à Jacques,
> J'ai beau rêver, mordre mes doigts,
> Je trouve qu'il a fait ses pâques.   K.

[2] Sur les écrouelles, voyez tome XVI, page 41; tome XXVIII, page 528; et, dans la *Correspondance*, la lettre de Frédéric II, du 27 juillet 1775. B.

soit que les rois anglais se soient attribué ce singulier privilége, comme prétendants à la couronne de la France, soit que cette cérémonie soit établie chez eux depuis le temps du premier Édouard.

Le roi le fit bientôt conduire en Irlande, où les catholiques formaient encore un parti qui paraissait considérable. Une escadre de treize vaisseaux du premier rang était à la rade de Brest pour le transport. Tous les officiers, les courtisans, les prêtres même, qui étaient venus trouver Jacques à Saint-Germain, furent défrayés jusqu'à Brest aux dépens du roi de France. Le jésuite Innès, recteur du collége des Écossais à Paris, était son secrétaire d'état. Un ambassadeur (c'était M. d'Avaux) était nommé auprès du roi détrôné, et le suivit avec pompe. Des armes, des munitions de toute espèce, furent embarquées sur la flotte; on y porta jusqu'aux meubles les plus vils et jusqu'aux plus recherchés. Le roi lui alla dire adieu à Saint-Germain. Là, pour dernier présent, il lui donna sa cuirasse, et lui dit en l'embrassant : « Tout « ce que je peux vous souhaiter de mieux est de ne « nous jamais revoir. » (12 mai 1689) A peine le roi Jacques était-il débarqué en Irlande avec cet appareil, que vingt-trois autres grands vaisseaux de guerre, sous les ordres de Château-Renaud, et une infinité de navires de transport le suivirent. Cette flotte ayant mis en fuite et dispersé la flotte anglaise qui s'opposait à son passage, débarqua heureusement; et ayant pris dans son retour sept vaisseaux marchands hollandais, revint à Brest, victorieuse de l'Angleterre, et chargée des dépouilles de la Hollande.

(Mars 1690) Bientôt après un troisième secours partit encore de Brest, de Toulon, de Rochefort. Les ports d'Irlande et la mer de la Manche étaient couverts de vaisseaux français.

Enfin Tourville, vice-amiral de France, avec soixante et douze grands vaisseaux, rencontra une flotte anglaise et hollandaise d'environ soixante voiles. On se battit pendant dix heures (juillet 1690) : Tourville, Château-Renaud, d'Estrées, Nemond, signalèrent leur courage et une habileté qui donnèrent à la France un honneur auquel elle n'était pas accoutumée. Les Anglais et les Hollandais, jusqu'alors maîtres de l'Océan, et de qui les Français avaient appris depuis si peu de temps à donner des batailles rangées, furent entièrement vaincus. Dix-sept de leurs vaisseaux brisés et démâtés allèrent échouer et se brûler sur leurs côtes. Le reste alla se cacher vers la Tamise, ou entre les bancs de la Hollande. Il n'en coûta pas une seule chaloupe aux Français. Alors ce que Louis XIV souhaitait depuis vingt années, et ce qui avait paru si peu vraisemblable, arriva; il eut l'empire de la mer, empire qui fut à la vérité de peu de durée. Les vaisseaux de guerre ennemis se cachaient devant ses flottes. Seignelai, qui osait tout, fit venir les galères de Marseille sur l'Océan. Les côtes d'Angleterre virent des galères pour la première fois. On fit, par leur moyen, une descente aisée à Tingmouth.

On brûla dans cette baie plus de trente vaisseaux marchands. Les armateurs de Saint-Malo et du nouveau port de Dunkerque s'enrichissaient, eux et l'état, de prises continuelles. Enfin, pendant près de deux années, on ne connaissait plus sur les mers que les vaisseaux français.

Le roi Jacques ne seconda pas en Irlande ces secours de Louis XIV. Il avait avec lui près de six mille Français et quinze mille Irlandais. Les trois quarts de ce royaume se déclaraient en sa faveur. Son concurrent Guillaume était absent; cependant il ne profita d'aucun de ses avantages. Sa fortune échoua d'abord devant la petite ville de Londonderry; il la pressa par un siége opiniâtre, mais mal dirigé, pendant quatre mois. Cette ville ne fut défendue que par un prêtre presbytérien, nommé Walker. Ce prédicant s'était mis à la tête de la milice bourgeoise. Il la menait au prêche et au combat. Il fesait braver aux habitants la famine et la mort. Enfin le prêtre contraignit le roi de lever le siége.

Cette première disgrace en Irlande fut bientôt suivie d'un plus grand malheur : Guillaume arriva, et marcha à lui. La rivière de Boyne était entre eux. (11 juillet 1690) Guillaume entreprend de la franchir à la vue de l'ennemi. Elle était à peine guéable en trois endroits. La cavalerie passa à la nage, l'infanterie était dans l'eau jusqu'aux épaules; mais à l'autre bord il fallait encore traverser un marais; ensuite on trouvait un terrain escarpé qui formait un retranchement naturel. Le roi Guillaume fit passer son armée en trois endroits, et engagea la bataille. Les Irlandais, que nous avons vus de si bons soldats en France et en Espagne, ont toujours mal combattu chez eux [1]. Il y

---

[1] Le *Mercure* de 1753, juin, premier volume, contient, page 140, une *Lettre à M. de Voltaire, sur son Histoire de Louis XIV*, par M***. L'auteur

a des nations, dont l'une semble faite pour être soumise à l'autre. Les Anglais ont toujours eu sur les Irlandais la supériorité du génie, des richesses, et des armes [1]. Jamais l'Irlande n'a pu secouer le joug de l'Angleterre, depuis qu'un simple seigneur anglais la subjugua. Les Français combattirent à la journée de la Boyne, les Irlandais s'enfuirent. Leur roi Jacques n'ayant paru, dans l'engagement, ni à la tête des Français ni à la tête des Irlandais, se retira le premier [2]. Il avait toujours cependant montré beaucoup de valeur; mais il y a des occasions où l'abattement d'esprit l'emporte sur le courage. Le roi Guillaume,

de cette *Lettre*, qui, dans la guerre d'Irlande, combattit contre Guillaume, après quelques détails sur différents combats, demande à Voltaire comment il a « pu dire que les Irlandais s'étaient toujours mal battus chez eux. » B.

[1] On lisait dans les premières éditions, « la supériorité que les blancs ont « sur les nègres. » M. de Voltaire effaça cette expression injurieuse. L'état presque sauvage où était l'Irlande lorsqu'elle fut conquise, la superstition, l'oppression exercée par les Anglais, le fanatisme religieux qui divise les Irlandais en deux nations ennemies; telles sont les causes qui ont retenu ce peuple dans l'abaissement et dans la faiblesse. Les haines religieuses se sont assoupies, et il a repris sa liberté. Les Irlandais ne le cèdent plus aux Anglais, ni en industrie, ni en lumières, ni en courage. K.—L'édition de Berlin, 1751, deux volumes petit in-12, est la seule dans laquelle on lise: « Les Anglais « ont toujours eu sur les Irlandais cette espèce de supériorité que les hommes « blancs ont sur les nègres. » Les éditions de 1752 ont le texte actuel. B.

[2] Les nouveaux *Mémoires de Berwick* disent le contraire; mais plusieurs historiens, et entre autres le chevalier Dalrymple, sont d'accord avec M. de Voltaire. Schomberg, qui avait quitté le service de France à cause de sa religion, combattit les troupes françaises à la tête des réfugiés français. Blessé mortellement, il criait aux troupes qui passaient devant lui: « A la gloire, « mes amis! à la gloire! » Ces troupes ayant été mises en désordre, Callemotte, qui remplaçait Schomberg, les rallia, et leur montrant les régiments français: « Messieurs, voilà vos persécuteurs. » Ainsi les dragonnades furent une des principales causes de la perte de la bataille de la Boyne, et de l'oppression des catholiques dans les trois royaumes. K.

qui avait eu l'épaule effleurée d'un coup de canon avant la bataille, passa pour mort en France. Cette fausse nouvelle fut reçue à Paris avec une joie indécente et honteuse. Quelques magistrats subalternes encouragèrent les bourgeois et le peuple à faire des illuminations. On sonna les cloches. On brûla dans plusieurs quartiers des figures d'osier qui représentaient le prince d'Orange, comme on brûle le pape dans Londres. On tira le canon de la Bastille, non point par ordre du roi, mais par le zèle inconsidéré d'un commandant. On croirait, sur ces marques d'allégresse et sur la foi de tant d'écrivains, que cette joie effrénée, à la mort prétendue d'un ennemi, était l'effet de la crainte extrême qu'il inspirait. Tous ceux qui ont écrit, et Français et étrangers, ont dit que ces réjouissances étaient le plus grand éloge du roi Guillaume. Cependant, si on veut faire attention aux circonstances du temps et à l'esprit qui régnait alors, on verra bien que la crainte ne produisit pas ces transports de joie. Les bourgeois et le peuple ne savent guère craindre un ennemi que quand il menace leur ville. Loin d'avoir de la terreur au nom de Guillaume, le commun des Français avait alors l'injustice de le mépriser. Il avait presque toujours été battu par les généraux français. Le vulgaire ignorait combien ce prince avait acquis de véritable gloire, même dans ses défaites. Guillaume, vainqueur de Jacques en Irlande, ne paraissait pas encore aux yeux des Français un ennemi digne de Louis XIV. Paris, idolâtre de son roi, le croyait réellement invincible. Les réjouissances ne furent donc point le fruit de la crainte, mais de la haine. La plupart des Parisiens, nés sous le règne de Louis, et façonnés au joug despotique, regardaient alors un roi comme une divinité, et un usurpateur comme un sacrilége. Le petit peuple, qui avait vu Jacques aller tous les jours à la messe, détestait Guillaume hérétique. L'image d'un gendre et d'une fille ayant chassé leur père, d'un protestant régnant à la place d'un catholique, enfin d'un ennemi de Louis XIV, transportait les Parisiens d'une espèce de fureur; mais les gens sages pensaient modérément.

Jacques revint en France, laissant son rival gagner en Irlande de nouvelles batailles, et s'affermir sur le trône. Les flottes françaises furent occupées alors à ramener les Français qui avaient inutilement combattu, et les familles irlandaises catholiques qui, étant très pauvres dans leur patrie, voulurent aller subsister en France des libéralités du roi.

Il est à croire que la fortune eut peu de part à toute cette révolution depuis son commencement jusqu'à sa fin. Les caractères de Guillaume et de Jacques firent tout. Ceux qui aiment à voir dans la conduite des hommes les causes des événements remarqueront que le roi Guillaume, après sa victoire, fit publier un pardon général; et que le roi Jacques vaincu, en passant par une petite ville, nommée Galloway, fit pendre quelques citoyens qui avaient été d'avis de lui fermer les portes[1]. De deux hommes qui se conduisaient ainsi, il était bien aisé de voir qui devait l'emporter.

---

[1] On nie ce fait dans les *Mémoires de Berwick*, et Dalrymple n'en parle point. On peut voir, dans ce dernier historien, les détails de la conduite de Guillaume, qui fut politique et dur, beaucoup plus que généreux. K.

Il restait à Jacques quelques villes en Irlande; entre autres Limerick, où il y avait plus de douze mille soldats. Le roi de France, soutenant toujours la fortune de Jacques, fit passer encore trois mille hommes de troupes réglées dans Limerick. Pour surcroît de libéralité, il envoya tout ce qui peut servir aux besoins d'un grand peuple et à ceux des soldats. Quarante vaisseaux de transport, escortés de douze vaisseaux de guerre, apportèrent tous les secours possibles en hommes, en ustensiles, en équipages; des ingénieurs, des canonniers, des bombardiers, deux cents maçons; des selles, des brides, des housses, pour plus de vingt mille chevaux; des canons avec leurs affûts, des fusils, des pistolets, des épées, pour armer vingt-six mille hommes; des vivres, des habits, et jusqu'à vingt-six mille paires de souliers. Limerick assiégée, mais munie de tant de secours, espérait de voir son roi combattre pour sa défense. Jacques ne vint point. Limerick se rendit: les vaisseaux français retournèrent encore vers les côtes d'Irlande, et ramenèrent en France environ vingt mille Irlandais, tant soldats que citoyens fugitifs.

Ce qu'il y a peut-être de plus étonnant, c'est que Louis XIV ne se rebuta pas. Il soutenait alors une guerre difficile contre presque toute l'Europe. Cependant il tenta encore de changer la fortune de Jacques par une entreprise décisive, et de faire une descente en Angleterre avec vingt mille hommes. Il comptait sur le parti que Jacques avait conservé en Angleterre. Les troupes étaient assemblées entre Cherbourg et La Hogue. Plus de trois cents navires de transport étaient prêts à Brest. Tourville, avec quarante-quatre grands vaisseaux de guerre, les attendait aux côtes de Normandie. D'Estrées arrivait du port de Toulon avec trente autres vaisseaux. S'il y a des malheurs causés par la mauvaise conduite, il en est qu'on ne peut imputer qu'à la fortune. Le vent, d'abord favorable à l'escadre de d'Estrées, changea; il ne put joindre Tourville, dont les quarante-quatre vaisseaux furent attaqués par les flottes d'Angleterre et de Hollande, fortes de près de cent voiles. La supériorité du nombre l'emporta. Les Français cédèrent après un combat de dix heures (29 juillet 1692[1]). Russel, amiral anglais, les poursuivit deux jours. Quatorze grands vaisseaux, dont deux portaient cent quatre pièces de canon, échouèrent sur la côte; et les capitaines y firent mettre le feu, pour ne les pas laisser brûler par les ennemis. Le roi Jacques, qui du rivage avait vu ce désastre, perdit toutes ses espérances[2].

---

[1] La bataille de La Hogue est du 29 mai. B.

[2] Tourville avait ordre de combattre, et ce fut lui qui attaqua la flotte anglaise. Seignelai lui avait reproché de n'avoir pas osé, l'année précédente, aller brûler les vaisseaux anglais dans leurs ports, après la défaite de leur flotte. Tourville parut regarder ce reproche comme un soupçon sur sa bravoure. «Vous ne m'avez pas entendu, répliqua le ministre; il y a des « hommes qui sont braves de cœur et poltrons de tête. »

Russel, qui commandait la flotte anglaise, avait une correspondance secrète avec Jacques. Lui, Marlborough, plusieurs chefs du parti populaire, avaient formé le projet de rétablir Jacques, en lui imposant des conditions encore plus dures que celles qu'ils avaient forcé le prince d'Orange d'accepter. Russel avait écrit à Jacques de remettre la descente à l'hiver, et surtout d'éviter que la flotte française n'attaquât la sienne; qu'il le connaissait incapable de sacrifier à aucun intérêt l'honneur du pavillon britannique. Jacques avait encore d'autres intelligences dans la flotte.

On a prétendu que Russel, voyant qu'on le forçait à combattre, décon-

Ce fut le premier échec que reçut sur la mer la puissance de Louis XIV. Seignelai, qui après Colbert, son père, avait perfectionné la marine, était mort à la fin de 1690. Ponchartrain, élevé de la première présidence de Bretagne à l'emploi de secrétaire d'état de la marine, ne la laissa point périr. Le même esprit régnait toujours dans le gouvernement. La France eut, dès l'année qui suivit la disgrace de La Hogue, des flottes aussi nombreuses qu'elle en avait eu déjà; car Tourville se trouva à la tête de soixante vaisseaux de ligne, et d'Estrées en avait trente, sans compter ceux qui étaient dans les ports (1696); et même, quatre ans après, le roi fit encore un armement plus considérable que tous les précédents, pour conduire Jacques en Angleterre à la tête de vingt mille Français; mais cette flotte ne fit que se montrer, les mesures du parti de Jacques ayant été aussi mal concertées à Londres que celles de son protecteur avaient été bien prises en France.

Il ne resta de ressource au parti du roi détrôné que dans quelques conspirations contre la vie de son ri-

---

certa ces intelligences en changeant les capitaines suspects la veille de l'action. Dalrymple rapporte, au contraire, qu'on en donna le conseil au prince d'Orange, mais qu'il prit le parti de faire écrire par la reine à Russel qu'on avait cherché à lui donner des soupçons sur la fidélité de plusieurs officiers, et proposé de les changer, mais qu'elle ne ferait aucun changement, regardant ces imputations comme l'ouvrage de ses ennemis et des leurs. Russel lut publiquement la lettre, et tous jurèrent de mourir pour leur reine et pour leur patrie.

On a dit que Jacques, placé sur le rivage, voyant combattre les mêmes vaisseaux avec lesquels il avait gagné des batailles, ne pouvait s'empêcher de s'intéresser à eux contre lui-même. Cependant il avait demandé à combattre sur la flotte française. K.

val. Ceux qui les tramèrent périrent presque tous du dernier supplice; et il est à croire que, quand même elles eussent réussi, il n'eût jamais recouvré son royaume. Il passa le reste de ses jours à Saint-Germain, où il vécut des bienfaits de Louis et d'une pension de soixante et dix mille francs, qu'il eut la faiblesse de recevoir en secret de sa fille Marie, par laquelle il avait été détrôné [1]. Il mourut en 1700 [2], à Saint-Germain. Quelques jésuites irlandais prétendirent qu'il se fesait des miracles à son tombeau [a]. On parla même de faire canoniser à Rome, après sa mort, ce roi que Rome avait abandonné pendant sa vie.

Peu de princes furent plus malheureux que lui; et il n'y a aucun exemple dans l'histoire d'une maison si long-temps infortunée. Le premier des rois d'Écosse ses aïeux, qui eut le nom de Jacques, après avoir été dix-huit ans prisonnier en Angleterre, mourut assassiné avec sa femme par la main de ses sujets. Jacques II, son fils, fut tué à vingt-neuf ans, en combattant contre les Anglais. Jacques III, mis en prison par son peuple, fut tué ensuite par les révoltés dans une bataille. Jacques IV périt dans un combat qu'il perdit. Marie-Stuart, sa petite-fille, chassée de son trône, fugitive en Angleterre, ayant langui dix-huit ans en prison, se vit condamnée à mort par des

---

[1] On a nié ce fait dans les *Mémoires de Berwick*. Nous observerons que M. de Voltaire a été lié intimement avec les personnes qui connaissaient le mieux les petits détails de la cour de Saint-Germain. K.

[2] En 1701, ainsi qu'on le lit page 13. B.

[a] On a poussé le ridicule jusqu'à dire que ses reliques avaient guéri un évêque d'Autun de la fistule.

juges anglais, et eut la tête tranchée. Charles Ier, petit-fils de Marie, roi d'Écosse et d'Angleterre, vendu par les Écossais, et jugé à mort par les Anglais, mourut sur un échafaud dans la place publique. Jacques son fils, septième du nom et deuxième en Angleterre, dont il est ici question, fut chassé de ses trois royaumes; et, pour comble de malheur, on contesta à son fils jusqu'à sa naissance. Ce fils ne tenta de remonter sur le trône de ses pères que pour faire périr ses amis par des bourreaux; et nous avons vu le prince Charles Édouard, réunissant en vain les vertus de ses pères et le courage du roi Jean Sobieski, son aïeul maternel, exécuter les exploits et essuyer les malheurs les plus incroyables[1]. Si quelque chose justifie ceux qui croient une fatalité à laquelle rien ne peut se soustraire, c'est cette suite continuelle de malheurs qui a persécuté la maison de Stuart pendant plus de trois cents années.

CHAPITRE XVI.

De ce qui se passait dans le continent, tandis que Guillaume III envahissait l'Angleterre, l'Écosse, et l'Irlande, jusqu'en 1697. Nouvel embrasement du Palatinat. Victoires des maréchaux de Catinat et de Luxembourg, etc.

N'ayant pas voulu rompre le fil des affaires d'Angleterre, je me ramène à ce qui se passait dans le continent.

---

[1] Voyez, tome XXI, les chapitres xxiv et xxv du *Précis du Siècle de Louis XV*. B.

Le roi, en formant ainsi une puissance maritime, telle qu'aucun état n'en a jamais eu de supérieure, avait à combattre l'empereur et l'empire, l'Espagne, les deux puissances maritimes, l'Angleterre et la Hollande, devenues toutes deux plus terribles sous un seul chef; la Savoie et presque toute l'Italie. Un seul de ces ennemis, tel que l'Anglais et l'Espagnol, avait suffi autrefois pour désoler la France; et tous ensemble ne purent alors l'entamer. Louis XIV eut presque toujours cinq corps d'armée dans le cours de cette guerre, quelquefois six, jamais moins de quatre. Les armées en Allemagne et en Flandre se montèrent plus d'une fois à cent mille combattants. Les places frontières ne furent pas cependant dégarnies. Le roi avait quatre cent cinquante mille hommes en armes, en comptant les troupes de la marine. L'empire turc, si puissant en Europe, en Asie, et en Afrique, n'en a jamais eu autant, et l'empire romain n'en eut jamais davantage, et n'eut en aucun temps autant de guerres à soutenir à-la-fois. Ceux qui blâmaient Louis XIV de s'être fait tant d'ennemis, l'admiraient d'avoir pris tant de mesures pour s'en défendre, et même pour les prévenir.

Ils n'étaient encore ni entièrement déclarés, ni tous réunis : le prince d'Orange n'était pas encore sorti du Texel pour aller chasser le roi son beau-père, et déjà la France avait des armées sur les frontières de la Hollande et sur le Rhin. Le roi avait envoyé en Allemagne, à la tête d'une armée de cent mille hommes, son fils le dauphin, qu'on nommait Monseigneur : prince doux dans ses mœurs, modeste dans

sa conduite, qui paraissait tenir en tout de sa mère. Il était âgé de vingt-sept ans. C'était pour la première fois qu'on lui confiait un commandement, après s'être bien assuré, par son caractère, qu'il n'en abuserait pas. Le roi lui dit publiquement à son départ (22 septembre 1688): « Mon fils, en vous envoyant
« commander mes armées, je vous donne les occa-
« sions de faire connaître votre mérite : allez le mon-
« trer à toute l'Europe, afin que, quand je viendrai
« à mourir, on ne s'aperçoive pas que le roi soit
« mort. »

Ce prince eut une commission spéciale pour commander, comme s'il eût été simplement l'un des généraux que le roi eût choisi. Son père lui écrivait :
« A mon fils le dauphin, mon lieutenant-général,
« commandant mes armées en Allemagne. »

On avait tout prévu et tout disposé pour que le fils de Louis XIV, contribuant à cette expédition de son nom et de sa présence, ne reçût pas un affront. Le maréchal de Duras commandait réellement l'armée. Boufflers avait un corps de troupes en-deçà du Rhin ; le maréchal d'Humières, un autre vers Cologne, pour observer les ennemis. Heidelberg, Mayence, étaient pris. Le siége de Philipsbourg, préalable toujours nécessaire quand la France fait la guerre à l'Allemagne, était commencé. Vauban conduisait le siége. Tous les détails qui n'étaient point de son ressort roulaient sur Catinat, alors lieutenant-général, homme capable de tout, et fait pour tous les emplois. Monseigneur arriva après six jours de tranchée ouverte. Il imitait la conduite de son père, s'exposant autant qu'il le fallait, jamais en téméraire, affable à tout le monde, libéral envers les soldats. Le roi goûtait une joie pure d'avoir un fils qui l'imitait sans l'effacer, et qui se fesait aimer de tout le monde sans se faire craindre de son père.

Philipsbourg fut pris en dix-neuf jours [1] : on prit Manheim en trois jours (11 novembre 1688); Franckendal en deux; Spire, Trèves, Vorms, et Oppenheim, se rendirent dès que les Français furent à leurs portes (15 novembre 1688).

Le roi avait résolu de faire un désert du Palatinat dès que ces villes seraient prises. Il avait la vue d'empêcher les ennemis d'y subsister, plus que celle de se venger de l'électeur palatin, qui n'avait d'autre crime que d'avoir fait son devoir, en s'unissant au reste de l'Allemagne contre la France. (Février 1689) Il vint à l'armée un ordre de Louis, signé Louvois, de tout réduire en cendres. Les généraux français, qui ne pouvaient qu'obéir, firent donc signifier, dans le cœur de l'hiver, aux citoyens de toutes ces villes si florissantes et si bien réparées, aux habitants des villages, aux maîtres de plus de cinquante châteaux, qu'il fallait quitter leurs demeures, et qu'on allait les détruire par le fer et par les flammes. Hommes, femmes, vieillards, enfants, sortirent en hâte. Une partie fut errante dans les campagnes; une autre se réfugia dans les pays voisins, pendant que le soldat qui passe toujours les ordres de rigueur, et qui n'exécute jamais ceux de clémence, brûlait et saccageait leur patrie. On commença par Manheim et par Heidelberg,

[1] Le 29 octobre. B.

séjour des électeurs : leurs palais furent détruits comme les maisons des citoyens ; leurs tombeaux furent ouverts par la rapacité du soldat, qui croyait y trouver des trésors ; leurs cendres furent dispersées. C'était pour la seconde fois que ce beau pays était désolé sous Louis XIV; mais les flammes dont Turenne avait brûlé deux villes et vingt villages du Palatinat n'étaient que des étincelles, en comparaison de ce dernier incendie. L'Europe en eut horreur. Les officiers qui l'exécutèrent étaient honteux d'être les instruments de ces duretés. On les rejetait sur le marquis de Louvois, devenu plus inhumain par cet endurcissement de cœur que produit un long ministère. Il avait en effet donné ces conseils ; mais Louis avait été le maître de ne les pas suivre. Si le roi avait été témoin de ce spectacle, il aurait lui-même éteint les flammes. Il signa, du fond de son palais de Versailles et au milieu des plaisirs, la destruction de tout un pays, parcequ'il ne voyait dans cet ordre que son pouvoir et le malheureux droit de la guerre ; mais de plus près, il n'en eût vu que l'horreur. Les nations, qui jusque-là n'avaient blâmé que son ambition en l'admirant, crièrent alors contre sa dureté, et blâmèrent même sa politique ; car, si les ennemis avaient pénétré dans ses états, comme lui chez les ennemis, ils eussent mis ses villes en cendres.

Ce danger était à craindre : Louis, en couvrant ses frontières de cent mille soldats, avait appris à l'Allemagne à faire de pareils efforts. Cette contrée, plus peuplée que la France, peut aussi fournir de plus grandes armées. On les lève, on les assemble, on les paie plus difficilement : elles paraissent plus tard en campagne; mais la discipline, la patience dans les fatigues, les rendent sur la fin d'une campagne aussi redoutables que les Français le sont au commencement. Le duc de Lorraine, Charles V, les commandait. Ce prince, toujours dépouillé de son état par Louis XIV, ne pouvant y rentrer, avait conservé l'empire à l'empereur Léopold : il l'avait rendu vainqueur des Turcs et des Hongrois. Il vint, avec l'électeur de Brandebourg, balancer la fortune du roi de France. Il reprit Bonn et Mayence, villes très mal fortifiées, mais défendues d'une manière qui fut regardée comme un modèle de défense de places. Bonn ne se rendit qu'au bout de trois mois et demi de siége (12 octobre 1689), après que le baron d'Asfeld, qui y commandait, eut été blessé dans un assaut général.

Le marquis d'Uxelles, depuis maréchal de France, l'un des hommes les plus sages et les plus prévoyants, fit, pour défendre Mayence, des dispositions si bien entendues, que sa garnison n'était presque point fatiguée en servant beaucoup. Outre les soins qu'il eut au-dedans, il fit vingt et une sorties sur les ennemis, et leur tua plus de cinq mille hommes. Il fit même quelquefois deux sorties en plein jour; enfin il fallut se rendre, faute de poudre, au bout de sept semaines. Cette défense mérite place dans l'histoire, et par elle-même, et par la manière dont elle fut reçue dans le public. Paris, cette ville immense, pleine d'un peuple oisif qui veut juger de tout, et qui a tant d'oreilles et tant de langues avec si peu d'yeux, regarda d'Uxelles comme un homme timide et sans jugement. Cet homme, à qui tous les bons officiers donnaient de justes éloges, étant, au retour de la campagne, à la comédie sur le théâtre, reçut des huées du public; on lui cria, *Mayence*. Il fut obligé de se retirer, non sans mépriser, avec les gens sages, un peuple si mauvais estimateur du mérite, et dont cependant on ambitionne les louanges.

(Juin 1689) Environ dans le même temps, le maréchal d'Humières fut battu à Valcour sur la Sambre, aux Pays-Bas, par le prince de Valdeck; mais cet échec, qui fit tort à sa réputation, en fit peu aux armes de la France. Louvois, dont il était la créature et l'ami, fut obligé de lui ôter le commandement de cette armée. Il fallait le remplacer.

Le roi choisit le maréchal de Luxembourg, malgré son ministre qui le haïssait, comme il avait haï Turenne. « Je vous promets, lui dit le roi, que j'aurai
« soin que Louvois aille droit. Je l'obligerai de sacri-
« fier au bien de mon service la haine qu'il a pour
« vous : vous n'écrirez qu'à moi, vos lettres ne passe-
« ront point par lui[a]. » Luxembourg commanda donc en Flandre, et Catinat en Italie. On se défendit bien en Allemagne sous le maréchal de Lorges. Le duc de Noailles avait quelques succès en Catalogne; mais en Flandre sous Luxembourg, et en Italie sous Catinat, ce ne fut qu'une suite continuelle de victoires. Ces deux généraux étaient alors les plus estimés en Europe.

Le maréchal duc de Luxembourg avait dans le caractère des traits du grand Condé, dont il était l'élève;

---

[a] *Mémoires du maréchal de Luxembourg.*

un génie ardent, une exécution prompte, un coup d'œil juste, un esprit avide de connaissances, mais vaste et peu réglé; plongé dans les intrigues des femmes; toujours amoureux, et même souvent aimé, quoique contrefait et d'un visage peu agréable, ayant plus de qualités d'un héros que d'un sage[a].

[b]Catinat avait dans l'esprit une application et une agilité qui le rendaient capable de tout, sans qu'il se piquât jamais de rien. Il eût été bon ministre, bon chancelier, comme bon général. Il avait commencé par être avocat, et avait quitté cette profession à vingt-trois ans, pour avoir perdu une cause qui était juste. Il prit le parti des armes, et fut d'abord enseigne aux gardes-françaises. En 1667 il fit aux yeux du roi, à l'attaque de la contrescarpe de Lille, une action qui demandait de la tête et du courage. Le roi la remarqua, et ce fut le commencement de sa fortune. Il s'éleva par degrés, sans aucune brigue; philosophe au milieu de la grandeur et de la guerre, les deux plus grands écueils de la modération; libre de tous préjugés, et n'ayant point l'affectation de paraître trop les mépriser. La galanterie et le métier de courtisan furent ignorés de lui; il en cultiva plus l'amitié, et en fut plus honnête homme. Il vécut aussi ennemi de

---

[a] Voyez les *Anecdotes* à l'article de la *Chambre ardente*, chap. XXVI. Il est aujourd'hui généralement regardé par les militaires comme le premier homme de guerre qui ait connu l'art de faire manœuvrer et combattre de grandes armées.

[b] On voit, par les *Lettres de madame de Maintenon*, qu'elle n'aimait pas le maréchal de Catinat. Elle n'espère rien de lui; elle appelle sa modestie *orgueil*. Il paraît que le peu de connaissance qu'avait cette dame des affaires et des hommes, et les mauvais choix qu'elle fit, contribuèrent depuis aux malheurs de la France.

l'intérêt que du faste; philosophe en tout, à sa mort comme dans sa vie.

Catinat commandait alors en Italie. Il avait en tête le duc de Savoie, Victor-Amédée, prince alors sage, politique, et encore plus malheureux; guerrier plein de courage, conduisant lui-même ses armées, s'exposant en soldat, entendant aussi bien que personne cette guerre de chicane qui se fait sur des terrains coupés et montagneux, tels que son pays; actif, vigilant, aimant l'ordre, mais fesant des fautes et comme prince et comme général. Il en fit une, à ce qu'on prétend, en disposant mal son armée devant celle de Catinat. (18 août 1690) Le général français en profita, et gagna une pleine victoire, à la vue de Saluces, auprès de l'abbaye de Staffarde, dont cette bataille a eu le nom. Lorsqu'il y a beaucoup de morts d'un côté et presque point de l'autre, c'est une preuve incontestable que l'armée battue était dans un terrain où elle devait être nécessairement accablée. L'armée française n'eut que trois cents hommes de tués; celle des alliés, commandée par le duc de Savoie, en eut quatre mille. Après cette bataille, toute la Savoie, excepté Montmélian, fut soumise au roi. (1691) Catinat passe dans le Piémont, force les lignes des ennemis retranchés près de Suse, prend Suse, Villefranche, Montalban, Nice, réputée imprenable, Veillane, Carmagnole, et revient enfin à Montmélian dont il se rend maître par un siége opiniâtre.

Après tant de succès, le ministère diminua l'armée qu'il commandait, et le duc de Savoie augmenta la sienne. Catinat, moins fort que l'ennemi vaincu, fut long-temps sur la défensive; mais enfin, ayant reçu des renforts, il descendit des Alpes vers la Marsaille, et là il gagna une seconde bataille rangée (4 octobre 1693), d'autant plus glorieuse, que le prince Eugène de Savoie était un des généraux ennemis.

(30 juin 1690) A l'autre bout de la France, vers les Pays-Bas, le maréchal de Luxembourg gagnait la bataille de Fleurus[1]; et, de l'aveu de tous les officiers, cette victoire était due à la supériorité de génie que le général français avait sur le prince de Valdeck, alors général de l'armée des alliés. Huit mille prisonniers, six mille morts, deux cents drapeaux ou étendards, le canon, les bagages, la fuite des ennemis, furent les marques de la victoire.

Le roi Guillaume, victorieux de son beau-père, venait de repasser la mer. Ce génie fécond en ressources tirait plus d'avantage d'une défaite de son parti, que souvent les Français n'en tiraient de leurs victoires. Il lui fallait employer les intrigues, les négociations, pour avoir des troupes et de l'argent, contre un roi qui n'avait qu'à dire, *je veux*. (19 septembre 1691) Cependant, après la défaite de Fleurus, il vint opposer au maréchal de Luxembourg une armée aussi forte que la française.

Elles étaient composées chacune d'environ quatre-vingt mille hommes; (9 avril 1691) mais Mons était déjà investi par le maréchal de Luxembourg; et le roi Guillaume ne croyait pas les troupes françaises sorties de leurs quartiers. Louis XIV vint au siége. Il

---

[1] Plus d'un siècle après, une autre victoire a été remportée par les Français, le 26 juin 1794, sous le commandement du général Jourdan. B.

entra dans la ville au bout de neuf jours de tranchée ouverte, en présence de l'armée ennemie. Aussitôt il reprit le chemin de Versailles, et il laissa Luxembourg disputer le terrain pendant toute la campagne, qui finit par le combat de Leuse (19 septembre 1691); action très singulière, où vingt-huit escadrons de la maison du roi et de la gendarmerie défirent soixante et quinze escadrons de l'armée ennemie.

Le roi reparut encore au siége de Namur, la plus forte place des Pays-Bas, par sa situation au confluent de la Sambre et de la Meuse, et par une citadelle bâtie sur des rochers. Il prit la ville en huit jours (juin 1692), et les châteaux en vingt-deux, pendant que le duc de Luxembourg empêchait le roi Guillaume de passer la Méhaigne à la tête de quatre-vingt mille hommes, et de venir faire lever le siége. Louis retourna encore à Versailles après cette conquête, et Luxembourg tint encore tête à toutes les forces des ennemis. Ce fut alors que se donna la bataille de Steinkerque, célèbre par l'artifice et par la valeur. Un espion que le général français avait auprès du roi Guillaume est découvert. On le force, avant de le faire mourir, d'écrire un faux avis au maréchal de Luxembourg. Sur ce faux avis, Luxembourg prend, avec raison, des mesures qui le devaient faire battre. Son armée endormie est attaquée à la pointe du jour : une brigade est déjà mise en fuite, et le général le sait à peine. Sans un excès de diligence et de bravoure, tout était perdu.

Ce n'était pas assez d'être grand général, pour n'être pas mis en déroute, il fallait avoir des troupes aguerries, capables de se rallier; des officiers généraux assez habiles pour rétablir le désordre, et qui eussent la bonne volonté de le faire ; car un seul officier supérieur qui eût voulu profiter de la confusion pour faire battre son général, le pouvait aisément sans se commettre.

Luxembourg était malade : circonstance funeste dans un moment qui demande une activité nouvelle : (3 août 1692) le danger lui rendit ses forces : il fallait des prodiges pour n'être pas vaincu, et il en fit. Changer de terrain, donner un champ de bataille à son armée qui n'en avait point ; rétablir la droite tout en désordre, rallier trois fois ses troupes, charger trois fois à la tête de la maison du roi, fut l'ouvrage de moins de deux heures. Il avait dans son armée Philippe duc d'Orléans, alors duc de Chartres, depuis régent du royaume, petit-fils de France, qui n'avait pas alors quinze ans[1]. Il ne pouvait être utile pour un coup décisif ; mais c'était beaucoup pour animer les soldats, qu'un petit-fils de France encore enfant, chargeant avec la maison du roi, blessé dans le combat, et revenant encore à la charge malgré sa blessure.

Un petit-fils et un petit-neveu du grand Condé servaient tous deux de lieutenants-généraux : l'un était Louis de Bourbon, nommé Monsieur le Duc; l'autre, François-Louis prince de Conti, rivaux de courage, d'esprit, d'ambition, de réputation ; Monsieur le Duc, d'un naturel plus austère, ayant peut-être des qua-

---

[1] Né le 2 août 1674, le duc de Chartres avait, le jour de la bataille, dix-huit ans révolus. B.

lités plus solides, et le prince de Conti de plus brillantes. Appelés tous deux par la voix publique au commandement des armées, ils desiraient passionnément cette gloire : mais ils n'y parvinrent jamais, parceque Louis, qui connaissait leur ambition comme leur mérite, se souvenait toujours que le prince de Condé lui avait fait la guerre.

Le prince de Conti fut le premier qui rétablit le désordre, ralliant des brigades, en fesant avancer d'autres ; Monsieur le Duc fesant la même manœuvre, sans avoir besoin d'émulation. Le duc de Vendôme, petit-fils de Henri IV, était aussi lieutenant-général dans cette armée. Il servait depuis l'âge de douze ans ; et quoiqu'il en eût alors quarante, il n'avait pas encore commandé en chef. Son frère le grand-prieur était auprès de lui.

Il fallut que tous ces princes se missent à la tête de la maison du roi, avec le duc de Choiseul, pour chasser un corps d'Anglais qui gardait un poste avantageux, dont le succès de la bataille dépendait. La maison du roi et les Anglais étaient les meilleures troupes qui fussent dans le monde. Le carnage fut grand. Les Français, encouragés par cette foule de princes et de jeunes seigneurs qui combattaient autour du général, l'emportèrent enfin. Le régiment de Champagne défit les gardes anglaises du roi Guillaume ; et quand les Anglais furent vaincus, il fallut que le reste cédât.

Boufflers, depuis maréchal de France, accourait dans ce moment même de quelques lieues du champ de bataille avec des dragons, et acheva la victoire.

Le roi Guillaume, ayant perdu environ sept mille hommes, se retira avec autant d'ordre qu'il avait attaqué; et toujours vaincu, mais toujours à craindre, il tint encore la campagne. La victoire, due à la valeur de tous ces jeunes princes et de la plus florissante noblesse du royaume, fit à la cour, à Paris, et dans les provinces, un effet qu'aucune bataille gagnée n'avait fait encore.

Monsieur le Duc, le prince de Conti, MM. de Vendôme et leurs amis trouvaient, en s'en retournant, les chemins bordés de peuple. Les acclamations et la joie allaient jusqu'à la démence. Toutes les femmes s'empressaient d'attirer leurs regards. Les hommes portaient alors des cravates de dentelle, qu'on arrangeait avec assez de peine et de temps. Les princes s'étant habillés avec précipitation pour le combat, avaient passé négligemment ces cravates autour du cou : les femmes portèrent des ornements faits sur ce modèle; on les appela des Steinkerques. Toutes les bijouteries nouvelles étaient à la Steinkerque. Un jeune homme qui s'était trouvé à cette bataille était regardé avec empressement. Le peuple s'attroupait partout autour des princes; et on les aimait d'autant plus que leur faveur à la cour n'était pas égale à leur gloire.

Ce fut à cette bataille qu'on perdit le jeune prince de Turenne, neveu du héros tué en Allemagne : il donnait déjà des espérances d'égaler son oncle. Ses graces et son esprit l'avaient rendu cher à la ville, à la cour, et à l'armée.

Le général, en rendant compte au roi de cette bataille mémorable, ne daigna pas seulement l'instruire qu'il était malade quand il fut attaqué.

Le même général, avec ces mêmes princes et ces mêmes troupes surprises et victorieuses à Steinkerque, alla surprendre, la campagne suivante, le roi Guillaume par une marche de sept lieues, et l'atteignit à Nervinde. Nervinde est un village près de la Guette, à quelques lieues de Bruxelles. Guillaume eut le temps de se retrancher pendant la nuit, et de se mettre en bataille. On l'attaque à la pointe du jour (29 juillet 1693); on le trouve à la tête du régiment de Ruvigni, tout composé de gentilshommes français que la fatale révocation de l'édit de Nantes et les dragonnades avaient forcés de quitter et de haïr leur patrie. Ils se vengeaient sur elle des intrigues du jésuite La Chaise et des cruautés de Louvois. Guillaume, suivi d'une troupe si animée, renversa d'abord les escadrons qui se présentèrent contre lui : mais enfin il fut renversé lui-même sous son cheval tué. Il se releva, et continua le combat avec les efforts les plus obstinés.

Luxembourg entra deux fois l'épée à la main dans le village de Nervinde. Le duc de Villeroi fut le premier qui sauta dans les retranchements des ennemis. Deux fois le village fut emporté et repris.

Ce fut encore à Nervinde que ce même Philippe, duc de Chartres, se montra digne petit-fils de Henri IV. Il chargeait pour la troisième fois à la tête d'un escadron. Cette troupe étant repoussée, il se trouva dans un terrain creux, environné de tous côtés d'hommes et de chevaux tués ou blessés. Un escadron ennemi s'avance à lui, lui crie de se rendre; on le saisit, il se défend seul, il blesse l'officier qui le retenait prisonnier, il s'en débarrasse. On revole à lui dans le moment, et on le dégage. Le prince de Condé, qu'on nommait *Monsieur le Duc*, le prince de Conti, son émule, qui s'étaient tant signalés à Steinkerque, combattaient de même à Nerviude pour leur vie comme pour leur gloire, et furent obligés de tuer des ennemis de leur main, ce qui n'arrive aujourd'hui presque jamais aux officiers généraux, depuis que le feu décide de tout dans les batailles.

Le maréchal de Luxembourg se signala et s'exposa plus que jamais : son fils, le duc de Montmorenci, se mit au-devant de lui lorsqu'on le tirait, et reçut le coup porté à son père. Enfin le général et les princes reprirent le village une troisième fois, et la bataille fut gagnée.

Peu de journées furent plus meurtrières. Il y eut environ vingt mille morts, douze mille du côté des alliés, et huit de celui des Français. C'est à cette occasion qu'on disait qu'il fallait chanter plus de *De profundis* que de *Te Deum*.

Si quelque chose pouvait consoler des horreurs attachées à la guerre, ce serait ce que dit le comte de Salm, blessé et prisonnier dans Tirlemont. Le maréchal de Luxembourg lui rendait des soins assidus: « Quelle nation êtes-vous ! lui dit ce prince; il n'y a « point d'ennemis plus à craindre dans une bataille, « ni de plus généreux amis après la victoire [1]. »

---

[1] Racine, dans sa lettre à Boileau, du 6 août 1693, rapporte ces paroles un peu différemment, et les met dans la bouche du comte de Solms. B.

Toutes ces batailles produisaient beaucoup de gloire, mais peu de grands avantages. Les alliés, battus à Fleurus, à Steinkerque, à Nervinde, ne l'avaient jamais été d'une manière complète. Le roi Guillaume fit toujours de belles retraites, et quinze jours après une bataille, il eût fallu lui en livrer une autre pour être le maître de la campagne. La cathédrale de Paris était remplie des drapeaux ennemis. Le prince de Conti appelait le maréchal de Luxembourg *le Tapissier de Notre-Dame*. On ne parlait que de victoires. Cependant Louis XIV avait autrefois conquis la moitié de la Hollande et de la Flandre, toute la Franche-Comté, sans donner un seul combat ; et maintenant, après les plus grands efforts et les victoires les plus sanglantes, on ne pouvait entamer les Provinces-Unies : on ne pouvait même faire le siége de Bruxelles.

(1 et 2 septembre 1692) Le maréchal de Lorges avait aussi, de son côté, gagné un grand combat près de Spire-bach : il avait même pris le vieux duc de Virtemberg : il avait pénétré dans son pays ; mais après l'avoir envahi par une victoire, il avait été contraint d'en sortir. Monseigneur vint prendre une seconde fois et saccager Heidelberg que les ennemis avaient repris ; et ensuite il fallut se tenir sur la défensive contre les Impériaux.

Le maréchal de Catinat ne put, après sa victoire de Staffarde et la conquête de la Savoie, garantir le Dauphiné d'une irruption de ce même duc de Savoie, ni, après sa victoire de la Marsaille, sauver l'importante ville de Casal.

En Espagne, le maréchal de Noailles gagna aussi une bataille (27 mai 1694) sur le bord du Ter. Il prit Gironne et quelques petites places; mais il n'avait qu'une armée faible; et il fut obligé, après sa victoire, de se retirer devant Barcelone. Les Français, vainqueurs de tous côtés, et affaiblis par leurs succès, combattaient dans les alliés une hydre toujours renaissante. Il commençait à devenir difficile en France de faire des recrues, et encore plus de trouver de l'argent. La rigueur de la saison, qui détruisit les biens de la terre en ce temps, apporta la famine. On périssait de misère au bruit des *Te Deum* et parmi les réjouissances. Cet esprit de confiance et de supériorité, l'ame des troupes françaises, diminuait déjà un peu. Louis XIV cessa de paraître à leur tête. Louvois [1] était mort (16 juillet 1691); on était très mécontent de Barbesieux [2], son fils. (Janvier 1695) Enfin la mort du maréchal de Luxembourg, sous qui les soldats se croyaient invincibles, sembla mettre un terme à la suite rapide des victoires de la France.

L'art de bombarder les villes maritimes avec des vaisseaux retomba alors sur ses inventeurs. Ce n'est pas que la machine infernale avec laquelle les Anglais voulurent brûler Saint-Malo, et qui échoua sans faire d'effet, dût son origine à l'industrie des Français. Il y avait déjà long-temps qu'on avait hasardé de pareilles machines en Europe. C'était l'art de faire partir les bombes aussi juste d'une assiette mouvante

---

[1] Voyez, tome XX, une note de Voltaire sur le chap. XXVII. B.

[2] Voyez tome XXXIX, page 19-20. B.

que d'un terrain solide, que les Français avaient inventé [1]; et ce fut par cet art que Dieppe, le Havre-de-Grace, Saint-Malo, Dunkerque, et Calais, furent bombardés par les flottes anglaises. (Juillet 1694 et 1695) Dieppe, dont on peut approcher plus facilement, fut la seule qui souffrit un véritable dommage. Cette ville, agréable aujourd'hui par ses maisons régulières, et qui doit ses embellissements à son malheur, fut presque toute réduite en cendres. Vingt maisons seulement au Havre-de-Grace furent écrasées et brûlées par les bombes; mais les fortifications du port furent renversées. C'est en ce sens que la médaille frappée en Hollande est vraie, quoique tant d'auteurs français se soient récriés sur sa fausseté. On lit dans l'exergue en latin : *Le port du Havre brûlé et renversé*, etc. Cette inscription ne dit pas que la ville fut consumée, ce qui eût été faux ; mais qu'on avait brûlé le port, ce qui était vrai.

Quelque temps après, la conquête de Namur fut perdue. On avait, en France, prodigué [a] des éloges à Louis XIV pour l'avoir prise, et des railleries et des satires indécentes contre le roi Guillaume, pour ne l'avoir pu secourir avec une armée de quatre-vingt mille hommes. Guillaume s'en rendit maître de la même manière qu'il l'avait vu prendre. Il l'attaqua aux yeux d'une armée encore plus forte que n'avait été la sienne, quand Louis XIV l'assiégea. Il y trouva

[1] Voyez chapitre XIV, page 445. B.
[a] Voyez l'*Ode* de Boileau, et le *Fragment historique* de Racine. L'expérience, dit Racine, avait fait connaître au prince d'Orange combien il était inutile de s'opposer à un dessein que le roi conduisait lui-même.

de nouvelles fortifications que Vauban avait faites. La garnison française, qui la défendit, était une armée; car dans le temps qu'il en forma l'investissement, le maréchal de Boufflers se jeta dans la place avec sept régiments de dragons. Ainsi Namur était défendue par seize mille hommes, et prête à tout moment d'être secourue par près de cent mille.

Le maréchal de Boufflers était un homme de beaucoup de mérite, un général actif et appliqué, un bon citoyen, ne songeant qu'au bien du service, ne ménageant pas plus ses soins que sa vie. Les Mémoires du marquis de Feuquières lui reprochent plusieurs fautes dans la défense de la place et de la citadelle; ils lui en reprochent encore dans la défense de Lille, qui lui a fait tant d'honneur. Ceux qui ont écrit l'histoire de Louis XIV ont copié servilement le marquis de Feuquières pour la guerre, ainsi que l'abbé de Choisi pour les anecdotes. Ils ne pouvaient pas savoir que Feuquières, d'ailleurs excellent officier, et connaissant la guerre par principes et par expérience, était un esprit non moins chagrin qu'éclairé, l'Aristarque et quelquefois le Zoïle des généraux; il altère des faits pour avoir le plaisir de censurer des fautes. Il se plaignait de tout le monde, et tout le monde se plaignait de lui. On disait qu'il était le plus brave homme de l'Europe, parcequ'il dormait au milieu de cent mille de ses ennemis. Sa capacité n'ayant pas été récompensée par le bâton de maréchal de France, il employa trop contre ceux qui servaient l'état des lumières qui eussent été très utiles, s'il eût eu l'esprit aussi conciliant que pénétrant, appliqué, et hardi.

Il reprocha au maréchal de Villeroi plus de fautes, et de plus essentielles qu'à Boufflers. Villeroi, à la tête d'environ quatre-vingt mille hommes, devait secourir Namur; mais, quand même les maréchaux de Villeroi et de Boufflers eussent fait généralement tout ce qui se pouvait faire (ce qui est bien rare), il fallait, par la situation du terrain, que Namur ne fût point secourue, et se rendît tôt ou tard. Les bords de la Méhaigne, couverts d'une armée d'observation qui avait arrêté les secours du roi Guillaume, arrêtèrent alors nécessairement ceux du maréchal de Villeroi.

Le maréchal de Boufflers, le comte de Guiscard, gouverneur de la ville, le comte du Châtelet de Lomont, commandant de l'infanterie, tous les officiers et les soldats défendirent la ville avec une opiniâtreté et une bravoure admirable, mais qui ne recula pas la prise de deux jours. Quand une ville est assiégée par une armée supérieure, que les travaux sont bien conduits, et que la saison est favorable, on sait à peu près en combien de temps elle sera prise, quelque vigoureuse que la défense puisse être. Le roi Guillaume se rendit maître de la ville et de la citadelle, qui lui coûtèrent plus de temps qu'à Louis XIV (septembre 1695).

Le roi, pendant qu'il perdait Namur, fit bombarder Bruxelles : vengeance inutile, qu'il prenait sur le roi d'Espagne, de ses villes bombardées par les Anglais. Tout cela fesait une guerre ruineuse et funeste aux deux partis.

C'est, depuis deux siècles, un des effets de l'industrie et de la fureur des hommes, que les désolations de nos guerres ne se bornent pas à notre Europe. Nous nous épuisons d'hommes et d'argent pour aller nous détruire aux extrémités de l'Asie et de l'Amérique. Les Indiens, que nous avons obligés par force et par adresse à recevoir nos établissements, et les Américains dont nous avons ensanglanté et ravi le continent, nous regardent comme des ennemis de la nature humaine, qui accourent du bout du monde pour les égorger, et pour se détruire ensuite eux-mêmes.

Les Français n'avaient de colonies dans les grandes Indes que celle de Pondichéri, formée par les soins de Colbert avec des dépenses immenses, dont le fruit ne pouvait être recueilli qu'au bout de plusieurs années. Les Hollandais s'en saisirent aisément, et ruinèrent aux Indes le commerce de la France à peine établi.

(1695) Les Anglais détruisirent les plantations de la France à Saint-Domingue. (1696) Un armateur de Brest ravagea celles qu'ils avaient à Gambie dans l'Afrique. Les armateurs de Saint-Malo portèrent le fer et le feu à Terre-Neuve sur la côte orientale qu'ils possédaient. Leur île de la Jamaïque fut insultée par les escadres françaises, leurs vaisseaux pris et brûlés, leurs côtes saccagées.

Pointis, chef d'escadre, à la tête de plusieurs vaisseaux du roi et de quelques corsaires de l'Amérique, alla surprendre (mai 1697) auprès de la ligne la ville de Carthagène, magasin et entrepôt des trésors que l'Espagne tire du Mexique. Le dommage qu'il y causa fut estimé vingt millions de nos livres, et le gain, dix millions. Il y a toujours quelque chose à rabattre de ces calculs, mais rien des calamités extrêmes que causent ces expéditions glorieuses.

Les vaisseaux marchands de Hollande et d'Angleterre étaient tous les jours la proie des armateurs de France, et surtout de Du Guay-Trouin, homme unique en son genre, auquel il ne manquait que de grandes flottes, pour avoir la réputation de Dragut ou de Barberousse.

Jean Bart se fit aussi une grande réputation parmi les corsaires. De simple matelot il devint enfin chef d'escadre, ainsi que Du Guay-Trouin. Leurs noms sont encore illustres.

Les ennemis prenaient moins de vaisseaux marchands français, parcequ'il y en avait moins. La mort de Colbert et la guerre avaient beaucoup diminué le commerce.

Le résultat des expéditions de terre et de mer était donc le malheur universel. Ceux qui ont plus d'humanité que de politique remarqueront que, dans cette guerre, Louis XIV était armé contre son beau-frère, le roi d'Espagne; contre l'électeur de Bavière, dont il avait donné la sœur à son fils le dauphin; contre l'électeur palatin, dont il brûla les états après avoir marié Monsieur à la princesse palatine. Le roi Jacques fut chassé du trône par son gendre et par sa fille. Depuis même on a vu[1] le duc de Savoie ligué encore contre la France, où l'une de ses filles était dauphine, et contre l'Espagne, où l'autre était reine. La plupart

---

[1] Voyez chapitre XVIII, année 1703. B.

des guerres entre les princes chrétiens sont des espèces de guerres civiles.

L'entreprise la plus criminelle de toute cette guerre fut la seule véritablement heureuse. Guillaume réussit toujours pleinement en Angleterre et en Irlande. Ailleurs les succès furent balancés. Quand j'appelle cette entreprise criminelle, je n'examine pas si la nation, après avoir répandu le sang du père, avait tort ou raison de proscrire le fils, et de défendre sa religion et ses droits; je dis seulement que, s'il y a quelque justice sur la terre, il n'appartenait pas à la fille et au gendre du roi Jacques de le chasser de sa maison. Cette action serait horrible entre des particuliers; l'intérêt des peuples semble établir une autre morale pour les princes.

CHAPITRE XVII.

Traité avec la Savoie. Mariage du duc de Bourgogne. Paix de Ryswick. État de la France et de l'Europe. Mort et Testament de Charles II, roi d'Espagne.

La France conservait encore sa supériorité sur tous ses ennemis. Elle en avait accablé quelques uns, comme la Savoie et le Palatinat. Elle fesait la guerre sur les frontières des autres. C'était un corps puissant et robuste, fatigué d'une longue résistance, et épuisé par ses victoires. Un coup porté à propos l'eût fait chanceler. Quiconque a plusieurs ennemis à-la-fois, ne peut avoir, à la longue, de salut que dans leur division ou dans la paix. Louis XIV obtint bientôt l'un et l'autre.

Victor-Amédée, duc de Savoie, était celui de tous les princes qui prenait le plus tôt son parti, quand il s'agissait de rompre ses engagements pour ses intérêts. Ce fut à lui que la cour de France s'adressa. Le comte de Tessé, depuis maréchal de France, homme habile et aimable, d'un génie fait pour plaire, qui est le premier talent des négociateurs, agit d'abord sourdement à Turin. Le maréchal de Catinat, aussi propre à faire la paix que la guerre, acheva la négociation. Il n'était pas besoin de deux hommes habiles pour déterminer le duc de Savoie à recevoir ses avantages. On lui rendait son pays; on lui donnait de l'argent; on proposait le mariage de sa fille avec le jeune duc de Bourgogne, fils de Monseigneur, héritier de la couronne de France. On fut bientôt d'accord (juillet 1696): le duc et Catinat conclurent le traité à Notre-Dame de Lorette, où ils allèrent sous prétexte d'un pélerinage de dévotion qui ne fit prendre le change à personne. Le pape (c'était alors Innocent XII) entrait ardemment dans cette négociation. Son but était de délivrer à-la-fois l'Italie, et des invasions des Français, et des taxes continuelles que l'empereur exigeait pour payer ses armées. On voulait que les Impériaux laissassent l'Italie neutre. Le duc de Savoie s'engageait par le traité à obtenir cette neutralité. L'empereur répondit d'abord par des refus : car la cour de Vienne ne se déterminait guère qu'à l'extrémité. Alors le duc de Savoie joignit ses troupes à l'armée française. Ce prince devint, en moins d'un mois, de généralissime de l'empereur, généralissime de Louis XIV. On amena sa fille en France, pour épouser, à onze ans (1697), le duc de Bourgogne qui en avait treize. Après la défection du duc de Savoie, il arriva, comme à la paix de Nimègue, que chacun des alliés prit le parti de traiter. L'empereur accepta d'abord la neutralité d'Italie. Les Hollandais proposèrent le château de Rysvick, près de La Haye, pour les conférences d'une paix générale. Quatre armées que le roi avait sur pied servirent à hâter les conclusions. Quatre-vingt mille hommes étaient en Flandre sous Villeroi. Le maréchal de Choiseul en avait quarante mille sur les bords du Rhin. Catinat en avait encore autant en Piémont. Le duc de Vendôme, parvenu enfin au généralat, après avoir passé par tous les degrés depuis celui de garde du roi, comme un soldat de fortune, commandait en Catalogne, où il gagna un combat, et où il prit Barcelone (août 1697). Ces nouveaux efforts et ces nouveaux succès furent la médiation la plus efficace. La cour de Rome offrit encore son arbitrage, et fut refusée comme à Nimègue. Le roi de Suède, Charles XI, fut le médiateur. (Septembre, octobre 1697) Enfin la paix se fit, non plus avec cette hauteur et ces conditions avantageuses qui avaient signalé la grandeur de Louis XIV, mais avec une facilité et un relâchement de ses droits qui étonnèrent également les Français et les alliés. On a cru long-temps que cette paix avait été préparée par la plus profonde politique.

On prétendait que le grand projet du roi de France était et devait être de ne pas laisser tomber toute la succession de la vaste monarchie espagnole dans l'autre branche de la maison d'Autriche. Il espérait, disait-on, que la maison de Bourbon en arracherait au moins quelque démembrement, et que peut-être un jour elle l'aurait tout entière. Les renonciations authentiques de la femme et de la mère de Louis XIV ne paraissaient que de vaines signatures, que des conjonctures nouvelles devaient anéantir. Dans ce dessein, qui agrandissait ou la France ou la maison de Bourbon, il était nécessaire de montrer quelque modération à l'Europe, pour ne pas effaroucher tant de puissances toujours soupçonneuses. La paix donnait le temps de se faire de nouveaux alliés, de rétablir les finances, de gagner ceux dont on aurait besoin, et de laisser former dans l'état de nouvelles milices. Il fallait céder quelque chose dans l'espérance d'obtenir beaucoup plus.

On pensa que c'étaient là les motifs secrets de cette paix de Rysvick, qui en effet procura par l'événement le trône d'Espagne au petit-fils de Louis XIV. Cette idée, si vraisemblable, n'est pas vraie; ni Louis XIV ni son conseil n'eurent ces vues qui semblaient devoir se présenter à eux. C'est un grand exemple de cet enchaînement des révolutions de ce monde, qui entraînent les hommes par lesquels elles semblent conduites. L'intérêt visible de posséder bientôt l'Espagne, ou une partie de cette monarchie, n'influa en rien dans la paix de Rysvick. Le marquis de Torci en fait l'aveu dans ses Mémoires[a] manuscrits. On fit la paix

---

[a] Ces *Mémoires de Torci* ont été imprimés depuis, et confirment combien l'auteur du *Siècle de Louis XIV* était instruit de tout ce qu'il avance. — Les

par lassitude de la guerre, et cette guerre avait été presque sans objet : du moins elle n'avait été, du côté des alliés, que le dessein vague d'abaisser la grandeur de Louis XIV; et dans ce monarque, que la suite de cette même grandeur qui n'avait pas voulu plier. Le roi Guillaume avait entraîné dans sa cause l'empereur, l'empire, l'Espagne, les Provinces-Unies, la Savoie. Louis XIV s'était vu trop engagé pour reculer. La plus belle partie de l'Europe avait été ravagée, parceque le roi de France avait usé avec trop de hauteur de ses avantages après la paix de Nimègue. C'était contre sa personne qu'on s'était ligué plutôt que contre la France. Le roi croyait avoir mis en sûreté la gloire que donnent les armes; il voulut avoir celle de la modération; et l'épuisement qui se fesait sentir dans les finances ne lui rendit pas cette modération difficile.

Les affaires politiques se traitaient dans le conseil : les résolutions s'y prenaient. Le marquis de Torci, encore jeune, n'était chargé que de l'exécution. Tout le conseil voulait la paix. Le duc de Beauvilliers, surtout, y représentait avec force la misère des peuples : madame de Maintenon en était touchée; le roi n'y était pas insensible. Cette misère fesait d'autant plus d'impression, qu'on tombait de cet état florissant où le ministre Colbert avait mis le royaume. Les grands établissements en tout genre avaient prodigieusement coûté, et l'économie ne réparait pas le dérangement de ces dépenses forcées. Ce mal intérieur étonnait, par-

---

Mémoires de Torci ont été, comme on l'a vu, page 83, publiés en 1756. La note de Voltaire est de 1761; son texte est de 1752. B.

cequ'on ne l'avait jamais senti depuis que Louis XIV gouvernait par lui-même. Voilà les causes de la paix de Rysvick[a]. Des sentiments vertueux y influèrent certainement. Ceux qui pensent que les rois et leurs ministres sacrifient sans cesse et sans mesure à l'ambition, ne se trompent pas moins que celui qui penserait qu'ils sacrifient toujours au bonheur du monde.

Le roi rendit donc à la branche autrichienne d'Espagne tout ce qu'il lui avait pris vers les Pyrénées, et ce qu'il venait de lui prendre en Flandre dans cette dernière guerre; Luxembourg, Mons, Ath, Courtrai. Il reconnut pour roi légitime d'Angleterre le roi Guillaume, traité jusqu'alors de prince d'Orange, d'usurpateur, et de tyran. Il promit de ne donner aucun secours à ses ennemis. Le roi Jacques, dont le nom fut omis dans le traité, resta dans Saint-Germain, avec le nom inutile de roi, et des pensions de Louis XIV. Il ne fit plus que des manifestes, sacrifié par son protecteur à la nécessité, et déjà oublié de l'Europe.

Les jugements rendus par les chambres de Brisach[b] et de Metz contre tant de souverains, et les réunions faites à l'Alsace, monuments d'une puissance et d'une fierté dangereuse, furent abolis; et les bailliages juridiquement saisis furent rendus à leurs maîtres légitimes.

Outre ces désistements, on restitua à l'empire Fri-

[a] *Paix précipitée par le seul motif de soulager le royaume.* Mémoires de Torci, tome Ier, page 5o, première édition.

[b] Giannone, si célèbre par son utile *Histoire de Naples,* dit que ces tribunaux étaient établis à Tournai. Il se trompe souvent sur toutes les affaires qui ne sont pas celles de son pays. Il dit, par exemple, qu'à Nimègue, Louis XIV fit la paix avec la Suède. Au contraire, la Suède était son alliée.

bourg, Brisach, Kehl, Philipsbourg. On se soumit à raser les forteresses de Strasbourg sur le Rhin, le Fort-Louis, Trarbach, le Mont-Royal; ouvrages où Vauban avait épuisé son art, et le roi ses finances. On fut surpris dans l'Europe, et mécontent en France, que Louis XIV eût fait la paix comme s'il eût été vaincu. Harlai, Créci, et Callières, qui avaient signé cette paix, n'osaient se montrer, ni à la cour, ni à la ville; on les accablait de reproches et de ridicules, comme s'ils avaient fait un seul pas qui n'eût été ordonné par le ministère. La cour de Louis XIV leur reprochait d'avoir trahi l'honneur de la France, et depuis on les loua d'avoir préparé, par ce traité, la succession à la monarchie espagnole; mais ils ne méritèrent ni les critiques ni les louanges.

Ce fut enfin par cette paix que la France rendit la Lorraine à la maison qui la possédait depuis sept cents années. Le duc Charles V, appui de l'empire et vainqueur des Turcs, était mort. Son fils Léopold prit, à la paix de Rysvick, possession de sa souveraineté ; dépouillé à la vérité de ses droits réels, car il n'était pas permis au duc d'avoir des remparts à sa capitale; mais on ne put lui ôter un droit plus beau, celui de faire du bien à ses sujets; droit dont jamais aucun prince n'a si bien usé que lui.

Il est à souhaiter que la dernière postérité apprenne qu'un des moins grands souverains de l'Europe a été celui qui a fait le plus de bien à son peuple. Il trouva la Lorraine désolée et déserte : il la repeupla, il l'enrichit. Il l'a conservée toujours en paix, pendant que le reste de l'Europe a été ravagé par la guerre. Il a eu la prudence d'être toujours bien avec la France, et d'être aimé dans l'empire; tenant heureusement ce juste milieu qu'un prince sans pouvoir n'a presque jamais pu garder entre deux grandes puissances. Il a procuré à ses peuples l'abondance qu'ils ne connaissaient plus. Sa noblesse, réduite à la dernière misère, a été mise dans l'opulence par ses seuls bienfaits. Voyait-il la maison d'un gentilhomme en ruine, il la fesait rebâtir à ses dépens : il payait leurs dettes; il mariait leurs filles; il prodiguait des présents, avec cet art de donner, qui est encore au-dessus des bienfaits : il mettait dans ses dons la magnificence d'un prince et la politesse d'un ami. Les arts, en honneur dans sa petite province, produisaient une circulation nouvelle qui fait la richesse des états. Sa cour était formée sur le modèle de celle de France. On ne croyait presque pas avoir changé de lieu quand on passait de Versailles à Lunéville. A l'exemple de Louis XIV, il fesait fleurir les belles-lettres. Il a établi dans Lunéville une espèce d'université sans pédantisme, où la jeune noblesse d'Allemagne venait se former. On y apprenait de véritables sciences dans des écoles où la physique était démontrée aux yeux par des machines admirables. Il a cherché les talents jusque dans les boutiques et dans les forêts, pour les mettre au jour et les encourager. Enfin, pendant tout son règne, il ne s'est occupé que du soin de procurer à sa nation de la tranquillité, des richesses, des connaissances, et des plaisirs. « Je quitterais demain ma souveraineté, « disait-il, si je ne pouvais faire du bien. » Aussi a-t-il goûté le bonheur d'être aimé; et j'ai vu, long-temps après sa mort, ses sujets verser des larmes en prononçant son nom. Il a laissé, en mourant, son exemple à suivre aux plus grands rois, et il n'a pas peu servi à préparer à son fils [1] le chemin du trône de l'empire.

Dans le temps que Louis XIV ménageait la paix de Rysvick, qui devait lui valoir la succession d'Espagne, la couronne de Pologne vint à vaquer. C'était la seule couronne royale au monde qui fût alors élective : citoyens et étrangers y peuvent prétendre. Il faut, pour y parvenir, ou un mérite assez éclatant et assez soutenu par les intrigues pour entraîner les suffrages, comme il était arrivé à Jean Sobieski, dernier roi ; ou bien des trésors assez grands pour acheter ce royaume, qui est presque toujours à l'enchère.

L'abbé de Polignac, depuis cardinal, eut d'abord l'habileté de disposer les suffrages en faveur de ce prince de Conti connu par les actions de valeur qu'il avait faites à Steinkerque et à Nervinde. Il n'avait jamais commandé en chef ; il n'entrait point dans les conseils du roi ; Monsieur le Duc avait autant de réputation que lui à la guerre ; monsieur de Vendôme en avait davantage : cependant sa renommée effaçait alors les autres noms par le grand art de plaire et de se faire valoir, que jamais on ne posséda mieux que lui. Polignac, qui avait celui de persuader, détermina d'abord les esprits en sa faveur. Il balança, avec de l'éloquence et des promesses, l'argent qu'Auguste, électeur de Saxe, prodiguait. Louis-François, prince

---

[1] François Ier, époux de Marie-Thérèse : voyez, tome XXI, le chap. XVII du *Précis du Siècle de Louis XV*. B.

de Conti, fut élu (27 juin 1697) roi par le plus grand parti, et proclamé par le primat du royaume. Auguste fut élu deux heures après par un parti beaucoup moins nombreux : mais il était prince souverain et puissant; il avait des troupes prêtes sur les frontières de Pologne. Le prince de Conti était absent, sans argent, sans troupes, sans pouvoir; il n'avait pour lui que son nom et le cardinal de Polignac. Il fallait, ou que Louis XIV l'empêchât de recevoir l'offre de la couronne, ou qu'il lui donnât de quoi l'emporter sur son rival. Le ministère français passa pour en avoir fait trop en envoyant le prince de Conti, et trop peu en ne lui donnant qu'une faible escadre et quelques lettres-de-change, avec lesquelles il arriva à la rade de Dantzick. On parut se conduire avec cette politique mitigée qui commence les affaires pour les abandonner. Le prince de Conti ne fut pas seulement reçu à Dantzick. Ses lettres-de-change y furent protestées. Les intrigues du pape, celles de l'empereur, l'argent et les troupes de Saxe, assuraient déjà la couronne à son rival. Il revint avec la gloire d'avoir été élu. La France eut la mortification de faire voir qu'elle n'avait pas assez de force pour faire un roi de Pologne.

Cette disgrace du prince de Conti ne troubla point la paix du Nord entre les chrétiens. Le midi de l'Europe fut tranquille bientôt après par la paix de Rysvick. Il ne restait plus de guerre que celle que les Turcs fesaient à l'Allemagne, à la Pologne, à Venise, et à la Russie. Les chrétiens, quoique mal gouvernés et divisés entre eux, avaient dans cette guerre la supériorité. (1ᵉʳ septembre 1697) La bataille de Zenta, où le prince Eugène battit le grand-seigneur en personne, fameuse par la mort d'un grand-vizir, de dix-sept bachas, et de plus de vingt mille Turcs, abaissa l'orgueil ottoman, et procura la paix de Carlovitz (1699), où les Turcs reçurent la loi. Les Vénitiens eurent la Morée; les Moscovites, Azof; les Polonais, Kaminieck; l'empereur, la Transylvanie. La chrétienté fut alors tranquille et heureuse; on n'entendait parler de guerre ni en Asie ni en Afrique. Toute la terre était en paix vers les deux dernières années du dix-septième siècle, époque d'une trop courte durée.

Les malheurs publics recommencèrent bientôt. Le Nord fut troublé, dès l'an 1700, par les deux hommes les plus singuliers qui fussent sur la terre. L'un était le czar Pierre Alexiovitz, empereur de Russie, et l'autre le jeune Charles XII, roi de Suède. Le czar Pierre, supérieur à son siècle et à sa nation, a été, par son génie et par ses travaux, le réformateur ou plutôt le fondateur de son empire. Charles XII, plus courageux, mais moins utile à ses sujets, fait pour commander à des soldats et non à des peuples, a été le premier des héros de son temps; mais il est mort avec la réputation d'un roi imprudent. La désolation du Nord, dans une guerre de dix-huit années, a dû son origine à la politique ambitieuse du czar, du roi de Danemark, et du roi de Pologne, qui voulurent profiter de la jeunesse de Charles XII pour lui ravir une partie de ses états. (1700) Le roi Charles, à l'âge de seize ans [1], les vainquit tous trois. Il fut la terreur du Nord, et passa déjà pour un grand homme dans un âge où les autres hommes n'ont pas reçu encore toute leur éducation. Il fut neuf ans le roi le plus redoutable qui fût au monde, et neuf autres années le plus malheureux.

Les troubles du midi de l'Europe ont eu une autre origine. Il s'agissait de recueillir les dépouilles du roi d'Espagne, dont la mort s'approchait. Les puissances qui dévoraient déjà en idée cette succession immense, fesaient ce que nous voyons souvent dans la maladie d'un riche vieillard sans enfants. Sa femme, ses parents, des prêtres, des officiers préposés pour recevoir les dernières volontés des mourants, l'assiégent de tous côtés pour arracher de lui un mot favorable : quelques héritiers consentent à partager ses dépouilles; d'autres s'apprêtent à les disputer.

Louis XIV et l'empereur Léopold étaient au même degré : tous deux descendaient de Philippe III par les femmes ; mais Louis était fils de l'aînée. Le dauphin avait un plus grand avantage encore sur les enfants de l'empereur, c'est qu'il était petit-fils de Philippe IV, et les enfants de Léopold n'en descendaient pas. Tous les droits de la nature étaient donc dans la maison de France. On n'a qu'à jeter un coup d'œil sur la table suivante.

[1] Il avait dix-huit ans, comme Voltaire le dit tome XXIV, page 64, dans son *Histoire de Charles XII*. B.

Branche française.	ROIS D'ESPAGNE.	Branche allemande.

PHILIPPE III.

ANNE-MARIE, l'aînée, femme de LOUIS XIII, en 1615.	PHILIPPE IV.	MARIE-ANNE, la cadette, épouse de FERDINAND III, empereur, en 1631.
LOUIS XIV épouse, en 1660, MARIE-THÉRÈSE, fille aînée de PHILIPPE IV.	CHARLES II.	LÉOPOLD, fils de FERDINAND III et de MARIE-ANNE, épouse, en 1666, MARGUERITE-THÉRÈSE, fille cadette de PHILIPPE IV, dont il eut,
MONSEIGNEUR.		MARIE-ANTOINETTE-JOSÈPHE, mariée à l'électeur de Bavière MAXIMILIEN-EMMANUEL, qui eut d'elle,
Le duc de Bourgogne. Le duc d'Anjou, roi d'Espagne. Le duc de Berri.		JOSEPH-FERDINAND-LÉOPOLD DE BAVIÈRE, nommé héritier de toute la monarchie espagnole, à l'âge de quatre ans.

Mais la maison de l'empereur comptait pour ses droits, premièrement les renonciations authentiques et ratifiées de Louis XIII et de Louis XIV à la couronne d'Espagne, ensuite le nom d'Autriche; le sang de Maximilien, dont Léopold et Charles II descendaient; l'union presque toujours constante des deux branches autrichiennes; la haine encore plus constante de ces deux branches contre les Bourbons; l'aversion que la nation espagnole avait alors pour la nation française; enfin, les ressorts d'une politique en possession de gouverner le conseil d'Espagne.

Rien ne paraissait plus naturel alors que de perpétuer le trône d'Espagne dans la maison d'Autriche. L'Europe entière s'y attendait avant la paix de Rysvick; mais la faiblesse de Charles II avait dérangé dès l'année 1696 cet ordre de succession; et le nom autrichien avait déjà été sacrifié en secret. Le roi d'Espagne avait un petit-neveu, fils de l'électeur de Bavière Maximilien-Emmanuel [1]. La mère du roi, qui vivait encore, était bisaïeule de ce jeune prince de Bavière, âgé alors de quatre ans; et quoique cette reine-mère fût de la maison d'Autriche, étant fille de l'empereur Ferdinand III, elle obtint de son fils que la race impériale fût déshéritée. Elle était piquée contre la cour de Vienne. Elle jeta les yeux sur ce prince bavarois sortant du berceau pour le destiner à la monarchie d'Espagne et du Nouveau-Monde. Charles II,

---

[1] Voltaire l'appelle *Maximilien-Marie*, tome XXIII, pages 28-29; et *Marie-Emmanuel*, tome XXIII, page 644. L'*Art de vérifier les dates* dit *Maximilien-Emmanuel*. B.

alors gouverné par elle[a], fit un testament secret en faveur du prince électoral de Bavière, en 1696. Charles, ayant depuis perdu sa mère, fut gouverné par sa femme, Marie-Anne de Bavière-Neubourg. Cette princesse bavaroise, belle-sœur de l'empereur Léopold, était aussi attachée à la maison d'Autriche que la reine-mère autrichienne avait été affectionnée au sang de Bavière. Ainsi le cours naturel des choses fut toujours interverti dans cette affaire, où il s'agissait de la plus vaste monarchie du monde. Marie-Anne de Bavière fit déchirer le testament qui appelait le jeune Bavarois à la succession, et le roi promit à sa femme qu'il n'aurait jamais d'autre héritier qu'un fils de l'empereur Léopold, et qu'il ne ruinerait pas la maison d'Autriche. Les choses étaient en ces termes à la paix de Rysvick. Les maisons de France et d'Autriche se craignaient et s'observaient, et elles avaient l'Europe à craindre. L'Angleterre, et la Hollande alors puissante, dont l'intérêt était de tenir la balance entre les souverains, ne voulaient point souffrir que la même tête pût porter avec la couronne d'Espagne celle de l'empire, ou celle de France.

Ce qu'il y eut de plus étrange, c'est que le roi de Portugal, Pierre II, se mit au rang des prétendants. Cela était absurde; il ne pouvait tirer son droit que d'un Jean Ier, fils naturel de Pierre-le-Justicier, au quinzième siècle; mais cette prétention chimérique était soutenue par le comte d'Oropesa de la maison de Bragance; il était membre du conseil. Il osa en parler; il fut disgracié et renvoyé.

[a] Voyez les *Mémoires de Torci*, tome Ier, page 52.

Louis XIV ne pouvait souffrir qu'un fils de l'empereur recueillît la succession, et il ne pouvait la demander. On ne sait pas positivement quel homme imagina le premier de faire un partage prématuré et inouï de la monarchie espagnole pendant la vie de Charles II. Il est très vraisemblable que ce fut le ministre Torci; car ce fut lui qui en fit l'ouverture au comte de Portland Bentinck, ambassadeur de Guillaume III auprès de Louis XIV[a].

(Octobre 1698) Le roi Guillaume entra vivement dans ce projet nouveau. Il disposa dans La Haye, avec le comte de Tallard, de la succession d'Espagne. On donnait au jeune prince de Bavière l'Espagne et les Indes occidentales, sans savoir que Charles II lui avait déjà légué auparavant tous ses états. Le dauphin, fils de Louis XIV, devait posséder Naples, Sicile, et la province de Guipuscoa, avec quelques villes. On ne laissait à l'archiduc Charles, second fils de l'empereur Léopold, que le Milanais, et rien à l'archiduc Joseph, fils aîné de Léopold, héritier de l'empire.

Le sort d'une partie de l'Europe et de la moitié de l'Amérique ainsi réglé, Louis promit, par ce traité de partage, de renoncer à la succession entière de l'Espagne. Le dauphin promit et signa la même chose. La France croyait gagner des états; l'Angleterre et la Hollande croyaient affermir le repos d'une partie de l'Europe; toute cette politique fut vaine. Le roi mori-

---

[a] L'auteur du *Siècle de Louis XIV* avait écrit la plupart de ces particularités, alors aussi nouvelles qu'intéressantes, long-temps avant que les *Mémoires* du marquis de Torci parussent; et ces *Mémoires* ont enfin confirmé tous les faits rapportés dans cette histoire.—Voyez ma note, page 504. B.

bond, apprenant qu'on déchirait sa monarchie de son vivant, fut indigné. On s'attendait qu'à cette nouvelle il déclarerait pour son successeur ou l'empereur Léopold, ou un fils de cet empereur; qu'il lui donnerait cette récompense, de n'avoir point trempé dans ce partage; que la grandeur et l'intérêt de la maison d'Autriche lui dicteraient un testament. Il en fit un en effet; mais il déclara pour la seconde fois ce même prince de Bavière unique héritier de tous ses états (novembre 1698): La nation espagnole, qui ne craignait rien tant que le démembrement de sa monarchie, applaudissait à cette disposition. La paix semblait devoir en être le fruit. Cette espérance fut encore aussi vaine que le traité de partage. Le prince de Bavière [1], désigné roi, mourut à Bruxelles [a] (6 février 1699).

On accusa injustement de cette mort précipitée la maison d'Autriche, sur cette seule vraisemblance que ceux-là commettent le crime à qui le crime est utile. Alors recommencèrent les intrigues à la cour de Ma-

---

[1] Joseph-Ferdinand Léopold, destiné à la couronne d'Espagne, était né le 27 octobre 1692. B.

[a] Les bruits odieux répandus sur la mort du prince électoral de Bavière ne sont plus répétés aujourd'hui que par de vils écrivains sans aveu, sans pudeur, et sans connaissance du monde, qui travaillent pour des libraires, et qui se donnent pour des politiques. On trouve dans les prétendus *Mémoires de madame de Maintenon*, tome V, page 6, ces paroles: « La cour « de Vienne, de tout temps infectée des maximes de Machiavel, et soup- « çonnée de réparer par ses empoisonneurs les fautes de ses ministres. » Il semble, par cette phrase, que la cour de Vienne eût de tout temps des empoisonneurs en titre d'office, comme on a des huissiers et des drabans. C'est un devoir de relever des expressions si indécentes, et de combattre des idées si calomnieuses.

drid, à Vienne, à Versailles, à Londres, à La Haye, et à Rome.

Louis XIV, le roi Guillaume, et les États-Généraux, disposèrent encore une fois en idée de la monarchie espagnole. (Mars 1700) Ils assignaient à l'archiduc Charles, fils puîné de l'empereur, la part qu'ils avaient auparavant donnée à l'enfant qui venait de mourir. Le fils de Louis XIV devait posséder Naples et Sicile, et tout ce qu'on lui avait assigné par la première convention.

On donnait Milan au duc de Lorraine ; et la Lorraine, si souvent envahie, et si souvent rendue par la France, devait y être annexée pour jamais. Ce traité, qui mit en mouvement la politique de tous les princes pour le traverser ou pour le soutenir, fut tout aussi inutile que le premier. L'Europe fut encore trompée dans son attente, comme il arrive presque toujours.

L'empereur, à qui on proposait ce traité de partage à signer, n'en voulait point, parcequ'il espérait avoir toute la succession. Le roi de France, qui en avait pressé la signature, attendait les événements avec incertitude. Quand ce nouvel affront fut connu à la cour de Madrid, le roi fut sur le point de succomber à sa douleur ; et la reine, sa femme, fut transportée d'une si vive colère qu'elle brisa les meubles de son appartement, et surtout les glaces et les autres ornements qui venaient de France ; tant les passions sont les mêmes dans tous les rangs ! Ces partages imaginaires, ces intrigues, ces querelles, tout cela n'était qu'un intérêt personnel. La nation espagnole était comptée pour rien. On ne la consultait pas, on ne lui demandait pas quel roi elle voulait. On proposa d'assembler *las cortes*, les états-généraux; mais Charles frémissait à ce seul nom.

Alors ce malheureux prince, qui se voyait mourir à la fleur de son âge, voulut donner tous ses états à l'archiduc Charles, neveu de sa femme, second fils de l'empereur Léopold. Il n'osait les laisser au fils aîné, tant le système de l'équilibre prévalait dans les esprits, et tant il était sûr que la crainte de voir l'Espagne, le Mexique, le Pérou, de grands établissements dans l'Inde, l'Empire, la Hongrie, la Bohème, la Lombardie, dans les mêmes mains, armerait le reste de l'Europe! Il demandait que l'empereur Léopold envoyât son second fils Charles à Madrid, à la tête de dix mille hommes; mais ni la France, ni l'Angleterre, ni la Hollande, ni l'Italie, ne l'auraient alors souffert : toutes voulaient le partage. L'empereur ne voulait point envoyer son fils seul à la merci du conseil d'Espagne, et ne pouvait y faire passer dix mille hommes. Il voulait seulement faire marcher des troupes en Italie, pour s'assurer cette partie des états de la monarchie autrichienne-espagnole. Il arriva, pour le plus important intérêt entre deux grands rois, ce qui arrive tous les jours entre des particuliers pour des affaires légères. On disputa, on s'aigrit : la fierté allemande révoltait la hauteur castillane. La comtesse de Perlipz[1], qui gouvernait la femme du roi

---

[1] Voltaire dit *Pernits*, dans le chap. xxvi. Saint-Simon écrit *Berlips*; voyez pages 278, 445 du tome II de l'édition de ses *Mémoires* en vingt volumes in-8°. B.

mourant, aliénait les esprits qu'elle eût dû gagner à Madrid; et le conseil de Vienne les éloignait encore davantage par ses hauteurs.

Le jeune archiduc, qui fut depuis l'empereur Charles VI, appelait toujours les Espagnols d'un nom injurieux. Il apprit alors combien les princes doivent peser leurs paroles. Un évêque de Lérida, ambassadeur de Madrid à Vienne, mécontent des Allemands, releva ces discours, les envenima dans ses dépêches, et écrivit lui-même des choses plus injurieuses pour le conseil d'Autriche que l'archiduc n'en avait prononcé contre les Espagnols. « Les ministres de Léo« pold, écrivait-il, ont l'esprit fait comme les cornes « des chèvres de mon pays, petit, dur, et tortu. » Cette lettre devint publique. L'évêque de Lérida fut rappelé; et à son retour à Madrid, il ne fit qu'accroître l'aversion des Espagnols contre les Allemands.

Autant le parti autrichien révoltait la cour de Madrid, autant le marquis depuis duc d'Harcourt, ambassadeur de France, se conciliait tous les cœurs par la profusion de sa magnificence, par sa dextérité, et par le grand art de plaire. Reçu d'abord fort mal à la cour de Madrid, il souffrit tous les dégoûts sans se plaindre; trois mois entiers s'écoulèrent sans qu'il pût avoir audience du roi[a]. Il employa ce temps à

---

[a] Reboulet suppose que cet ambassadeur fut reçu d'abord magnifiquement. Il fait un grand éloge de sa livrée, de son beau carrosse doré, et de l'accueil tout-à-fait gracieux de sa majesté. Mais le marquis, dans ses dépêches, avoue qu'on ne lui fit nulle civilité, et qu'il ne vit le roi qu'un moment dans une chambre très sombre, éclairée de deux bougies, de peur qu'il ne s'aperçût que ce prince était moribond. Enfin, les *Mémoires* de Torci démontrent qu'il n'y a pas un mot de vrai dans tout ce que Reboulet, Limiers, et les autres historiens, ont dit de cette grande affaire.

gagner les esprits. Ce fut lui qui le premier fit changer en bienveillance cette antipathie que la nation espagnole nourrissait contre la française depuis Ferdinand-le-Catholique; et sa prudence prépara les temps où la France et l'Espagne ont renoué les anciens nœuds qui les avaient unies avant ce Ferdinand, *de couronne à couronne, de peuple à peuple, et d'homme à homme.* Il accoutuma la cour espagnole à aimer la maison de France; ses ministres, à ne plus s'effrayer des renonciations de Marie-Thérèse et d'Anne d'Autriche; et Charles II lui-même, à balancer entre sa propre maison et celle de Bourbon. Il fut ainsi le premier mobile de la plus grande révolution dans le gouvernement et dans les esprits. Cependant ce changement était encore éloigné[1].

L'empereur priait, menaçait. Le roi de France représentait ses droits, mais sans oser jamais demander pour un de ses petits-fils la succession entière. Il ne s'occupait qu'à flatter le malade. Les Maures assiégeaient Ceuta. Aussitôt le marquis d'Harcourt offre des vaisseaux et des troupes à Charles, qui en fut sensiblement touché; mais la reine, sa femme, en fut effrayée; elle craignit que son mari n'eût trop de reconnaissance, et refusa sèchement ce secours.

[1] Il y avait toujours un parti français à la cour d'Espagne. Les chefs de ce parti imaginèrent de faire accroire au roi qu'il était ensorcelé, et l'on envoya consulter, en conséquence, le plus habile sorcier qu'il y eût alors dans toute l'Espagne. Le sorcier répondit comme on le desirait, mais il eut la maladresse de compromettre dans sa réponse des personnes très considérables; ce qui fournit à la reine, contre qui cette intrigue était dirigée, et qui n'osait s'en plaindre, un prétexte pour perdre le sorcier et ses protecteurs. (*Mémoires de Saint-Philippe*). K.

On ne savait encore quel parti prendre dans le conseil de Madrid, et Charles II approchait du tombeau, plus incertain que jamais. L'empereur Léopold piqué rappela son ambassadeur, le comte de Harrach ; mais bientôt après il le renvoya à Madrid, et les espérances en faveur de la maison d'Autriche se rétablirent. Le roi d'Espagne écrivit à l'empereur qu'il choisirait l'archiduc pour son successeur. Alors le roi de France, menaçant à son tour, assembla une armée vers les frontières d'Espagne ; et ce même marquis d'Harcourt fut rappelé de son ambassade pour commander cette armée. Il ne resta à Madrid qu'un officier d'infanterie qui avait servi de secrétaire d'ambassade, et qui fut chargé des affaires, comme le dit le marquis de Torci. Ainsi le roi moribond, menacé tour-à-tour par ceux qui prétendaient à sa succession, voyant que le jour de sa mort serait celui de la guerre, que ses états allaient être déchirés, tendait à sa fin sans consolation, sans résolution, et au milieu des inquiétudes.

Dans cette crise violente, le cardinal Portocarrero, archevêque de Tolède, le comte de Monterey, et d'autres grands d'Espagne, voulurent sauver la patrie. Ils se réunirent pour prévenir le démembrement de la monarchie. Leur haine contre le gouvernement allemand fortifia dans leurs esprits la raison d'état, et servit la cour de France sans qu'elle le sût. Ils persuadèrent à Charles II de préférer un petit-fils de Louis XIV à un prince éloigné d'eux, hors d'état de les défendre. Ce n'était point anéantir les renonciations solennelles de la mère et de la femme de Louis XIV à la couronne d'Espagne, puisqu'elles n'avaient été faites que pour empêcher les aînés de leurs descendants de réunir sous leur domination les deux royaumes, et qu'on ne choisissait point un aîné. C'était en même temps rendre justice aux droits du sang; c'était conserver la monarchie espagnole sans partage. Le roi scrupuleux fit consulter des théologiens, qui furent de l'avis de son conseil; ensuite, tout malade qu'il était, il écrivit de sa main au pape Innocent XII, et lui fit la même consultation. Le pape, qui croyait voir dans l'affaiblissement de la maison d'Autriche la liberté de l'Italie, écrivit au roi « que les lois d'Es-« pagne et le bien de la chrétienté exigeaient de lui « qu'il donnât la préférence à la maison de France. » La lettre du pape était du 16 juillet 1700. Il traita ce cas de conscience d'un souverain comme une affaire d'état, tandis que le roi d'Espagne fesait de cette grande affaire d'état un cas de conscience.

Louis XIV en fut informé par le cardinal de Janson, qui résidait alors à Rome : c'est toute la part que le cabinet de Versailles eut à cet événement. Six mois s'étaient écoulés depuis qu'on n'avait plus d'ambassadeur à Madrid. C'était peut-être une faute, et ce fut peut-être encore cette faute qui valut la monarchie espagnole à la maison de France. (2 octobre 1700) Le roi d'Espagne fit son troisième testament, qu'on crut long-temps être le seul, et donna tous ses états au duc d'Anjou[a]. On saisit un moment où sa femme n'était

---

[a] Quelques mémoires disent que le cardinal Portocarrero arracha du roi mourant la signature de ce testament; ils lui font tenir un long discours pour

pas auprès de lui pour le faire signer. C'est ainsi que toute cette intrigue fut terminée.

L'Europe a pensé que ce testament de Charles II avait été dicté à Versailles. Le roi mourant n'avait consulté que l'intérêt de son royaume, les vœux de ses sujets, et même leurs craintes; car le roi de France fesait avancer des troupes sur la frontière pour s'assurer une partie de l'héritage, tandis que le roi moribond se résolvait à lui tout donner. Rien n'est plus vrai que la réputation de Louis XIV, et l'idée de sa puissance, furent les seuls négociateurs qui consommèrent cette révolution.

Charles d'Autriche, après avoir signé la ruine de sa maison et la grandeur de celle de France, languit encore un mois, et acheva enfin, à l'âge de trente-neuf ans (1er novembre 1700), la vie obscure qu'il avait menée sur le trône. Peut-être n'est-il pas inutile, pour faire connaître l'esprit humain, de dire que, quelques mois avant sa mort, ce monarque fit ouvrir à l'Escurial les tombeaux de son père, de sa mère, et de sa première femme, Marie-Louise d'Orléans, dont il était soupçonné d'avoir souffert l'empoisonnement[a]. Il baisa ce qui restait de ces cadavres, soit qu'en cela il suivît l'exemple de quelques anciens rois d'Espagne, soit qu'il voulût s'accoutumer aux horreurs de la mort, soit qu'une secrète superstition lui fît croire que l'ou-

---

y disposer ce monarque : mais on voit que tout était déjà préparé et réglé dès le mois de juillet. Qui pourrait d'ailleurs savoir ce que dit le cardinal Porto-carrero au roi tête à tête?

[a] Voyez, dans le volume suivant, le chapitre (XXVII) des *Anecdotes*.

verture de ces tombes retarderait l'heure où il devait être porté dans la sienne.

Ce prince était né aussi faible d'esprit que de corps ; et cette faiblesse s'était répandue sur ses états. C'est le sort des monarchies que leur prospérité dépende du caractère d'un seul homme. Telle était la profonde ignorance dans laquelle Charles II avait été élevé, que, quand les Français assiégèrent Mons, il crut que cette place appartenait au roi d'Angleterre. Il ne savait ni où était la Flandre, ni ce qui lui appartenait en Flandre[a]. Ce roi laissa au duc d'Anjou, petit-fils de Louis XIV, tous ses états, sans connaître ce qu'il lui laissait.

Son testament fut si secret que le comte de Harrach, ambassadeur de l'empereur, se flattait encore que l'archiduc était reconnu successeur. Il attendit long-temps l'issue du grand conseil, qui se tint immédiatement après la mort du roi. Le duc d'Abrantès vint à lui les bras ouverts : l'ambassadeur ne douta plus dans ce moment que l'archiduc ne fût roi, quand le duc d'Abrantès lui dit en l'embrassant : *Vengo a despedirme de la casa de Austria.* « Je viens prendre « congé de la maison d'Autriche. »

Ainsi, après deux cents ans de guerres et de négociations pour quelques frontières des états espagnols, la maison de France eut, d'un trait de plume, la monarchie entière, sans traités, sans intrigues, et sans même avoir eu l'espérance de cette succession. On s'est cru obligé de faire connaître la simple vérité

---

[a] Voyez les *Mémoires* de Torci, tome 1ᵉʳ, page 12.

d'un fait jusqu'à présent obscurci par tant de ministres et d'historiens séduits par leurs préjugés et par les apparences qui séduisent presque toujours. Tout ce qu'on a débité dans tant de volumes, d'argent répandu par le maréchal d'Harcourt, et des ministres espagnols gagnés pour faire signer ce testament, est au rang des mensonges politiques et des erreurs populaires. Mais le roi d'Espagne, en choisissant pour son héritier le petit-fils d'un roi si long-temps son ennemi, pensait toujours aux suites que l'idée d'un équilibre général devait entraîner. Le duc d'Anjou, petit-fils de Louis XIV, n'était appelé à la succession d'Espagne que parcequ'il ne devait pas espérer celle de France; et le même testament qui, au défaut des puînés du sang de Louis XIV, rappelait l'archiduc Charles, depuis l'empereur Charles VI, portait expressément que l'empire et l'Espagne ne seraient jamais réunis sous un même souverain.

Louis XIV pouvait s'en tenir encore au traité de partage, qui était un gain pour la France. Il pouvait accepter le testament, qui était un avantage pour sa maison. Il est certain que la matière fut mise en délibération dans un conseil extraordinaire. Le chancelier de Ponchartrain et le duc de Beauvilliers furent d'avis de s'en tenir au traité; ils voyaient les dangers d'une nouvelle guerre à soutenir[1]. Louis les voyait

[1] A ne considérer que la justice, cette question était délicate. Le traité de partage liait Louis XIV; mais il n'avait aucun droit de priver son petit-fils d'une succession qui était indépendante de son autorité. Il avait encore moins celui de donner à l'Espagne un autre maître que celui qui était appelé au trône par la règle ordinaire des successions, par le testament de Charles II et le consentement des peuples. Le traité fait avec l'Angleterre

aussi; mais il était accoutumé à ne les pas craindre. Il accepta le testament (11 novembre 1700); et rencontrant, au sortir du conseil, les princesses de Conti avec Madame la duchesse : « Eh bien, leur dit-il en « souriant, quel parti prendriez-vous ? » Puis sans attendre leur réponse : « Quelque parti que je prenne, « ajouta-t-il, je sais bien que je serai blâmé[a]. »

Les actions des rois, tout flattés qu'ils sont, éprouvent toujours tant de critiques, que le roi d'Angleterre lui-même essuya des reproches dans son parlement; et ses ministres furent poursuivis pour avoir fait le traité de partage. Les Anglais, qui raisonnent mieux qu'aucun peuple, mais en qui la fureur de l'esprit de parti éteint quelquefois la raison, criaient à-la-fois, et contre Guillaume qui avait fait le traité, et contre Louis XIV qui le rompait.

paraît donc injuste ; et ce n'est pas de l'avoir violé, mais de l'avoir proposé, qu'on peut faire un reproche à Louis XIV. Devait-il regarder comme absolument nul cet engagement injuste, ou devait-il, en laissant la liberté à son petit-fils d'accepter ou de refuser, se croire obligé à ne lui point donner de secours contre les puissances avec lesquelles il avait pris des engagements ? La guerre qu'elles feraient au nouveau roi d'Espagne n'était-elle point évidemment injuste ? Et l'engagement de ne pas défendre son petit-fils, injustement attaqué, aurait-il pu être légitime ? K.

[a] Malgré le mépris où sont en France les prétendus *Mémoires de madame de Maintenon*, on est pourtant obligé d'avertir les étrangers que tout ce qu'on y dit au sujet de ce testament est faux. L'auteur prétend que lorsque l'ambassadeur d'Espagne vint apporter à Louis XIV les dernières volontés de Charles II, le roi lui répondit : *Je verrai*. Certainement le roi ne fit point une réponse si étrange, puisque, de l'aveu du marquis de Torci, l'ambassadeur d'Espagne n'eut audience de Louis XIV qu'après le conseil dans lequel le testament fut accepté.

Le ministre qu'on avait alors en Espagne s'appelait *Blécour*, et non pas *Belcour*. Ce que le roi dit à l'ambassadeur Castel dos Rios, dans les *Mémoires de Maintenon*, n'a jamais été dit que dans ce roman.

L'Europe parut d'abord dans l'engourdissement de la surprise et de l'impuissance, quand elle vit la monarchie d'Espagne soumise à la France, dont elle avait été trois cents ans la rivale. Louis XIV semblait le monarque le plus heureux et le plus puissant de la terre. Il se voyait à soixante et deux ans entouré d'une nombreuse postérité; un de ses petit-fils allait gouverner, sous ses ordres, l'Espagne, l'Amérique, la moitié de l'Italie, et les Pays-Bas. L'empereur n'osait encore que se plaindre.

Le roi Guillaume, à l'âge de cinquante-deux ans [1], devenu infirme et faible, ne paraissait plus un ennemi dangereux. Il lui fallait le consentement de son parlement pour faire la guerre; et Louis avait fait passer de l'argent en Angleterre, avec lequel il espérait disposer de plusieurs voix de ce parlement. Guillaume et la Hollande, n'étant pas assez forts pour se déclarer, écrivirent à Philippe V, comme au roi légitime d'Espagne (février 1701). Louis XIV était assuré de l'électeur de Bavière, père du jeune prince qui était mort désigné roi. Cet électeur, gouverneur des Pays-Bas au nom du dernier roi Charles II, assurait tout d'un coup à Philippe V la possession de la Flandre, et ouvrait dans son électorat le chemin de Vienne aux armées françaises, en cas que l'empereur osât faire la guerre. L'électeur de Cologne, frère de l'électeur de Bavière, était aussi intimement lié à la France que son frère; et ces deux princes semblaient avoir raison, le

[1] Guillaume III, né, suivant les uns, le 14 octobre 1650, suivant les autres, le 13 novembre, est mort le 16 mars 1702, avant d'avoir atteint sa cinquante-deuxième année. Il était dans la cinquante et unième au commencement de 1701. B.

parti de la maison de Bourbon étant alors incomparablement le plus fort. Le duc de Savoie, déjà beau-père du duc de Bourgogne, allait l'être encore du roi d'Espagne; il devait commander les armées françaises en Italie. On ne s'attendait pas que le père de la duchesse de Bourgogne et de la reine d'Espagne dût jamais faire la guerre à ses deux gendres.

Le duc de Mantoue, vendu à la France par son ministre, se vendit aussi lui-même, et reçut garnison française dans Mantoue. Le Milanais reconnut le petit-fils de Louis XIV sans balancer. Le Portugal même, ennemi naturel de l'Espagne, s'unit d'abord avec elle. Enfin, de Gibraltar à Anvers, et du Danube à Naples, tout paraissait être aux Bourbons. Le roi était si fier de sa prospérité, qu'en parlant au duc de La Rochefoucauld au sujet des propositions que l'empereur lui fesait alors, il se servit de ces termes : « Vous les « trouverez encore plus insolentes qu'on ne vous l'a « dit[a]. »

(Septembre 1701) Le roi Guillaume, ennemi jusqu'au tombeau de la grandeur de Louis XIV, promit à l'empereur d'armer pour lui l'Angleterre et la Hollande : il mit encore le Danemark dans ses intérêts; enfin il signa à La Haye la ligue déjà tramée contre la maison de France. Mais le roi s'en étonna peu ; et comptant sur les divisions que son argent devait jeter dans le parlement anglais, et plus encore sur les forces réunies de la France et de l'Espagne, il sembla mépriser ses ennemis.

[a] Du moins c'est ce que rapportent les *Mémoires* manuscrits *du marquis de Dangeau*. Ils sont quelquefois infidèles.

Jacques mourut alors à Saint-Germain. (16 septembre 1701) Louis pouvait accorder ce qui paraissait être de la bienséance et de la politique, en ne se hâtant pas de reconnaître le prince de Galles pour roi d'Angleterre, d'Écosse, et d'Irlande, après avoir reconnu Guillaume par le traité de Rysvick. Un pur sentiment de générosité le porta d'abord à donner au fils du roi Jacques la consolation d'un honneur et d'un titre que son malheureux père avait eus jusqu'à sa mort, et que ce traité de Rysvick ne lui ôtait pas. Toutes les têtes du conseil furent d'une opinion contraire. Le duc de Beauvilliers surtout fit voir, avec une éloquence forte, tous les fléaux de la guerre qui devaient être le fruit de cette magnanimité dangereuse. Il était gouverneur du duc de Bourgogne, et pensait en tout comme le précepteur de ce prince, le célèbre archevêque de Cambrai, si connu par ses maximes humaines de gouvernement, et par la préférence qu'il donnait aux intérêts des peuples sur la grandeur des rois. Le marquis de Torci appuya, par des principes de politique, ce que le duc de Beauvilliers avait dit comme citoyen. Il représenta qu'il ne convenait pas d'irriter la nation anglaise par une démarche précipitée. Louis se rendit à l'avis unanime de son conseil; et il fut résolu de ne point reconnaître le fils de Jacques II pour roi.

[1] Le jour même, Marie de Modène[2], veuve de Jac-

---

[1] Cet alinéa fut ajouté dans l'édition de 1752. Des changements et additions furent aussi faits à ce qui précède et à ce qui suit. B.

[2] Il paraît, d'après les notes des *Mémoires de Berwick*, que Louis XIV avait pris sa résolution avant la mort de Jacques, et qu'ainsi le conseil, dont

ques, vient parler à Louis XIV dans l'appartement de madame de Maintenon. Elle le conjure en larmes de ne point faire à son fils, à elle, à la mémoire d'un roi qu'il a protégé, l'outrage de refuser un simple titre, seul reste de tant de grandeurs : on a toujours rendu à son fils les honneurs d'un prince de Galles ; on le doit donc traiter en roi après la mort de son père : le roi Guillaume ne peut s'en plaindre, pourvu qu'on le laisse jouir de son usurpation. Elle fortifie ces raisons par l'intérêt de la gloire de Louis XIV. Qu'il reconnaisse ou non le fils de Jacques II, les Anglais ne prendront pas moins parti contre la France, et il aura seulement la douleur d'avoir sacrifié la grandeur de ses sentiments à des ménagements inutiles. Ces représentations et ces larmes furent appuyées par madame de Maintenon. Le roi revint à son premier sentiment, et à la gloire de soutenir autant qu'il pouvait des rois opprimés. Enfin Jacques III fut reconnu le même jour qu'il avait été arrêté dans le conseil qu'on ne le reconnaîtrait pas.

Le marquis de Torci a fait souvent l'aveu de cette anecdote singulière. Il ne l'a pas insérée dans ses mémoires manuscrits, parcequ'il pensait, disait-il, qu'il n'était pas honorable à son maître que deux femmes lui eussent fait changer une résolution prise dans son conseil. Quelques Anglais[a] m'ont dit que, peut-être,

on a parlé ici, fut tenu avant la troisième visite de Louis XIV à ce prince, celle où il déclara au malheureux Jacques qu'il reconnaîtrait son fils pour roi d'Angleterre. K.

[a] Entre autres, milord Bolingbroke, dont les *Mémoires* ont depuis justifié ce que l'auteur du *Siècle* avance. Voyez ses *Lettres*, tome II, page 56. C'est ainsi que pense encore M. de Torci dans ses *Mémoires*. Il dit, page 164 du

sans cette démarche, leur parlement n'eût point pris de parti entre les maisons de Bourbon et d'Autriche; mais que reconnaître ainsi pour leur roi un prince proscrit par eux, leur parut une injure à la nation, et un despotisme qu'on voulait exercer dans l'Europe. Les instructions données par la ville de Londres à ses représentants furent violentes.

« Le roi de France se donne un vice-roi en confé-
« rant le titre de notre souverain à un prétendu prince
« de Galles. Notre condition serait bien malheureuse,
« si nous devions être gouvernés au gré d'un prince
« qui a employé le fer, le feu, et les galères, pour dé-
« truire les protestants de ses états : aurait-il plus
« d'humanité pour nous que pour ses propres su-
« jets ? »

Guillaume s'expliqua dans le parlement avec la même force. On déclara le nouveau roi Jacques coupable de haute trahison : un bill d'*attainder* fut porté contre lui, c'est-à-dire qu'il fut condamné à mort comme son grand-père; et c'est en vertu de ce bill qu'on mit depuis sa tête à prix. Tel était le sort de cette famille infortunée, dont les malheurs n'étaient pas encore épuisés[1]. Il faut avouer que c'était opposer de la barbarie à la générosité du roi de France.

---

tome Ier, première édition: « La résolution que prit le roi, de reconnaître le « prince de Galles en qualité de roi d'Angleterre, changea les dispositions « qu'une grande partie de la nation témoignait à conserver la paix, etc. » Le lord Bolingbroke avoue, dans ses *Lettres*, que Louis XIV reconnut le prétendant *par des importunités de femmes*. On voit, par ces témoignages, avec quelle exactitude l'auteur du *Siècle de Louis XIV* a cherché la vérité, et avec quelle candeur il l'a dite.

[1] Voyez page 476. B.

Il paraît très vraisemblable que l'Angleterre se serait toujours déclarée contre Louis XIV, quand même il eût refusé le vain titre de roi au fils de Jacques II. La monarchie d'Espagne, entre les mains de son petit-fils, semblait devoir armer nécessairement contre lui les puissances maritimes. Quelques membres du parlement gagnés n'auraient pas arrêté le torrent de la nation. C'est un problème à résoudre, si madame de Maintenon ne pensa pas mieux que tout le conseil, et si Louis XIV n'eut pas raison de laisser agir la hauteur et la sensibilité de son ame.

L'empereur Léopold commença d'abord cette guerre en Italie, dès le printemps de l'année 1701. L'Italie a toujours été le pays le plus cher aux intérêts des empereurs. C'était celui où ses armes pouvaient le plus aisément pénétrer par le Tyrol et par l'état de Venise; car Venise, quoique neutre en apparence, penchait plus, cependant, pour la maison d'Autriche que pour celle de France. Obligée d'ailleurs, par des traités, de donner passage aux troupes allemandes, elle accomplissait ces traités sans peine.

L'empereur, pour attaquer Louis XIV du côté de l'Allemagne, attendait que le corps germanique se fût ébranlé en sa faveur. Il avait des intelligences et un parti en Espagne; mais les fruits de ces intelligences ne pouvaient éclore, si l'un des fils de Léopold ne se présentait pour les recueillir; et ce fils de l'empereur ne pouvait s'y rendre qu'à l'aide des flottes d'Angleterre et de Hollande. Le roi Guillaume hâtait les préparatifs. Son esprit, plus agissant que jamais dans un corps sans force et presque sans vie, remuait tout, moins pour servir la maison d'Autriche que pour abaisser Louis XIV.

Il devait, au commencement de 1702, se mettre à la tête des armées. La mort le prévint dans ce dessein. Une chute de cheval acheva de déranger ses organes affaiblis; une petite fièvre l'emporta. Il mourut (16 mars 1702), ne répondant rien à ce que des prêtres anglais, qui étaient auprès de son lit, lui dirent sur leur religion, et ne marquant d'autre inquiétude que celle dont le tourmentaient les affaires de l'Europe.

Il laissa la réputation d'un grand politique, quoiqu'il n'eût point été populaire; et d'un général à craindre, quoiqu'il eût perdu beaucoup de batailles. Toujours mesuré dans sa conduite, et jamais vif que dans un jour de combat, il ne régna paisiblement en Angleterre que parcequ'il ne voulut pas y être absolu. On l'appelait, comme on sait, le stathouder des Anglais et le roi des Hollandais. Il savait toutes les langues de l'Europe, et n'en parlait aucune avec agrément, ayant beaucoup plus de réflexion dans l'esprit que d'imagination. Son caractère était en tout l'opposé de Louis XIV; sombre, retiré, sévère, sec, silencieux autant que Louis était affable. Il haïssait les femmes[a] autant que Louis les aimait. Louis fesait la

---

[a] Voyez, ci-devant, la note de la page 460.

On a fait dire à Guillaume : « Le roi de France ne devrait point me haïr; « je l'imite en beaucoup de choses, je le crains en plusieurs, et je l'admire « en tout. » On cite sur cela les *Mémoires de M. de Dangeau*. Je ne me souviens point d'y avoir vu ces paroles: elles ne sont ni dans le caractère ni dans le style du roi Guillaume. Elles ne se trouvent dans aucun mémoire anglais concernant ce prince, et il n'est pas possible qu'il ait dit qu'il imitait

guerre en roi, et Guillaume en soldat. Il avait combattu contre le grand Condé et contre Luxembourg, laissant la victoire indécise entre Condé et lui à Senef, et réparant en peu de temps ses défaites à Fleurus, à Steinkerque, à Nervinde; aussi fier que Louis XIV, mais de cette fierté triste et mélancolique, qui rebute plus qu'elle n'impose. Si les beaux-arts fleurirent en France par le soin de son roi, ils furent négligés en Angleterre, où l'on ne connut plus qu'une politique dure et inquiète, conforme au génie du prince.

Ceux qui estiment plus le mérite d'avoir défendu sa patrie, et l'avantage d'avoir acquis un royaume sans aucun droit de la nature, de s'y être maintenu sans être aimé, d'avoir gouverné souverainement la Hollande sans la subjuguer, d'avoir été l'ame et le chef de la moitié de l'Europe, d'avoir eu les ressources d'un général et la valeur d'un soldat, de n'avoir jamais persécuté personne pour la religion, d'avoir méprisé toutes les superstitions des hommes, d'avoir été simple et modeste dans ses mœurs; ceux-là, sans doute, donneront le nom de grand à Guillaume plutôt qu'à Louis. Ceux qui sont plus touchés des plaisirs et de l'éclat d'une cour brillante, de la magnificence, de la protection donnée aux arts, du zèle pour le bien public, de la passion pour la gloire, du talent de régner; qui sont plus frappés de cette hauteur avec laquelle des ministres et des généraux ont ajouté des provinces à la France, sur un ordre de leur roi; qui s'étonnent davantage d'avoir vu un seul état ré-

Louis XIV, lui dont les mœurs, les goûts, la conduite dans la guerre et dans la paix, furent en tout l'opposé de ce monarque.

sister à tant de puissances; ceux qui estiment plus un roi de France qui sait donner l'Espagne à son petit-fils, qu'un gendre qui détrône son beau-père; enfin, ceux qui admirent davantage le protecteur que le persécuteur du roi Jacques, ceux-là donneront à Louis XIV la préférence.

FIN DU TOME PREMIER
DU SIÈCLE DE LOUIS XIV.

TABLE

DES MATIÈRES DU PREMIER VOLUME

DU SIÈCLE DE LOUIS XIV.

Préface du nouvel Éditeur, *page* j.

Liste raisonnée des enfants de Louis xiv, des princes de la maison de France de son temps, des souverains contemporains, des maréchaux de France, des ministres, de la plupart des écrivains et des artistes qui ont fleuri dans ce siècle, 1. — Enfants légitimes, ibid. — Enfants naturels et légitimés, 4. — Autres enfants naturels et légitimés, ibid. — Princes et princesses du sang royal, qui vécurent dans le siècle de Louis XIV, 5. — La branche de Condé eut un très grand éclat, 7. — Branche de Conti, 8. — Branche de Bourbon-Soissons, 9.

Souverains contemporains. — Papes, 9. — Maison Ottomane, 11. — Empereurs d'Allemagne, 12. — Rois d'Espagne, ibid. — Rois de Portugal, ibid. — Rois d'Angleterre, d'Écosse, et d'Irlande, dont il est parlé dans le siècle de Louis XIV, 13. — Rois de Danemark, 14. — Rois de Suède, ibid. — Rois de Pologne, 15. — Rois de Prusse, 16. — Czars de Russie, depuis empereurs, ibid. — Gouverneurs de Flandre, 17. — Maréchaux de France, 19. — Grands amiraux de France sous le règne de Louis XIV, 29. — Généraux des galères de France sous le règne de Louis XIV, 32. — Ministre d'état, 33. — Chanceliers, 34. — Surintendants des finances, 36. — Secrétaires d'état et contrôleurs-généraux des finances, 40.

Catalogue alphabétique de la plupart des écrivains français qui ont paru dans le siècle de Louis XIV, pour servir à l'histoire littéraire de ce temps, 47.

Artistes célèbres. — Musiciens, 199. — Peintres, 226. — Sculpteurs, architectes, graveurs, etc., 231.

SIÈCLE DE LOUIS XIV.

Chapitre premier. Introduction, 237.

Chap. II. Des états de l'Europe avant Louis XIV, 244. — De l'Allemagne, 245. — De l'Espagne, 249. — Du Portugal, 250. — Des Provinces-Unies, ibid. — De l'Angleterre, 251. — De Rome, 252. — Du reste de l'Italie, 257. — Des états du Nord, 258. — Des Turcs, 259. — Situation de la France, ibid. — Forces de la France après la mort de Louis XIII, et mœurs du temps, 260.

Chap. III. Minorité de Louis XIV. Victoires des Français sous le grand Condé, alors duc d'Enghien, 269. — Anne d'Autriche ou d'Espagne, régente, ibid. — Bataille de Rocroi, 271. — Bataille de Fribourg, 274. — Mariendal, 275. — Nordlingen, ibid. — Bataille de Lens, 276. - Le dernier duc de Guise à Naples, 278.

Chap. IV. Guerre civile, 279. — Mazarin, premier ministre, ibid. — Potier, évêque de Beauvais, ibid. — Finances, principe de tout, 281. — Le surintendant Émeri, ibid. — Murmures, ibid. — Parlement, 282. — Barricades, 286. — Parlement de Paris, ibid. — Le parlement et l'archevêque de Paris se déclarent contre le roi, 287. — Le parlement de Paris ordonne la guerre civile, 291. — Il lève des troupes, 292. — Guerre de la fronde, ridicule, ibid. — Folies et débauches, 293. — L'archevêque va au parlement armé d'un poignard, 294. — Différences entre les guerres civiles de France et d'Angleterre, ibid. — Factions aussi ridicules que la guerre, 296. — Les princes de Condé et de Conti, et le duc de Longueville, arrêtés, 298.

Chap. V. Suite de la guerre civile jusqu'à la fin de la rébellion, en 1653; 302. — Le grand Condé fait la guerre civile, ibid. — Mazarin rentre dans le royaume, 303. — Il vient avec une armée levée à ses frais, ibid. — Le parlement met sa tête à prix, 304. — Conseillers députés contre l'armée de Mazarin, 305. — Le parlement condamne le prince de Condé, et fait la guerre au roi, ibid. — Turenne reprend le parti de la cour, 306. — Louis XIV fuit dans son royaume, 307. — Condé bat l'armée du roi, et Turenne la sauve, 308. — On marche vers Paris, 309. — Bataille du faubourg Saint-Antoine, 310. — Le parlement se déclare encore contre la cour, 314. — Faiblesse de tous les partis, 315. — Le cardinal encore renvoyé, ibid. — Le roi rentre dans Paris, ibid. — Le cardinal revient, 316.

Chap. VI. État de la France jusqu'à la mort du cardinal Mazarin, en 1661, 318. — Paix de Munster, ibid. — État de la France, 320. — Le prince de Condé à la tête des Espagnols contre la France, 321. — Turenne opposé à Condé, ibid. — Turenne victorieux, ibid. — Mazarin gouverne la France, et Louis de Haro l'Espagne, 322. — Cromwell gouverne l'Angleterre, 323. — Sa conduite, ibid. — Cromwell courtisé par la France et l'Espagne, 324. — Il prend la Jamaïque, 325. — Il traite avec le roi de France de couronne à couronne, ibid. — La fille de Henri IV, la veuve de Charles Ier, demande à Cromwell son douaire; il le refuse, ibid. — Turenne contre Condé, 326. — Ambassade et lettre singulière de Mazarin à Cromwell, 328. — Bataille des Dunes, ibid. — Mort de Cromwell, 330. — Voyage de Christine, reine de Suède, en France, 332. — La gloire de Christine à jamais souillée par l'assassinat de Monaldeschi, 335. — Léopold, empereur, 336. — Ligue du Rhin, ibid. — Louis XIV veut épouser la nièce du cardinal Mazarin, 337. — Conférences de Mazarin et de Haro, 339. — Paix des Pyrénées, 340. — Conditions du mariage de Louis XIV, 341. — Rétablissement de Charles II, roi d'Angleterre, 343. — Mazarin devenu aussi fastueux que puissant, 344. — Mort de Mazarin, 346. — La cour porte le deuil de Mazarin, ibid.

Chap. VII. Louis XIV gouverne par lui-même. Il force la branche d'Autriche espagnole à lui céder partout la préséance, et la cour de Rome à lui faire satisfaction. Il achète Dunkerque. Il donne des secours à l'empereur, au Portugal, aux États-généraux, et rend son royaume florissant et redoutable, 348. — Ordre rétabli partout, 349. — Le roi d'Espagne cède la préséance au roi, 350. — Il force le pape à lui demander pardon, 353. — Il achète Dunkerque, 355. — Louis XIV envoie du secours à l'empereur contre les Turcs, 356. — Il secourt encore le Portugal, 358. — Il secourt aussi la Hollande, 359. — Il devient le plus puissant prince de l'Europe, 360.

Chap. VIII. Conquête de la Flandre, 361. — Raisons ou prétextes de la conquête de Flandre, 362. — Traité secret de l'empereur et de Louis XIV, pour dépouiller le roi d'Espagne, 363. — Succès rapides, 365.

Chap. IX. Conquête de la Franche-Comté. Paix d'Aix-la-Chapelle, 368. — Préparations habiles, ibid. — Le grand Condé chargé de la conquête, 369. — Manœuvres, 370. — La Franche-Comté prise, 371. — Europe alarmée, 372. — Jean de Witt, ibid. — Chevalier Temple, 373. — La cour de Rome ne préside plus aux traités, 374. — Van-Beuning, bourgeois d'Amsterdam, tient tête à Louis XIV, ibid.

Chap. X. Travaux et magnificence de Louis XIV. Aventure singulière en Portugal. Casimir en France. Secours en Candie. Conquête de la Hollande, 375. — Roi de Portugal déclaré impuissant malgré ses bâtards, et détrôné, 376. — Jean Casimir, roi de Pologne, retiré à Paris, 378. — Turcs en Candie, ibid. — Duc de Beaufort à Candie, 379. — Mauvais gouvernement en Hollande, 380. — France et Angleterre contre la Hollande, 381. — Factions en Hollande, 383. — Van-Galen, évêque de Munster, brigand, 384. — Terreur en Hollande, 385. — Préparatifs contre la Hollande, 387. — Discipline militaire, 388. — Munitions achetées dans la Hollande même pour la détruire, 389. — Guillaume, prince d'Orange, 390. — Marche de Louis XIV, 391. — Passage du Rhin, 392. — Villes prises, 394. — Amsterdam prête d'être prise, 395. — Le prince d'Orange stathouder, 397. — Les États-généraux demandent la paix, ibid. — Les de Witt assassinés, 398. — Généreuse résolution des magistrats d'Amsterdam, 399. — Ils inondent leur pays, 400. — Les Hollandais se défendent sur mer, 401. — Le prince d'Orange offre tous ses biens pour défendre le pays, 402.

Chap. XI. Évacuation de la Hollande. Seconde conquête de la Franche-Comté, 403. — Fautes commises dans la conquête de la Hollande, ibid.

— Pillages et cruautés, 405. — Négociations, 406. — L'empereur Léopold se déclare contre Louis XIV, un crucifix à la main, ibid. — Batailles navales, 407. — Sévérité, 408. — Presque toute l'Europe contre Louis XIV, 411.

CHAP. XII. Belle campagne et mort du maréchal de Turenne. Dernière bataille du grand Condé à Senef, 413. — Le Palatinat dévasté, 415. — Bataille de Senef, 417. — Montecuculli opposé à Turenne, 419. — Turenne tué, 420. — Combat de Consarbruck, 423. — Arrière-ban convoqué, ibid. — Retraite du grand Condé, 425.

CHAP. XIII. Depuis la mort de Turenne jusqu'à la paix de Nimègue, en 1678, 426. — Attaque de Valenciennes, en plein jour contre la coutume, 427. — Monsieur, frère du roi, bat le prince d'Orange, 431. — Mort de Ruyter, 434. — Duquesne, ibid. — Négociations de paix, 436. — Conditions de la paix, ibid. — Ambassadeurs de France ne cèdent pas aux électeurs, 437. — Paix signée, 438. — Bataille après la paix, 439. — Louis XIV arbitre de l'Europe, 440.

CHAP. XIV. Prise de Strasbourg. Bombardement d'Alger. Soumission de Gênes. Ambassade de Siam. Le pape bravé dans Rome. Électorat de Cologne disputé, 442. — Juridictions sur les princes de l'empire, ibid. — Louis s'empare de Strasbourg, 443. — Il veut Luxembourg, 444. — Sa puissance sur mer, 445. — Port de Toulon construit, ibid. — Invention de galiotes à bombes, ibid. — Les Algériens punis, et pas assez, 446. — Établissements, forteresses, 447. — L'empereur Léopold faible, ibid. — Il fuit de Vienne assiégée par les Turcs, 448. — Louis XIV ne veut pas l'attaquer pendant que les Turcs le poursuivent, 449. — Enfin Louis se lasse, et prend Luxembourg, 450. — Les Turcs battus, ibid. — Louis XIV trop fastueux avec les faibles, 451. — Doge de Gênes, 452. — Ambassade des Siamois, ibid. — Querelle avec le pape, et cependant le pape a raison, 455. — Tous les rois acquiescent à ce que veut le pape, excepté Louis XIV, 456. — Louis XIV fait un électeur, 457. — L'empereur et le pape ne veulent point de l'électeur de Louis XIV, 458.

CHAP. XV. Le roi Jacques détrôné par son gendre Guillaume III, et protégé par Louis XIV, 459. — Ligue universelle contre Louis XIV, ibid. — Jacques-le-Catholique, 460. — Jacques veut être despotique, 461. — Le jésuite Peters, 462. — Armement public de Guillaume contre Jacques, sans que Jacques le sache, ibid. — Jacques, abandonné de tout le monde, s'enfuit, 463. — Guillaume III, roi d'Angleterre, 464. — Jacques chez Louis XIV, ibid. — Générosité de Louis XIV, 465. — Jacques peu considéré, ibid. — Jacques touche les écrouelles, 466. — Efforts généreux de Louis XIV pour Jacques, 467. — Louis XIV vainqueur des Anglais et des Hollandais sur mer, ibid. — Époque rare, ibid. — Bataille de la Boyne qui assure le trône à Guillaume, 469. —

Sottise des Parisiens, 471. — Jacques revient en France, 472. — La flotte de Louis XIV battue pour s'être obstinée à secourir Jacques, 473. — Malheurs étonnants de la maison de Stuart, 476.

Chap. XVI. De ce qui se passait dans le continent, tandis que Guillaume III envahissait l'Angleterre, l'Écosse, et l'Irlande; jusqu'en 1697. Nouvel embrasement du Palatinat. Victoires des maréchaux de Catinat et de Luxembourg, etc. 477. — Prodigieuses armées de Louis XIV, 478. — Le dauphin commande les armées, ibid. — Incendie du Palatinat, 480. — Le maréchal d'Uxelles hué pour avoir bien fait, 482. — Le maréchal d'Humières battu, 483. — Maréchal de Luxembourg, ibid. — Maréchal de Catinat, 484. — Victoires, 485. — De Staffarde, ibid. — De la Marsaille, 486. — De Fleurus, ibid. — De Leuse, 487. — De Steinkerque, ibid. — De Nervinde, 491. — De Spire-bach, 493. — Du Ter, 494. — Places maritimes de France bombardées, ibid. — Guillaume prend Namur, 495. — Bruxelles bombardée, 497. — La France perd Pondichéri, 498. — Déprédations en Amérique, ibid. — Du Guay-Trouin, 499. — Toute cette guerre est une espèce de guerre civile, ibid.

Chap. XVII. Traité avec la Savoie. Mariage du duc de Bourgogne. Paix de Rysvick. État de la France et de l'Europe. Mort et Testament de Charles II, roi d'Espagne, 500. — Victor-Amédée, 501. — Duchesse de Bourgogne, ibid. — Paix de Rysvick, 502. — Motifs de cette paix, ibid. — Restitutions faites par Louis XIV, 505. — Éloge de Léopold, duc de Lorraine, père de l'empereur François Ier, 506. — Prince de Conti vainement élu roi de Pologne, 508. — Paix générale et courte dans le monde entier, 509. — Troubles du Nord, 510. — Pierre Ier, ibid. — Charles XII, ibid. — Troubles du Midi, 511. — Succession d'Espagne, ibid. — Droit à cette succession, ibid. — Intrigues pour la succession d'Espagne, 513. — Traité de partage, 515. — Testament de Charles II, roi d'Espagne, 516. — Autre traité de partage, 517. — Autres intrigues pour la succession, 520. — Le roi d'Espagne consulte le pape, 522. — Dernier testament de Charles II, ibid. — Mort de Charles II, 523. — Toute l'Europe surprise du testament, ibid. — Louis XIV acceptera-t-il le testament? 525. — Mesures pour faire valoir le testament, 527. — Premiers succès de la maison de France, 528. — Louis XIV conserve au fils de Jacques II le titre et les honneurs de la royauté malgré tout son conseil, 529. — Philippe V, roi d'Espagne, 532. — Commencement de la guerre contre Louis XIV, ibid. — Mort de Guillaume III, 533. — Caractère du roi Guillaume, ibid. — Comparaison de ce prince avec Louis XIV, ibid.

FIN DE LA TABLE.

www.ingramcontent.com/pod-product-compliance
Lightning Source LLC
Chambersburg PA
CBHW070836230426
43667CB00011B/1815